Anonymous

Ungarns Ausgleich mit Österreich vom Jahre 1867

Anonymous

Ungarns Ausgleich mit Österreich vom Jahre 1867

ISBN/EAN: 9783743329492

Hergestellt in Europa, USA, Kanada, Australien, Japan

Cover: Foto ©ninafisch / pixelio.de

Manufactured and distributed by brebook publishing software (www.brebook.com)

Anonymous

Ungarns Ausgleich mit Österreich vom Jahre 1867

Ungarns

Ausgleich mit Österreich

vom Jahre 1867.

Von

Graf Julius Andrássy.

Leipzig.

Verlag von Duncker & Humblot.

1897.

Inhaltsverzeichnis.

Erstes Kapitel.

Ungarn bedarf eines ständigen Staatsbündnisses, und zwar mit Österreich.

————

Wir können auf dem Teile Europas, auf welchem sich unser Land befindet, infolge der Verhältnisse der Neuzeit, nicht für uns bestehen. Wir bedürfen unumgänglich eines ständigen Bündnisses mit einem anderen Staate.

Aber warum? — Es hat doch lange Zeit hindurch ein grofser und ruhmreicher ungarischer Staat bestanden. Warum sollten wir also nicht imstande sein, diesen glänzenden Erinnerungen treu zu bleiben und das Reich Ludwigs des Grofsen und Matthias des Corviners wieder aufleben zu lassen? Warum sollten wir der Hoffnung entsagen müssen, in der Geschichte Europas dieselbe Rolle spielen zu können, welche wir in jener glänzenden Epoche gespielt haben?

Darum, weil sich die bewegenden Kräfte der Weltgeschichte derart gestaltet haben, dafs dasjenige, was vordem möglich gewesen, es heute nicht mehr ist.

Es ist nicht unsere Schuld, es ist nicht eine Folge unserer Fehler, wenn wir heute nicht vermögend sind jenen Platz auszufüllen, welchen wir seiner Zeit, unter günstigeren Verhältnissen, glänzend auszufüllen vermocht haben.

Es ist dies ein Ergebnis vieler grofser Ursachen.

Die Vorbedingungen dafür, dafs irgend ein Staat auch

1*

sich selbst überlassen seinen Platz behaupte, haben sich seit dem Mittelalter beträchtlich verändert.

Zur Wahrung der völlig unabhängigen Existenz ist heute eine größere Ausdehnung des Landes, eine größere Zahl der Bevölkerung und eine größere Summe ursprünglicher Kraftfaktoren notwendig, als dies in den alten Zeiten der Fall gewesen. Die Überlegenheit der größeren Staaten über die kleineren ist heute größer, als sie ehemals gewesen, und darum sind die letzteren zur Wahrung ihrer Unabhängigkeit heute minder fähig, als ehemals.

In früheren Zeiten konnte eine einzelne Stadt auch ganzen Reichen die Stirne bieten, ein einzelnes kleines Fürstentum als Großmacht zählen. Kleine Länder waren imstande, sich viel größeren Gegnern gegenüber zu beschützen, ihre Interessen zu wahren, ja selbst in internationalen Fragen zu entscheiden. Heute ist dies bereits eine Unmöglichkeit. Warum? Erstens weil heute die Wahrscheinlichkeit des Sieges in geradem Verhältnis zur Zahl der Heere steht.

Die verheerende Kraft der modernen Waffen sichert dem ziffermäßigen Übergewicht eine entscheidende Übermacht. Die Partei, welche einige Tausend Mordwaffen mehr in die Schlacht schicken, einige Millionen Kugeln mehr auf die Gegner fliegen lassen kann, verfügt über jenes gewaltige Werkzeug, welches die größte Tapferkeit paralysiert, und die größte Geschicklichkeit an Wert überwiegt. Die alten Chroniken sind voll der Erwähnungen großer Schlachten, in welchen einige Tapfere selbst über ganze Heere den Sieg davongetragen haben. Wenn diese Schilderungen oft auch übertrieben sind, so ist es doch thatsächlich wahr, daß vielmal die Minderzahl gesiegt hat, und wahr, daß eine geringe Überlegenheit im Kommando und im Kampfesmut hingereicht hat, das Schicksal der Schlacht zu Gunsten jener Minderzahl zu entscheiden. Heute kann ein solches Resultat nur sehr selten erwartet werden; der Vorteil der Mehrzahl ist unzweifelhaft und kann derselbe höchstens paralysiert werden, wenn das Terrain die Entwickelung dieser Mehrzahl verhindert, oder wenn das Kommando das Heer dermaßen zerstreut, daß im entscheidenden Augenblick dennoch die Minderheit in größerer Zahl anwesend ist. Diese Ausnahmen indessen ändern jene allgemeine Regel nicht.

Ein weiterer Grund der Überlegenheit der Großstaaten ist, daß heute die kriegerische Kraft der Staaten im parallelen Verhältnis mit ihrer Bevölkerungszahl, ihrer materiellen Kraft, ihrer natürlichen Macht zuzunehmen oder abzunehmen pflegt. Die modernen Staaten sind insgesamt einheitlich und dem äußeren Feinde gegenüber zusammengeschlossen. Infolge der allgemeinen Wehrpflicht ergiebt die Zahl der kriegsdienstfähigen Männer auch die Proportion der Wehrkraft. Die ganze Nation steht in Waffen; jeder Staat führt seine gesamte Kraft in den Kampf. Aber dann ist es auch nur diese, worauf er zählen kann. Im Mittelalter war alles dies anders. Die Länder bildeten nicht einheitliche Ganze. Nur in den allerseltensten Fällen konnte die gesamte Kraft irgend eines Volkes gegen den gemeinsamen Feind vereinigt werden. Der Herrscher hatte in seinen Söldnern seine Hauptkraft, seine sicherste Stütze. Im Falle eines Angriffskrieges aber standen ihm gerade nur diese zu unbedingter Verfügung. Die Zahl derselben hing aber nicht von der Ausdehnung des Landes und von der Zahl der Bevölkerung ab, sondern davon, wieviel Geld der Herrscher zur Verfügung hatte. Wenn er sparsam war, wenn seine Schatzkammer in Ordnung war, wenn er Privatvermögen hatte, konnte er ein größeres Heer ins Feld stellen, als der Beherrscher größerer Länder. Während heute der Souverän auf die gesamte Kraft seines Landes zählen kann, aber nur auf diese, konnte sich im Mittelalter der Herrscher nicht auf die gesamte Kraft seines eigenen Landes stützen, erhielt aber, anstatt derselben, vom Auslande allezeit soviel Soldaten, wieviel er in Sold zu

halten imstande war. Es gab in Europa Unzählige, deren
Broterwerb der Soldatendienst war. Diese eilten dorthin,
wo Gewinn zu erhoffen war. Wenn irgend ein Herrscher
einen grofsen Feldherrnruf hatte, wenn auf seinen Sieg vertraut wurde, wenn er vor einem Kampfe stand, nach dessen
siegreichem Ausgang auf reiche Beute gehofft werden konnte,
so war es ihm leicht ein erprobtes tapferes Heer unter
seine Fahne zu versammeln. Oft bedurfte es dazu nicht
einmal des Soldes. Diesen ersetzte das Vermögen des
Feindes. Der Glücksstern irgend eines berühmten Heer-
führers zog die geübtesten Krieger Europas heran. Auch
die Beschaffenheit der Sache, für welche gekämpft wurde,
war nicht entscheidend. Jede Sache war gut, welche zu
tapferen Thaten, zu Ruhmerwerb Gelegenheit bot, und daneben
auch einen kleinen bürgerlichen Nutzen abwerfen konnte.

Diese Umstände erklären es, dafs manchmal kleinere
Länder über ein gröfseres Heer verfügten, als weit gröfsere,
dafs die Kraft der Länder von dem Rufe eines Mannes,
eines Herrschers abhing, und dafs manche Länder sich
dementsprechend plötzlich unter die Grofsmächte empor-
hoben oder auf einmal so tief hinabsanken, dafs sie für
gar nichts geachtet wurden.

Die modernen Grofsstaaten haben eben deshalb, weil
sie die gesamte Bevölkerung unter Waffen stellen, eine so
grofse Kriegsmacht, dafs die kleinen auf keine Weise imstande sind, derselben nahe zu kommen.

Vor Alters ist dies nicht so gewesen. In dem nach
der Völkerwanderung bis zur Neuzeit verflossenen Zeitraum
wurden die Kriege mit verhältnismäfsig geringzähligen
Heerkräften ausgekämpft. In der Zeit der Völkerwanderung
stürzten sich ganze Nationen aufeinander, und jetzt, im
Zeitalter des technischen Fortschritts, können die feindlichen
Staaten, infolge der Entwickelung der Kommunikations-
linien, wieder Millionen gegen einander in die Schranken stellen.

Die Verproviantierung, Führung und Ausnutzung dieser Massen ist durch die Eisenbahnen, die Telegraphen, die Telephone möglich gemacht worden. Zwischen diesen zwei Epochen jedoch konnte man, wie ich gesagt habe, nur für eine geringe Anzahl von Kriegern in fremdem Lande Proviant finden, konnte man nur eine geringe Heereszahl einheitlich führen und schnell an einem Orte konzentrieren, und darum waren die Heere verhältnismäfsig schwach. Mit einiger Kraftanspannung waren auch kleinere Staaten imstande, eine so grofse Heereszahl ins Feld zu stellen. Jener unermefsliche Unterschied zwischen den durch die grofsen und durch die kleinen Staaten mobilisierbaren Kräften, welcher heute die Herrschaft der grofsen sichert, war damals nicht vorhanden.

Mit einem Worte, infolge der angegebenen Ursachen befindet sich heute ein kleiner Staat in einer schlimmeren Lage, als er sich in den alten Zeiten befunden hat. Die Übermacht der grofsen Staaten kommt heute unbedingter zur Geltung, als in der Vergangenheit. Die Wahrscheinlichkeit, dafs die kleineren ihre Interessen zu verteidigen vermögen, ist geringer, als sie in der Vergangenheit gewesen. Überdies ist das Besiegtwerden jetzt ein viel gröfseres Übel, als es dies einst gewesen. In vergangenen Zeiten konnten die Staaten eine Schlappe leichter verwinden, als heute. Der Krieg wurde nur von einem kleinen Teile der Nation geführt, und auch von diesem kleinen Teile ging in der Regel, selbst im allerschlimmsten Falle, blos ein kleiner Bruchteil zu Grunde. So konnte es geschehen, dafs sich ein Krieg mit wechselndem Glücke jahrzehntelang dahinzuziehen vermochte, ohne dafs einer der kriegführenden Teile in den Zustand der völligen Erschöpfung geraten wäre. Heute nimmt ein Krieg die gesamte Lebenskraft der daran Beteiligten in Anspruch. Nicht allein der Besiegte, sondern auch der Sieger ist gezwungen, so riesige

Opfer zu bringen, dafs er denselben nur eine kurze Zeit
lang gewachsen ist.

Aus alledem folgt, dafs es eine sehr oberflächliche und
sehr fehlerhafte Logik sein würde, welche aus unserer in
der Vergangenheit bestandenen Selbständigkeit die Folgerung
ziehen wollte, dafs wir auch heute ohne grofse Nachteile
und ohne grofse Gefahren selbständig bestehen können. Die
veränderte Art der Kriegführung und die den grofsen
Staaten gegenüber schwieriger gewordene Lage der kleineren
ist die Ursache, dafs man aus der Vergangenheit keine
Schlüsse auf die Gegenwart ziehen hann. Was ich weiter
oben ausgeführt habe, hat bereits der Selbständigkeit vieler
Völker das Grab gegraben und zur Bildung der grofsen
Staaten geführt. Es ist eine offene Frage, ob es nicht
auch für uns verhängnisvoll geworden sein würde, wenn
wir ohne einen festen Verbündeten in die Neuzeit eingetreten wären.

Endgiltig und zwar gegen uns wird diese Frage durch
jene grofsen Veränderungen entschieden, welche in den vergangenen Jahrhunderten in den Machtverhältnissen der
europäischen Staaten eingetreten sind, und welche das Verhältnis unserer Gröfse und unserer Kraft im Vergleich mit
jener der europäischen Mächte in eben dieser Zeit zu unserem
Nachteile verändert haben, wo wir, wie wir gesehen haben,
auch ohnedies in eine schwächere und gefährlichere Lage
zu kommen anfingen.

Im Mittelalter war Ungarn einer der stärksten, mächtigsten Staaten Europas. Seit der Mohácser Katastrophe
jedoch gehört es zu den kleineren Ländern. Die übrigen
Staaten sind einheitlich und damit grofs geworden, während
wir so geblieben sind, wie wir gewesen. Als sich unsere
Vorfahren hier ansiedelten, fanden sie Europa in staatlicher
Hinsicht in Dekomposition. Das Reich Karls des Grofsen,
welches die alte römische Weltherrschaft in neuer Form

wieder aufleben lassen wollte, war damals bereits in seine
Teile zerfallen. Das System aber, auf welches sich seine
innere Ordnung gründete, machte auch die Einheit der auseinander gerissenen Glieder unmöglich. Die Auswüchse des
Lehenssystems verdarben die königliche Gewalt und mit
ihr die Idee des Staates, und machten die Einheit illusorisch.
Das Gemeinvermögen wurde auf Abschlag dem Gemein-
wesen zu leistender Dienste unter die Lehensleute verteilt.
So lange diese den Gegenwert pünktlich ableisteten, so
lange der König hinreichende Macht besafs, demjenigen,
welcher die übernommene Verpflichtung nicht erfüllt, das
mit derselben verbundene Recht zu entziehen, ging alles
gut. Aber es trat die Zeit ein, wo beinahe das gesamte
Vermögen, die vorhandenen sämtlichen Machtquellen einzelnen Vasallen überlassen wurden, und wo demzufolge der
König nicht mehr imstande war, dieselben zur Erfüllung
ihrer Pflichten zu verhalten, wo das Gemeinvermögen thatsächlich Privatvermögen wurde und in den Händen des
Lehensmannes blieb, ohne dafs derselbe die von ihm dafür
zu erwartenden Dienste geleistet hätte, wo also die königliche Macht, die Repräsentantin der Gesamtheit, die Erhal-
terin der Einheit, die Beschützerin der Sicherheit, ohnmächtig und unvermögend wurde. Auf dem Wege der
erblich werdenden Lehen zerfielen die Länder in Stücke
und wurde die Einheit blofs formal. Diese Entwickelung
richtete die Einheit und damit auch die Kraft der west-
fränkischen, der deutschen, der angelsächsischen Königreiche zu Grunde. Als unsere Vorfahren nach Pannonien
kamen, wurde ihnen diese Schwäche der westlichen Staaten
zu grofsem Nutzen. Der Nachteil, welcher aus der Un-
entwickeltheit ihrer Kultur entsprang, wurde durch den
aus der Nomadenzeit zurückgebliebenen leichtblütigen Unter-
nehmungsgeist und durch die Einheit der Nation reichlich
ersetzt. Unsere Kraft befähigte uns nicht blofs zum Fest-

halten des eroberten Territoriums, sondern auch zur Offensive. Unsere Heere gelangten bis nach Konstantinopel und
durchschwärmten Italien und Frankreich, in der ganzen
Christenheit Schrecken erregend.

Als das deutsche Kaisertum in stärkere Hände kam und,
wenigstens für einige Zeit, zu neuer Macht gelangte, wandte
sich das Blatt; unsere Aggressionen wurden zurück-
geschlagen und es trat ein Zeitpunkt ein, wo die Übermacht des westlichen Nachbars unsere Selbständigkeit zu
gefährden anfing. Kaiser Heinrich III. konnte ernstlich
hoffen, Ungarn seiner Herrschaft auf ewige Zeiten zu unterwerfen. Aber diese Gefahr ging bald vorüber. Die Expansion der deutschen Nation gravitierte nicht gegen Osten,
sondern gegen Süden, nach dem schönen Italien, nach der
ewigen Stadt hin. Der deutsche König wollte zum Herren
der ganzen christlichen Welt werden und kam mit dem
Papst in Konflikt, welcher sich als den König der Könige
betrachtete und als Statthalter Gottes den ersten Rang für
sich in Anspruch nahm. Dieser Konflikt gereichte uns zum
Vorteil. Wir fanden am Papste einen natürlichen Verbündeten. Übrigens war die Glanzzeit der deutschen Kaiser
überhaupt nicht von langer Dauer. Die Weltreichs-Am-
bitionen rächten sich an ihnen. Anstatt auf die Befestigung
ihrer deutschen Herrschaft, auf die Besiegung der centrifugalen Kräfte, auf die Herstellung der wahren Einheit des
Reiches bedacht zu sein, jagten die ausgezeichnetsten Herrscher der strahlenden Krone des römischen Reiches nach,
strebten die Erwerbung Italiens an, und waren unterdessen
nicht imstande ihrer Auctorität im eigenen Lande Anerkennung zu verschaffen. Die Einheit Deutschlands glitt
trotz der großen Kaiser auf der schiefen Ebene abwärts.
Die ständige Tendenz der Entwickelung war: die Verkümmerung der kaiserlichen Macht und die zunehmende Erstarkung der einzelnen Fürsten und Städte auf Kosten der

Einheit. Die kaiserliche Macht sank oft zu einem wahren
Schatten herab. Das vereinte Auftreten der deutschen
Kräfte dem Auslande gegenüber gehörte zu den größten
Seltenheiten. Für das kleinere, aber einheitliche Ungarn
war deshalb das seiner Ausdehnung nach große Deutsche
Reich kein gefährlicher Nachbar. In Ungarn war das
Königtum eine wirkliche Macht. Vielleicht machte es die
geringere Ausdehnung des Landes, infolge welcher jeder
Teil desselben leicht zugänglich wurde; vielleicht der der
Nation angeborne Instinkt, das Zusammenhalten, der Patriotismus; vielleicht das Gefühl, daß zugleich mit der Einheit
auch unsere nationale Individualität fraglich geworden wäre,
und daß es im Falle der Trennung schwer gewesen sein
würde, in manchen Teilen die unbedingte Herrschaft des
ungarischen Charakters aufrecht zu erhalten; vielleicht geschah es unter der Einwirkung heilsamer Institutionen, oder
vielleicht nur infolge des scharfen Auges und des starken
Willens der Könige — wer könnte es mit Gewißheit sagen,
warum? —, aber die Thatsache, daß die königliche Macht
groß geblieben und imstande gewesen ist, die Übergriffe
des Feudalsystems, die dauernde Begründung einer auch
die Einheit der Nation gefährdenden Oligarchie zu verhindern, diese Thatsache ist das größte Glück unserer Geschichte geworden.

Derselben verdanken wir auch unsere spätere Freiheit
und jene Kraft, mit welcher wir imstande waren, unsere
Selbständigkeit zu erhalten. Vermöge unserer Einheit war
es uns möglich, zu einem der mächtigsten Staaten Europas
zu werden. Dessen ungeachtet, daß das Territorium,
welches der ungarische Stamm occupierte, kleiner war, als
die Territorien, über welche die Deutschen und die Franzosen herrschten, und daß unsere Zahl durchaus nicht jener
der lateinischen, der germanischen oder der slavischen Rasse
nahe kam, standen wir doch an natürlicher Kraft unter

den allerersten da. Das Feudalsystem hatte die gröſseren
Rassen dermaſsen geschwächt, daſs einem Willen nirgends
mehr Kräfte gehorchten, einem Ziele, einer nationalen
Sache nirgends eine gröſsere Macht diente, als in Ungarn.
Der bei der Darstellung des Zustandes Deutschlands ge-
schilderte Einheitsmangel war, — wenn auch nicht in demselben Maſse, wie in Deutschland, — auch in den übrigen
Ländern vorhanden. Das Ergebnis davon war, daſs der
König von Ungarn zu einem der mächtigsten Herrscher
des Mittelalters wurde. Ich müſste die ganze Geschichte
durchgehen, wenn ich, die Machtverhältnisse Europas erörternd, die Wahrheit dieser meiner Behauptung für jede
einzelne Epoche dieser Jahrhunderte nachweisen wollte.
Es genügt, wenn ich eine Epoche unter den vielen aus-
wähle. Betrachten wir das Zeitalter der Ungarkönige aus
dem Hause Anjou, jene ruhmvolle Epoche, auf welche sich
diejenigen am meisten berufen, welche den Glanz der Vergangenheit zur Hervorhebung der Schatten der Gegenwart
heranzuziehen lieben. Wie war damals das Verhältnis unserer
Kraft im Vergleich mit den Machtfaktoren des übrigen Europas
beschaffen? Kann wohl ein Vergleich angestellt werden
zwischen unserer damaligen europäischen Stellung, und jener
Lage, in welcher ein unabhängiges Ungarn heute sein würde?

Zur Zeit Ludwigs des Groſsen war Ungarn eines
der gröſsten einheitlichen Reiche Europas. Deutschland
war nur mehr ein Rechtsbegriff. Die Macht war in den
Händen der einzelnen Fürsten konzentriert. Mit ihnen
muſsten wir hinsichtlich der Machtfragen rechnen, mit ihnen
muſsten wir uns zu messen wissen. Dies war aber nicht
schwer. In betreff der Macht konnte keiner der Fürsten
mit dem Ungarkönig in die Schranken treten. Ihr Land
war kleiner, als das Ungarland, ihre vorhandene Kraft
aber wurde durch ihre Rivalität untereinander, durch ihren
Selbstschutz gegen den Kaiser so sehr in Anspruch ge-

nommen, daſs die Überlegenheit unserer Könige unzweifelhaft wurde. Nicht einmal das heutige Österreich in unserer
unmittelbaren Nachbarschaft war noch geeinigt. Es teilte
sich zwischen die Habsburger und die Luxemburger, welche,
in Kämpfe mit einander verwickelt, immer um das Bündnis Ungarns buhlten. Sie würden auch vereint nicht stärker
gewesen sein, als wir es waren, so aber war das Übergewicht beständig auf unserer Seite.

In den übrigen Staaten Europas tritt uns dasselbe
Bild vor Augen. Italien war ebenfalls in kleine Fürstentümer und Städte zerfallen. Macchiavelli hat gesagt, daſs
die Päpste stark genug gewesen seien zu verhindern, daſs
irgend ein anderer die ganze Halbinsel beherrsche, aber
nicht stark genug, die zerfallene Nation selbst zu
einigen. Infolgedessen gelang es weder dem deutschen
Kaiser, noch anderen Fürsten einen einheitlichen Staat
zu schaffen. Frankreich lebte damals sehr traurige Tage.
Burgund, die Bretagne und die anderen groſsen Lehen
waren vollständig von der Krone abgefallen. Die Hälfte
des Landes huldigte lange Zeit hindurch dem König
von England. Das einheitliche Frankreich war kaum
gröſser als Ungarn, der zwischen ihm und den unabhängig
gewordenen Teilen bestehende natürliche Gegensatz aber
schwächte in bedeutendem Maſse seine freie Kraft. England bestand damals noch bloſs aus dem eigentlichen
Mutterlande; Schottland, Irland waren noch nicht ganz und
dauernd mit der britischen Krone vereinigt. Die Quelle
seiner heutigen Gröſse, seine über die Meere hinausreichende
Weltherrschaft aber war noch nicht einmal im Embryo
vorhanden. Wenn es um diese Zeit dennoch soviel Ruhm
auf fränkischem Boden erwarb, und wenn der schwarze
Prinz und Heinrich VI. dennoch imstande waren fast ganz
Frankreich zur Huldigung zu zwingen, so war dies der
Vorzüglichkeit dieser Individualitäten und dem Umstande

zu verdanken, daſs auf dem verhältnismäſsig kleinen Territorium Englands seit Wilhelm dem Eroberer — ebenso,
wie in Ungarn seit den Árpáden — die königliche Gewalt
stark war und die Einheit des Landes zu erhalten wuſste.

Spanien stand teilweise unter der Herrschaft der
Mauren, teilweise aber zerfiel es in von einander unabhängige Königreiche, welche einzeln bedeutend kleiner
waren als das Reich der Heiligen Stephanskrone. Polen,
ohne natürliche Grenzen, mit einer schwach gekitteten Einheit, vom deutschen Ritterorden bedrängt, war, wenn auch
von etwas gröſserer Ausdehnung als unser Vaterland, beständig schwächer als der ungarische Staat. Unsere südlichen Nachbarn, die walachischen, serbischen, bosnischen,
bulgarischen Fürstentümer, waren sämtlich viel kleiner,
ärmer und ungebildeter, als wir. Byzanz, unter dem er-
würgenden Drucke der türkischen Umarmung sich windend,
sah seinem Ende entgegen.

Unter solchen Umständen wurde unser einheitliches
Land zur wirklichen Groſsmacht, welche in einer geschickten
Hand mit Naturnotwendigkeit zu einem der maſsgebenden
Faktoren Europas werden muſste. Dazu kam noch die für
uns günstige politische Lage jenes Weltteiles, wo wir leben.

Die westliche Civilisation konnte sich nur mit Hülfe
ungarischen Einflusses im Orient ausbreiten und stellte sich
mit ihrer ganzen Überlegenheit zu unseren Diensten. Die
Schwäche unserer unmittelbaren Nachbarn war die groſse
Garantie unserer europäischen Stellung. Wir waren rings
von Staaten umgeben, welche sämtlich schwächer waren
als wir, welche zu groſsem Teil auch in ein Lehensver-
hältnis zu unserer Krone gerieten, und welche ein Interesse
hatten, das Wohlwollen und den Beistand unserer Könige
für sich zu gewinnen.

Wie sehr hat sich all dies seitdem verändert. Eben

um die Zeit, als die Mohácser Katastrophe über uns hereinbrach, gingen jene Umgestaltungen vor sich, welche zum Entstehen der großen Staaten führten. Als mit dem Eintritt der Neuzeit die Nationen Europas sich zu konsolidieren begannen, und sich die Überlegenheit der größeren Staaten über die kleineren immer mehr entwickelte, gerade damals brach die ungarische Kraft und der ungarische Staat zusammen. Die für uns so günstigen Verhältnisse der alten Zeiten kehrten nicht mehr wieder. Seit der Mohácser Katastrophe bis zum heutigen Tage kann Ungarn nur den kleineren Staaten Europas zugezählt werden. Die Machtverhältnisse der südöstlichen und östlichen Teile Europas, die Grundlagen unserer alten Kraft, haben sich vollkommen verändert und sind für uns zu einer unversieglichen Quelle der Gefahren geworden.

Die allgemeinen Verhältnisse, die Erfindung des Schießpulvers, das Bündnis des Bürgertums mit dem Königtum, das starke Gefühl der Notwendigkeit des inneren Friedens, alles begann das Königtum zu begünstigen. In ganz Europa nimmt die Centralgewalt einen Aufschwung und mit ihr kommt die Einheit der Nationen zustande. Was in den früheren Jahrhunderten Ungarn die Überlegenheit gesichert hatte, wird allgemein, und gewinnt den an Zahl größeren Rassen ihre natürliche Übermacht zurück.

In unserer nächsten Nachbarschaft vereinigt die Habsburger Dynastie Böhmen und Mähren mit Österreich. Sie bringt dauernd die Kaiserkrone an sich und den Besitz des von der Herrschaft der Mauren befreiten und geeinigten Spaniens. Es bildet sich jenes Reich, von welchem stolz gesagt wurde, daß innerhalb seiner Grenzen die Sonne nie untergehe. Frankreich gliedert sich Burgund und die Bretagne an. Seine Könige unterwerfen sich seit Ludwig XI. mit konsequenter Politik die Lehnsherren und stellen die Einheit des Landes definitiv her. Auch England

vereinigt bald nach der Mohácser Katastrophe Schottland
und Irland mit seiner Krone.

Aber alle diese Veränderungen, wiewohl sie die Verhältnisse Europas bedeutend modifizierten und Mächte begründen halfen, welche die Macht Ungarns bald weit über-
flügelten, daher jedenfalls geeignet waren, uns in den
Hintergrund zu drängen, würden für sich allein unserer
Selbständigkeit noch nicht verhängnisvoll geworden sein.

Es ist wahr, daſs das Reich Karls V. sogar das europäische Gleichgewicht gefährdete. Aber ebendeshalb er-
standen ihm solche Gegner, mit deren Hülfe das ungarische
Königtum vielleicht seine Selbständigkeit hätte erhalten
können. Doch die allgemeinen Kraftverhältnisse würden
es jedenfalls aus der Reihe der Groſsmächte hinausgedrängt
haben. Und wie die moderne Zeit die Überlegenheit der
gröſseren Staaten über die kleineren immer mehr gesteigert
hat, würden auch wir unter immer schwierigere Lebensverhältnisse gekommen sein. Daſs unsere Selbständigkeit schon
im 16. Jahrhundert verloren ging, und daſs es seitdem für
uns eine konstante Unmöglichkeit gewesen ist, dieselbe
wieder zu erringen und aufrechtzuhalten, ist eine Folge der
Gestaltung der Dinge im Orient. Die orientalischen Kräfte
gewannen ein solches Übergewicht, daſs ihnen gegenüber
das dem Westen angeschlossene Ungarn für sich allein
nicht mehr bestehen konnte. Der Trieb der Selbsterhaltung
spornte die Staaten des Westens an, diesen ihren natürlichen
Schutzwall sich einzuverleiben. Zwischen diese Tendenz
und die Expansivkraft des Orients eingekeilt, muſsten wir
uns an die eine der beiden kämpfenden Kräfte anschlieſsen.
Heute hat freilich der Türke aufgehört eine Gefahr zu
sein, aber an seine Stelle ist eine andere Macht getreten.

Das russische Reich ist nicht so aggressiv, wie es das
türkische gewesen; es hat auch keinen solchen Eroberungs-
drang, wie ihn der muselmännische Geist in seiner Glanz-

periode gehabt hat: aber seine unvergleichliche Gröfse, seine riesige Rohkraft, und die blofse Möglichkeit, dafs es auch eine panslavische Politik treiben könnte, schliefst es aus, dafs wir in seiner Nachbarschaft als Macht dritten Ranges leben. Neben ihm können wir nur als Grofsmacht bestehen. Eine Grofsmacht aber kann, zufolge den weiter oben entwickelten Ursachen, nur einer der durch Ausdehnung, Bevölkerung und Wohlhabenheit stärksten Staaten sein.

Rufsland ist kein solch eroberndes Element, wie es das mohammedanische Türkenreich einst gewesen, und darum darf gehofft werden, dafs jener grofse Kampf, welchen wir einst mit dem letzteren auskämpfen mufsten, sich gegen den grofsen nordischen Nachbar nicht wiederholen werde. Wir wollen uns unter keinen Umständen auf seine Kosten ausbreiten: damit entfällt bereits eine erste Ursache für einen Zusammenstofs. Unsere Politik hat auch keinen Anlafs ipso jure russenfeindlich zu sein. Wir haben nicht den Beruf, uns einem Riesen an die Ferse zu heften, und ihm allezeit und in allem so viel als möglich zu schaden. Es kann nicht unser Ziel sein, die undankbare Rolle des natürlichen und ewigen Feindes auf uns zu nehmen. Nur seine orientalische Expansion, seine panslavische Tendenz, wenn und wann wir uns derselben gegenüber finden, müssen wir niederkämpfen. Zur Lösung dieser Aufgabe müssen wir Kraft haben. Wir müssen dazu entschlossen sein, für dieses Ziel unsere gesamte Kraft in die Wagschale zu werfen, für dasselbe bis auf den letzten Mann und den letzten Groschen alles aufs Spiel zu setzen.

Wenn wir stark sind, und wenn man unsere eben erwähnte Entschlossenheit kennt, dann — glaube und hoffe ich — werden wir dem grofsen Zusammenstofs entgehen können, weil auch das wohl aufgefafste Interesse Rufslands diese für uns gefährliche Expansion nicht fordert, und weil, unter der abschreckenden Einwirkung der grofsen Erfah-

rungen des letzten Feldzuges, viele hervorragende Staatsmänner Rußlands selbst gegen diese Tendenz ankämpfen.
Aber damit dies der Fall sei, und unsere unerschütterliche
Entschließung auch schon an und für sich ein Hindernis
bilde, welches das russische Reich zur Vorsicht mahnt und
seiner Politik der Nüchternheit und des Friedens ein ge-
wichtiges Argument mehr bietet; damit ferner auch wir,
— weil man uns in Europa als ein starkes Element kennt,
dessen Bundesgenossenschaft zu verlieren nicht ratsam ist,
als ein Element, welches eine starke, daher notwendige
Stütze des europäischen Gleichgewichts ist, — falls es dennoch zum Zusammenstoße zwischen uns und Rußland
käme, in den kritischen Augenblicken auf Unterstützung
zählen können; eben darum müssen wir eine Großmacht
sein, nicht eine kriegssüchtige, sondern eine kriegsbereite.

Das Land, in dem wir leben, liegt an dem Punkte,
wo das westliche und östliche Staatensystem einander
berühren. Die Machtfragen des Westens und Ostens
werden in unserem Vaterlande oder in der Nähe unseres Vaterlandes entschieden. Seitdem diese Machtfragen auf dem Wettbewerbe oder Kampfe so sehr ange-
wachsener Kräfte beruhen, mit welchen wir allein uns nicht
messen können, und vornehmlich seitdem die den Geist des
Orients repräsentierende Macht so riesige Proportionen angenommen hat, daß wir nicht imstande sind seiner Überlegenheit das Gegengewicht zu halten, und ihr gegenüber
auf dem Gebiete der internationalen Politik als in Betracht
zu nehmender Faktor zur Geltung zu kommen, seitdem gebieten es uns unsere Lebensbedingungen, durch Anschluß an
einen ständigen Bundesgenossen unsere Kraft zu steigern.

An einem anderen Platze, oder wenn die Entwickelung
Osteuropas eine andere Richtung genommen hätte; würden
wir — trotzdem, daß wir heute nicht mehr eine Großmacht sein können, trotzdem, daß ein so kleiner Staat in

der modernen Zeit die Bürgschaft seiner Unabhängigkeit
nicht mehr in sich selbst hat, sondern dieselbe rein und
ausschließlich nur in der Rivalität der Nachbarstaaten
suchen kann —, trotz alledem würden wir, anderswo oder
wenn es das europäische Gleichgewicht so gefordert hätte,
auch für uns selbst fortleben können; aber hier, wo wir
uns befinden, ist dies unausführbar. Hier können wir nur
weiterleben, wenn eigene Kraft uns die Mittel zum Schutze
unserer Existenz gewährt.

Wenn dieses Land nicht eine solche Macht als Herrn
anerkennt, welche mit den Großmächten Europas auf
gleicher Rangstufe steht, und welche sich gegen jeden
einzelnen seiner Nachbarn wenigstens mit einiger Hoffnung
auf Erfolg zu verteidigen imstande ist, mit einem Bündnis aber selbst einer Koalition zu widerstehen vermag:
würde unser Vaterland bald in den Bannkreis der einen,
bald in den Bannkreis der andern Macht hineingezogen,
bald der einen, bald der andern zur Beute werden und
gegen seinen Willen genötigt sein im Dienste fremder
Ziele die Kämpfe der Weltmächte mitzumachen. Dazu,
daß wir hier Herren bleiben, genügt es nicht, daß wir
imstande seien, gegebenen Falls unsere Grenzen zu verteidigen, sondern es ist überdies notwendig, daß wir auch
außerhalb unserer Grenzen auf die große Frage des Gleich-
gewichtes der westlichen und östlichen Kräfte einen maßgebenden Einfluß zu üben vermögen. Wir befinden uns
in jenem Teile Europas, in dessen unmittelbarer Nachbarschaft die Kraftverhältnisse sich auch bis jetzt noch nicht
zu stabilisieren, zu konsolidieren vermocht haben, und vor-
aussichtlich noch jahrhundertelang nicht in ein definitives
Gleichgewicht gelangen werden; wo die in der europäischen
Geschichte eine so bedeutende Rolle spielenden zwei
größten Gegensätze: der Gegensatz der christlichen und
heidnischen, dann der occidentalischen und orientalischen

2*

Religionen, und der Gegensatz des germanischen, westlichen
Geistes, und der slavischen, östlichen Auffassung miteinander
rivalisieren. Wenn wir nun nicht wollen, dafs diese ewige
Gärung, Entwickelung, Gestaltung zu unserem Nachteile
zur Entscheidung gelange; wenn wir nicht wollen, dafs sie
eine Richtung nehme, welche auch jene heute noch gebundenen Elemente mit sich reifsen kann, die auch innerhalb unserer Grenzen, zufolge der natürlichen Wahlverwandt-
schaft, leicht in den Dienst den unsrigen entgegenstrebender
Lebenskräfte gelangen können: so müssen wir über eine
Macht verfügen, mit welcher wir diese Entwickelung formen
und lenken können; über eine Macht, welche genügend
stark dazu ist, dafs wir in diesem grofsen Kampfe keines-
falls blindes Werkzeug, gezwungene Gefolgschaft der Übermacht bald der einen, bald der anderen Richtung, sondern
die ausschlaggebende, weil am nächsten interessierte
Macht sein mögen, welche die eventuell notwendig werdende
Aktion ihren eigenen Zwecken gemäfs formen und leiten
kann. Unser schönes und reiches Land liegt an der Quelle
weltgeschichtlicher Entwickelungen. Wenn es nicht fähig
ist, dieselben zu leiten, wird es durch dieselben verschlungen
werden. Belgien liegt am passiven Punkte der festgewordenen
Kraft dreier grofsen Nationen, an einem toten Pol, wo
das Gleichgewicht der Kräfte die Unabhängigkeit des
kleinen Landes sichert. Wir haben uns an einem Platze
sefshaft gemacht, wo das Gleichgewicht der nachbarlichen
Kräfte noch nicht zu Stande gekommen ist, wo dieses Gleichgewicht durch unsere eigene Macht geschaffen werden mufs.
Hamlet sagt: Die Schönheit der Frau ist eine gefährliche
Gesellschaft für die Tugend. Wir können sagen: Eine
gefährliche Gesellschaft für unsere Unabhängigkeit ist die
Wichtigkeit der Lage unseres Landes, jene geographische
Lage, welche dasselbe zum Berührungspunkte des Westens
und Ostens macht. Wir können unseren Vorfahren dank-

bar sein, daß sie sich in diesem gesegneten Lande niedergelassen haben; aber jedes Licht hat seinen Schatten;
die Vorteile unserer Lage haben ihre Gefahren. Um den
Kampf mit denselben bestehen zu können, um das herrliche
Erbe, welches wir von unseren Vorfahren überkommen
haben, unversehrt weiter geben zu können, müssen wir
patriotisch, energisch, aber auch politisch sein. Wir haben
die Pflicht, mit den Konsequenzen unserer Lage zu rechnen.
Wir dürfen nicht für leeren Schein, für ideale Ziele das
Wirkliche, das Notwendige aufopfern, denn wir könnten
damit sehr leicht auch unsere Existenz einbüßen. Nationen,
deren Zahl und Einheit für sich allein zur Sicherung ihrer
Existenz hinreicht, dürfen sich den Luxus erlauben, Phan-
tomen nachzujagen. Auch sie bezahlen eine solche Lieb-
haberei mit Blut und Geld, aber nicht mit ihrer Existenz.
Bei uns dagegen würde diese der Preis des Selbstvergessens
sein. Gott möge uns davor behüten. Wir müssen be-
sonnen, ohne Selbsttäuschung, ohne Selbstüberhebung prüfen,
ob wir imstande sind für uns allein jenen Bedingungen
zu entsprechen, welche die Nation erfüllen muß, die hier,
zwischen der Donau und Theiß, neben dem mächtigen
Rußland, in der Nachbarschaft des in Trümmer gegangenen
Polens, in der Nähe der gärenden Balkan-Halbinsel und
der im Zusammensturze begriffenen Türkei, Herr ihres
eigenen Schicksals bleiben will, Herr in dem unbedingten
Sinne, daß sie dann, dort und so kämpfen und bluten
wird, wann, wo und wie ihr eigenes Interesse es fordert.

Haben wir hiezu hinreichende Kraft? Haben wir für
uns allein so viel Kraft, um die orientalische Frage, an
welche auch das Schicksal unserer Nation unauflöslich geknüpft ist, welche nicht eine von heute auf morgen bestehende Frage, sondern, wenn auch in verschiedenen
Formen, seit Jahrhunderten in der Schwebe ist, und wahrscheinlich noch jahrhundertelang, so lange unentschieden

bleiben wird, bis das Gleichgewicht der Kräfte, der Religion,
der Nationalität, der Kultur im zerrissenen Ost-Europa
sich einstellen, bis die Hydra des Panslavismus definitiv
verschwinden, und die slavische Welt sich analog der germanischen oder der lateinischen Völkerfamilie in gesonderte,
von einander unabhängige, ihr eigenes nationales Leben
lebende Teile gruppieren wird — — ich frage: Haben wir
hinreichende Kraft, um imstande zu sein, diese Frage immer
derart zu beeinflussen, daß dieselbe in keinem ihrer Stadien
für uns zur Todesgefahr, zum Untergange werden kann?

Wir können dies nur so hoffen, wenn wir eine Grofsmacht ersten Ranges sind, wenn unser Wort im europäischen Staatensystem gleiches Gewicht hat mit dem Worte
der Allermächtigsten, wenn wir in der europäischen Orientpolitik nicht Nebenläufer sind, die den Zielen anderer
dienen, sondern Führer, welche Richtung geben, welche
eine selbständige Politik haben können. Mit anderen
Worten, sind wir imstande mit fünfzig Millionen Deutschen,
vierzig Millionen Franzosen, neunzig Millionen Russen und
mit England Schritt zu halten, und in der Orientpolitik ein
ihnen an Einfluß wenigstens gleichkommender Faktor zu
bleiben? Die Antwort ist klar. Mit fünfzehn Millionen
Menschen ist dies unmöglich. Fünfzehn Millionen Menschen
geben keine genügende materielle Kraft, kein genügend
grofses Heer, kein genügendes Vermögen dazu, dafs mit
ihnen irgend ein Staat im 19. Jahrhundert eine Grofsmacht
sein könnte. Ziehen wir die thatsächliche Kraft der verschiedenen Grofsmächte in Betracht, so können wir sagen,
dafs, um soviel Kraft zu schaffen, als irgend ein Staat benötigt, um zur Grofsmacht zu werden, der angespannteste
Kraftaufwand von dreifsig Millionen Menschen, noch dazu
von dreifsig Millionen Menschen der auf dem Gipfelpunkt
der Civilisation stehenden Länder, kaum genügt.

Dazu, dafs wir allein so viel wiegen, wie die uns an

Kraft vielfach überlegenen Rassen, müßten wir jene wunder-
wirkende Macht Jesu besitzen, zufolge welcher der Heiland
mit ein paar Broten Tausende zu speisen vermocht hat.

In Ermangelung derselben steht uns nur ein Weg
offen: das Bündnis. Die uns mangelnde Kraft können
unsere Nachbarn hergeben. Vereint vermögen wir, was wir
einzeln nicht vermögen würden. Mit vereinter Kraft können
wir auch unter unseren schwierigen Verhältnissen Stand
halten.

Das heutige alleinstehende Ungarn könnte selbst im
besten Falle kein würdiger Nachfolger des Ungarns Ludwigs des Großen oder Mathias des Corviners sein. Das
Ungarn jener Zeit ist zufolge der natürlichen Wirkung der
damaligen Kräfte eine Großmacht gewesen; wir dagegen
würden nur ein Staat zweiten oder dritten Ranges sein
können, in einer heikeln und schwierigen Lage, in der
demütigenden Lage, daß wir bald vom Orient, bald vom
Occident Hilfe bitten, um die Gnade und Unterstützung
bald des einen, bald des andern Nachbars betteln müßten,
und unsere nominelle Selbständigkeit nur mit Schlauheit
und Unterwürfigkeit aufrecht halten könnten. Ist es nicht
des ruhmvollen Andenkens jener unserer Könige würdiger,
wenn wir, in ihre Fußstapfen tretend, auch heute unsere
Großmachtstellung bewahren, freilich, nicht alleinstehend,
sondern mit unserem Bundesgenossen, mit unseren durch
die Identität der Person des Königs und der Interessen der
Völker uns angeschlossenen Nachbarn?

Eine der größten Kräfte der Nationen liegt in den
ruhmvollen Erinnerungen, welche sie aus der Vergangenheit überkommen haben. Die großen Thaten der Vorfahren vergrößern die Schätze der Nationen, hauchen ihnen
inmitten der Gefahr Selbstvertrauen ein, steigern ihren
Patriotismus und zeigen ihnen Vorbilder, hinter welchen
zurückzubleiben doppelte Schande ist. Es würde deshalb

eine besondere Grausamkeit des Schicksals sein, wenn das, was die Quelle unserer Kraft werden könnte, zum Ursprunge unserer Übel würde, und wenn wir deshalb zu Grunde gehen müfsten, weil wir auch trotz der veränderten Verhältnisse eben nur jene Formen aufrechthalten möchten, unter welchen unsere Vorfahren bestehen und zur Geltung kommen konnten. Nicht die Formen, sondern den Geist, das Wesen sollen wir ihnen ablernen. Nur darin sollen wir ihnen folgen, dafs wir allezeit und unter allen Umständen dasjenige thun, was für das Land heilsam ist, was im Interesse des ungarischen Stammes liegt. Zu diesem unseren Streben sollen wir aus dem Vorbilde unserer Vorfahren Vertrauen, Muth und Kraft schöpfen; darin sollen wir ihnen nachahmen, nicht aber darin, dafs wir ein solches ihrer Werke zum Leben erwecken wollen, welches heute höchstens nur noch als Zerrbild bestehen könnte.

In neuerer Zeit wird oft in elegischem Tone auf das kleine Rumänien, auf das kleine Serbien oder Bulgarien hingewiesen, welche eine eigene Armee, eine eigene Diplomatie haben, während wir, die wir mächtiger sind, als sie, derlei Dinge nicht aufweisen können.

Ich gestehe, dafs ich das Argument nicht verstehe. In meinen Augen kann ihr Schicksal nur als abschreckendes, nicht aber als nachzuahmendes Beispiel dienen. Es ist wahr, dafs sie existieren. Aber seit wann? Kann aus der Vergangenheit einiger Jahre auf die Möglichkeit, ja auch nur auf die Wahrscheinlichkeit der dauerhaften Existenz geschlossen werden? Doch ich gründe meine Auffassung nicht darauf. Ich hoffe es und glaube es auch, dafs diesen kleinen Staaten eine lange Zukunft bevorstehe, vornehmlich, wenn wir in ihrer Beschützung mit Energie ausdauern; mit mehr Energie und Mut, als wir es bisweilen gethan haben.

Aber eben darin liegt das Tragische ihres Schicksals,

welches ich nicht beneide. Ihre Existenz beruht auf der Rivalität oder dem guten Willen ihrer Nachbarn. Sie können die Garantie ihres Lebens nicht in sich selbst, nicht in ihrer eigenen Kraft finden, sondern im Gleichgewicht der Nachbarmächte. Sie erhalten mit dem Schweiße ihres Angesichts Armeen, damit andere über dieselben verfügen. Sie müssen marschieren, wenn es andere wünschen, sie müssen dulden und schlucken, wenn andere es so wollen.

Sie können diese Rolle annehmen, weil sie nur selten ein besseres Geschick als dieses gehabt haben, und weil sie durch die Mißgunst der Verhältnisse immer dazu gezwungen gewesen sind, von dem Wohlwollen der Nachbarn zu leben. Sie haben es nie verstanden, zur wirklichen Sicherung ihrer Freiheit entweder miteinander oder mit ihrem, gemeinsame Interessen hegenden Nachbar ein verläßliches, beständiges Bündnis zu schließen, mit einiger Einschränkung ihrer Selbständigkeit ihren Bestand zu sichern und sich vom Zwange der Demütigung zu lösen. Sie haben dafür auch gebüßt. Sie haben Jahrhunderte hindurch in Sklaverei gelebt. Wenn sie heute das Ebenbild ihres alten Lebens zurückerhalten haben, so ist dies für sie eine große Errungenschaft. Aber ich frage, können wir Ungarn wohl ihr Schicksal beneiden, wir Ungarn, deren Könige einstens unter den ersten Herrschern Europas ihren Platz eingenommen haben? Wer ist unabhängiger, wer ist mehr Herr seines Schicksals, wir oder sie?

Ich will blos mit einigen Beispielen aufwarten. Da ist Rumänien, welches mit großer Kraftanspannung eine Armee erhält, um seine Interessen zu schützen, seine eigene Politik zu verfolgen. Und was haben wir gelegentlich des letzten russisch-türkischen Feldzuges gesehen? Daß es gezwungen gewesen ist, weil wir uns in den Kampf nicht einmischen wollten, nicht nur ohne seinen Willen, sondern gegen seine entschiedene Absicht, sich am Kriege an der

Seite der Russen zu beteiligen, sein Land den Russen zur
Verfügung zu überlassen, es zur Basis der Kriegsoperationen
machen zu lassen, und fünfzehntausend Menschen und überdies auch noch eine Provinz einzubüfsen. Es mufste froh
sein, grofsenteils infolge unserer Unterstützung, in der
Dobrudscha einigen Schadenersatz zu erhalten. Ist dies ein
beneidenswerther Zustand? Es ist wahr, dafs die rumänischen Truppen mit rumänischem Kommandowort exerziert
worden sind, aber sie haben auf russisches Kommandowort
geblutet.

Ist es nicht besser auf deutsches Kommandowort
nach rechts oder nach links zu schwenken, aber für ungarisches Interesse, für ungarische Ziele, nach dem Kommando
der ungarischen Nation zu kämpfen? Was ist besser, der
Schein oder die Wirklichkeit? Das glänzende Elend oder
das bescheidene, aber sichere Wohlbefinden?

Das zweite Beispiel ist Bulgarien. Ich kenne kaum
ein Volk, welches mehr Mut, gröfsere Geschicklichkeit bewiesen hätte und mehr Erfolg verdient haben würde, als
das bulgarische Es hat einen siegreichen Feldzug geführt
und dabei sich zu mäfsigen gewufst; es hat so viel gewagt, als gewagt werden konnte, aber nicht um ein Atom
mehr; es hat verstanden vorwärts zu gehn und still zu
stehn, wenn es nötig war, und hat so diese beiden Haupt-
kunstgriffe der politischen Kunst gleicherweise geübt; es
hat verstanden die öffentliche Meinung Europas zu gewinnen, das Wohlwollen der Mehrheit der Staaten und die
Freundschaft seines eigenen Suzeräns zu erringen: und
trotz alledem hat es kaum vermocht, es so weit zu bringen,
seinen rechtlichen Zustand anerkennen zu lassen. Weil es
nicht abdicieren, nicht zum russischen Vasallen werden
wollte, weil es die ihm von Europa gegebenen Rechte ausüben, den wackern Battenberger nicht wegjagen, sondern
für sich selbst leben wollte: hat es nicht vermocht sich Stabilität

und eine ruhige Existenz zu sichern. Die Antipathie einer Grofsmacht, eines Menschen setzte es der Unsicherheit und endlosen Krisen aus. Sein siegreicher Fürst mufste das Land verlassen, um diesen mächtigen Herrscher auszusöhnen. Aber die Aussöhnung gelang auch um den Preis dieses grofsen Opfers nicht. Auch der neue Fürst ist gezwungen sich zu ducken und zu kriechen, ebenso, wie es der frühere gezwungen gewesen ist. Aber er thut auch dies vergebens. Die Erniedrigung hilft ihm nicht. Bulgarien erhält zur Antwort, dafs es im europäischen Staatensystem eine definitiv anerkannte Stellung so lange nicht einnehmen werde, als es sich dem russischen Kommandowort nicht vollständig unterwirft, als es sich weigert eine russische Satrapie zu werden.

Einige Fanatiker werfen einen blutigen Leichnam als Opfer hin, aber auch dies hilft ihnen nichts, was übrigens auch natürlich ist, da ein Zar, ein ehrlicher Mensch, durch einen Mord nicht ausgesöhnt werden kann. Ist dieses Beispiel wohl nachahmenswert?

Heute haben die Bulgaren endlich nach vielen Prüfungen, infolge der weisen Mäfsigung oder vielleicht geschickten Berechnung der russischen Politik, die gewünschte Anerkennung erhalten. Der neue Zar hat ihre Bitte, wie es scheint, um den Preis sehr geringer Konzessionen erfüllt. Aber wer weifs, ob dieses Wohlwollen, dieser Sündenerlafs, diese Grofsmut den einmal künftig von ihnen zu fordernden Dankestribut nicht bedeutend erhöhen wird? Wenn der Zar definitiv auf dem jetzigen Wege weiter wandeln will und weise genug ist keinen Dank dafür zu verlangen, wofür die Bulgaren auch keinen schuldig sind, selbst dann verjähren die bisherigen Erfahrungen nicht, selbst dann bleibt die Thatsache stehen, dafs alles das, was das bulgarische Volk so heifs ersehnt und so wahrhaft verdient hat, von einem fremden Menschen, von einem Ausländer abgehangen hat.

Weil die eine Macht es nicht gewagt hat ihren eigenen Wunsch zur Geltung zu bringen, weil wir es seiner Zeit nicht gewagt haben den Bulgaren zu helfen, hat ein Mensch über ihr Schicksal entschieden. Ist diese Lehre ermutigend?

Soll ich noch Griechenlands erwähnen und jenes Dramas, welches sich jetzt in diesem klassischen Lande abspielt? Sind die dortigen Verhältnisse kein Beweis dessen, wie traurig es ist, schwach zu sein, wie wenig Selbstbestimmungsrecht oft unter dem pompösen Titel der völligen Souveränität, der völligen Unabhängigkeit zu finden ist?

In diesen kleinen Staaten ist die äußerliche Unabhängigkeit vorhanden; aber ihr inneres Leben gerät in die Abhängigkeit von den Nachbarn. Überall entsteht eine russische, eine österreichische oder englische Partei, und eben darum gerät die eine in einen so scharfen Gegensatz mit der andern und entbrennt zwischen ihnen ein so hitziges Ringen, daß ihre Fehde mehr dem Kriege feindlicher Nationen, als dem Kampfe politischer Parteien desselben Volkes ähnlich sieht. Ein Teil der Nation fühlt sich im Interesse der Gesamtheit oder seines eigenen Vorteiles wegen zu einem der Nachbarn hingezogen, der andere Teil der Nation hingegen sucht sein Heil in dem Wohlwollen eines andern mächtigen Staates. Dem Fremden eröffnet sich derart Gelegenheit, tief in die inneren Angelegenheiten des Landes einzugreifen. Wenn es sein Interesse erheischt und er über geeignete Werkzeuge für die Minenarbeit verfügt, ist er imstande Regierungskrisen, ja selbst eine Revolution hervorzurufen. Ein solcher Zustand ist keine Unabhängigkeit. Er ist nur der Schein der Unabhängigkeit und ist nur mit den Lasten derselben verbunden, bietet aber nicht deren Vorteile.

Das Schicksal der in der Nachbarschaft großer Staaten gelegenen kleinen Staaten ist aber immer ein solches gewesen und wird immer ein solches sein, vornehmlich wenn der Wettkampf der großen in der Nähe ihres Landes zur Entscheidung kommt. Ein solches ist das Schicksal Polens und ein solches ist auch das Schicksal Ungarns gewesen, als die Türken und die Deutschen miteinander um die Herrschaft rangen. Ein solches würde das Schicksal Ungarns auch in der Zukunft sein, wenn es hier, an dieser Stelle, auf diesem natürlichen Kampfplatze der gegensätzlichen Einflüsse, in schwacher Waffenrüstung dastände. Davor haben sich unsere Vorfahren gefürchtet, als sie das Haus Habsburg auf den erledigten Thron setzten. Und doch war damals noch nicht die Zeit der Herrschaft der Massen gekommen, und war auch die Nationalitätenfrage nicht das, was sie heute ist.

Auch dies letztere kann dem ungarischen Chauvinismus Anlaß zu vielem Denken geben.

Doch ich habe mich vielleicht schon übermäßig lange mit dieser Frage beschäftigt, welche die Nation bereits lange entschieden hat, und zwar in dem Sinne, daß wir einer dauernden und verläßlichen Bundesgenossenschaft bedürfen.

Dies ist eine seit Jahrhunderten allbekannte Wahrheit. Seit Jahrhunderten, seit dem traurigen Tage der Mohácser Katastrophe hat es nahezu die ganze Nation anerkannt, daß wir uns in dieser Hinsicht in einer Zwangslage befinden. Diese Überzeugung ist dermaßen allgemein geworden, daß es seit der Mohácser Katastrophe im Lande eigentlich nie eine ernste Partei gegeben hat, welche die vollständige Selbständigkeit unserer Nation für möglich gehalten und demzufolge ernsthaft gewollt hätte. Auch die Kurutzen[1] waren stets gezwungen eine beständige Bundesgenossenschaft zu suchen. Indem sie für die Unabhängigkeit des Landes kämpften, gefährdeten sie die Selbständigkeit desselben oft in größerem Maße, als die Labanzen[2] es

---

[1] Landesübliche Bezeichnung der Parteigänger und Soldaten der Revolutionshäupter gegen das Haus Habsburg, bes. Franz Rákóczis II.
[2] Landesübliche Bezeichnung der Parteigänger und Soldaten des Kaisers.
Anmerkung des Übersetzers.

thaten. Während die letzteren Österreich gegenüber stets
die Souveränität der ungarischen Krone aufrecht hielten
und es nie anerkannten, daß Ungarn Österreich unterworfen, daß es eine österreichische Provinz sei: wurden
die Kurutzen durch die Kraftverhältnisse dazu gedrängt,
daß sie die ungarische Krone zu einem Lehen des Sultans er-
niedrigten. Zápolya gab dazu das erste Beispiel, als er
drei Jahre nach der großen Niederlage auf dem Mohácser
Trauerfelde dem Sultan die Hand küßte. Dem Drucke
der Verhältnisse nachgebend folgten alle unsere nationalen
Helden diesem verhängnisvollen Beispiele, den einen Rákóczy
ausgenommen, welcher indessen den bayerischen Herzog
auf den Thron erheben wollte, und auf französische, nachher
auf russische Unterstützung zählte. Umsonst, sie waren
gezwungen, einem allgemeingültigen Gesetze zu gehorchen,
einem Gesetze, welchem sich niemand entziehen kann.

Wie allgemein gefühlt und wie gewichtig die Gründe
sind, aus welchen wir irgend einer Bundesgenossenschaft
bedürfen, beweist die Thatsache, daß der Apostel der
völligen Unabhängigkeit, Kossuth selbst eine ständige
Stütze gesucht hat, und dieser Bundesgenossenschaft zuliebe
von der Unabhängigkeit zu opfern bereit gewesen ist. Es
ist umsonst, die ständigen Interessen sind stärker als der
Wille der Menschen. Die hochtönenden Phrasen sind selbst
in dem Munde derjenigen, die sie lancieren, gezwungen
sich selbst untreu zu werden und sich den Thatsachen an-
zubequemen. Selbst Kossuth hat sich vor jener Wahrheit
beugen müssen, daß unsere Nation hier, an dieser Stelle,
für sich allein nicht bestehen kann.

Als Kossuth, welcher die Vorbedingung des Lebens der
Nation in der definitiven Losreißung von Österreich suchte
und dem unglückseligen Gedanken der Inkompatibilität
huldigte, diese seine Idee, welche zum Fluche des langen
und traurigen zweiten Teiles seiner blendenden Laufbahn

wurde, verwirklichen wollte, kam er selbst auf jene große Wahrheit, welche blos der strahlende Glanz der Waffenthaten von 1849 auf kurze Zeit zu verdunkeln imstande gewesen, auf jene Wahrheit, daß unsere Nation für sich allein, ohne festen Bundesgenossen, nicht prosperieren kann.

Von diesem Augenblicke an war er nicht mehr jener Vorkämpfer der Unabhängigkeits-Idee, welcher auch dem allerwinzigsten Teile der vollen Unabhängigkeit der Nation nicht entsagen will, welcher Ungarn für fähig hält, ohne Stütze seine Individualität aufrecht zu halten und zu entwickeln. Damals hatte er bereits aufgehört jener tollkühne Politiker zu sein, welcher einen Mangel an Patriotismus darin erblickt, wenn jemand an dem Maße der Kraft der Nation zu zweifeln wagt und die Ambition der Nation zu zügeln strebt. Den von Utopien träumenden nationalen Poeten hatte wieder der berechnende Politiker abgelöst. Er hatte sich von der Höhe des Alles-Wagens auf jenes Niveau herabgelassen, wo wir heute stehen, die wir sagen: unternehmen wir nicht mehr, als wozu wir fähig sind! Damals predigte er bereits, daß „ohne Konföderation (das heißt unabhängig) Ungarn als Macht zweiter, dritter Ordnung vegetieren könne", und nur mit einer Konföderation eine Großmacht zu werden vermöge. Er weist auf die Ursachen unserer Schwäche hin, auf die Nationalitätsverhältnisse und sagt auch, daß „unsere Nation ohne Konföderation gezwungen sein werde, nach einer der im Orient mit einander rivalisierenden Großmächte zu gravitieren", daß sie, „wenn sie dies thue, nicht unabhängig sein werde, wenn sie es nicht thue und der Notwendigkeit durch Neutralität entschlüpfen wolle, das Schicksal Venedigs erfahren könne."

Alles dies ist von dem klaren Verstande des Politikers Zeugnis gebende goldene Wahrheit und beweist zugleich, daß selbst der verwegenste Politiker Ungarns, der ein so festes Vertrauen in die Kraft seiner Nation gehegt hat, wie

nur je ein Mensch, nach kurzem Irrgang auf jene Basis
zurückgekehrt ist, daſs wir einen dauernden Verblündeten
suchen müssen. Auch Kossuth hat es für notwendig gehalten, zum Zwecke der Sicherung unserer Existenz die
Freiheit unseres Willens zu binden, Opfer, und zwar
schmerzende Opfer zu bringen. In dieser Hinsicht ist er
nicht besser und nicht schlechter gewesen, als wir. Der
Unterschied liegt nur darin, daſs er das Bündnis dort gesucht hat, wo wir Unterstützung eher gewähren müssen,
als erhalten können. Kossuth wollte sich auf den Orient
stützen, um dem Occident widerstehen zu können, während
die historischen Traditionen und unsere Lebensinteressen
uns gleicherweise darauf hinweisen, daſs wir uns auf den
Occident stützen, gegen den Orient hin aber selbst Stütze
seien oder, wenn es sein muſs, uns gegen den Orient
wehren. Kossuth hat sich zu dieser, auch in das Bewuſstsein der Nation übergegangenen Wahrheit in Gegensatz gestellt. Gott sei Dank, die ungarische Nation ist heute
bereits ebenso sehr mit jener Frage im reinen, wo sie den
ständigen Verbündeten suchen soll, wie mit jener, daſs sie
desselben bedarf.

Schon Stephan der Heilige hat zwischen dem Occident
und Orient gewählt, als er die ungarische Nation in die
katholische Religion und in die occidentalische Civilisation
einführte. Das Gros der Nation ist seitdem immer dem
occidentalischen Bündnisse treu geblieben und auf jenen
Fuſstapfen fortgeschritten, welche uns der zweite Begründer
unseres Vaterlandes vorgezeichnet hat. Wir sehen, daſs die
Mehrheit unserer Nation einen Herrscher, einen ständigen
Bundesgenossen in der Regel nur im Westen gesucht, gegen
den Osten hin aber ein Protektorat ausgeübt, daselbst ihren
Einfluſs ausgebreitet, aber, wenigstens dauernd und mit
freiem Willen, nie gestattet hat, daſs von dorther auf sie
Einfluſs geübt werde. Als die von Osten drohende Gefahr

groſs und dauernd wurde, schlossen wir uns entschieden
unseren westlichen Nachbarn an. Die stufenweise zu
einer selbständigen Macht gewordenen Familienbesitztümer
des Hauses Habsburg bildeten, als unmittelbare Nachbarn,
als weder übermäſsig starke, noch übermäſsig schwache
Staatengruppe, unsere natürlichsten Bundesgenossen. Ein
westlicher Politiker hat gesagt: Wenn Österreich nicht
wäre, müſste man es machen. Wenn dies aus euro-
päischem Gesichtspunkte wahr ist, ist es aus ungarischem
Gesichtspunkte doppelt wahr, denn Österreichs Kraft ist
eben ausreichend dazu, mit uns vereint eine Groſsmacht zu
bilden, aber nicht genügend groſs dazu, uns zu erdrücken.

Unser Bündnis mit Österreich ist auch darum richtig,
weil Österreich durch seine Interessen auf unsere Bundesgenossenschaft angewiesen ist.

Bleiben wir bei dieser These stehen. Sie ist so richtig,
daſs sie verdient motiviert zu werden.

Betrachten wir zunächst die Vergangenheit.

Die Habsburger Dynastie hat, seit sie auch die ungarische Krone trägt, bis zur groſsen Umgestaltung 1867,
gegen drei groſse Gefahren, gegen drei groſse Gegner zu
kämpfen gehabt. Ihr erster Antagonist war der Protestantismus, in jener Zeit, wo der religiöse Gegensatz das politische
Leben beherrschte; der zweite das Franzosenreich Richelieus
und Ludwig XIV.; der dritte die Rivalität der Hohenzollern.
Würde wohl das kaiserliche Haus vermocht haben den
Kampf mit diesen Gegensätzen zu bestehen, würde es vermocht haben, die Integrität der Erbländer zu beschützen,
wenn Ungarn im Dienste ihm fremder Kräfte gestanden
hätte, wenn im Osten die zu verteidigende Grenze die Leitha
und die Karpathen gewesen wären? Gewiſs nicht. Österreich würde ohne den in Ungarn gewonnenen Hintergrund
nicht imstande gewesen sein den Kampf mit diesen Gefahren zu bestehen und ein Faktor des internationalen Lebens

mit jener Idee.
berührte tief
Würzen würde
worden
lung des
Herrschaft
sein.
wäre.
Prote
erreich
den

kraft für die Kaiser. Wenn auch die unmittelbare Einwirkung dieser Partei nicht vermögend gewesen ist, die europäische Machtwagschale in ausschlaggebender Weise zu beeinflussen, hat sie doch durch ihre mittelbare Einwirkung ein ausschlaggebendes Gewicht gewonnen. Jene Thatsache, daſs die Krone unseres Landes auf dem Haupte der Habsburger verblieb, bot die Sicherheit dafür, daſs der Kampf der Dynastie mit den Türken und mit dem ungarischen Protestantismus innerhalb der Grenzen Ungarns verlief, daſs er nicht nach Österreich, unter die Mauern Wiens, hinüberschlug, was unfehlbar erfolgt sein würde, wenn nicht Oberungarn und die Komitate jenseits der Donau einen Schutzwall gegen Osten gebildet hätten, wenn die Kraft der Legalität, das ungarische Loyalitätsgefühl die Aggression nicht gelähmt hätte, wenn diese nicht infolge dieser Schranken im Grunde defensiv geblieben, sondern zur unerbittlichen Offensive des Fremden geworden wäre. Wenn der Türke in Preſsburg steht und von hier seine eigenen und die Heere der Ungarn zum Angriff führt, dann kann die katholische Richtung nicht siegen und wird die Macht der Kaiser nicht so stark, daſs sie imstande wäre den österreichischen Staat zu konstituieren. Auch so hing das Schicksal des Kampfes wiederholt an einem Haare. Die katholische Sache vermochte auch so nicht einen vollständigen Sieg zu erringen; die von den Habsburgern vertretene Tendenz vermochte auch so nur in den Erbländern vollständig die Oberhand zu gewinnen. Wenn sich die Kraftverhältnisse nur um ein geringes anders gestaltet hätten, würde dieses Resultat nicht erreichbar gewesen sein. Die Abtrünnigkeit Ungarns aber würde sehr schwer in die Wagschale der Kräfte gefallen sein.

Der mit den Königen von Frankreich geführte Kampf berührte die Integrität der Erbländer schon nicht mehr. Damals kämpften die groſsen Ambitionen, die freiheitgefährdende Kraft des heiligen römischen Reiches, des spanisch-

zu werden. Der Kampf des Protestantismus mit jener Idee,
mit welcher sich die Dynastie identifizierte, berührte tief
den Fortbestand, die Einheit Österreichs. Böhmen würde
verloren gegangen sein, wenn Ferdinand II. besiegt worden
wäre. Es würde nicht blos die europäische Stellung des
Hauses Habsburg gefährdet, sondern auch die Herrschaft
desselben in seiner engeren Heimat erschüttert worden sein,
wenn die Sache, deren Vorkämpfer es war, unterlegen wäre.

Der Sieg der Kaiser über den österreichischen Protestantismus und über die ständische Verfassung in Österreich
sicherte das Beisammenbleiben der Erbländer und gab denselben ihren jahrhundertelang bewahrten Charakterzug.
Würden aber wohl die Waffen der katholischen Reaktion
von Erfolg gekrönt worden sein, wenn Ungarn im Dienste
der türkischen Aggression gestanden hätte, wenn die Leitha
die Operationsbasis der türkischen Offensive gebildet hätte?

Die österreichischen Geschichtschreiber erkennen es
nicht an, daß in diesen Zeiten das Bündnis mit Ungarn
zum Fortbestande Österreichs mitgewirkt habe. Der äußere
Schein giebt ihnen auch Recht. In jener ganzen Epoche,
deren Hauptbegebenheit der dreißigjährige Krieg ist, hat
die Mehrheit der Ungarn wiederholt gegen das Kaiserhaus
Stellung genommen. Unter Gabriel Bethlen und Georg
Rákóczy haben die Stände Siebenbürgens, ja auch des außer-
siebenbürgischen Ungarns für den Protestantismus und die
ständische Verfassung gekämpft. Aber darum bleibt es doch
wahr, daß, wenn Ungarn vollständig mit Österreich gebrochen hätte; wenn es vollständig unter türkische Schutz-
herrschaft geraten wäre; wenn es einen energischen Kampf
gegen das Reich der Habsburger geführt hätte; dieses kaum
imstande gewesen sein würde zu siegen. Ein Teil der
Nation hielt beständig an der Seite des Königs aus. Die
katholische Partei kämpfte unter der Führung Peter Páz-
mánys und Nicolaus Eszterházys mit unermüdlicher That-

kraft für die Kaiser. Wenn auch die unmittelbare Einwirkung dieser Partei nicht vermögend gewesen ist, die
europäische Machtwagschale in ausschlaggebender Weise zu
beeinflussen, hat sie doch durch ihre mittelbare Einwirkung ein ausschlaggebendes Gewicht gewonnen. Jene
Thatsache, dafs die Krone unseres Landes auf dem Haupte
der Habsburger verblieb, bot die Sicherheit dafür, dafs der
Kampf der Dynastie mit den Türken und mit dem ungarischen
Protestantismus innerhalb der Grenzen Ungarns verlief, dafs er
nicht nach Österreich, unter die Mauern Wiens, hinüberschlug, was unfehlbar erfolgt sein würde, wenn nicht Oberungarn und die Komitate jenseits der Donau einen Schutzwall gegen Osten gebildet hätten, wenn die Kraft der Legalität,
das ungarische Loyalitätsgefühl die Aggression nicht gelähmt hätte, wenn diese nicht infolge dieser Schranken im
Grunde defensiv geblieben, sondern zur unerbittlichen Offensive des Fremden geworden wäre. Wenn der Türke in
Prefsburg steht und von hier seine eigenen und die Heere
der Ungarn zum Angriff führt, dann kann die katholische
Richtung nicht siegen und wird die Macht der Kaiser nicht
so stark, dafs sie imstande wäre den österreichischen Staat
zu konstituieren. Auch so hing das Schicksal des Kampfes
wiederholt an einem Haare. Die katholische Sache vermochte auch so nicht einen vollständigen Sieg zu erringen;
die von den Habsburgern vertretene Tendenz vermochte
auch so nur in den Erbländern vollständig die Oberhand
zu gewinnen. Wenn sich die Kraftverhältnisse nur um ein
geringes anders gestaltet hätten, würde dieses Resultat nicht
erreichbar gewesen sein. Die Abtrünnigkeit Ungarns aber
würde sehr schwer in die Wagschale der Kräfte gefallen sein.

Der mit den Königen von Frankreich geführte Kampf
berührte die Integrität der Erbländer schon nicht mehr.
Damals kämpften die grofsen Ambitionen, die freiheitgefährdende Kraft des heiligen römischen Reiches, des spanisch-

deutschen Bündnisses, mit der Macht Frankreichs. Die
Weltherrschaft war bedroht, nicht die Integrität der vom
Kriegsschauplatze ferner gelegenen Erbländer.

Der Kampf mit den Preußen jedoch ging schon wieder
Österreich an den Leib. Das war ein Kampf um Sein und
Nichtsein. Schon beim ersten Aufzug dieses großen Dramas,
im österreichischen Erbfolgekriege, war Ungarns treues Festhalten an der pragmatischen Sanktion eine der Hauptursachen des Beisammenbleibens Österreichs. Wenn damals,
als es vom Westen her vom vereinten Europa angegriffen
wurde, als die definitive Teilung Österreichs beschlossen war,
ihm auch von Osten her ein Feind entgegengetreten wäre;
wenn die schmale Verteidigungslinie Österreichs von zwei
Seiten her bedroht gewesen wäre; wenn Maria Theresia
sich nirgendshin um Hilfe hätte wenden können; wenn sie
in Preßburg, statt von begeisterten Ständen, vom Schwerte
des Gegners empfangen worden wäre: was würde aus Österreich geworden sein? Es wäre heute eine historische Erinnerung, nichts weiter.

Die neueren österreichischen Geschichtschreiber bemühen
sich, den Wert der 1740er ungarischen Insurrektion herab-
zusetzen. Ich will mit ihnen nicht polemisieren. Es ist
die Aufgabe unserer Geschichtschreiber die Wahrheit auf-
zuhellen und nicht zu gestatten, daß der wirkliche Ruhm
unserer Vorfahren zweifelhaft gemacht werde. In diesen
Streit sollen weder Politik noch Sympathie hineingezogen
werden, sondern nur wahre Daten. Wie immer aber dieser
Streit ausfalle, eine unverkennbare Thatsache bleibt es, daß
Maria Theresia ohne die ungarische Unterstützung nicht
imstande gewesen wäre sich siegreich zu behaupten. Von
welcher Beschaffenheit die Heerscharen gewesen sind, welche
wir im Jahre 1740 zum Schutze des bedrohten Thrones
gesandt haben? was die Folge unserer Begeisterung in
Zahlen ausgedrückt gewesen ist? was unsere Truppen ge-

leistet haben? das ist eine hochinteressante historische Frage; aber sie erschöpft nicht jenen Vorteil, mit welchem unsere Bundesgenossenschaft für Österreich verbunden gewesen ist. Ich behaupte, daß, wenn auch unsere Streitkräfte bei den entscheidenden Ereignissen des Feldzuges eine noch so unbedeutende Rolle gespielt hätten, Maria Theresia ohne Ungarn unterlegen sein würde. Blos die strategische Lage unseres Landes machte es ihr möglich den Widerstand fortzusetzen, als Prag bereits in fremden Händen, Wien bedroht, ein großer Teil der Erbländer vom Feinde besetzt war. Wohin würden die kaiserlichen Truppen sich im Falle einer Niederlage haben zurückziehen können, woher würden sie neue Kräfte haben an sich ziehen können, wenn Ungarn fremd gewesen wäre? Die ungarische Insurrektion ganz außer Acht gelassen, wie würde auch die reguläre Armee haben operieren können ohne die nötige Operationsbasis, wo sie unbehelligt frische Kräfte werben konnte? Der Feind würde imstande gewesen sein, Österreich infolge der ersten Überraschung von einem Ende bis zum anderen zu durchziehen. Es hätte nur noch einiger weniger Erfolge bedurft, und die österreichischen Provinzen würden von einander abgeschnitten worden sein, und, indem das ganze Territorium eine Beute der Invasion geworden wäre, würde auch die materielle Möglichkeit des weiteren Widerstandes aufgehört haben. Sowie sich Ungarn mit seiner Königin identifizierte, änderte sich diese Situation. Was durch eine kurze Campagne erreichbar schien, wurde so zu einem in den damaligen Zeiten noch schwer durchführbaren abenteuerlichen Unternehmen in großem Maßstabe.

Die vollständige Niederwerfung Österreichs würde nur möglich gewesen sein, wenn die Koalition die österreichische Armee in die Ebenen des ungarischen Tieflandes hinein hätte verfolgen können. Wenn auch Ungarn der Invasion keine neue Armee in den Weg gestellt hätte, wenn die Möglichkeit eines solchen neuen Kraftaufwandes ausgeschlossen gewesen

wäre, wenn daher die Furcht vor dieser unberechenbaren
neuen Gegnerschaft selbst auf den Angreifer nicht abkühlend
gewirkt hätte, auch dann würde die entschlossene Stellungnahme Ungarns die Aussichten des Kampfes verändert haben.
Die österreichische Armee erhielt eine günstige strategische
Situation. Sie gelangte zu einer gesicherten Operationsbasis,
zu einer Rückzugslinie und wurde daher aktionsfähiger.
Sie wurde Herrin ihrer Entschlüsse. Sie war nicht genötigt
in Österreich eine Schlacht zu liefern, sondern sie konnte,
den günstigen Augenblick abwartend, sich ohne Gefahr
zurückziehen. Der Kampf hätte sich so in die Länge ziehen
können, die Koalition hätte eine neuere und schwere Campagne zu eröffnen gehabt. Die Verfolgung der sich zurück-
ziehenden Armee, mit immer schwächer werdenden Kräften,
inmitten eines feindlichen Landes, wo eine ganze Reihe
starker Positionen zu erzwingen war, wäre nur im Falle
des wechselseitigen Vertrauens der verbündeten Staaten,
mit einheitlicher ausdauernder Kraftanspannung siegreich
durchführbar geworden. Besaß aber die Koalition diese
Eigenschaften? Würde sie wohl bei der in ihren Reihen
herrschenden Zwietracht, bei der Verschiedenheit der von
Ludwig XV. und Friedrich II. verfolgten Ziele imstande
gewesen sein, die Feuerprobe zu bestehen?

Aber dazu kam es auch gar nicht. Die Festigkeit
Maria Theresias, die Kühnheit ihrer Truppen und die Treue
ihrer Völker wendeten das Blatt. Der Krieg mußte nicht
in Ungarn fortgeführt werden. Aber ist es darum erlaubt,
ist es klug, zu leugnen, daß die feste Haltung unseres
Landes die Vorbedingung des Widerstandes, des mutigen
Auftretens der Königin gewesen sei, daß diese Haltung die
Aussichten der Kriegsführung verändert habe? und der
Ausgangspunkt der Rettung wurde?

Auch in den späteren Perioden des Kampfes mit den
Preußen wurde es nur durch den Rückhalt an Ungarn,

durch die von demselben gebotenen Hilfsquellen, durch das
blofse Dasein des nichtdeutschen Landes der Habsburger
ermöglicht, dafs, trotz des Erfolges der Hohenzollern, trotzdem, dafs im deutschen Reiche die Führerrolle immer mehr
den Händen der Kaiser entglitt, diese doch eine Grofsmacht bleiben, dafs sie ihre Erbländer zu einer, ein vom
deutschen Reiche unabhängiges Leben führenden Einheit
entwickeln konnten. Wenn die Union mit Ungarn nicht
gewesen wäre, würde der Kampf mit Preufsen ein ganz
anderes Gepräge angenommen haben. Er würde auf jeden
Fall zur Absorption Österreichs geführt haben. Ob die
Habsburger siegen, ob sie besiegt werden, Österreich würde
in das deutsche Reich aufgegangen sein. Der Sieg wäre
nur im Wege des vollen Aufgehens in die deutsche Idee
erreichbar gewesen und hätte zur Beiseitelassung jeder
österreichischen Sonderpolitik, jedes österreichischen Sonder-
zieles und jeder österreichischen Sonderambition geführt.
Die österreichische Staatsindividualität hätte sich nicht
entwickeln können. Im Falle der Niederlage der Habsburger aber würde die Überlegenheit der Hohenzollern
zur Geltung gekommen sein. Aufserhalb Deutschlands
können die österreichischen Länder ohne Ungarn ihre
Selbständigkeit nicht bewahren. Dafs das Reich der
Habsburger, aus Deutschland hinausgedrängt, sich von
neuem auf die Beine zu stellen vermocht hat, kann es
nur der ungarischen Krone verdanken. Nur mit dieser
vereint hat Österreich Lebensfähigkeit besessen. Drei Jahrhunderte hindurch ist jede Expansion desselben nur auf dem
Wege des Besitzes Ungarns möglich geworden. Ausschliefslich
infolge des Besitzes Ungarns konnten die neuen Erwerbungen
festgehalten werden. Aus eigener Kraft vermochte Österreich
sich nur gegen Italien auszudehnen. Aber daraus erwuchs ihm
kein Segen. Es war nicht imstande, die dortigen Erwerbungen
sich organisch anzugliedern. Das von der Türkenherrschaft

befreite Ungarn und die uns annektierten Teile Polens
bildeten jene neue Kraft, welche die Machtstellung der
Habsburger auf dem alten Niveau erhielt. Diese Länder
aber hätten nicht erworben werden können, wenn der
Kaiser nicht die Krone Ungarns getragen hätte. Ist es
nicht klar, dafs, von den ungarischen Landesteilen selbst
gar nicht zu reden, Galizien und die Bukowina mit
Österreich gar nicht hätten vereinigt werden können, wenn
sich an der langen Südgrenze dieser excentrisch gelegenen
Länder nicht ein verbündetes Land hingedehnt hätte, und
Österreich sich nur mit dem schmalen Punkte der West-
grenze dieser Länder hätte berühren können? Und wäre es
wohl möglich gewesen Bosnien und die Herzegovina in die
Machtsphäre Österreichs einzubeziehen, wenn nicht die
Krone des heiligen Stephan die Stirne des Kaisers geschmückt hätte?

Kurz: Österreich konnte, aus Deutschland hinausgedrängt, blofs mit Ungarn verbündet ein selbständiges
Leben führen, sich ausdehnen, in Europa ein Faktor
bleiben.

Wenn dies in der Vergangenheit der Fall gewesen ist,
ist es dies in der Gegenwart noch mehr. Was ich in dieser
Hinsicht von Ungarn gesagt habe, gilt alles auch von
Österreich. Dieses unterliegt der Wirkung desselben Gesetzes, welches unser Schicksal beherrscht. Es ist für sich
allein nicht stark genug, um sich unter den Grofsmächten
zu behaupten. Nicht nur deshalb, weil es dazu nicht die
hinreichenden ursprünglichen Kraftfaktoren besitzt, sondern
auch deshalb, weil es infolge seiner geographischen und
ethnographischen Verhältnisse zu selbständigem Leben nicht
geeignet ist. In dieser Hinsicht ist es übler daran, als
wir. Während unser Ungarland ein von Natur einheitliches, vermöge seiner Stromsysteme und der Lage seiner
Gebirge zusammengehörendes, kompaktes Territorium ist:

besteht Österreich aus miteinander schwach verbundenen besonderen Teilen, welche nicht die Natur, sondern die geschichtliche Gestaltung miteinander vereint hat. In seiner langgedehnten Gestalt hat Österreich keine lebensfähige Form, wenn ihm das von seinen Provinzen umringte Ungarn fremd ist. Ungarn kann aus e i n e m Mittelpunkte nach allen Richtungen hin verteidigt werden, die Teile desselben können gar nicht voneinander isoliert werden. Österreich besteht aus vorgeschobenen, in fremdes Gebiet hineinragenden, mit einander nur wenig verbundenen Provinzen, deren jede besonders verteidigt werden muſs, die der Gegner, nach seinem ersten Erfolge, leicht voneinander absperren kann. Jener Punkt, von welchem aus jeder Teil Österreichs am leichtesten erreichbar ist, durch welchen hindurch die einzelnen Teile desselben am sichersten miteinander verkehren können, an welchem auch im Falle eines Unglücks die sämtlichen Kräfte vereinigt werden können, und von welchem aus andernteils jeder Punkt der Grenze bedroht werden kann, wenn derselbe ein Feindeslager wäre — der Mittelpunkt des durch die südlichen und östlichen Grenzen Österreichs beschriebenen Bogens — liegt auf auſserösterreichischem Gebiete, in Ungarn. Ungarn liefert die natürliche Basis der Verteidigung Österreichs, das die einzelnen Schutzwälle Österreichs verbindende Noyau. Tirol, Böhmen, Galizien sind drei mächtige Vorwerke, deren inneren Festungskern Ungarn bildet. Ungarn gestaltet das Verteidigungssystem Österreichs zu einem geschlossenen Ganzen. Ohne diese Ergänzung ist Österreichs Kampflinie so schwach, daſs es sich mit einer geringeren staatlichen Kraft, als diejenige seiner Nachbarn, nicht würde erhalten können.

Hierzu kommt noch die Ungunst seiner ethnographischen Verhältnisse.

In Österreich besitzt keine Nationalität eine so groſse

Übermacht, dafs die innere Einheit derselben auch die
Einheit des Staates sichern könnte.

Wenn seine materielle Kraft nicht hinreichend wäre
die Einmischung der auswärtigen Mächte ipso jure auszu-
schliefsen, und wenn die Ambition der mit seinen verschiedenen Stämmen verwandten Kräfte, seiner übermächtigen
Nachbarn sich erhöbe: würde das allein dastehende, der
geistigen Einheit ermangelnde Österreich mit seiner schwachen
Verteidigunglinie seine staatliche Existenz, seine Integrität
nicht beschützen können. Der gröfste Optimist könnte
nicht hoffen, dafs Österreich durch das Gleichgewicht der
Nachbarn, durch die Rivalität derselben erhalten würde.

Auf dieses Glück würde unser Bundesgenosse ebensowenig rechnen können, wie wir. Seine Lage, seine Umgebung
ist nicht günstiger, als die unsrige. Unser gutes und unser
böses Geschick ist gemeinsam. Wir sind unter demselben
Gestirn geboren. Deshalb sollen wir uns miteinander vertragen, sollen zusammenhalten. Keines von uns soll
Schadenfreude über das Mifsgeschick des anderen empfinden,
weil der das eine treffende Schlag auch das andere trifft.
Wir sollen nicht aus kleinlicher Eitelkeit abstreiten, dafs
wir einander in der Vergangenheit viel verdanken, und
dafs wir auch in der Zukunft nur fortleben können, wenn
wir einander helfen.

Der Wettkampf der germanischen und slavischen Welt
im Donauthale ist nur infolge der Grofsmacht Österreich-
Ungarns nicht zur internationalen Frage geworden. Er
würde es jedoch werden, sobald diese Macht abnähme.
Der durch lange Zeiten sanktionierte, von einer Million von
Bajonetten geschützte status quo hat die grofs-slavischen und
grofs-germanischen Ideen in den Hintergrund gedrängt.
Wenn zwischen einzelnen Stämmen Österreichs Reibungen
vorkommen, so ist dies blofs Familienzwist, in welchen
niemand dreinzureden hat, welcher zu keinen Verwicke-

lungen führt, und das Gleichgewicht der Welt gar nicht
berührt, weil die europäische Diplomatie wohl weiß, daß
diese Friktionen keinen entscheidenden Einfluß auf die
Haltung der Monarchie üben, deren auswärtige Politik nicht
im Dienst irgend eines der transleithanischen Stämme stehen
kann, sondern sich den großen und ständigen Interessen
der Gesamtheit der beiden Staaten entsprechend gestalten
muß, daß sie weder germanisch, noch slavisch werden
darf, sondern österreich-ungarisch, eine Stütze des Friedens,
des europäischen Gleichgewichts bleiben muß. Für die
Großmächte Europas ist es solcherweise gleichgiltig, ob in
Böhmen die Czechen oder die Deutschen etwas mehr oder
weniger Terrain gewinnen. Ganz anders würde jedoch die
Sache stehen, sobald von einem Österreich die Rede wäre,
welches nicht stark genug ist, seine eigene Politik zu verfolgen, welches nicht stark genug ist, das Gleichgewicht
zwischen der germanischen und slavischen Welt aufrecht
haltend, eine rein staatliche Politik zu verfolgen, welches
sich der einen oder der anderen von diesen beiden großen
Kräften anschmiegen müßte, welches, von Ungarn getrennt,
entweder ganz unter den deutschen, oder ganz unter den
slavischen Einfluß geraten würde, bei welchem demnach
die innere Krise auch die auswärtige Stellungnahme bestimmen würde.

Ganz anders würde die Sache stehen, sobald zur orientalischen Frage, als neue Ausgabe und Komplikation derselben, auch die österreichische Frage und das Bewußtsein
hinzuträte, daß Europa einem unhaltbaren Zustande gegen-
überstehe, einem Zustande, welchen die rivalisierenden
Kräfte von außen her beeinflussen müssen, wenn sie nicht
wollen, daß er sich zu ihrem Nachteile ändere. Weder
Deutschland, noch Rußland würde den Zwist der Nationalitäten länger ruhig ansehen können. Indem jedes von
ihnen fühlen würde, daß der andere Teil mit erfolgreicher

Kraftanspannung seine Hand auf das labile Land legen könne, und hoffen würde, aus dem Chaos zu seinem eigenen Vorteile eine neue Ordnung schaffen zu können: würde in jedem der Trieb erwachen, ja es würde es jedes für seine Pflicht halten, dem andern zuvorzukommen. So würden die inneren Fragen Österreichs zu gefährlichen Komplikationen führen. Der Nationalitätenzwist würde die Ursache des bisher vermiedenen grofsen Rassenkampfes werden, Österreich der Schauplatz dieser Kämpfe und die Beute des Siegers in demselben. Wenn der Konflikt der germanischen und slavischen Welt bisher vermieden werden konnte, war dies dem Umstande zu verdanken, dafs in der unmittelbaren Nähe derselben kein Raum war, wo die zu den beiden Rassen gehörenden Faktoren miteinander um ein neues Gleichgewicht gekämpft hätten, wo unentschiedene Grenzlinien und Machtfragen eine neue Feststellung erwartet hätten. Sobald solche offene Fragen erstünden, würde das Ringen der beiden gegensätzlichen Welten unvermeidlich werden. Sowie einst das zerstückelte Deutschland, das schwache Italien, die zerbröckelnde Türkei zu unversieglichen Quellen von Komplikationen geworden sind, ebenso würden die an Stelle der einheitlichen Kraft unserer Monarchie ins Dasein tretenden Sonderbildungen zu solchen werden.

Dafs diese Kämpfe das Ende der staatlichen Existenz Österreichs bedeuten würden, brauche ich vielleicht nicht mehr zu sagen. Seine Schwäche würde den Kampf veranlassen und dieselbe würde auch über den Ausgang desselben entscheiden. Es würde entweder in Stücke zerrissen werden, oder es würde in ein Abhängigkeitsverhältnis zu dem einen Nachbar, zum siegenden Teile geraten.

Unser Schicksal mit dem ihrigen vergleichend, könnten einige Österreicher vielleicht einen Trost haben. Bei uns würde mit dem Staate unbedingt auch die Nationalität unter-

gehen, sie dagegen könnten darauf hoffen, die letztere bewahren zu können. Freilich kann dies nur in den Augen
derjenigen eine maſsgebende Rücksicht sein, die keinen
österreichischen Patriotismus haben, die nicht an jenem
Österreich hangen, für welches so viel Blut vergossen
wurde, welches eine so ruhmreiche, schöne Vergangenheit
hinter sich hat, und die undankbaren Herzens jener
Dynastie zu vergessen vermögen, welcher sie so viel verdanken können. Ich hoffe, daſs es solche nicht giebt.
Wenn es aber deren dennoch gäbe, würden diese gut
thun, zu bedenken, daſs sie sich in ihrer Erwartung
sehr leicht täuschen könnten. Erstens, wo steht es geschrieben, daſs die Heimat des betreffenden eben der
verwandten Nation als Anteil zufallen würde? Wenn
Österreich in Stücke fiele, würde sich ein Teil der
Deutschen oder Slaven ihren Stammverwandten anschlieſsen,
der andere Teil aber würde aufgeopfert werden. Wenn ganz
Österreich dem einen oder dem anderen seiner Nachbarn
angegliedert würde, würde die Nationalität eines der Stämme
sicherlich ganz untergehen müssen. Die Stämme wohnen
in Österreich so zerstreut, daſs eine solche Verteilung oder
Angliederung, welche das Interesse jeder Nationalität befriedigen könnte, gar nicht denkbar ist. Wer vermöchte
es unter solchen Verhältnissen voraus zu wissen, in welcher
Weise die unberechenbaren Eventualitäten über sein Geschick entscheiden, ob sie ihn zum Opfer weihen, oder zum
Henker bestellen würden?

Im heutigen Österreich vermag jeder Stamm seine
nationale Individualität zu bewahren, ja zu entwickeln, mit
dem Zusammenbruche des österreichischen Staates dagegen
würde ein Teil derselben diese einbüſsen. Das Damoklesschwert der Ungewissheit würde über dem Haupte eines jeden
hängen, und so kann man mit Recht fragen, ob es welchem
Stamme immer, wenn er sich auch nur rein auf den

Gesichtspunkt der Nationalität stellte, möglich sein würde,
der unberechenbaren Krise ohne Besorgnis entgegen zu
sehen? Welcher von ihnen hätte eine Bürgschaft dafür, dafs
er nicht die Beute einer in jeder Hinsicht feindlichen Macht
werden würde?

Aber ferner ist es eine grofse Frage, ob auch der
Glückliche gut ankommen würde? Immer aufser Rechnung
gelassen die idealen Momente, das Unmefsbare, jenen durch
Nichts ersetzbaren Verlust, welcher damit verbunden ist,
wenn die das Vaterland repräsentierende Staatsform zu-
sammenbricht, das, woran sich die heiligsten Erinnerungen
knüpfen, was im Glorienscheine der Geschichte strahlt, wofür die Vorfahren lebten und starben; ich sage, aufser
Rechnung gelassen den mit der Vernichtung dieses Staats-
gebildes verbundenen tiefen Schmerz, ist es auch dann
noch eine grofse Frage, ob die Völker Österreichs eine
solche neue Heimat finden könnten, in welcher sich ihre
Individualität in den Fufsstapfen der Vergangenheit weiter
entwickeln könnte. Die Geschichte hat den von ihren
Stammverwandten losgerissenen Gruppen ein unauslösch-
liches eigenartiges Gepräge aufgedrückt. Würde wohl die
Einheit der Nationalität allein imstande sein, diese von der
Geschichte eingegrabenen Spuren auszulöschen? Die Deutsch-
österreicher würden sich im Rahmen des neuen Deutschen
Reiches in einer fremden Welt fühlen. Dasselbe ist durch
die Hinausdrängung Österreichs zustande gekommen. Der
Wiedereintritt Österreichs würde von neuem zwei Schwerter
in eine Scheide stofsen. Er würde zur Kollision zweier
Prätensionen führen. Deutschland würde gröfser, aber
weniger einheitlich werden. Der Keim der Zwietracht
würde wieder aufleben. Würde wohl der Österreicher dem
Preufsen zu gehorchen, würde Wien hinter Berlin zurückzutreten wissen? Wie würde wohl der wenig energische,
leichtblütige, gemütliche Österreicher mit dem starren, pe-

dantischen Preufsen auskommen? Würde sich wohl das
katholisch-klerikale Grundbesitzertum mit den protestantischen Muckern, und der liberale Bürger mit dem Junker
vertragen? Wie würde wohl der Czeche, wenn er trotz
des ihn von Rufsland trennenden Schlesiens doch dorthin
käme, sich unter russischer Oberhoheit fühlen? Ist das
Beispiel Polens wohl ermutigend? Aber wenn ihn auch
nicht ein dem Lose der Polen ähnliches Schicksal erwartete,
wie würde sich wohl der an eine freie Verfassung gewöhnte
Stamm unter dem Zarismus befinden? Eine besondere
Verfassung würde er wohl kaum erhalten können, das
ganze Rufsland aber ist von dem Anbruch der Freiheit
noch sehr weit entfernt. Gar mancher geradheraus redende
Demokrat würde mit den Annehmlichkeiten Sibiriens Bekanntschaft machen. Es würde den Czechen um die österreichische „Unterdrückung“ noch sehr leid sein können.
Aus dem Bürger eines Rechtsstaates der Knecht eines absoluten Willens zu werden, ist niemals vorteilhaft. Würde
wohl das Schicksal Böhmens, als einer verschwindend
kleinen Provinz eines grofsen Reiches von ganz anderer
Bildungsstufe, ganz anderer Auffassung, ganz anderer Vergangenheit, ein angenehmes sein? Von Galizien brauche
ich gar nicht zu erwähnen, dafs es bei dem Tausche nur
verlieren würde. Österreich ist das Eldorado der Polen.

Aber alles dies sind bekannte Wahrheiten. Wenn ich
mich mit denselben beschäftigt habe, habe ich dies nur
darum gethan, weil im Verkennen derselben die Hauptgefahr Österreichs liegt. Die richtig aufgefassten Interessen
binden ausnahmslos auch die Völker Österreichs an den
heutigen Staat. Die einseitige Auffassung der Nationalitäts-
rücksicht, der Hafs gegen andere Stämme, gepaart mit
Leidenschaft und Optimismus hinsichtlich des eigenen Schicksals, könnten jedoch den geistigen Augen dieser Völker
solche Ideale vorzaubern, durch welche die heutigen Rahmen

gefährdet würden. Dafs dies nicht so werde, dafs diese
destruktiven Leidenschaften nicht zu Kräften kommen, dafs
die nüchterne Auffassung der Interessen die Herrschaft behalte: dies unbedingt sicher zu stellen, bildet die oberste
Aufgabe der österreichischen Staatsleitung. Deshalb mufs
sich diese vor allem in acht nehmen, die Rechte, die
Existenzinteressen einer Nationalität derart zu vernach-
lässigen, dafs dieselbe zwischen ihrer eigenen Existenz und
ihrem österreichischen Vaterlande wählen müfste. Die verbindende Kraft darf nicht allein in den Gefühlsmotiven
gesucht werden. Es mufs alles gethan werden, dafs das
allerhöchste Motiv allezeit das Gefühl des österreichischen
Patriotismus und der Loyalität bleibe, dafs mit diesem Gefühl ein anderes, wie immer berechtigtes und starkes Gefühl
nicht konkurrieren könne. Aber darum mufs daneben die
weise Politik auch danach streben, die Urkraft des Natio-
nalbewufstseins mit der österreichischen Staatsidee und dem
österreichischen Patriotismus in Einklang zu bringen, dafs
so diese verschiedenen psychologischen Beweggründe nicht
gegeneinander kämpfen, dafs eine Pflicht nicht einer anderen Pflicht entgegentrete, dafs das Stammesinteresse und
die staatsbürgerliche Treue zusammenwirken, die Völker
an das heutige Österreich festzubannen.

   Der heutige politische Zustand entspricht noch diesem
Postulat.

   Wiewohl das Verhältnis der Nationalitäten zu einander
in Österreich kein rosiges ist, ist dennoch der thatsächliche
Zustand eines jeden Stammes in demselben besser, als derjenige, welchen derselbe unter anderen Verhältnissen erreichen könnte. Aber das deutsche Element hat von seiner
bisher gespielten Rolle soviel verloren, es ist in der Jüngst-
vergangenheit so sehr ein Stiefkind der Regierung gewesen,
es ist durch die von allen Seiten her erstehenden neuen
und immer neuen Prätensionen, durch den bisweilen auch

künstlich geschürten neuen Antagonismus dermafsen alarmiert,
dafs es hohe Zeit wäre, dieses Volk im Wege eines billigen
Ausgleiches zu beruhigen, welcher demselben die ihm zufolge seines Bildungsgrades, seiner Vergangenheit, seiner
Verdienste gebührende Stellung sichert.

Es wäre hohe Zeit den von Tag zu Tag zunehmenden
Rassenhafs einzuschränken und damit den Ultras den Boden
zu entziehen. Wenn dies nicht geschieht, kann unter dem
Deutschtum die Ansicht platzgreifen, dafs es seine Stammes-
interessen in dieser Monarchie nicht mehr befriedigen könne.
Wenn die Zwietracht noch zunähme, würde es nicht ausgeschlossen sein, dafs sich unter den Deutschen der Glaube
verbreiten würde, dafs sie zwischen ihren zwei gröfsten
Schätzen, ihrem Stammesinteresse und ihrem staatsbürger-
lichen Gefühl wählen müssen. Es kann, ja es mufs gefordert werden, dafs jedenfalls das letztere zur Geltung gelange; aber es darf nicht zugelassen werden, dafs diese
Frage auch nur mit einem Schein des Rechtes aufgestellt
werden könne. Millionen Unterthanen dürfen nicht in
Versuchung geführt werden. Schwer sündigt jene Regierung,
welche dies zuläfst, welche selbst die Ursachen solchen Ver-
brechens heraufbeschwört, welches sie dann um welchen Preis
immer ausrotten mufs. Darum ist die Aussöhnung der
Nationalitäten und die Befriedigung des Deutschtums eine
grofse und ernste Aufgabe. Die österreichische Regierung
kann derselben nicht aus dem Wege gehen. Die Lösung
derselben interessiert jeden, der mit aufrichtigem Herzen an
der gegenwärtigen Form der Monarchie hängt. Die Hegemonie können die Deutschen auch jenseits der Leitha nicht
mehr erlangen. Sie müssen nur in die Lage gebracht
werden, die berechtigten Interessen ihres Stammes auch
dort wahren zu können, wo sie in der Minorität sind, zu
wissen und zu fühlen, dafs die Regierung, wenn sie sie
auch nicht auf Kosten der übrigen Nationalitäten heben

will, doch ihre berechtigten Interessen am Herzen trage.
Mehr als dies können sie von der Regierung billigerweise
nicht erwarten. Mehr als dies können sie sich nur selbst
verschaffen. Wenn ihnen dies nicht gelingt, können sie
die Schuld nur sich selbst beimessen. Ihren parlamentarischen
Einfluß können die Deutschen nur selbst vermehren, und
zwar dadurch, daß sie zusammenhalten, dadurch, daß sie
die vielen Partikularinteressen dem Hauptinteresse unterordnen, dadurch, daß sie die Nüancen der Ansichtsdivergenzen
nicht in den Vordergrund schieben, daß sie die Gliederung
der Gesellschaft in der Wärme des gemeinsamen Gefühls
in eins verschmelzen, dadurch, daß sie neben dem Schutze
der deutschnationalen Interessen eine österreichische Staats-
politik verfolgen, mit mehr praktischem Sinn, mit richtigerer
Auffassung der Staatsbedürfnisse, als sie es in der Vergangenheit bisweilen gethan haben, dadurch, daß sie mit
dem Doktrinarismus des deutschen Schulvereins brechen,
daß sie auf die übrigen Nationalitäten nicht herabsehen,
daß sie sich mit dem heutigen Staatsrechte der Monarchie
vollständig identifizieren, und daß sie nicht darauf sehen,
was ihre Rolle in der Vergangenheit gewesen ist, sondern
darauf, was dieselbe in der Gegenwart sein kann, und was
sie in der Zukunft behalten können.

Doch ich setze die Zergliederung dieser Frage nicht
fort. Ich nehme den fallengelassenen Faden wieder auf.

Ich habe in dem Voraufgegangenen nachzuweisen getrachtet, daß unser Bündnis mit Österreich auch darum
richtig sei, weil es die Folge eines beiderseitigen Bedürf-
nisses ist.

Unsere Vorfahren haben mit hervorragender staats-
männischer Befähigung — zum Teil aber unter dem Einflusse jener schon in der Vergangenheit zustande gekommenen,
ebenfalls unter der Einwirkung der auch unwillkürlich
wirkenden Lebensgesetze geknüpften Bande — die Vorteile

dieser Bundesgenossenschaft erkannt und dieselbe zur dauernden gemacht. Sie haben mit scharfem Blicke von allem Anfange an die Überlegenheit der westlichen Civilisation über die östliche Bildung, und die grofse Zukunft derselben gesehen. Sie haben sich der die Zukunft dominierenden, die Menschheit vorwärtsbringenden Kraft angeschlossen und sind derselben treu geblieben. Damit haben sie unsere Existenz gesichert und es möglich gemacht, dafs unser Stamm der Sache der Bildung und des Fortschritts diene, und dafs dieser eine Zweig, vielleicht der lebensfähigste Zweig einer der westlichen Auffassung und Bildung abholden Völkerfamilie zu einem aktiven Gliede der auf dem Gebiete der Menschheits-Entwickelung zu so Grofsem berufenen westlichen Gruppe werde. Aber wie alle grofsen weltgeschichtlichen Thatsachen, konnte sich auch diese nicht ohne Kämpfe und Parteiung vollziehen. Die Rivalität des Einflusses des Westens und Ostens hat lange angehalten. Als die Notwendigkeit des Bündnisses sich bereits mit elementarer Macht geltend machte, blieb es noch lange Zeit eine offene, strittige Frage, wo wir eine Stütze suchen sollten. Der grofse Kern der Nation hielt bis zu Ende auf Seiten der alten Tradition, auf Seiten des westlichen Bündnisses aus. Die gegen Osten hin gravitierende Partei schöpfte ihre Berechtigung nicht aus der Richtigkeit oder Natürlichkeit dieser Gravitation, sondern fand ihre historische Mission darin, dafs zum Schutze der Verfassung eine Kraft notwendig war, welche bei sich ergebender Gelegenheit die Deutschen im Gleichgewicht halten konnte. Diese Partei fand ihre Existenzbasis, ihren Ruhm darin, dafs sie die Freiheit verteidigte.

Das Bündnis mit dem Osten gegen den Westen ist niemals Selbstzweck gewesen, und abgesehen von der allerersten Zeit, wo die Nation zwischen den beiden Religionen, den beiden Kulturen noch nicht definitiv gewählt hatte, ist

4*

dasselbe niemals eine reife Frucht der politischen Überzeugung der Nation gewesen, sondern nur unter dem
Drucke der Zwangslage acceptiert worden. Die nähere
politische Verbindung mit dem Westen wurde hingegen
oft und von vielen zielbewufst und ohne momentane Notwendigkeit erstrebt. Schon in der Zeit der Herrscher aus verschiedenen Häusern haben die späteren Gestaltungen ihre
Schatten vorausgeworfen. Ein Teil der Nation hat mit Bewufstsein das Bündnis mit Österreich, Böhmen oder Polen
schon damals gesucht, als die Nation eine solche Verbindung
noch gar nicht nötig hatte. Aus freien Stücken wurde ein
Herrscher gewählt, welcher, den Königshäusern des Westens
angehörend, die ungarische Nation an die Bande der westlichen Gesellschaft knüpfen konnte. Die Herrschaft des
Hauses Österreich ist eine natürliche Konsequenz dieser
Tradition gewesen.

Die entgegengesetzte Strömung ist nur eine Ausgeburt
der momentanen Notwendigkeit gewesen. Die Waffenbrüderschaft mit dem Osten hat in den Traditionen und
Reminiscenzen der Vergangenheit überhaupt keine Stütze
gehabt. Die Zápolya-Partei hat ihre Kraft, ihre natürliche
Wurzel blofs in dem Selbständigkeitsverlangen der Nation
gefunden, jener ebenfalls alten und starken Strömung,
welche den Corviner Mathias auf den Thron gehoben hat,
und den fremden Einflufs fürchtend, einen ungarischen
König wünschte. Dafs diese Strömung jener anderen
Fundamentalrichtung untreu geworden ist, welche in der
Vergangenheit von ihr unzertrennlich gewesen war, jener
Idee, dafs wir uns ebenso entschlossen gegen den Osten
wie gegen den Westen wehren müssen, und dafs die grofse
Tradition der Hunyadi zur Quelle der Türkenfreundschaft
hat werden können, dies kann nur der in jenen traurigen
Tagen herrschenden allgemeinen Verzagtheit und Ver-
zweiflung zugeschrieben werden. Während vor Zeiten die

politische Nation sich in zwei Lager spaltete, von welchen
das eine ein inniges Bündnis mit unseren westlichen Nachbarn suchte, damit wir uns gegen Osten hin schützen und
ausbreiten können, das andere aber, jeder dauernden Verbindung abgeneigt, gegen Osten und Westen hin gleicherweise eine Grofsmachtpolitik verfolgen zu können vermeinte,
und so hinsichtlich der Orientpolitik keine Divergenz der
Ansichten vorhanden war: lenkte die letztere Partei, seit der
Mohácser Katastrophe ihrer Hoffnung verlustig, auf eine vollkommen neue Bahn ein. Sie gab den Kampf gegen den Osten
auf, und flüchtete sich unter die schützenden Fittige desselben,
um die andere Aufgabe ihrer Politik, die Verteidigung der
Freiheit gegen den Westen, lösen zu können. Diese Politiker
des gebrochenen Herzens glaubten, dafs wir den Türken in
keinem Falle mehr würden widerstehen können, und dafs
wir, indem wir uns ihnen unterordnen, wenigstens unsere
Autonomie, die Freiheit unseres inneren Lebens bewahren
und gleichzeitig unserem Lande den Frieden würden sichern
können. Vor den Deutschen war ihnen für unsere Nationalität bange, vor den Türken dagegen blofs für die Unabhängigkeit unseres Staates, und unter dem Drucke dieser
Zwangslage schlossen sie sich an Zápolya an. Aber das
türkische Bündnis war blofs ein ihnen aufgezwungenes
nothwendiges Übel. Das ist es auch später geblieben.
Sie glaubten nicht, dafs sie, indem sie so handelten, dem
dauernden Interesse, der natürlichen Mission der Nation
entsprechend vorgehen. Sie wufsten es, dafs das Sichbeugen
vor den gegensätzlichen Kräften schmachvoll und schädlich
sei, aber sie glaubten, dafs von den Wegen, welche sie betreten konnten, der von ihnen gewählte der minder gefährliche sei. Auch später wurde das türkische Bündnis
blofs als ein notwendiges Übel angesehen. Dasselbe wurde
von der Nation nur damals gut geheifsen, als ohne dasselbe
die Verfassung gefährdet gewesen wäre.

Die letzte Manifestation der Idee des Bündnisses mit
dem Orient ist Kossuths Konföderationsplan gewesen. Auch
diesen hat nur der Zwang ins Leben gerufen. In der von
Kossuth aufgeworfenen Idee, welche die Anpassung des
Kurutzen[1]-Gedankens an die veränderten Verhältnisse sein
wollte, liegt eine grofse Lehre. Dies ist unser einziger
Versuch gewesen, das mit den Türken bestandene Verhältnis mit dem slavisch gewordenen Osten zu erneuern.
Darum ist dieser Versuch von grofsem Interesse. Es ver-
lohnt die Mühe, ihn näher ins Auge zu fassen. Er beweist am
besten die Richtigkeit des Bündnisses mit dem Westen und
namentlich mit Österreich, und darum will ich mich mit
ihm beschäftigen. Er beweist eines Teils, wie unrecht,
wie gefährlich es sein würde, uns auf den Orient zu stützen;
anderenteils liegt darin ein grofser und richtiger Gedanke,
welchen in anderer Form aufzugreifen eine Aufgabe dieser
Monarchie, eines der notwendigen Ziele unserer richtigen
auswärtigen Politik ist.

Kossuth wollte, um für seinen gegen Österreich geplanten Kampf die Hilfe Rumäniens und Serbiens zu gewinnen, und um dann für Ungarn, welches er, wie wir
gesehen haben, nicht für hinreichend stark hielt, um ausschliefslich auf seinen eigenen Füfsen zu stehen, ein dauerndes Bündnis zu sichern, mit Rumänien und Serbien ein
Staatsbündnis schliefsen. Die Unterstützung durch diese
Staaten war dazu berufen, das Bündnis mit Österreich zu
ersetzen. Der Preis dieses Bündnisses würde für uns gewesen sein: erstens die Gebundenheit unserer auswärtigen
Politik, die Schaffung gemeinsamer Interessen und Angelegenheiten, auch eine bis zu einem gewissen Grade vor-
zunehmende Vereinigung unseres Heeres mit den Heeren
der Verbündeten, die Gemeinsamkeit des Zollsystems, die

[1] Siehe Anmerkung 1 Seite 29.

Organisation gemeinsamer Föderativorgane, also ungefähr alles das, was jetzt viele als Rechtspreisgebung, Aufopferung unserer Unabhängigkeit stigmatisieren, und was auch der Preis des Bündnisses mit dem Westen gewesen ist. Die Entrichtung dieses Preises war nicht zu vermeiden.

Der Franzose sagt, eine Omelette kann nicht ohne Eierbrechen gemacht werden. Eine staatsrechtliche Übereinkunft kann nicht ohne Übernahme von Verpflichtungen, ohne Beschränkung der Freiheit getroffen werden. Aus dem Gesichtspunkte der Sicherheit würde die Konföderation entweder gar keinen Wert haben oder unsere Freiheit zum mindesten zwischen solche Schranken einengen, wie das gegenwärtige System. Darum liegt auch der wirkliche Fehler des Kossuthschen Gedankens nicht darin. Abgesehen von jener Frage, ob dieses Bündnis überhaupt hinreichende Kraft geben würde, und nicht zu gedenken des Gefühls der Loyalität, welches die ernste Behandlung dieses Planes unter den heutigen Umständen gar nicht gestattet, birgt derselbe eine furchtbare Gefahr in der Wirkung, welche die Verwirklichung desselben auf unsere Nationalitäten ausüben würde.

Der zweite, und zwar unbedingt zu bezahlende Preis des von Kossuth projektierten Staatenbündnisses würde die Suprematie der ungarischen Rasse, ja sogar die Einheit der heiligen Stephanskrone gewesen sein. Diesem Plan entsprechend würden wir den in unserem Vaterlande lebenden einzelnen Nationalitäten die Selbstregierung vertragsmäßig garantiert haben. Im Bündnisvertrag würden die Rechte unserer Nationalitäten hinsichtlich der Sprache, der Schule und der freien Vereinigung festgestellt worden sein. Dementsprechend würden die Walachen und die Serben berechtigt gewesen sein, je eine Woiwodschaft zu bilden und je einen Wojwoden zu wählen. Wenn der 1867er Ausgleich Vaterlandsverrat gewesen ist, was ist dies gewesen? Es

ist wahr, dafs unsere Truppen, wenigstens auf dem Papier,
ungarischem Kommandowort gehorcht haben würden, aber
blofs auf dem Papier, denn der Wojwode, die nationale
Selbstregierung, die auf nationale Basis gestellte Decentralisation würden dafür gesorgt haben, dafs die Truppen nicht
ungarisch wissen, und was noch schlimmer ist als dies,
dafs sie nicht ungarisch fühlen. Der Fundamentalvertrag
würde dafür gesorgt haben, dafs er dem Staate die Hände
binde, und dafs das allgemeine Wahlrecht mit einer bis in
die Extreme getriebenen Verwaltungs-Decentralisation die
Herrschaft des ungarischen Stammes aufhebe. Wir würden
es haben gestatten müssen, dafs sich unsere Nationalitäten
organisieren und unter auswärtige Garantie gestellt werden.

Ist dies nicht schlimmer, tausendmal schlimmer, nicht
ein gröfseres Opfer unserer Unabhängigkeit, unseres Selbst-
verfügungsrechtes, unserer Existenzbedingungen, als es der
Abschlufs des Ausgleichs gewesen ist, ja selbst in dem Falle
gewesen sein würde, wenn er in Wirklichkeit so beschaffen
wäre, wie Kossuth ihn charakterisiert hat? Wenn der
Ausgleich auch die Preisgebung unserer Verfassung, unserer
Selbständigkeit gewesen wäre, würde die Möglichkeit geblieben sein, die Verfassung und die Selbständigkeit in
glücklicheren Zeiten zurückzugewinnen. Die nationale Einheit jedoch geht für ewig verloren, wenn wir sie einmal
aus eigenem Entschlufs preisgegeben haben. Die von uns
selbst organisierten Nationalitäten abzurüsten würde unmöglich sein. Die von uns selbst ausgestreuten Samen würde
selbst das gröfste Blutbad nicht imstande sein zu ersäufen.
Der mit langer und schwerer Mühe aufgebaute nationale
Staat würde einer fixen Idee zum Opfer fallen, welche
selbst mit dem schönen Namen der Unabhängigkeit
nicht aufgeputzt werden könnte. Und nicht einmal diese
würde den Preis wert sein, welchen wir für dieselbe geben
würden. Wozu sollen wir eigentlich unabhängig sein, wenn

wir nicht Ungarn sein können? Selbst wenn Kossuth
Recht hätte, wenn wir wirklich die Selbständigkeit unseres
Landes aufgeopfert hätten, er aber dieselbe gesichert haben
würde, hat jetzt der Ausgleich vor seinem Plan die riesige
Überlegenheit voraus, dafs wir in diesem Lande wenigstens
Ungarn sein können. Wir selbst sind die Herren unserer
inneren Politik. Wir haben keinerlei Nationalität vertrags-
mäfsig eine selbständige politische Existenz gegeben. Niemand
hat darein zu reden, auf welche Weise wir in unserem
Vaterlande regieren, ob wir centralisieren oder decentrali-
sieren. Kossuth aber würde Rumänien und Serbien das
Recht zu einer solchen Einmischung gegeben haben, ja,
um Rumänien dafür zu gewinnen, dafs es eine Waffen-
sendung durch sein Gebiet nach Ungarn gelangen lasse,
mufste er sogar das zugestehen, dafs nach erkämpfter Freiheit Siebenbürgen, wenn es wolle, sich von Ungarn los-
trennen, und sich eine völlig unabhängige Gesetzgebung
und Verwaltung einrichten dürfe. Wer sieht nicht, wohin
das geführt haben würde? Diese den Wallachen zugesicherte
Konzession würde, mit klaren Worten ausgedrückt, bedeutet
haben, dafs wir den ungarischen Charakter Siebenbürgens
preisgeben. Braucht man Worte und Zeit darauf zu ver-
schwenden, dafs das Herz des Ungars sich von diesem Gedanken abwende? Denselben kennen lernen ist so viel,
wie ihn verurteilen.

Die moderne Ausgabe dieser letzten Konsequenzen des
Kurutzen-Gedankens ist noch viel schädlicher als die alte
Form der Idee. Die Entschuldigung des türkischen Bündnisses basierte sich darauf, dafs der Türke die Nationalität
unmittelbar nicht gefährdete. Infolge der Verachtung,
welche der Türke für die inneren Angelegenheiten, für die
kleineren Schmerzen und Nöte der Christen empfand, und
infolge der Gleichgültigkeit, welche er in diesem Punkte
bekundet, ist unter der Herrschaft des Halbmondes das

autonome Leben immer frei geblieben und konnte sich
den Anforderungen der nationalen Existenz anbequemen.
Die Kurutzen konnten ihre traurige Politik immer damit
verteidigen, daſs dabei unser Stamm seinen Charakter beibehalten könne, während die Deutschen mit ihrer systema-
tischeren Herrschaft, ihren gröſseren Prätensionen und ihrer
gröſseren Bildung auch diesen gefährden. Das Bündnis
mit dem slavischen und rumänischen Orient dagegen würde
uns gerade dieses Schatzes berauben, welcher beim türkischen
Protektorate bewahrt werden konnte.

Dies politische Monstrum war gottlob totgeboren. Zu
Kossuths wie zu unserem Glücke hat die Nation Kossuth
nicht Gefolgschaft geleistet. Was würde aus seinem Ruhme
geworden sein, wenn die Verwirklichung seines Planes auch
nur zeitweilig gelungen wäre? In der That, wir dürfen
ihn einen glücklichen Sterblichen nennen. Er hat bis an
sein Ende das groſse Glück gehabt, daſs von dem Samen,
den er ausgestreut, das Unkraut entweder gar nicht
Wurzel gefaſst hat oder nachher von sorgfältigen Gärtnern
ausgereutet worden, und nur was reiner Weizen darunter
gewesen, groſs gewachsen ist. So muſs es auch sein gröſster
Feind anerkennen, daſs sein Wirken in seinem Endergebnis der Nation zum Wohle gediehen ist. Wenn er dagegen
seine Pläne hätte ausführen können, würde ewiger Fluch
auf seinem Andenken lasten. Wahrhaftig, es ist nicht sein
Verdienst gewesen, daſs er nicht zugleich mit seinem Ruhme
auch seine Nation zu Grunde gerichtet hat.

Bei der Beurteilung des Donau-Konföderations-Projektes
muſs indessen in Betracht gezogen werden, daſs die Conception desselben eine Folge jener Situation gewesen ist,
in welche Kossuth durch die Ereignisse hineingerissen
worden war. Es ist die logische, richtige Konsequenz jener
Politik gewesen, welche er aus äuſserster Erbitterung, vielleicht als unbewuſsten Ausfluſs seiner persönlichen Situation

befolgt hatte. Die Richtigkeit der Logik beweist, dafs der Fehler in der Grundidee gesteckt hat. Wenn Ungarn sich von Österreich losreifsen mufs, bedarf es einer Stütze im Orient, und dann könnte es, in seiner bedrängten Lage, kaum bessere Bedingungen erhalten, als diejenigen, welche Kossuth, ganz gewifs nicht aus überflüssiger Freigebigkeit, nicht aus Geringachtung der Interessen seiner Nationalität, sondern, mit blutendem Herzen, nur als jenes unumgängliche Minimum angenommen hat, ohne welches er nicht einmal eine blasse Hoffnung auf den Abschlufs des Bündnisses hätte haben können. Darin liegt die grofse Lehre des Projektes. Es zeigt klar, was die politischen Folgen jenes Systems sind, welches Ungarn dem Orient in die Arme wirft. Mit diesen Folgen der Situation hat sich selbst Kossuth, entgegen seiner besseren Überzeugung und seiner patriotischen Gesinnung, befreunden müssen. Wer das „A" will, der mufs auch das „Z" wollen. Die Logik der Situation ist eine so unwiderstehliche Kraft, dafs sie auch die gröfsten Männer in ihr Sklavenjoch beugt. Wenn uns vor den Folgen graut, sollen wir nicht die Prämissen annehmen.

Kossuths Konzessionen sind nicht nur nicht übertrieben oder überflüssig gewesen, sondern sie haben sich nicht einmal als genügend erwiesen. Sie haben nicht genug verlockende Kraft gehabt, um die gewünschte Stütze herbei zu schaffen. Sie würden auch in Zukunft kein gröfseres Ergebnis im Gefolge haben.

Das vom Westen abgefallene und darum schwache Ungarn würde auch um den Preis ähnlicher Konzessionen, wie die von Kossuth gemachten, in seinen kleinen Nachbarn keine sichere Stütze finden. Der Bund mit dem selbst dem Ersticken nahen würde nur unter der einen Bedingung zustande kommen können: wenn auch Rufsland seinen Segen dazu geben würde. Aber wer, frage ich, würde dann dieses

Bündnis annehmbar finden können? Würde es dann nicht ganz klar sein, daß dasselbe für uns auch im besten Falle nur eine sehr kurz bemessene Frist bedeuten würde, während welcher unser nationaler Körper in innere Fäulnis versetzt würde, bevor ihn das slavische Ungeheuer verschlänge? Dieses Bündnis würde höchstens dazu dienen, uns einzubeizen, damit wir leichter verdaulich werden. Ohne russische Oberhoheit, ohne russische Protektion wäre das ganze Konföderationsprojekt niemals und unter keinen Umständen zu verwirklichen gewesen und würde auch in der Zukunft nicht zu verwirklichen sein. Roland hat von seinem Pferde gesagt, daß es im übrigen ein vollkommenes, ein großartiges Tier sei, und nur den einen Fehler habe: daß es nicht lebt. Die Donaukonföderation hat nur ein Verdienst: das, was der Fehler des Pferdes Rolands gewesen, daß kein Leben in ihm ist. Sie ist eine elende Rosinante, mit welcher wir uns nur deshalb nicht den Hals brechen können, weil sie sich nicht bewegt

Ich habe mich auch nicht deshalb mit ihr beschäftigt, weil sie als ernste politische Möglichkeit in Betracht kommen und somit gefährlich werden kann, sondern weil ich darauf hinweisen wollte, wie sehr notwendig das Bündnis mit Österreich sei, wenn wir an die Stelle desselben nur eine so überaus schwache Kombination zu setzen vermögen. Gleichwie der dunkle Schatten das Licht hervorhebt, läßt das Projekt Kossuths die Vorteile des Zusammenlebens mit Österreich desto besser ins Licht treten.

Ich habe alles dies auch nicht zu dem Zwecke vorgebracht, um dem Andenken Kossuths zu schaden. Er ist gestorben und mit ihm auch jene verhängnisvolle Politik, welche er in den letzten Jahren seines Lebens verfolgt hat. Er ist heute keine Gefahr mehr. Er könnte nur von oben her zur Auferstehung gebracht werden. Seine Idee könnte nur durch eine von oben her kommende Revolution zum

Leben erweckt werden. So wie auch er selbst unter der
Einwirkung der Mifsgunst der Umstände und der äufsersten
Erbitterung zum Planen seiner nationmörderischen Politik
gelangt ist; sowie das Bündnis mit dem Orient immer nur
durch den äufsersten Notdrang unserem Stamme aufgezwungen
worden ist, welcher es immer gefühlt und gewufst hat, dafs
ihm seine Zukunft, sein Gedeihen an den Westen knüpfe,
auf die Freundschaft mit dem Westen anweise: so würde
die Nation auch nur unter ähnlichem Drucke die Ratschläge Kossuths befolgen können.

Ich wiederhole es, ohne Not das Andenken eines
grofsen Namens anzutasten, halte ich für eine Sünde, in
welche ich nicht verfallen will. Der teuerste Schatz unserer Nation ist das Ansehen unserer hervorragenden
Männer. Die Nationen zeigen es in ihren grofsen Männern,
mit wieviel Fähigkeit, mit wieviel edlem Metall die Vorsehung sie gesegnet hat. In ihren grofsen Männern glänzen
die Völker, kommen sie zur Geltung, offenbaren sie ihre
produktive Kraft. Auch Kossuth gehört zu diesen Männern.
Auch er ist eine der Zierden unseres Stammes. Er hat in
den Augen der Welt unseren Ruf gehoben und das in unseren Wert gesetzte Vertrauen potenziert. Wir sollen also
seinen Nimbus nicht selbst zerstören. Wir sollen grofse
Irrtümer, wenn sie nicht unedlen Motiven entspringen, nicht
dazu gebrauchen, in unserer Nation die Verehrung zu er-
töten, mit welcher sie unsere Grofsen umgiebt. Die Politik
darf lebenden Personen gegenüber noch leidenschaftlich
und ungerecht, die Geschichte dagegen darf nur objektiv
sein. Kossuth aber gehört schon der Geschichte an.

Die Geschichte mufs sich nur davor in acht nehmen,
dafs sie nicht den Ruhm irgend eines Namens auf Kosten
der Wahrheit und der Billigkeit künstlich vergröfsere. Es
ist nicht erlaubt sich vor dem glänzenden Andenken gewisser Verdienste so sehr zu beugen, und von dem Glanze

der Popularität sich so sehr blenden zu lassen, dafs die
Anwendung des richtigen Mafsstabes unmöglich werde.
Diese Übertreibung ist eine Ungerechtigkeit gegen jene
unsere anderen Grofsen, welche, wenn sie auch einen anderen Weg gegangen und einer minderen Popularität teilhaft geworden sind, ebenfalls sehr grofse Verdienste haben.
Diese übermäfsige Vergröfserung ist auch politisch gefährlich, wenn das Obenaufgelangen der mit dem grofsen
Namen verknüpften Richtung mit schädlichen Folgen droht.
Wenn sich jedermann vor einem Menschen beugt, wenn
diesem gegenüber die Kritik verstummt, wenn wir ihn
über jeden anderen setzen und im Herzen des Volkes nur
ein einziger Name, ein einziges Andenken Raum findet:
dann wird jenes Wort, welches die Politik verurteilt, die
dieser turmhoch über jedem anderen stehende Mann, dieser
Halbgott empfohlen hat, in der Wüste verhallen, ja es
wird in der Auffassung des Volkes einer Gotteslästerung
gleichkommen.

Wir haben die Folgen eines solchen Zustandes vor
nicht langer Zeit in Frankreich gesehen. Zur Zeit der
Restauration, aber vornehmlich in der Zeit Ludwig Philipps
hat die französische Nation einen Napoleonkultus getrieben.
Der grofse Märtyrer von Sankt Helena ist der Held der
nationalen Poesie gewesen, in ganz Frankreich hat man
sich mit ihm beschäftigt, von ihm geträumt. Vor seiner
Riesengestalt war jede andere Gröfse zum Zwerg geworden.
Man hat, die Thatsachen für gar nichts achtend, in ihm
nicht nur den Repräsentanten des nationalen Ruhmes, sondern auch den Vorkämpfer der Freiheit erblickt. Man hat
im gröfsten Eroberer der modernen Zeit den Apostel der
Völkerverbrüderung, des Nationalitätenprincipes und der
Idee des ewigen Friedens gesucht. Bei der Übernahme
seiner Leichenreste in Paris hat die Regierung selbst zu-

gleich mit der königlichen Familie vor dem Andenken dieses Mannes die Kniee gebeugt.

Die natürliche Folge dieser ungerechtfertigten Übertreibung des Napoleonkultus ist die Ausbreitung der napoleonischen Ideen gewesen. Das 1848er Plebiscit ist durch diesen Kultus möglich gemacht worden. Aus einem Flüchtling, welcher einige Jahre vorher noch für einen einfachen Abenteurer gehalten worden war, und dessen Handlungen die Nation zu lautem Gelächter hingerissen hatten, hat der Zauber des Namens, der Mangel des gerechten Maßstabes in der öffentlichen Stimmung einen Präsidenten der Republik, einen Kaiser gemacht.

Auch die Gefahr des Kossuthkultus liegt nur in der Übertreibung desselben. Die Gerechtigkeit, welche neben Kossuth auch Deáks und Széchenyis nicht vergißt und auch vor Kossuths Fehlern nicht die Augen verschließt, ist vollkommen ausreichend dazu, daß sein Name nicht unwiderstehlich werde, und daß die Nation irgend eine Politik nicht für unfehlbar halte, weil e r dieselbe empfohlen hat.

Die oberste Aufgabe der Geschichte ist die Anwendung des gerechten Maßes. Sie darf sich der Kritik nicht enthalten. Dies bedeutet nicht, daß sie die Verehrung und die Dankbarkeit, die jemand verdient, niederreißen soll, sondern nur, daß auch seine Fehler nicht verschwiegen werden dürfen. Darum habe ich es für zulässig, ja für richtig gehalten, das Donaukonföderationsprojekt mit jener Strenge der Kritik zu messen, welche weder die Rücksicht auf andere große Verdienste, noch auf die Popularität, noch auf den Tod mildern dürfen.

Beim Lichte der Geschichte betrachtet, ist die Donaukonföderation ein großer Verstoß. Sie ist die traurige, aber natürliche Folge des Aufeinanderwirkens eines ganz exceptionellen Schicksals und einer ebenfalls exceptionellen riesigen Leidenschaft. Sie ist ein irrtümlicher Gedanke, aber lehrreicher als viele richtige Conceptionen. Nicht allein ihre negativen Lehren sind grofs, wir können nicht allein aus ihren Mängeln, sondern auch aus ihren positiven Verdiensten eine Lehre schöpfen.

Die Konföderationsidee birgt nämlich auch einen schönen und gesunden Kern in sich. Dieser Kossuth ist ein gar wunderbarer Mensch gewesen. Er erscheint nie mittelmäfsig. Er zeigt sich entweder genial, oder unbegreiflich oberflächlich. In einer und derselben seiner Ideen finden sich nebeneinander die Spuren einer der Divination nahekommenden grofsartigen Auffassung und das Nonplusultra der Kurzsichtigkeit. Auch die Conception der Donaukonföderation hat ihren glänzenden, originellen und ewigwahren Bestandteil. Gleichwie der Blitz in finsterer Nacht weite Gebiete hell erleuchtet, ist auch dieses Hirngespinst Kossuths imstande gewesen, den ganzen Horizont der realen Politik unseres Vaterlandes zu erhellen. Aber auch jene Wahrheit selbst, welche im Konföderationsgedanken enthalten ist, beweist mit der gröfsten Beredsamkeit die Fehlerhaftigkeit der Grundidee des Projektes, des Bündnisses mit dem Orient.

Es ist nämlich wahr, dafs Ungarn der natürliche Anhalt und Bundesgenosse unserer südlichen Nachbarn ist, vorausgesetzt, dafs dieselben innerhalb der Grenzen ihrer selbständigen staatlichen Existenz verharren und nicht dem Panslavismus oder Panromanismus dienstbar sein wollen. In diesem Falle sind die Interessen derselben identisch mit den unsrigen. Ungarn ist der natürliche Wächter der selbständigen Entwickelung dieser Staaten. Sein Existenzinteresse fordert es, dafs dieselben nicht einander auffressen, nicht die Beute irgend eines Eroberers werden, nicht im Meere des Panslavismus ertrinken. Anderenteils kann Ungarn nicht Eroberungen machen wollen. Ungarn selbst gefährdet daher seine südlichen Nachbarn nicht. Auf der

Erkenntnis dieser Wahrheit beruht der richtige Teil der Konföderationsidee. Derselbe stellt eines der mafsgebenden Motive unserer auswärtigen Politik ins Licht. Kossuth hat seinen Finger auf die Pulsader unseres nationalen Lebens gelegt und herausgefühlt, dafs unsere Aufgabe im Orient die Förderung der Freiheit und Civilisation sei. Aber damit das geplante Bündnis dauerhaft und auch für uns vorteilhaft sei, hat dies zur Voraussetzung, dafs wir viel stärker seien als unsere Bundesgenossen, dafs daher nicht wir eine Stütze in ihnen suchen, sondern sie in uns. Die richtigen Ziele der Donaukonföderation können wir nur so erreichen, wenn wir auch ohne die dortigen Völker eine Kraft von ausschlaggebendem Gewicht repräsentieren. Sobald wir diese Kraft von ihnen hernehmen müssen, können wir die vorteilhaften Ziele der Konföderation nicht mehr erreichen, denn dann schreiben nicht wir, sondern sie die Bedingungen des Bündnisses vor, diese aber kennen wir aus Kossuths Projekt.

Wenn wir das dominierende Element, die Stütze sind, dann hat dieses Bündnis nicht nur keine störende Rückwirkung auf unsere inneren Angelegenheiten, auf unsere Nationalitätenverhältnisse, sondern ist im Gegenteil von günstigem Einflusse auf dieselben. Einer der Schlüssel der Nationalitätenfrage liegt in jenem Verhältnis, welches zwischen uns und unseren südlichen Nachbarn besteht. Kossuth ist derjenige gewesen, der uns zuerst auf diese Wahrheit aufmerksam gemacht hat. Er hat zuerst jenen Einflufs erkannt, welchen die Entwickelung unserer südlichen Nachbarn und unser Verhältnis zu ihnen auf unser Leben zu üben vermag. Nur hat leider jene unglückliche Grundidee, welche damals bereits über Kossuth Gewalt gewonnen hatte, den gesunden Gedanken verdorben.

Es ist in jeder Hinsicht wahr, dafs die günstige Gestaltung der Nationalitätenfrage durch nichts so sehr er-

leichtert wird, als durch ein Verhältnis, in welchem
unsere kleinen Nachbarn die Vertretung und Förderung
ihrer Interessen vor Europa und den Schutz ihres Bestandes
von uns erwarten; ein Verhältnis, in welchem ihre
Interessen es erfordern, sich unser Wohlwollen zu sichern.
Dagegen ist es unzweifelhaft, dafs nichts unsere Aufgabe
unseren Nationalitäten gegenüber mehr erschweren würde,
als eine Situation, in welcher wir unseren südlichen
Nachbarn gegenüber vollständig al pari stehen würden,
in welcher auch sie es fühlen würden, dafs wir ihrer bedürfen, und es ihnen möglich, also auch ihre Pflicht sei,
dahin zu wirken, dafs die ihnen verwandten Stämme auch
bei uns eine nationale Organisation erhalten. Unter solchen
Umständen würden auch unsere Wallachen lernen ihre
Blicke nach aufsen hin zu richten, von aufsen her Unterstützung zu erwarten.

Dieser riesige Unterschied ist der Aufmerksamkeit des
unter dem Einflusse seiner fixen Idee stehenden Kossuth
entgangen. Es ist wahr, er hatte keine freie Wahl. Das
sich von Österreich losreifsende Ungarn konnte nur schwach
sein und bedurfte demnach der Stütze des Orients. Das
mit Österreich verbündete Ungarn, die heutige Monarchie,
kann mit grofsem Erfolge jenen politischen Gedanken ausbeuten, welcher für das unabhängige Ungarn nur mit Gefahr verbunden ist. Als unsere Monarchie mit ihrer alten
orientalischen Politik, mit den Traditionen Metternichs
brach, und als sie der Erhaltung der Türkei um jeden
Preis entsagte, wurde sie auch von jenem Gedanken geleitet, dafs die Protektion der orientalischen Nationalitäten
auch auf unsere Nationalitäten von günstiger Wirkung sein
werde.

Als anläfslich der letzten orientalischen Krise unsere
Monarchie die Protektion der türkischen Rajah in die Hand
nahm, als sie auf dem Berliner Kongrefs die Interessen

des rumänischen Königreichs und der serbischen Selbständigkeit verteidigte, und als sie die berechtigten Wünsche
dieser Völker energisch unterstützte: war sie von dem klaren
Bewußtsein geleitet, daß sie mit dieser Stellungnahme die
richtige Nationalitätenpolitik möglich mache. Es sind nicht
blofs Gesichtspunkte der auswärtigen Politik mafsgebend
gewesen, als Julius Andrássy anstatt des türkischen Bündnisses die christenfreundliche Politik inaugurierte. Er ist
von der Überzeugung ausgegangen, daß, wenn wir den
ungarischen Charakter des Reichs der heiligen Stephanskrone bewahren, und die Gefühlseinheit der ungarischen
politischen Nation auch trotz ihrer verschiedenen Rassen
aufrecht erhalten wollen, wenn wir anderenteils jenseits der
Leitha auch den Deutschen eine leitende Rolle zukommen
lassen wollen: dieser nicht allein vom ungarischen Gesichtspunkte, sondern auch von dem Gesichtspunkte der Monarchie
richtige Zustand unsere Slaven und unsere Rumänen nur
dann beruhigt und nur dann aussöhnt, wenn wir nach
auswärts nicht eine engherzige Rassenpolitik treiben, sondern
uns der Sache der dem Herzen von Millionen unserer
treuen Staatsbürger nahestehenden Völker warm annehmen,
wenn wir im Orient rumänische und slavische Politik
machen.

Wenn Österreich-Ungarn im Orient eine rumänische,
serbische und bulgarische Politik betreibt, kann es im
Innern um so unbedingter auf seine Rumänen und Slaven
zählen. Wenn Österreich-Ungarn als Beschützer der orientalischen Völker auftritt, kann es jene Politik nachahmen,
welche Richelieu befolgte, als er in Deutschland die
protestantischen Staaten unterstützte, eine protestantische
Politik trieb, und eben deshalb daheim ungestört in
katholischem Interesse zu wirken vermochte. Seine auswärtige Aktion, welche mit den Principien seiner Inner-
regierung scheinbar im Gegensatz stand, ebnete thatsächlich

5*

dieser den Weg. In der Hoffnung auf seine gewaltige Protektion mochten die auswärtigen Protestanten die Hugenotten
nicht nur nicht gegen ihre Regierung unterstützen, sondern
dieselben vielmehr beschwichtigen und beruhigen; die Hugenotten aber vertrugen die harte Unterdrückung geduldiger,
da doch Richelieu in Europa ihrer Sache diente. Wenn
sie auch litten, war es für sie doch ein Trost, daß der
Protestantismus in Europa triumphierte.

Wir wollen unsere Nationalitäten nicht unterdrücken.
Wir wollen und werden bloß ihre expansiven und auf die
territoriale Organisation abzielenden Gelüste ersticken. In
dieser Hinsicht kann es uns von großem Nutzen sein, wenn
sie von außen her nicht aufgestachelt werden und sie auch
selbst sehen, daß wir die Sache ihrer Brüder unterstützen.
Das Ansehen, welches wir uns auswärts verschaffen, kann
uns im Innern Zinsen tragen.

Aber dieses Ergebnis ·können wir nur dann erhoffen,
wenn wir eine imposante Kraft haben, nicht aber dann,
wenn wir der Unterstützung seitens des Orients bedürfen.
Auch Richelieu würde nicht imstande gewesen sein das Ziel
seiner Politik zu erreichen, wenn er nicht hinreichend
stark gewesen wäre, die deutschen Protestanten zu unterstützen, sondern im Gegenteil Frankreich des Bündnisses
derselben bedurft hätte.

Wenn w i r die entschieden Stärkeren sind, werden eher
s i e gezwungen sein für das Bündnis ein Opfer zu bringen,
wenn kein anderes, so ihre chauvinistischen Hirngespinste.
Wenn dagegen w i r ihres Beistandes bedürftig sind — und
das unabhängig gewordene Ungarn wird auch darum schon
schwach sein, weil es von seiner freien Kraft jenen Teil in
Abzug bringen muß, welcher durch die Notwendigkeit, der
vom Westen ausgehenden Attraktion das Gegengewicht zu
halten, gebunden würde — würden wir genötigt sein das

Opfer zu bringen, wenn kein anderes, so die Unabhängigkeit unserer Innerpolitik.

Das Bündnis mit den Donaustaaten kann auch aufserdem nur dann verläfslich und dauernd sein, wenn wir
stark sind, und wenn wir auch ohne dieses Bündnis schon
eine Grofsmacht sein können; wenn dagegen dieses Bündnis die Vorbedingung unserer Machtstellung wäre, dann,
fürchte ich, würde sich dasselbe als zerbrechliche Stütze
erweisen.

Die Sicherheit eines Bündnisses steigert sich überhaupt
in gerader Proportion mit der eigenen Kraft. Diese Regel
hat dem Orient gegenüber eine gröfsere Wichtigkeit, als
gewöhnlich, denn im Falle unserer Schwäche kann den
Bundesgenossen sein scheinbares Interesse leicht verleiten,
zum Feinde zu werden.

In den Orientstaaten kämpfen zwei Strömungen mit
einander. Die eine ist die chauvinistische, welche, wie
überall, von dem äufseren Schein verblendet, die Befriedi-
ung der nationalen Eitelkeit über den Dienst der wirklichen
Interessen stellt.

Diese Strömung steht einer anderen gegenüber, welche
die Ziele den realen Kräften, dem Erreichbaren und demgemäfs den wahren Interessen entsprechend bemifst, welche
nicht heute erobern will, um morgen zugleich mit der Eroberung und infolge derselben selbst unterzugehen, wie die
Wespe, welche dem Reiz zu stechen, selbst dann nicht
widerstehen kann, wenn sie, dadurch ihren Stachel ein-
büfsend, selbst verendet.

Die erste Strömung will eine grofsrumänische, eine
grofsserbische Politik machen. Es ist ihr ein Dorn im
Auge, dafs nicht alle Rumänen, alle Serben in je einem unabhängigen Staate vereinigt sind. Diese Strömung ist unsere
natürliche Feindin.

Die andere Richtung weifs es, dafs, wenn wir nicht

mehr da wären, sie im panslavischen Meere untergehen
würden; dafs sie, allzuviel begehrend, auch das Vorhandene
verlieren würden; dafs es keinen besseren und verläfslicheren
Freund ihrer Staatlichkeit giebt, als Österreich-Ungarn.
Diese sind daher unsere Bundesgenossen.

Wenn wir stark sind, dann ist die Situation den
letzteren günstig und schwächt die ersteren. Wenn wir
stark sind, sind auch unsere Freunde stark und ist das
Bündnis zwischen uns sicher; wenn wir dagegen schwach
sind, dann gewinnen unsere Feinde die Oberhand.

Die verlockende Aussicht der Eroberung, die Möglichkeit der Verwirklichung des Phantasiebildes kann in den
Nationen so unwiderstehliche Wünsche erwecken, welche
die Abenteurer leicht zu Gunsten ihrer Zwecke ausbeuten
können. Die Gelegenheit ist die Mutter der Sünde; das
unvermutete Glück nährt die Ambition.

Was einem starken Nachbar gegenüber den Stempel
der Tollkühnheit an sich trägt, so dafs die öffentliche
Meinung davor zurückschreckt, kann einem schwächeren
gegenüber so blendende Farben spielen, dafs die Lockung
selbst über die Nüchternen Gewalt gewinnt.

Mit einem Worte, während auf Kosten Österreich-
Ungarns erstarken zu wollen ein Unterfangen ist, für
welches die politischen Fanatiker oder Schwindler die kleinen
Staaten nicht leicht gewinnen könnten, würde dies dem allein-
stehenden Ungarn gegenüber viel leichter gelingen können.
Wenn sie sich mit Österreich und Ungarn verbünden, ist
der Nutzen für sie deutlicher, wenn sie die beiden angreifen, die Gefahr für sie einleuchtender. Wenn sie sich
blofs mit Ungarn verbünden, ist der Vorteil fraglicher,
wenn sie gegen dasselbe losgehen, scheint der Erfolg
leichter.

Wenn wir stark sind, giebt das Bündnis mit den Orientstaaten — abgesehen von den bereits weiter oben erwähnten

Vorteilen — unserer Monarchie eine weltgeschichtliche
Wichtigkeit.

Wenn wir, in der Nachbarschaft des Orients lebend,
dessen gärende Entwickelung vor Extravaganzen bewahren
und sie in eine der europäischen Civilisation homogene
Richtung lenken, erfüllen wir eine europäische Mission, und
können dafür in gewissen Fällen auf die Unterstützung
Europas zählen. Indem wir die unabhängige Entwickelung
der Orientstaaten schützen, indem wir die Individualität der
dort wohnenden Völker erhalten helfen, verschaffen wir der
europäischen Kultur neue Arbeiter. Unsere moderne Kultur
hat, im Gegensatze zur Kultur des Altertums, welche auf
dem Fortschritte e i n e r Rasse beruhte, von dem Zusammenwirken der verschiedenartigen vielen Rassen, Charaktere,
Individualitäten und Auffassungen ihren Reichtum und ihre
Vielseitigkeit erhalten. Die Hereinziehung einer jeden neuen
Rasse und der mit derselben verbundenen individuellen
Auffassung in diesen Kreis vermehrt die Lebenskraft der
modernen Kultur und sichert ihre weitere Entwickelung.

Indem wir dagegen kämpfen, dafs die panslavische
Idee zum Siege gelange, verteidigen wir das europäische
Gleichgewicht, die Unabhängigkeit Europas. Ein pan-
slavischer Riese in den südlichen und östlichen Teilen
Europas, ohne geographische innere Einheit, würde mit
seinen beiden zur Umarmung ausgestreckten Armen Europa
mit Erdrosselung bedrohen. Warschau, Moskau, Sophia,
Belgrad und Cettinje würden zusammen eine formlose Macht
bilden, welche die direkte Verbindung zwischen ihren excentrisch gelegenen Teilen über Budapest und Wien zu suchen
genötigt sein würde. Es ist wahr, dafs diese Macht nicht
imstande sein würde, sich aufrecht zu erhalten, aber wie
viel würde sie bis zu ihrem Zusammensturze zerstören
können? Sie würde ein Meteor am Himmel Europas sein,
welches schnell verschwindet, aber auf seinem Wege Brand

und Verwüstung anrichtet. Vergebens würde man uns
damit trösten, daſs dieses Ungeheuer verenden müsse. Dieser
Trost würde für die europäische Kultur nur so viel wert
sein, wie für denjenigen, den eine Boa verschlingt, die Ver-
sicherung, daſs man, während ihn die Boa verdaut, diese
leicht töten könne.

Aber auch dieser Mission können wir nur dann entsprechen,
wenn wir stark sind. Nur dann kann dieselbe zu einem
Hebel unserer Macht werden, denn nur in diesem Falle
werden uns die Weststaaten unterstützen. Nur wenn wir
imstande sind, es mit der groſsen Aufgabe aufzunehmen,
nur wenn wir so viel Kraft haben, daſs die europäischen
Staaten mit unserer Hilfe die Erreichung ihrer Ziele erhoffen können, und demzufolge unsere Bundesgenossenschaft
ein ausschlaggebender Faktor in der Wagschale der Macht
sein kann: nur dann wird unser Fortbestand für sie von
Nutzen sein, nur dann werden sie uns darin helfen.
Sobald diese ihre Hoffnung schwände, würden sie die Bürgschaften der westlichen Civilisation in anderen Kombinationen suchen. Das Rad des Schicksals würde dann unerbittlich über uns hinweggehen.

Das Ergebnis ist also auch in dieser Hinsicht dasselbe,
zu welchem ich bei der Würdigung der Donaukonföderation
hinsichtlich aller Beziehungen derselben gelangt bin. Die
Lehren der Konföderationsidee bekräftigen insgesamt die
Richtigkeit jener Politik, welche uns an Österreich knüpft.
Was in dieser Idee fehlerhaft, und was in derselben richtig
ist, ist gleicherweise geeignet, den von der Nation verfolgten
Weg zu rechtfertigen.

Die mit jener Idee verbundenen Gefahren gebieten,
daſs wir treulich an dem Verbande festhalten, in welchem
wir uns befinden, und welcher allein imstande ist, uns vor
denselben zu bewahren. Die Vorteile aber, welche dieselbe
uns zu sichern wünscht, beziehen sich auf Ziele, welche

wir mit Hilfe des Konföderationsprojektes nicht zu erreichen
vermögen, welchen wir jedoch mit unserer gegenwärtigen
Organisation entsprechen können.

Aber es ist hohe Zeit, daß ich das Ergebnis des bisher gesagten zusammenfasse.

Die Bedingungen unserer Existenz schreiben uns die
Richtung unserer Politik vor. Dieselben zwingen uns einesteils dazu, daß wir in einem ständigen Staatsverbande mit
solchen Staaten leben, mit welchen verbunden wir zu einer
Großmacht werden können, anderenteils dazu, daß wir
dieses Bündnis im Westen suchen. Das Schicksal hat es
so gewollt, daß wir stark, oder nichts seien. Auch das,
was die Quelle unserer Macht sein kann, wenn wir stark
sind, wird zum Gift, sobald wir schwach sind. Stark aber,
mit Wahrung unseres ungarischen Charakters, können wir
nur durch unser Bündnis mit Österreich sein. Der Ausgleich hat den Zweck gehabt, unser Staatsrecht dieser
Fundamentalwahrheit entsprechend zu regeln. Er hat den
Zweck gehabt, unseren Verband mit Österreich in eine
solche Form zu gießen, daß wir mit demselben vereint
eine Großmacht sein können. Aber er hat dies nicht als
seine einzige Aufgabe betrachtet und auch nicht betrachten
können.

Die ungarische Nation hat sich nicht mit Stammverwandten verbündet; der Staat derselben hat eine tausendjährige historische Vergangenheit. Wir würden dieselbe
zu verleugnen weder imstande sein, noch wollen wir dies.
Das Herz jedes Ungars ist mit zahllosen Fäden, mit der
ganzen Kraft seines Wesens an den ungarischen Staat, an
die einheitliche ungarische Nation gebunden. So tritt mit
der elementaren Kraft der Naturgesetze der zweite große
und unveränderliche Zweck des Ausgleichs, die Bewahrung
unserer Staatlichkeit, hervor. Hat der Ausgleich dieser erhabenen Aufgabe entsprochen? Ist es gelungen, unsere

Machtstellung zu sichern und gleichzeitig auch unseren freien
staatlichen Bestand aufrecht zu halten?

Heute kann nur mehr dies Gegenstand der Frage sein.
Dafs jene Aufgaben, deren Lösung der Ausgleich bezweckt
hat, die höchsten Ziele unserer Politik, solche Ziele derselben sind, deren Erreichung wir unfehlbar anstreben
müssen, ist eine allgemein anerkannte Wahrheit. Jedermann
acceptiert die These, dafs wir unsere Politik dieser aus
unserer weltgeschichtlichen Situation sich ergebenden Notwendigkeit anpassen müssen. Wenn in uns auch nicht
jenes Gefühl der Loyalität lebte, welches den Ungar an
seinen König bindet und deshalb die Aufrechthaltung des
Verbandes mit den übrigen Ländern desselben gebieterisch
fordert, und wenn wir uns auch nicht einem durch Gesetze sanktionierten fait accompli gegenüber fänden: auch
dann würden wir die Bürgschaft unserer Existenz in einem
dem bestehenden Bündnis ähnlichen Verbande suchen
müssen. So, wie die Situation liegt, kann sich die aktuelle
Politik gar nicht mit einer anderen Frage beschäftigen, als
mit der, ob die heutige rechtliche und politische Form des
bestehenden Bandes aufrecht gehalten werden soll?

Zweites Kapitel.

Die Schwierigkeit des zu lösenden Problems.

Indem ich mit jener hochwichtigen Frage ins Reine kommen will, ob die unveränderte Aufrechthaltung des 1867er Ausgleichs richtig sei, kann ich das Auge vor jener Wahrheit nicht verschliefsen, dafs ein ständiges Staatsbündnis einander fremder Nationen eines der schwierigsten Probleme ist, welche die Geschichte kennt.

Ein ständiges Bündnis zwischen Staaten zustande zu bringen, ist überhaupt sehr schwer; demselben eine solche Form zu geben, dafs es imstande sei, jenes specielle Ziel zu sichern, welches wir erreichen müssen, ist doppelt schwer.

Das Problem, welches der Ausgleich lösen wollte, und welches wir auf jeden Fall, wenn nicht in den jetzigen Formen, so in anderen lösen müssen, gehört zu denjenigen, an welchen schon viele Völker verblutet sind, zu denjenigen, deren Lösung eine der schwierigsten Fragen der politischen Wissenschaft bildet. Ja, ganz befriedigend ist dieses Problem nirgends gelöst worden.

Dieses Problem besteht in der Notwendigkeit der Vereinigung zweier gegensätzlicher Begriffe. Es haben zwei

Staaten in Sachen der gemeinsamen Verteidigung miteinander
derart verbunden werden müssen, dafs einerseits nicht ein Atom
der in ihnen vorhandenen Kraft verloren gehe; andererseits die rechtliche Unabhängigkeit der beiden Länder voneinander, die Souveränität der beiden Länder, nicht den
geringsten Abbruch erleide.   Es hat die Kraft der beiden
Länder miteinander verschmolzen werden müssen, ohne
dafs dieselben ineinander aufgehen.

Wenn die Bedingungen unseres Bestandes uns in der
That dazu zwingen, unsere Sicherheit in einem ständigen
Bündnisse zu suchen, und wenn wir daneben auch unsere
staatliche und nationale Existenz aufrecht erhalten wollen,
dann seien wir nicht übertrieben prätentiös, werfen wir
nicht das Gute für das Bessere weg, welches die Optimisten
versprechen, theoretisieren wir nicht, laufen wir nicht
Utopien nach, denn wir stehen vor einem der schwierigsten
Probleme der Weltgeschichte. Wenn wir dasselbe halbwegs gelöst haben, und unsere Zustände erträglich sind,
ertragen wir sie, denn es ist nicht sehr wahrscheinlich, dafs
das Phantasiebild, mit welchem man uns lockt, Wirklichkeit werde, und dafs das Neue besser sei, als das Alte.

Dafs die Vereinigung zweier einander fremden, nicht
zu einem Volke verschmelzen wollenden Völker zum Zwecke
gemeinsamen Schutzes zu den schwierigsten Aufgaben der
Politik gehört, erklärt sich aus der Natur der Dinge.

Einesteils ist es der Egoismus und der natürliche Instinkt der Staaten, der Völker, demzufolge sie ausschliefslich
für sich selbst leben wollen, und gegen die Übernahme
einer jeden ihre Selbständigkeit einschränkenden Verpflichtung sich wehren; anderenteils ist es jene unumgängliche
Bedingung des ständigen Bündnisses, dafs eine solche Verpflichtung übernommen werde, was es natürlich macht,
dafs ein ständiges Bündnis zweier einander völlig fremden
Völker sehr selten geniefsbare Früchte bringt. Wie schwer

ist es, zwei Menschen, zwei ihren Selbstzweck habende
Menschen in glücklicher Ehe zu vereinigen, in welcher
jeder frei bleibt, jeder seine Individualität zu entwickeln,
zur Geltung zu bringen imstande ist, und gleichzeitig sich mit
dem Lebensziele des anderen identifiziert. Wie schwer,
wie unmöglich ist dies, wenn die gegenseitige Neigung, die
gegenseitige Liebe, und die auf derselben beruhende Billigkeit, Nachsicht und Geduld nicht vorhanden ist. Bei
Völkern aber fehlt diese Vorbedingung immer. Jedes
lebende Wesen ist egoistisch, aber eine Nation ist egoistischer
als alle anderen Existenzen, denn es ist auch ihre Pflicht
dies zu sein. Auch die edle Gesinnung ihrer Glieder, auch
der Patriotismus treibt sie dazu. Was anderswo den
Egoismus mäfsigt, vermehrt denselben hier nur. Die
Völker empfinden sehr selten Sympathie oder Dankbarkeit für
einander. Sie sind entweder gleichgiltig gegen einander,
oder hassen einander. So beschaffen ist jenes Material, aus
welchem dann die politische Kunst ein zusammenhaltendes,
einander schützendes Bündnis schnitzen mufs. Die einzige
Hoffnung kann darin bestehen, dafs das Gebot des Interesses
über das Gefühl den Sieg davontragen wird. Aber es gehört eine aufserordentliche politische Geschicklichkeit dazu,
das Bündnis derart zu schliefsen, dafs es die Interessen der
beiden Staaten thatsächlich so zweifellos befriedige, dafs
das Verständnis dieser Interessen auch die Herrschaft derselben sichere, dafs das ganze Volk dem, von jedem empfundenen und verstandenen Vorteil zuliebe seine eigene
Natur überwinde, und jene Opfer, ohne welche gesellschaft-
liches Leben, vereintes Wirken absolut unmöglich ist, auch
wirklich bringe.

Die Nüchternheit der Völker und die Fähigkeit derselben, ihre wahren Interessen zu erkennen, ist überhaupt
eine sehr unsichere Basis. Wer darauf baut, baut oft auf
Sand, vornehmlich in solchem Falle, wo diese Interessen

nur um den Preis der Aufopferung anderer Interessen zur
Geltung gelangen können, und wo sie die Beschränkung
natürlicher Triebe zur Vorbedingung machen. Es ist
schwer unter den vielen Interessen die mehr ins Leben
einschneidenden zu erkennen. Das Hineinspielen der vielen
Leidenschaften und Privatinteressen verdunkelt die Urteils-
kraft der Völker. Das Wort der vielen Schmeichler ver-
dreht auch die klare Wahrheit. In einem demokratischen
Lande aber, wo sich ein grofser Teil der Macht in den
Händen des Volkes befindet, und wo das beste „Geschäft"
das des Volksbethörers ist, finden sich leider immer solche.
Wird sich wohl nicht das Fieber der Selbstverherrlichung,
des Chauvinismus der Nation bemächtigen, und wird nicht
dies die Annahme des besten Planes, die Erkenntnis des
klarsten Interesses verhindern?

Die Lösung dieses Problems wird dadurch erschwert,
dafs sich dieselbe nicht darauf beschränken darf, das theoretisch sicherste, stärkste Mittel zur Wahrung der gemeinsamen Interessen zu finden. Das Problem würde so rein
technisch, mechanisch sein. Aber weil das mechanisch ver-
lässlichste Band oft das schwächste ist, weil die Parteien
es nicht acceptieren, weil es anderen berechtigten Interessen,
Empfindungen, oder vielleicht nur Vorurteilen, Traditionen
widerstreitet: darum ist die zu lösende Frage eine so komplizierte. Die Schwierigkeit besteht darin, dafs nicht allein
darauf Bedacht genommen werden mufs, dafs das Band
abstrakt genommen zweckmäfsig sei und seine Aufgabe zu
lösen vermöge, sondern auch darauf, dafs es den speciellen
Interessen entspreche, dafs es von den Parteien nicht mehr
Opfer fordere, als sie dauernd zu bringen bereit sind, dafs
es in ihnen nicht Unzufriedenheit erwecke, und dafs die formale Einheit nicht die Erzeugungsursache eines Empfin-
dungsgegensatzes werde. Dieser Teil der Aufgabe macht
dieselbe zum heikelsten psychologischen Problem, zu einem

Problem, welches auch die allergrößten Staatsmänner nur
unter glücklichen Verhältnissen zu lösen imstande gewesen sind.

Ja, ich glaube sogar, daß ich mich nicht täusche,
wenn ich behaupte, daß es nie gelungen ist zwei Staaten
völlig fremder Rasse derart zu vereinigen, daß jeder derselben seine Souveränität behalte, und daneben der gemeinsame Schutz wirksam organisiert und über jeden Zweifel
sicher gestellt werde.

Es ist wahr, daß es oft gelungen ist, den gemeinsamen Schutz zufolge allgemeiner Verhältnisse dauernd auf
gegenseitige Hilfe angewiesener Staaten auf lange Zeiten
hinaus zu sichern; aber wo dies gelungen ist, dort ist auch
das Band der geographischen Einheit, der gemeinsamen
großen Kultur, der gemeinsamen Rasse, Abstammung und
Sprache vorhanden gewesen, und hat dieses Band die vereinigenden Momente so sehr in den Vordergrund gerückt,
daß sodann eine viel innigere und größere Einheit zustande
kam, als diejenige, welche das Interesse des gemeinsamen
Schutzes gefordert hatte, und daß der Sicherheit die Sonderstellung der Völker aufgeopfert wurde. In diesen Staaten
gelang es wohl die Verteidigungsinteressen mit institutionellen
Bürgschaften zu umschanzen; aber diese Institutionen haben
auch die Souveränität der sich vereinigenden Staaten verschlungen, und, den Geist der Zusammengehörigkeit stufenweise entwickelnd, zur inneren Verschmelzung geführt.
Wo dagegen, außer dem Interesse der gemeinsamen Verteidigung, ein anderes inneres Band nicht vorhanden ist,
wo die sich verbindenden Völker einander vollständig
fremd, ihre Rasse, ihre Kultur, ihr Temperament und ihre
Geschichte divergent sind: dort ist es nie gelungen die
gemeinsame Verteidigung wirksam zu organisieren und gehörig zu sichern, dort ist, umgekehrt, die Einheit der Sonderstellung aufgeopfert worden. Unter solchen Umständen ist

es nicht möglich gewesen, das Wirken mit vereinten
Kräften durch Institutionen zu sichern, weil die Parteien
der freien Ausübung ihrer Rechte nicht Abbruch thun
wollten, so dafs es höchstens gewaltsam möglich gewesen
ist, die notwendigen Schranken aufrecht zu halten. Aber
die Gewalt hat entweder zu völliger Unterwerfung oder,
wenn das Centrum nicht über hinreichende Macht verfügte,
zu definitiver Losreifsung, zu völliger Auflösung der Harmonie
geführt, und ist nicht imstande gewesen, das zweckent-
sprechende Zusammenwirken zu bewerkstelligen. Bei solchen
Völkern bestand das einzige Band, welches sich der Beständigkeit zu erfreuen vermocht hat, in der Identität der
Person des Herrschers. Dieses Band ist jedoch nur dort
imstande gewesen, das vereinte Wirken aufrecht zu erhalten,
wo die Regierungsform eine absolute war. Bei einer freien
Verfassung hat sich die reine Personalunion nirgends bewährt; sie ist nirgends imstande gewesen, die gemeinsame
Verteidigung der durch sie vereinigten Staaten auf feste
Grundlagen zu stellen.

In dieser vielseitigen Schwierigkeit ist für uns eine
beherzigenswerte grofse Lehre enthalten. Sie mahnt uns
daran, dafs, wenn die heutige Form des Bündnisses sich
nur halbwegs bewährt hat, wir an derselben festhalten
sollen, und uns nicht durch schöne Versprechungen irre-
führen lassen dürfen.

Ich messe der Schwierigkeit der zu lösenden Aufgabe eine so grofse Wichtigkeit bei, dafs ich es für notwendig halte, meine obigen Aufstellungen noch mehr zu
detaillieren und auch mit Beispielen zu illustrieren. In der
Geschichte sind solche Beispiele reichlich zu finden, nur
eines nicht: das Beispiel eines vollkommen gelungenen
Experiments.

Ich habe weiter oben behauptet, dafs die gemeinsame
Verteidigung dauernd nur dort gelungen ist, wo die sich

verbündenden Parteien nicht lediglich durch das Interesse
der Verteidigung, sondern auch durch Stammesverwandt-
schaft, durch geographische Einheit oder durch ein anderes
ähnliches Band miteinander verbunden waren. Hier ist
dann die Einheit eine innigere und größere geworden, als
wir sie nötig haben, als wir sie vertragen können.

So lange in den deutschen Staaten das Sonderstellungsgelüste, der starke Lokalpatriotismus vorhanden war, sind
sie nicht imstande gewesen den Ansprüchen der gemeinsamen Verteidigung Genüge zu leisten. Sie sind wiederholt der natürlichen Folge einer solchen Situation, dem
gänzlichen Untergange, nahe gekommen. Die gemeinsame
Verteidigung ist in Deutschland zwar organisiert gewesen,
aber in sehr elender Weise. Im Zeitalter der Kaiser und
in der Zeit des Bundes sehen wir, daß die wechselseitigen
Unterhandlungen über die gemeinsame Verteidigung im
Augenblicke der Gefahr ihren Anfang nahmen. Die
einzelnen Staaten benutzten den Augenblick der Krise
dazu, ihre Gravamina sanieren zu lassen, ihre Wünsche zur
Geltung zu bringen. Gezänke, Hin- und Herdreherei, Befriedigung verschiedener Partikularinteressen und Heilung
verschiedener Beschwerden gingen der Feststellung des
casus foederis voran. Nachdem derselbe festgestellt worden,
zogen sich endlose Streitigkeiten über die Größe der Kontingente, über die Modalitäten derselben, und über das
Kommando dahin. Wenn man auch über diese Hindernisse bereits hinweggekommen war, kam die unaufhör-
liche Hin- und Herzerrerei bezüglich der thatsächlichen
Aufstellung der Kontingente an die Reihe. Die Truppenkörper erschienen unpünktlich, schlecht und ungleichmäßig
bewaffnet. Während des Kampfes wurde der Erfolg durch
Disciplinmangel, gegenseitiges Mißtrauen, Eifersucht und
Zwietracht fraglich gemacht. Jeder Truppenkörper wollte
durch den anderen die Kastanien aus dem Feuer holen

lassen. Schwierigere Aufgaben war niemand willens auf sich
zu nehmen. Es war ein Glück, wenn nicht ein oder das
andere Kontingent heimlich oder auch offen mit dem Feinde
paktierte. Wie oft ist es geschehen, dafs ein oder der andere
Fürst, sowie er seine Sonderinteressen gesichert glaubte,
unter einem vom Zaun gebrochenen Vorwand oder auch
ohne einen solchen, die gemeinsamen Interessen und den
Kampf im Stiche liefs, wie der Krebs seine Scheeren. Und
die Friedensunterhandlungen gestalteten sich zu einem
wahren Wettbewerb, in welchem sich jeder beeilte seinen
Balg ins Trockene zu bringen, ganz unbekümmert um die
gemeinsame Angelegenheit. Die gegnerische Partei konnte
immer darauf zählen, dafs es ihr früher oder später mit
etwas Geschicklichkeit gelingen werde, die deutsche Einheit
zu zerrütten. Oft ist es sogar geschehen, dafs sich einzelne
Fürsten mit den Feinden des Deutschen Reiches offen verbündeten. Oft haben Deutsche gegen Deutsche gekämpft.
Und dies ist natürlich. Da jeder einzelne Fürst seinen
Degen selbständig führen durfte, da jeder von ihnen Herr
seiner Heereskraft blieb, konnten dieselben ebenso leicht
gegeneinander, wie nach aufsen hin gewendet werden. Eine
organische Garantie gab es selbst dagegen nicht.

Diese jämmerliche Lösung der Frage der gemeinsamen
Verteidigung hat sich denn auch gerächt. Wie oft ist das
Deutsche Reich, trotz seiner grofsen Ausdehnung, trotz
seiner grofsen natürlichen Hilfsquellen ein Raub des Auslandes gewesen. Es wurde die Lieblingsbeute der Ehr-
süchtigen.

Italien ist noch weniger fähig gewesen seiner gemeinsamen Verteidigung zu entsprechen. Hier ist die gemeinsame Verteidigung nicht einmal bis zu ihrer Organisation
gelangt. Sie hatte kein gemeinsames Organ. Der Partikularismus herrschte absolut und tyrannisch. Nur hie und
da ist ein oder der andere Papst, ein oder der andere patrio-

tische Staatsmann oder Fürst bestrebt gewesen die italienischen Kräfte wenigstens zeitweilig, wenigstens gegen eine
drohende Gefahr, oder gegen eine Invasion, gegen einen
Usurpator zu vereinigen. Aber auch dies ist nicht gelungen. Die italienischen Provinzen verbündeten sich bald
mit der einen, bald mit der anderen auswärtigen Macht
gegeneinander. Sie selbst haben die Franzosen, die Deutschen, die Spanier, die Ungarn in ihr Land gerufen. Jeder
mächtige Nachbar hatte in den italienischen Staaten eine
ständige Partei. Italien war der Kampfplatz der europäischen Rivalität. In Italien kamen die europäischen Machtfragen zur Entscheidung. Bei den europäischen Kongressen
und Friedensschlüssen gingen die italienischen Fürstentümer von Hand zu Hand, sie wurden gegeben und genommen, wie Ware auf einem Markte. Italien war das zu
Kompensationen bestimmte Gebiet, wo auch der verlierende
Teil Schadenersatz suchte. Mit einem Worte, Italien war
wirklich niemands Land, herrenloses Gut, von welchem
immer geraubt werden konnte.

So ist es, so lange der Unabhängigkeitsdrang in den
Teilen vorhanden war, weder in Deutschland, noch in
Italien gelungen, denselben mit den Interessen der gemeinsamen Verteidigung in Übereinstimmung zu bringen, ungeachtet der grofsen gemeinsamen Interessen und ungeachtet
der Einheit der Rasse.

Als aber mit der Veränderung der Zeiten das Interesse
des gemeinsamen Schutzes den Sieg davontrug, da gelangte
das Bewufstsein der Zusammengehörigkeit mit solcher Kraft
zur Geltung, dafs die Unabhängigkeit der Teile dahin-
welken mufste.

Im 19. Jahrhundert wurde in Deutschland der Mangel
der gemeinsamen Verteidigung immer unerträglicher. Im
19. Jahrhundert einen Feldzug zu verlieren, die Beute
eines ausländischen Eroberers zu werden, war eine viel

ernstere Sache, als vordem. Die verheerende Wirkung der
neuen Waffen, die immerfort wachsende Zahl der Kämpfenden, jene riesige Kraftanspannung an Menschen und Geld,
welche ein Feldzug erfordert, macht jeden Krieg zu einem
Kampf auf Tod und Leben, zu einem Kampf, in welchem
das Schicksal der Völker binnen sehr kurzer Zeit, binnen
Wochen, ja Tagen zur Entscheidung kommen kann. Wehe
dem Besiegten. Sein Leben steht auf dem Spiele.

Im 19. Jahrhundert wurde jene Schwäche, welche vordem zwar beschämend und mit vielen Nachteilen verbunden
gewesen war, aber nicht den Untergang bedeutet hatte, zur
Bedrohung der Existenz des Deutschtums.

Es trat daher eine Reaktion gegen den Partikularismus ein. Nicht von selbst. Auch die mächtigen preufsi-
schen Bajonette und die französischen Aggressionen trugen
zum Siege der neuen Richtung bei. Die grofse Kraftanspannung grofser Männer war dazu nötig. Die letzte
Ursache jedoch lag in den inneren Verhältnissen der
deutschen Nation. Im Jahre 1866 mufsten die Vorbedingungen der deutschen Einheit noch mit den Waffen er-
kämpft werden, im Jahre 1870 aber wurde der definitive
Sieg der Einheit durch das Zusammengehörigkeitsgefühl
der Deutschen und durch den geschickt erweckten Selbsterhaltungstrieb gesichert. Die Einheit erwuchs aus dem Gefühl der gemeinsamen Gefahr. Die gemeinsame Kultur, die
gemeinsame Sprache, die gemeinsame Rasse steckte dann der
Einheit gröfsere und weitergehende Ziele vor, als diejenigen,
welche das Interesse der blofsen Verteidigung forderte.

Die unabhängigen Staaten, welche vordem von ihrer
Selbständigkeit nicht einmal so viel aufgeben wollten, als
die Sicherung der gemeinsamen Verteidigung forderte,
opferten jetzt davon mehr als nur das hierzu Erforderliche
auf. Die Sonderstaaten schmolzen in ein grofses Reich zusammen, welchem eine unabhängige Gesetzgebung und

Exekutivgewalt gegeben wurde. Es bildete sich nicht ein
Staatenbund, sondern ein Bundesstaat. Die einzelnen Staaten
verloren in vieler Hinsicht den Typus ihrer Staatlichkeit,
um zu konstituierenden Teilen eines Gesamtstaates zu
werden.

Dies ist, nach meinem Dafürhalten, das Glück des
Deutschtums. Es kann seine großen nationalen und kulturellen
Interessen als einheitliche Macht besser geltend machen,
als es dies in seiner alten Zerteiltheit imstande sein würde.
Was die einzelnen Staaten verloren, gewann der Stamm.

Wir Ungarn dürfen die letztere Gestaltung ebensowenig nachahmen, wie die frühere. Früher wurde, weil
jeder einzelne Staat sein besonderes Heer, seine besondere
äußere Politik hatte, die gemeinsame Verteidigung illusorisch.
Jetzt ist zugleich mit der obersten Leitung der Heeresmacht
auch vieles andere dem Reiche übergeben worden. Wir
dagegen mußten die Heereskraft vereinigen, aber unsere
Staatlichkeit aufrecht halten. Die deutschen Staaten haben
es in der Vergangenheit nicht verstanden jener Aufgabe
zu entsprechen, welche wir zu lösen haben. Heute gehen
sie in der Richtung der Vereinigung weiter und können in
derselben weiter gehen, als wir dies können. Ihre Situation
ist eine andere, als die unsrige. Sie können, zu einer
mächtigen Nation vereinigt, ihre nationalen Eigentüm-
lichkeiten besser zur Geltung bringen, als sie es vordem
vermocht hatten. Wir dagegen würden, wenn wir mit
unseren Waffengenossen verschmölzen, unserer Nationalität
verlustig gehen.

In Italien hat sich der Übergang zur Einheit noch
sprunghafter vollzogen als in Deutschland. In der älteren
Zeit ist dort die divergierende Tendenz stärker als in Deutschland gewesen; jetzt ist, als Reaktion, auch die Einheit dort
mächtiger geworden als in Deutschland.

Die Zwietracht der italienischen Fürstentümer hatte

zur Fremdherrschaft geführt, welcher Deutschland glücklich
entgangen war. Der beste Teil Italiens war in die Machtsphäre der Nachbarn gefallen. Fremde Fürsten saßen auf
den italienischen Thronen.

Die Einheit des geistigen Lebens, das Nationalgefühl,
welches durch das Andenken eines Dante, eines Raphael
rege erhalten wurde, stand solcherweise mit dem Rechtszustande und der Zerstückelung Italiens in noch größerer
Disharmonie, als in Deutschland. Deshalb mußten die
kleinen Staaten Italiens gänzlich hinweggefegt werden, als
Piemont die nationale Idee sich aneignete und zum Siege
führte. Italien wurde zum Einheitsstaate, während die Entwickelung Deutschlands beim Bundesstaate stehen blieb.

So ist die Geschichte Italiens ein noch eklatanteres
Beispiel jener Schwierigkeit, welche der ständigen Ver-
bündung der Staaten im Wege steht. Das Bündnis der
Staaten hat auf italienischem Boden selbst nach Jahrhunderte
hindurch dauerndem qualvollen Ringen, trotz der verbindenden Kraft der Stammverwandtschaft und der gemeinsamen
Kultur, nicht zustande kommen können. Schließlich ist
das große Interesse, welches das Zustandekommen dieses
Bündnisses forderte, auf anderem Wege zur Geltung gelangt. Dieses Interesse hat schneller verstanden die einzelnen kleineren Staaten zu vernichten und die nationale
Einheit zustande zu bringen, als das Staatenbündnis zu
konstituieren. In der 24. Stunde erschien das Konföderra-
tionsprojekt Napoleons III.; aber bereits verspätet. Die
großen Interessen, welche seiner Zeit auch durch das
Staatenbündnis hätten befriedigt werden können, forderten
damals bereits mehr, und konnten nur mehr durch die Vernichtung der kleinen Staaten befriedigt werden.

Die Geschichte des klassischen Griechenlands ist ein
weiteres Beispiel dafür, wie schwer es ist das vereinte
Wirken selbst zwischen stammverwandten Völkern zu

sichern, und zu welchen Folgen es führt, wenn sie den Anforderungen der gemeinsamen Verteidigung nicht Genüge leisten.

Die Griechen haben, trotz ihrer Stammverwandtschaft, trotz des starken Bandes der gemeinsamen Kultur und der Identität ihrer Sprache, es nicht verstanden, ihre Wehrkraft derart zu organisieren, dafs die gemeinsame Verteidigung gesichert gewesen wäre. Weil die griechischen Staaten von ihrer völligen Unabhängigkeit nicht ein Atom opfern wollten, haben sie dieselbe schliefslich völlig und definitiv verloren. Während sie miteinander rivalisierten, wurden sie vom gemeinsamen Feinde blattweise, wie eine Artischocke aufgezehrt. Dies ist eine grofse Lehre für uns, aber als Beispiel blofs negativ. Es lehrt uns, dafs wir uns mit denjenigen vereinigen sollen, mit welchen wir gemeinsame Verteidigungsinteressen haben. Die Zahl unserer gemeinsamen Feinde ist grofs genug. Wenn wir uneinig sind, verschlingen sie uns, blattweise, wie eine Artischocke.

Wenn sich im deutschen und italienischen Beispiel die Vernachlässigung der gemeinsamen Interessen an der Selbstständigkeit der einzelnen Staaten gerächt hat, hat in Griechenland die fortdauernde partikularistische Strömung die Sicherheit der Staaten vernichtet. Umsonst, dies ist die Alternative, vor welcher jeder Staat steht, welcher eines ständigen Bündnisses bedarf, und dasselbe nicht rechtzeitig abschliefsen will. Es siegt entweder der Selbsterhaltungstrieb, und dann geht die Freiheit verloren, oder es siegt der Unabhängigkeitsdrang, und dann ist auch die Existenz selbst in Gefahr.

Die amerikanische Union ist ein anderes Beispiel dafür, wie schwierig es ist, jene Aufgabe vollständig befriedigend zu lösen, welche das Schicksal uns zugemessen hat. Die Amerikaner haben sich zum Zwecke der Sicherung der gemeinsamen Verteidigung vereinigt, aber mit dem bestimmten

Vorsatz, dafs die einzelnen Staaten ihre Aktionsfreiheit behalten sollen. Das Gefühl des nationalen Zusammenhaltes
verlieh indessen den Organen der Einheit eine solche Expansivkraft, dafs sie ihre Macht auf Kosten der Einzelstaaten fort und fort ausdehnten. Diese konstante Entwickelung ist um so überraschender und beweist die
Heikligkeit des ständigen Bündnisses um so mehr, weil
Amerika das Land der Freiheit par excellence ist, wo die
Selbstregierung, die Selbstthätigkeit gleichsam in der Luft
liegt. Die nationale Tradition, der Nationalgeist, die geographische Lage wirken samt und sonders in dieser Richtung
hin. Diese Tendenz ist in Amerika so mächtig, dafs der
Staat selbst, welcher seinen Wirkungskreis in ganz Europa
in riesigem Mafse ausdehnt und hier jahraus jahrein auf
Kosten der freien Gesellschaft Eroberungen macht, dort
innerhalb der alten Schranken verblieb. Dort erblickt der
Staat auch heute seine Aufgabe hauptsächlich in der Aufrechthaltung des allgemeinen Friedens und der Sicherheit.
Die centrale Organisation der Vereinigten Staaten jedoch
hat ihren Wirkungskreis, im Gegensatz zu der eben erwähnten Grundrichtung erweitert. Als die grofsen Gründer
der Republik die Verfassung schufen, war es nicht ins
reine gebracht, welcher Organismus mit der Souveränität
bekleidet werden würde, ob der einzelne Staat oder die
neugeschaffene Union? Auch das war eine strittige Frage,
ob den einzelnen Staaten ihr Recht, aus dem Bunde aus-
zutreten, verbleibe, und ob die Centralgewalt das Recht
habe, dem den Gehorsam versagenden Staate gegenüber
Zwangsmafsregeln zu ergreifen? Im Laufe der Zeiten
wurden alle diese Fragen zu Gunsten der Centralgewalt
entschieden.

    Bei der Konstituierung der Vereinigten Staaten wollte
man zwei Hauptzwecke erreichen: die Bewahrung der staatlichen Unabhängigkeit der einzelnen Glieder, und den Schutz

der gemeinsamen Sicherheit. Der erste ist, wie wir gesehen
haben, nicht in der Weise erreicht worden, wie man gehofft hatte; ob es aber gelungen sei, den zweiten Zweck zu
sichern, ist bisher noch nicht erprobt worden. Die Widerstandskraft Amerikas einer äußeren Gefahr gegenüber ist
bis jetzt noch keiner ernsten Probe ausgesetzt gewesen.
Bei mehreren Gelegenheiten jedoch hat das Sonderinteresse
der einzelnen Staaten auch auf die auswärtigen Aktionen
lähmend eingewirkt. Der blutige Bürgerkrieg aber beweist,
daß mit der Verfassung auch der innere Friede nicht
gesichert werden konnte. Um so lehrreicher ist dieser
Mißerfolg dadurch, daß die Verfassung der Vereinigten
Staaten sich in anderen Hinsichten bewährt hat. Sie hat
Amerika eine riesige Entwickelung, Bereicherung und große
Freiheit gesichert. Nur jene specielle Absicht, welche bei
der Feststellung des gegenseitigen Verhältnisses der einzelnen Staaten und der Centralmacht zu einander maßgebend gewesen ist, und welche auch die Existenzbasis
unseres Staatenbündnisses ist, hat man auch dort nicht ganz
befriedigend zu verwirklichen vermocht. Auch dort hat
sich die außerordentliche Schwierigkeit der Lösung dieser
Frage erwiesen, und es hat sich gezeigt, daß der Central-
organismus, wenn derselbe lebenskräftig ist, sich in der
Regel ausbreitet. Den Nachteilen dieser Entwickelung hat
der Umstand ein Gegengewicht geboten, daß die überwiegende Mehrzahl des Volkes der Vereinigten Staaten ein
und demselben Stamme angehört.

Die bisherigen Beispiele, inwiefern ich Länder erwähnt
habe, wo das Staatenbündnis zustande gekommen ist,
sprechen nur von jenen Staatenbündnissen, bei welchen man
die gemeinsamen Interessen durch Bildung eines höheren
Gesamtstaates hat wahren wollen, bei welchen über den
sich verbündenden Staaten ein mit selbständigem Wirkungskreise, mit selbständiger Existenz bekleidetes Reich ent-

standen ist. Bei diesen haben wir dann immer die Erfahrung
gemacht, daß das Reich die Selbständigkeit der Teile gefährdet.

Von dieser historischen Wahrheit geht der überwiegende
Teil derjenigen aus, welche sich gegen die gegenwärtige
Form unseres Ausgleichs erklären. Weil Ungarn mehr verliert, als ein deutsches Fürstentum, ein amerikanischer Staat,
eine italienische Provinz, wenn es in ein Gesamtreich ein-
schmilzt, da es dabei auch seine Nationalität einbüßen
kann; weil sie sehen, daß bei den meisten gelungenen Kon-
föderationen die verknüpfenden Bande zu erstarken pflegen:
sind sie Gegner eines jeden institutionellen Bandes geworden, und wollen die Zusammengehörigkeit mit Österreich
auf das einzige Band der Identität des Herrschers beschränken. Nach ihrer Ansicht genügt dies zur Sicherung
der gemeinsamen Verteidigung, während es gleichzeitig die
Selbständigkeit des Landes vollkommen bewahrt. Nach
ihrer Ansicht können damit die Schwierigkeiten des Problems umgangen werden. Es kann ein solches natürliches
Band geschaffen werden, welches die Organisation von Institutionen überflüssig macht, die das Zusammenwirken
sichern, aber eben darum die Selbständigkeit gefährden.

Aber was sagt hiezu die Geschichte? Giebt es wohl
einen Fall dafür, daß die reine und ausschließliche Personalunion die Gemeinsamkeit der Verteidigung dauernd gesichert hat? Und ist diese Form des Bündnisses wohl imstande gewesen die Gefahr der Absorption, die Nachteile
des Aneinandergekettetseins aufzuheben? Und vor allem
anderen — denn darin liegt das Wesen der Sache — ist
es wohl gelungen auf diesem Wege das vorgesteckte Doppel-
ziel gleicherweise und zu gleicher Zeit zu erreichen?

Wo das Interesse der Verteidigung ein dauerhaftes
und verläßliches Bündnis erfordert hat, dort hat sich die
Personalunion nicht als genügend festes Band erwiesen.

Wenigstens dann nicht, wenn die Länder frei waren. Es
ist wahr, dafs Spanien und Deutschland, trotzdem, dafs sie
nur durch die Person des Herrschers miteinander verbunden
waren, mit vereinten Kräften grofse Feldzüge gegen die
Franzosen geführt haben, und ihr vereintes Wirken, wenigstens von Zeit zu Zeit, auch erfolgreich gewesen ist. Dieses
Bündnis war vielleicht sogar verläfslicher als jenes, welches
wir zwischen den deutschen Staaten finden. Im Kriege
miteinander wenigstens sind jene beiden Länder nicht gewesen und haben es gar nicht sein können. In der europäischen Machtwagschale ist ihr Gewicht immer zusammen-
gegeben gezählt worden, was von den deutschen Staaten nicht
behauptet werden konnte. Aber die Vorbedingung dieses
Zustandes ist die absolute Gewalt des Herrschers gewesen.
Eben dieselbe Erfahrung machen wir überall, wo blofse
Personalunion existiert hat. Wenn der gemeinsame
Herrscher über jedes seiner Länder mit absoluter Macht verfügen konnte, dann konnte er auf das vereinte Wirken der
Kräfte sicher zählen. Wenn er dagegen nur in dem einen
Staate unbeschränktes Recht besafs, dann hinkte die ge-
meinsame Verteidigung bereits. Wenn dies aber in keinem
derselben der Fall war, dann schwebte die gemeinsame
Verteidigung vollständig in der Luft. Je mehr Konstitu-
tionalismus vorhanden war, desto schwächer war das Land.
So konnte der deutsche Kaiser, wenn er es wünschte, sicher
auf die Hilfe der spanischen Kräfte zählen. Diese standen
auf sein Kommandowort jederzeit bereit. Der spanische
König dagegen konnte schon nur selten auf deutsche Hilfe
rechnen, weil hiezu die Fürsten und Städte des deutschen
Reiches ihre Einwilligung geben mufsten. Diese war aber
sehr zweifelhaft. Waren doch die Deutschen der Natur der
Dinge gemäfs immer in dem Glauben, dafs sie im Dienste
der spanischen Politik stehen, dafs sie für spanische Inter-

essen bluten. Auch darin liegt einer der großen Nachteile
eines solchen Verbandes.

Da allein und ausschließlich der Herrscher das Interesse des vereinten Wirkens repräsentiert, entsteht überall
der Glaube, daß er das fremde Interesse, die Interessen
des seiner Krone unterthanen anderen Landes über alles
setzt. Überall wird in ihm die Verkörperung des un-
populären fremden Einflusses erblickt und damit wird sein
Thron geschwächt. Auf Rechnung geringer Hilfe droht
ihm große Unpopularität.

Die Nachteiligkeit dieser Situation wird auch durch die
Geschichte der Personalunion zwischen England und Hannover bewiesen.

Weil es in England eine Konstitution gab, vermochte
der arme König sein deutsches Fürstentum nur mit Gefährdung seiner Popularität, mit großen Nöten und Kämpfen
zu verteidigen. Wie oft mußte er hören, daß er England
für Hannover aufopfere, daß er deutsche Politik mache.
Und für dieses viele Odium wie wenige, wie schwache wirkliche Unterstützung vermochte er vom englischen Parlamente
zu erhalten.

Die Geschichte Englands weist übrigens in betreff der
Wirkung der Personalunion noch mehr lehrreiche Beispiele
auf. England hat seit Elisabeth bis auf den heutigen Tag
keinen einzigen so ausgezeichneten König gehabt, wie
Wilhelm III., welcher überhaupt zu den größten Herrschern
der Neuzeit gehört. Er hat mit eiserner Konsequenz einer
großen Idee gelebt: der Kontrebalancierung Frankreichs
zur Aufrechthaltung des europäischen Gleichgewichts. Er
hat im Dienste dieser seiner leitenden Idee in Europa große
Kämpfe geführt. Er ist die Seele und der Leiter der gegen
Ludwig XIV. gebildeten Koalition gewesen. Diese Kämpfe
standen mit den Interessen Englands im Einklang, sie haben
die Machtstellung Englands gesichert und gehoben. Dies

beweist die Thatsache, daſs seine Politik auch nach seinem
Tode weitergeführt wurde und damals ihre schönsten Früchte
trug. In der Zeit Marlboroughs, als England und Holland sich
von einander getrennt hatten, wurde der vereinte Kampf
dieser Länder populärer, als er unter Wilhelms Führung
gewesen. Weil Wilhelm ein Holländer war und der Krieg
auch Holland zum Nutzen gedieh, wurde Wilhelm ver-
dächtigt, daſs ihn in allen seinen Handlungen nur dieses
Motiv leite. Die englische Legislative gab schwer und un-
gern Geld und Soldaten. Wilhelm wurde trotz seiner
groſsen Verdienste unpopulär. Er wurde ein Fremder genannt. Jene wenigen Landsleute, die ihn nach England
begleiteten und sein Vertrauen besaſsen, machten ihn selbst
und auch die holländische Nation in den Augen des englischen Volkes antipathisch. Dies pflegt immer der Fall
zu sein. Wegen der Möglichkeit, daſs auf den gemeinsamen Herrscher Einfluſs geübt werden kann, und wegen der
Furcht, daſs das Interesse des einen Landes über dasjenige
des anderen den Sieg davontragen könne, entsteht Eifersucht und entwickelt sich Antipathie zwischen den beiden
verbundenen Nationen. Darunter leidet das Zusammenwirken Schaden.

Wie illusorisch die Zusammengehörigkeit zweier Länder
wird, wenn in ihnen auch nur ein Schatten der Freiheit
vorhanden ist, wenn sie auch nur ein wenig Selbstverfügungsrecht haben, dies beweist auch jene schwache Unterstützung, welche unter den Habsburgern Ungarn und das
Deutsche Reich einander zu Teil werden lieſsen. Diese
Reiche standen unter einem Herrscher, und dennoch, wie
wenig verteidigten sie einander. Ungarn befand sich zur
Hälfte in fremder Hand, aber darum rührten sich die
Deutschen nicht. Eine lange Reihe von Jahren hindurch
ist selbst alles Bemühen des Kaisers nicht imstande gewesen,
eine wirksame und ausreichende Reichshilfe zu mobilisieren.

Verhältnismäßig wie wenig ungarische Kraft hat auch an
den deutschen Kämpfen teilgenommen. Hätte die deutsche
und die ungarische Macht ernstlich vereint gewirkt, dann
würde ihre Geschichte einen ganz anderen Verlauf gehabt
haben. In Ungarn würde es keine Jahrhunderte lange
Türkenherrschaft gegeben haben und auch die großen
europäischen Kämpfe in Italien und am Rhein hätten in
anderer Weise entschieden werden können.

Die Hilfe, deren wir gegen die Türken teilhaft wurden,
wurde erst dann wirksamer, als in den Familienbesitz-
tümern des Hauses Habsburg die Alleinherrschaft definitiv
den Sieg davontrug, als daher die Personalunion zu jenen
Bedingungen gelangte, unter welchen sie imstande ist, die
gemeinsame Verteidigung zu sichern. So lange dieser
Fall nicht eintrat, erhielten wir weder von den Erbländern,
noch von den deutschen Reichsständen eine wirksame Hilfe.
Wenn auf Drängen des Herrschers mit schwerer Mühe auch
irgendwelche Truppen geschickt wurden, so hatten dieselben
nicht die Aufgabe, mit ernster Offensive die Kraft der
Türken zu brechen und mit Hilfe der Ungarn das größte
Königreich ihres Herrschers zu befreien, sondern lediglich
die, mit dieser Kraftentfaltung die Osmanen vom Angriff
der österreichischen Grenze abzuschrecken.

Und auch bei dem solcherweise erreichten geringen
Ergebnis gelangte der Herrscher immer in die traurige
Situation, daß er, in Ermangelung jeglichen institutionellen
Bandes, gezwungen war, das Interesse der gemeinsamen
Verteidigung ganz allein zu vertreten und das gesamte
Odium desselben auf sich zu nehmen.

In Ungarn war unaufhörlich die Klage zu hören, daß
der König aus dem Reiche nicht genug Hilfskräfte bringe,
und daß, wenn er welche bringe, daraus kaum irgend ein
Vorteil erwachse, weil die Fremden die Sache nicht
ernst nehmen, nicht lange genug im Lande bleiben, oder

aber einem anderen Zwecke, als dem der Befreiung des
Landes dienen. Es war ein ständiges Gravamen, daß die
Ungarn in den Augen des Kaisers nur ein Mittel zur Förderung der deutschen Interessen seien, daß der gemeinsame
Herrscher vor allem Kaiser und erst dann König sei. In
Deutschland aber wurde es dem Kaiser übel genommen, daß
er deutsches Geld und Blut für ungarländische Kämpfe verwenden wolle. Und doch kann nicht behauptet werden, daß
zwischen Deutschland und Ungarn thatsächlich kein gemeinsames Interesse vorhanden gewesen wäre, daß demnach die Schwierigkeiten nur daraus entsprungen wären,
daß der gemeinsame Herrscher ein naturwidriges, ein nach-
teiliges Bündnis nur darum hätte zustande bringen und
aufrechterhalten wollen, weil er in den beiden Staaten in-
dividuell interessiert gewesen sei. Die Türkenherrschaft an
den deutschen Grenzen war eine europäische Gefahr, welche
in erster Reihe das römische Deutsche Reich berührte. Dies
hat die Belagerung Wiens glänzend bewiesen, und dieselbe
hat auch bewiesen, daß Ungarn der Hüter Deutschlands
sei und daß jene Kraft, welche auch von deutscher Seite
gegen die Türken verwendet worden ist, keine vergeudete
Kraft gewesen sei, sondern zum Schutze des deutschen
Reiches gedient habe. Aber dessenungeachtet begegnete
jeder Schritt, welchen der Herrscher im Interesse sämtlicher
Länder seines Hauses that, überall, bei uns sowohl als auch
im Reiche, der gleichen Antipathie. Die Hilfe, welche
geleistet werden mußte, wurde hier wie dort, von denjenigen, die sie gaben, für zu groß gehalten, von denjenigen, die sie erhielten, für zu klein erachtet. Auch die
Hilfe, welche thatsächlich ankam, war allermeistens nicht
die Landeskraft der mit uns verbundenen Provinzen, sondern bestand aus den in allen Teilen der Welt zusammengeworbenen Söldnern des kaiserlichen Hauses und aus
jenen Kriegern, welche aus Frankreich, aus Italien, aus

Deutschland, ja selbst aus England zum Dienste der christlichen Sache zu uns eilten. Erst als jenseits der Leitha
die ständische Verfassung dem absoluten Willen Platz
machte, nahmen die Truppen dieser Länder in gröfserer
Anzahl an den Kämpfen gegen die Türken Teil.

Betrachten wir aber jetzt die andere Seite der Medaille.
Wenn die Personalunion nicht imstande gewesen ist das
ständige Zusammenwirken freier Staaten zu sichern, welche
Erfahrungen sind wohl bezüglich der von dieser Form des
Verbandes auf die Selbstständigkeit der verbundenen Staaten
ausgeübten Wirkung gemacht worden?

Auch in dieser Hinsicht überwiegen die traurigen Erfahrungen. Das Schicksal der miteinander in solcher Weise
verbundenen Staaten pflegt sich, unter der Einwirkung ver-
schiedenartiger Ursachen, so sehr ineinander zu verschlingen,
dafs es kaum einen Fall dafür giebt, dafs jeder derselben
seine gesamte Kraft nur zur Förderung seiner eigenen
Zwecke gebrauchen und rein nur für sich selbst leben
könnte. Dies ist vornehmlich dann ausgeschlossen, wenn
das vereinte Wirken gesichert ist. Was diese Sicherheit
zustande bringt, das verhindert die wechselseitige Freiheit.
Die Vorbedingung des vereinten Wirkens ist das grofse
Recht, die entscheidende Macht des Herrschers; die Vorbedingung der beiderseitigen Freiheit dagegen ist die freie
Verfassung der beiden Staaten, die Beschränkung der
Herrscherrechte.

Die reine Personalunion ist nicht nur nicht imstande
das zu gewähren, was von ihr erwartet wird, ein verläfs-
liches Bündnis ohne den Nachteil der äufseren Einmischung,
sondern sie führt im Gegenteil allermeistens dazu, dafs,
einer schwachen, illusorischen Stütze zuliebe, die Unabhängigkeit der inneren Entwickelung, die ungestörte Herrschaft der eigenen Interessen des Landes zweifelhaft wird.
Dieser Verband hat sich gegen die mit einem ständigen

Staatenbündnis verknüpften Nachteile als schwache Garantie
erwiesen, die Vorteile desselben aber paralysirt. Die Identität des Herrschers verknüpft das Leben der Staaten derart, und führt in die oberste Vertretung der Staaten, in
die oberste Leitung ihrer Angelegenheiten so sehr die gemeinsamen Momente hinein, dafs jener Fall zu den aller-
gröfsten Seltenheiten gehört, dafs die Sonderstellung und
Unabhängigkeit der Staaten auch in der obersten Spitze
bewahrt werde. Auch der Herrscher ist ein Mensch. Seine
Abstammung, sein Blut, seine Tradition oder Vorliebe,
seine Gefühlsverwandtschaft mit dem einen Stamme, wird
seine Politik beeinflussen. Er trägt die Angelegenheiten,
die Interessen des einen Landes mehr am Herzen als die
des anderen; er versteht, er empfindet das Wünschen, das
Sehnen der einen Nation besser, als das der anderen, und
läfst daher die Regierung des einen Landes nach den Interessen des anderen, seines Lieblingslandes, leiten. Derartige Folgen der reinen Personalunion haben wir in der
Zeit der Herrschaft der verschiedenen Dynastien selbst erfahren. Diese Nachteile der Personalunion haben bald wir,
bald die mit uns verbundenen Länder schmerzlich empfunden.
Ludwig der Grofse von Anjou ist einer der ausgezeichnetsten Könige seines Zeitalters gewesen. Er hat sich im
Krieg und im Frieden gleicherweise hervorgethan. Er war
kein Tyrann; er war rechtliebend und billig. Ungarn ehrt
in ihm einen seiner gröfsten Herrscher. Seine Regierung
ist Ungarns Glanzperiode gewesen. Trotz alledem ist er
in Polen, dessen Krone er ebenfalls trug, unpopulär geblieben. Er hat es nicht verstanden sich dort beliebt zu
machen, und seine Regierung ist für dieses Land thatsächlich nicht heilsam gewesen. Er ist zu sehr Ungar gewesen.
Er hat nicht polnisch gesprochen, hat sich in Polen nicht
gerne aufgehalten und sich mit den dortigen Angelegen-

heiten nur flüchtig beschäftigt. Seine Regierung hat die
polnische Nation von dem Gedanken des Verbandes mit
Ungarn dermafsen abgeschreckt, dafs die Polen nach seinem
Tode seine Tochter Marie nur deshalb nicht zur Herrscherin
wollten, weil sie zum König von Ungarn gekrönt worden
war. Sie wählten Hedwig, damit sich nicht wieder die
beiden Kronen auf einem Haupte vereinigen. Der Luxemburger Sigmund hat ebenfalls mehrere Kronen auf seinem
Haupte vereint, und das Resultat hat sich von den früheren
nur darin unterschieden, dafs es ihm keines seiner Länder
vollständig zu befriedigen, zu beglücken gelungen ist. Die
Deutschen waren mit ihm unzufrieden, weil er viel in Ungarn verweilte; in Ungarn aber, welches unter ihm Galizien,
Lodomerien und Dalmatien verlor, und von welchem er
wegen seiner europäischen Politik oft ferne war, entbehrte
die Nation die konsequente und feste Leitung. Ihr
Hauptfluch, die Parteisucht, konnte über sie wieder
Gewalt gewinnen. Die letzte Gelegenheit die Türkenherrschaft auf der Balkanhalbinsel zu erschüttern und
die dortigen kleinen Lehnsstaaten um uns zu gruppieren,
ging vorüber. Deutsche, böhmische, und ungarische Angelegenheiten zersplitterten seine Aufmerksamkeit, seine
Zeit, seine Kraft. Er erreichte in keinem Lande jene Erfolge, welche er mit ungeteilter Kraft würde haben erringen
können.

In der Zeit Albrechts aus dem Hause Habsburg und
Wladislaw Jagellos machte trotz des bestens Willens dieser
Könige und trotz ihrer kurzen Regierung die Eifersucht
der Nation gegenüber den fremden Ratgebern der fremden
Herrscher, und ihre Angst vor den fremden Einflüssen
ihre lähmende Wirkung stark fühlbar. Es ist eine cha-
rakteristische Thatsache, dafs Albrecht versprechen mufste,
ohne Einwilligung der ungarischen Stände die deutsche
Kaiserkrone nicht anzunehmen. Als er thatsächlich zum

Kaiser gewählt wurde, gaben ihm die Stände diese Einwilligung nur nach der Erklärung, dafs er, trotz seines
neuen Reiches den gröfsten Teil seiner Zeit bei uns
zubringen werde. Unsere Vorfahren liefsen sich das Beispiel Sigmunds zur Lehre dienen. Wladislaw, durch die
Türkenkämpfe in Anspruch genommen, vernachlässigte die
Angelegenheiten Polens. Er verweilte, zum Mifsvergnügen
und zum Nachteil seiner dortigen Unterthanen, immer
bei uns.

Unter König Ladislaus von Österreich kehrte sich der
Spiefs wieder gegen uns.

Nach dem Tode Hunyadis, dieses grofsen Mannes,
der die nationale Idee repräsentierte, geriet dieser König
unter den Einflufs fremder Berater und vernachlässigte
die Ungarn und die ungarischen Interessen. Nach dem
Tode des Königs trat denn auch die Reaktion ein,
und diese erhob, als Protest gegen die Fremdherrschaft,
Mathias Corvinus auf den Thron. Michael Szilágyi
wies auf die mit den fremden Dynastien gemachten
traurigen Erfahrungen hin, als er auf dem Rákosfelde die
Krönung eines ungarischen Mannes empfahl, eines Mannes,
welcher seine ganze Kraft Ungarn verdanken könne, und
dieselbe deshalb diesem weihen werde. Der Sieg des
Losungswortes „ein nationaler König" war das nieder-
schmetternde Urteil, welches die damalige Generation auf
Grund ihrer traurigen Erfahrungen über die Personalunion
fällte.

Die in den letzten Jahren des Mittelalters gemachten
Erfahrungen sanktionierten dieses Urteil. Der Ruhm
Mathias' hatte die Idee des nationalen Königs hoch em-
porgehoben, die auf ihn folgenden fremden Herrscher
aber dienten als Schatten, welcher den strahlenden Glanz
jenes Königs noch mehr hervortreten liefs. Es war eine

7·

Ironie des Schicksals, dafs zwei solche Aufgaben, welche
die hervorragenden Individualitäten eines Podiebrad und
eines Mathias kaum imstande gewesen vollständig zu be-
wältigen, und deren jede die volle Kraft dieser grofs-
veranlagten Männer auf die Probe gestellt hatte, nun zusammen den schwachen Schultern eines Wladislaw II., eines
Ludwig II. aufgeladen wurden. Das Werk zweier Riesen
mufste ein Zwerg fortsetzen. Ist es zu verwundern, wenn
sie unter der Last zusammen sanken, wenn sie weder bei
uns, noch in Böhmen ihrem Berufe entsprachen, wenn die
königliche Autorität hier wie dort zum Niedergange neigte,
und endlich die anarchischen Zustände die Widerstandskraft der Nation dermafsen lähmten, dafs sie dem damals
mächtigsten Eroberer der Welt eine leichte Beute wurde?
Unser Bündnis mit Böhmen und Mähren gewährte uns in
dieser Zeit gar nichts von dem erwarteten Vorteil. Wir
hatten bei Mohács keine Hilfstruppen. Das Band liefs uns
blofs seine schädlichen Folgen verspüren, weil es Mifstrauen zwischen der Nation und dem König schürte und
weil es eine zwiefache Last auf die Schultern eines Herrschers lud, welcher kaum imstande gewesen sein würde,
auch nur die einfache zu tragen. Das Ergebnis dieser
Wirkungen war das Gesetz, welches die Fremden vom
Throne ausschlofs. Diese Wirkungen stärkten die Partei
Werböczis und ermöglichten die Erhebung Zápolyás nach
der Mohácser Katastrophe.

Die Furcht vor den fremden Herrschern verlieh der
Idee des nationalen Königs auch dann noch Kraft, als
diese Idee bereits zum Zerrbilde des alten Ideals zusammen-
geschrumpft war, als die Trennung von Österreich mit der
Anerkennung der Oberhoheit des Ostens gleichbedeutend
gewesen sein würde, als diese Idee keine Berechtigung
mehr hatte.

Und doch sind die Nachteile der Personalunion, welche

sich in der Zeit der Könige aus verschiedenen Häusern fühlbar machten, nur erst die kleineren gewesen. Mit den gröfseren, mit denjenigen, welche das Leben einer Nation ernstlich gefährden können, sind wir erst in den späteren Zeiten bekannt geworden.

Wie wir gesehen haben, ist die Personalunion in freien Staaten nicht imstande die vereinte Arbeit, die gegenseitige und wirksame Verteidigung zu sichern. Bei diesem System kann nur die entscheidende Macht des einzigen gemeinsamen Faktors über jedes der vereinigten Länder, nur der Absolutismus ein ständiges und sicheres Zusammenwirken der Kräfte ermöglichen, ein solches, auf welches auch im voraus gezählt werden kann, und welches demzufolge die Macht und das Ansehen des Königs auch in den Augen des Auslandes hebt. Daher wird unter solchen Verhältnissen das Streben nach der Aufhebung der Verfassung und nach Machtmitteln, welche das vereinte Wirken der Kräfte, die Einheit, auch mit Gewalt zu sichern imstande sind, zu einem natürlichen Triebe des Herrschers.

Diese Wirkung des Systems wird durch viele Beispiele der Geschichte bewiesen. Die Ergebnisse sind freilich in den verschiedenen Ländern und Zeiten sehr verschiedene gewesen. Bisweilen hat die Aktion des Fürsten mit seinem Siege geendigt, zum Absolutismus und zur schliefslichen Verschmelzung der Länder geführt, anderswo haben sich die Gegensätze mit der Zeit ausgeglichen und hat die institutionelle Sicherung des Verbandes der Länder den Kampf geschlichtet, noch anderswo hat dieses System die schliefsliche Losreifsung vorbereitet. Wo indessen die geographische Lage der Länder die Vereinigung möglich machte, und die Dynastie die Ambition hatte, den Thron nicht nur zeitweilig — durch die Wahl eines ihrer Familienglieder — sondern ständig zu besitzen, war stets das Streben vorhanden, die

Teile durch Vergröfserung des Wirkungskreises des Herrschers zusammenzuschweifsen. Die der Habsburger Dynastie
unterthanen Länder zeigen viele interessante Beispiele des
Zurgeltunggelangens und der verschiedenartigen Wirkungen
dieser Tendenz. Es ist den Habsburgern gelungen, Böhmen
mit ihren übrigen Provinzen zu verschmelzen. Ursprünglich war dieses, einer ständischen Verfassung teilhafte Land
mit den übrigen nur durch die Personalunion verbunden.
Solange dies anhielt, konnte auch die Schwäche des Verbandes, und jenes Ergebnis derselben, dafs er das Zusammenwirken nicht sicherte, wahrgenommen werden. Die
Habsburger sahen daher in den ständischen Rechten ihre
natürlichen Gegner. Es gelang ihnen auch nach der
Schlacht am Weifsen Berge in Böhmen den Absolutismus
zu begründen und damit thaten sie den ersten Schritt
zur vollständigen Vereinigung, zur Verschmelzung. Mit
ihrer konsequenten Politik brachten sie dieselbe auch
zustande und vernichteten die Selbständigkeit der heiligen
Wenzelskrone vollständig. Bei uns versuchten sie dies
ebenfalls.

Selbst der am wenigsten tyrannisch beanlagte König
wurde, um den Ruhm seines Hauses, seinen europäischen
Rang aufrecht zu erhalten, zum Feinde der Verfassung.
Jeder Herrscher trachtete stets seine Rechtssphäre zu erweitern, über das Geld und das Schwert zu verfügen.
Wenn er auf andere Weise nicht zum Ziele kam, versuchte
er mit Gewalt gegen die Verfassungsschranken anzustürmen.

Die Vorsehung hat es nicht zugelassen, dafs dieses
Streben von Erfolg gekrönt wurde.

Nach vielem Ringen und Kämpfen war das Schlufs-
ergebnis: unsere heutige Verfassung, welche, da sie den
Verteidigungsinteressen die ihnen gebührenden Rücksichten
zu Teil werden läfst, die Dynastie endgiltig mit unserer
Verfassung ausgesöhnt hat. Aber wie viel Mal sind wir

im Verlaufe dieser Kämpfe an die Klippen der Scylla und
Charybdis geschleudert worden? Wie oft schienen die
mit einander kämpfenden beiden bösen Geister, die Idee
der Einschmelzung und die der völligen Losreifsung,
diese beiden Ungetüme unseres Verderbens, uns in ihre
Gewalt zu bekommen?

Eines der interessantesten Probleme der Weltgeschichte
ist jene Frage: wie wir uns inmitten so vieler Gefahren
zu erhalten, wie wir, ohne uns loszureifsen, frei zu bleiben
vermocht haben?

Die eingehende Erörterung dieser Frage gehört nicht
hieher. Sie würde allein ein grofses Werk erfordern. Ich
kann mich jedoch nicht enthalten, mit einigen Worten auf
die letzte Ursache unserer Rettung hinzuweisen.

In den kriegerischen Kämpfen ist das Endergebnis
selten zu unseren Gunsten ausgefallen. Der Feldzug Georg
Rákóczys I. war der letzte Freiheitskrieg, welcher siegreich endigte. Die Erhebung Tökölyis, Franz Rákóczys,
der Feldzug von 1848—1849 haben ein für Ungarn un-
glückliches Ende genommen.

Und dennoch sind wir frei geblieben. Warum? Uns
hat keine äufsere Invasion geholfen, wie England der
Einfall Wilhelms III., wie Amerika die Einmischung der
Franzosen. Diejenigen, auf die wir gezählt hatten,
haben uns zumeist im Stich gelassen, ihre Versprechungen
nicht eingelöst, wie z. B. Ludwig XIV., welcher Rákóczy zur Detronisation antrieb, um so seine Aussöhnung
mit dem Kaiser unmöglich zu machen, dann aber bei-
seite trat.

Eine direkte Einmischung von ausschlaggebendem Gewicht hat nur gegen uns stattgefunden, zur Zeit der
russischen Invasion. Unser Gegner verfügte über viel mehr
Kraft, als wir. Der Körper der Nation war zerrissen, wir
waren in Parteien zerfallen, in unseren Reihen grassierte

Uneinigkeit, in den Kroaten, Raizen, Walachen, also im
Inneren des Landes, fanden die Feinde unserer Nation oft
die begeistertsten Bundesgenossen.   Auch die Organisation
und oberste Leitung der nationalen Kräfte hatte eine feind-
selige Richtung, und trotz alledem haben wir unsere ständische Verfassung aufrecht erhalten, ja dieselbe zum Parlamentarismus entwickelt.

Ich kann diese Erscheinung am besten mit einer Tier-
fabel erklären. Als man einen Hund, welcher einen Hasen
gejagt hatte, fragte, warum er, der stärkere, der schnell-
füfsigere, die Verfolgung aufgegeben habe? gab er zur Antwort: nichts sei natürlicher; der Hase habe sein Leben
retten, er aber sich nur einen Mittagsschmaufs erjagen
wollen. In dieser Antwort liegt die Quintessenz unserer
Geschichte.

Die ungarische Nation fühlte und wufste, dafs ihr
Alles auf dem Spiele stehe. Ihr Nationalgefühl und ihre
Freiheitsliebe stand daher immer vor dem Rifs, und sie
fand immer das Mittel, mit welchem sie sich helfen konnte.
Sie war bereit unterthänig zu sein, sie war, wenn's not
that, bereit zur Schlauheit, zur Gaukelei, und sie war,
wenn's not that, bereit, kühn aufzutreten, ihr Leben
aufs Spiel zu setzen. Je nach der Verschiedenheit des
Temperaments, der sich verändernden Situation entsprechend, je nach den bei der Beurteilung derselben entstehenden Divergenzen, haben die aufeinander folgenden
Generationen, oder auch zu ein and derselben Zeit die
verschiedenen Parteien der Nation eine verschiedene Politik
verfolgt; sie haben bald zur Waffe des Schwachen, zur
List, bald zum Werkzeug des Starken, zum offenen Kampf
gegriffen.

Ihr leitender Gesichtspunkt aber ist unverändert immer
derselbe geblieben Ihr Hauptziel ist immer die Bewahrung der ungarischen Unabhängigkeit gewesen. Es hat

zwar Augenblicke gegeben, wo befürchtet werden konnte,
daß uns andere Zwecke in ihre Gewalt bekommen, daß in
unserem Stamme andere Leidenschaften die Oberhand gewinnen, oder wo unsere oberste Aufgabe Dunkel umhüllte.
Aber wir sind der Gefahr entronnen. Schließlich hat über
uns immer unser höchster Trieb, unser Nationalgefühl, den
Sieg errungen. Zu einer Zeit ist der religiöse Fanatismus
jene Gefahr gewesen, welche uns beinahe vergessen
ließ, daß der Ungar, wenn er fortbestehen will, seine
nationalen Interessen über alles andere setzen müsse. Die
Katholiken und die Protestanten sind zu einer Zeit bereits
nahe daran gewesen, ihrem religiösen Gefühl, ihrem religiösen Interesse folgend, lieber ihre ausländischen Glaubens-
genossen in ihr Herz zu schließen, als jene Ungarn, welche
Gott auf andere Weise verehrten. Wenn uns diese Strömung in ihre Gewalt bekommen hätte, würde unsere nationale Existenz ein Ende genommen haben. Es würde mit
uns das geschehen sein, was mit Böhmen geschehen ist,
wo sich die katholische Partei dem Absolutismus anschloß,
weil dieser das Interesse der Religion am besten sicherte.
Sie ergaben sich in die Vernichtung der Verfassung, weil
sie die Interessen der katholischen Reaktion am besten auf
diese Weise fördern konnten.

Die zweite Gefahr, welche uns bedroht hat, war die
einschläfernde Wirkung der sammethändigen Regierung
Maria Theresias. Sie hat mit der Befriedigung unserer
Eitelkeit und mit scheinbaren Begünstigungen unsere Nation
nahezu dahin gebracht, daß sie, was der Gewalt nicht gelungen war, die Verschmelzung im Guten annehme. Aber
das Ungestüm ihres Sohnes hat uns auch vor dieser Gefahr
bewahrt.

Im Ganzen ist unsere nationale Selbständigkeit unser
Leitstern geblieben. Kurutzen und Labanzen, Katholiken
und Protestanten haben, wenn auch oft auf entgegenge-

setztem Wege, aber doch immer ebenderselben Idee gedient.
Dies hat uns gerettet. Die grofsen Stürme sind über uns
dahin gezogen, ohne unsere Lebensbedingungen zu vernichten. Die sieghaften fremden Heere haben die Erfahrung
gemacht, dafs sie umsonst gesiegt haben; die Nation ist
geblieben, was sie gewesen; und sie hat, wenn auch auf
anderen Wegen, wenn auch dem, was sie nicht umgehen
konnte, sich anbequemend, aber doch immer darnach gestrebt, ihr ungarisches Gepräge zu bewahren, ihre Verfassung aufrecht zu halten.   ·

Diesem festen und konsequenten Willen hat nicht eine
ebenso feste Entschlossenheit gegenübergestanden. Die
Kaiser sind nur d a r u m bestrebt gewesen, die ständische
Verfassung niederzureifsen, die ungarische Sonderstellung
zu brechen, um eine gröfsere Kraft für den europäischen
Schutz ihrer dynastischen Interessen gewinnen zu können.
Die ungarnfeindliche Politik ist für sie nicht Zweck, sondern nur Mittel gewesen. Die Verteidigung unserer Verfassung dagegen ist in unseren Augen das erhabenste Ziel
gewesen. Die ständige Zähigkeit unseres Widerstandes hat
jene grofse Lehre in ihrem Gefolge gehabt, dafs uns auf dem
Wege der Gewalt, durch Befolgung der Einschmelzungs-
politik keine erhebliche Unterstützung abgedrungen werden
könne. Auch der scheinbare Erfolg der einigenden Politik
hat den Kaiser seinem Ziele nicht näher gebracht. Es
mufsten, wenn unseren Beschwerden nicht abgeholfen wurde,
auch nach dem über uns errungenen Siege in unserem
Lande eben so viele Soldaten gehalten werden, wie vordem.
Unter solchen Umständen konnte nicht nur darauf nicht
gerechnet werden, dafs die Ungarn Hilfe gewähren würden,
sondern nicht einmal darauf, dafs die deutschen Kräfte,
welchen die Kurutzen zu schaffen gaben, frei würden.
Diese Erfahrung wurde durch jene andere ergänzt, dafs,
sobald die Verfassung wenigstens in ihren Hauptzügen ein-

gehalten wurde, und der Herrscher uns gegenüber einiges
Wohlwollen bewies, die Nation nicht mehr eine buchstäb-
liche Ausführung ihrer Rechte forderte, sondern einen
solchen modus vivendi acceptierte, welcher den Haupt-
interessen der Dynastie die leitende Rolle beließ. In
diesen Zustand wußte auch die Nation sich hinein zu be-
quemen, auch der Kaiser konnte damit sein Auskommen
finden; ja derselbe erwies sich für ihn vorteilhafter, als
derjenige, welchen die Gewalt schuf, gleichviel ob er siegte,
oder nicht. So hat das oberste Interesse der Dynastie
schließlich immer Nachgiebigkeit, die Beruhigung der
Nation geboten. Wenn der Plan, beim Eintreten günstigerer
Verhältnisse die Autorität des Kaisers auch in Ungarn auf
sicherere und dauerndere Grundlagen zu stellen, auch nicht
aufgegeben wurde, mußten doch immer wieder und wieder
die Rechte der Nation anerkannt werden, mußte doch
immer aufs neue und neue mit den nationalen Forderungen
in eine Transaktion eingetreten werden. Wenn das Hauptziel gewesen wäre, uns zu zerbrechen, so würde dasselbe
auch erreicht worden sein; so jedoch mußte jenseits immer
nachgegeben werden, weil dies die maßgebende Rücksicht,
das Zusammenwirken der Gesamtkraft der Monarchie zur
Lösung weltpolitischer Aufgaben forderte. Die Entschlossenheit, unsere Existenz zu verteidigen, hat endlich doch
immer über die von Gesichtspunkten der Opportunität ausgehenden politischen Pläne den Sieg davongetragen.

Der römische Senat hatte das Princip, besiegt nicht
Frieden zu schließen. Er dachte nur nach dem Siege an
Frieden. Die ungarische Nation hat unbewußt ebenso gehandelt, indem sie ihre Schlappen nicht durch Schaffung
von Gesetzen verewigte. Dies wurde ihr auch durch die
fehlerhafte Politik der Kaiser erleichtert. Wenn diese stark
waren, gaben sie sich regelmäßig der Hoffnung hin, daß
sie die ungarische Verfassung schon aus den Angeln heben

werden, dafs ihnen die vollständige Umgehung derselben
gelingen werde, und so riefen sie keinen Reichstag zusammen. Gewöhnlich wandten sie sich an die ungarischen
Stände erst, wenn ihre Sache eine schlimme Wendung
nahm, aber dann konnte freilich von einer Schwächung der
Verfassung keine Rede mehr sein. Dann wurden die
Garantien derselben immer von neuem in die Gesetzartikel
eingetragen.

Dafs auch die andere Gefahr, die Losreifsung, nicht
eingetreten ist, liegt darin begründet, dafs in dieser Hinsicht die Entschlossenheit und Beständigkeit des Willens
des Herrschers und der Nation gerade im umgekehrten
Verhältnisse zu jener Entschlossenheit stand, welche sie bewiesen, als die Heiligkeit der Gesetze in Frage stand.

Die Nation hatte keinen entschiedenen Willen zur
Trennung. Böses Gewissen, das Bewufstsein, dafs sie in
ihr Verderben renne, oder sich wenigstens in die Arme
der Ungewifsheit stürze, machten in solchen Fällen immer
ihre Kraft erlahmen. Der Herrscher aber, der den Bestand
seiner Monarchie verteidigte, klammerte sich mit Leib und
Seele an dasjenige seiner Länder an, ohne welches seinen
Erbländern die Bedingung der selbständigen Staatsbildung
mangelte, und ohne welches die Dynastie niemals ein kon-
stanter und unabhängiger Machtfaktor in Europa hätte sein
können. Die Habsburger verteidigten die Basis, die Zukunft ihres Reiches. Es handelte sich um ihre Haut, ebenso
wie es sich um die unsrige gehandelt hatte, als wir unsere
Verfassung verteidigten, und eben darum siegten sie. Der
zähe und konsequente Wille trug auf der ganzen Linie
den Sieg davon. Dies aber geschah infolge der Wirkung
jener grofsen und segensreichen weltgeschichtlichen Kräfte,
welche dieser Monarchie ihre Existenzgrundlagen gegeben
haben und auch heute geben, welche auch ihre Form und
ihre Verfassung vorgezeichnet haben, und welche nach

Jahrhunderte langen Widerwärtigkeiten heute endlich vollständig zur Geltung gekommen sind.

Diese vielen Gefahren beweisen jedoch klar und deutlich, dafs die Personalunion durchaus nicht jene Regierungsform ist, mit welcher den aus dem Bündnis der Staaten
hervorgehenden Gefahren vorgebeugt werden kann.

Wo nicht grofse Instinkte, wo nicht eine weltgeschichtliche Notwendigkeit mitgewirkt hat, dort haben dieselben
Gefahren, welche sich auch bei uns fühlbar gemacht haben,
zur Auflösung des Verbandes geführt.

So haben Holland, dann später Belgien vor denselben
Gefahren in der Revolution, und mit dem Siege derselben
in der Separation ihr Heil gesucht.

Aber nicht allein in den der Habsburger Dynastie
unterthanen Ländern hat der Herrscher gemeiniglich dahin
getrachtet, die verschiedenen Teile seiner Monarchie miteinander zu verschmelzen und das Zusammenwirken der
Verteidigungskräfte zu sichern. Wir begegnen diesem
Bestreben überall, wo die materielle Möglichkeit für dasselbe vorhanden war, und wo die Dynastie hoffen konnte,
ihre europäische Machtstellung zu gewinnen oder zu befestigen.

Es sei mir gestattet nur noch ein Beispiel unter den
vielen anzuführen, die Geschichte Schottlands und Englands. Auch dort sind ebendieselben Triebe wirksam gewesen, welche den letzten Jahrhunderten unserer Geschichte
ihr Gepräge aufgedrückt haben. Die Stuarts haben England und Schottland unter dem Titel des Erbrechts vereinigt. Sie haben sich gleich von Anbeginn an das Ziel
vorgesteckt, die beiden Länder auch gouvernemental zu vereinigen, und das Zusammenwirken der Kräfte im Wege
der Verschmelzung der beiden Länder permanent zu
machen.

Dies nahmen die Landsleute der Stuarts mit blutendem

Herzen wahr. Sie ergriffen zur Rettung der bedrohten
Religion und der nationalen Selbständigkeit gegen Karl I.
die Waffen, und dies nötigte diesen leichtsinnigen Herrscher
das lange Zeit hindurch unbeachtet gelassene Parlament
zum Zwecke der Hilfeleistung einzuberufen. Dieser Kampf
und der Widerstand des im Interesse dieses Kampfes zu-
sammenberufenenen Parlaments war der Anfang der grofsen
englischen Revolution, welche mit dem Sturze des Königtums, mit der Hinrichtung des Königs endete.

Auf diesen ersten Aufzug folgten die übrigen, des
ersten würdigen. Der nach Vereinigung strebende entschlossene Wille rastete bis zu seinem vollständigen Siege
nicht mehr. Der zweite Meilenzeiger dieser Entwickelung
ist Cromwells Feldzug gegen Schottland, sein Sieg und die
erste Begründung der Realunion im Wege der Gewalt.
Als diese, sowie auch die übrigen gewaltthätigen Schöpfungen
dieses grofsen Mannes, in Trümmer ging, lebte zwar die
Verfassung Schottlands wieder auf, aber die konsequente
Handelspolitik Englands, welche Schottland als fremd betrachtete, es von seinen Märkten ausschlofs, es an den
Vorteilen der Kolonien nicht participieren liefs und es
neben dem blühenden England zur Verarmung verurteilte,
fing an die Kraft aus dem schottischen Unabhängigkeits-
geiste auszutreiben. Was mit Eisen und Blut nicht erreicht
werden konnte, die stolze Nation zur Ergebung zu bewegen:
das gelang der langsamen, aber sichereren Wirkung
der materiellen Interessen. Wilhelm und Anna konnten
schon auf sichererer Grundlage bauen, als ihre Vor-
gänger. Ihr Bestreben weckte auch in der schottischen
Nation selbst schon Wiederhall. Es gelang dem Unions-
gesetze, wenn auch erst nach hartem Kampfe, und mit
Hilfe grofser Korruption, dennoch die Mehrheit zu erlangen.

Alles dies liefert den Beweis für die Wahrheit, dafs
die Personalunion durchaus nicht imstande ist, den durch

sie verbundenen Staaten ihre Unabhängigkeit von einander
und ihre Ranggleichheit zu sichern. Die Schwierigkeit,
mit welcher sie kämpft, ist dieselbe, auf welche jedes ständige Staatenbündnis stößt. Wenn in den beiden Staaten
vollständige Freiheit herrscht, wenn der König keine entscheidende Gewalt hat: dann schwebt die gemeinsame
Verteidigung in der Luft, und dann wird das große Ziel
der gegenseitigen Unterstützung nicht erreichbar sein.
Wenn dagegen der gemeinsame Herrscher ein absoluter
Herr ist, dann schwebt die Unabhängigkeit der verbündeten Länder in Gefahr. Und wenn das Band dauernd,
wenn die beiden verbündeten Staaten einander benachbart
sind, und der eine von ihnen eine beträchtlich größere
Kraft hat, als der andere, dann ist auch die Möglichkeit
der völligen Verschmelzung nicht ausgeschlossen. Mit
einem Worte, die Personalunion ist ganz und gar nicht
imstande, gleicherweise die Selbständigkeit und das Zusammenwirken der mit einander verbundenen Teile zu sichern.
Sehr oft vermag sie keinen von beiden vollständig zu befriedigen, in der Krone aber weckt sie Tendenzen, welche
die Selbständigkeit gefährden, das Zusammenwirken aber
nicht zu sichern vermögen: wenn dagegen von den beiden
Zielen, welche sie gemeinsam erreichen wollen, das eine
auch wirklich siegt, dann geht das andere gänzlich verloren.

Die Geschichte lehrt, daß zwei Staaten, wenn sie kein
gemeinsames Verteidigungsinteresse haben, unter verschiedenen Herrschern glücklicher leben; wenn sie aber ein
solches beständiges gemeinsames Interesse haben, die Identität
der Person des Herrschers nicht imstande ist das Zurgeltunggelangen dieser gemeinsamen Interessen unbedingt zu sichern.
Wenn diese gemeinsamen Interessen ins Leben einschneidende sind, wenn sie die Frage des Seins oder Nichtseins
berühren, dann kann dem Zustandebringen des inneren
Verbandes, wenn dasselbe auch mit noch so großen Schwie-

rigkeiten verbunden wäre, nicht aus dem Wege gegangen
werden; dann ist es richtiger, die Verteidigung dieser gemeinsamen Interessen institutionell zu sichern, als dieselbe
rein nur von dem Einflusse des Herrschers abhängig zu
machen. Aber dann sind wir wieder dort, wo wir gewesen
sind, vor der Schwierigkeit, solche Institutionen zu organisieren, welche das Zusammenwirken der Staaten auch ohne
die Verschmelzung derselben sichern.

Vor dieser Schwierigkeit giebt es keinen Ausweg, sobald die Existenzbedingungen zweier Staaten ein sicheres
und ständiges Bündnis erheischen. Mit dieser Schwierigkeit
haben also auch wir zu rechnen.

Und leider wird dieselbe noch durch unsere Vergangenheit gesteigert. Wiewohl es unleugbar ist, daſs das
Bündnis, in welchem wir uns mit Österreich befunden
haben, im groſsen und ganzen beiden Teilen viel mehr
genützt, als geschadet, und daſs es die mehrhundertjährige
Feuerprobe glänzend bestanden hat: ist doch auch unleugbar, daſs es viele unangenehme, viele bittere Erinnerungen
zurückgelassen hat. Im ganzen genommen ist der Gewinn,
den Österreich, der Gewinn, den Ungarn aus diesem Bündnis gezogen hat, ein groſser gewesen. Nicht zu reden von
den vielen Kämpfen, welche im fernen Westen Ungarn und
Deutsche vereint rein zum Besten Österreichs gekämpft
haben, kann von österreichischem Gesichtspunkte jener
Kampf nicht gering angeschlagen werden, welchen das
Ungartum gegen das verbündete Europa für Maria Theresia
geführt hat. Anderenteils wer kann es wohl vergessen,
daſs es der Herzog von Lothringen gewesen, welcher die
Festung Ofen von den Türken zurückerobert hat? wer kann
die auf ungarischem Boden erkämpften Siege des Prinzen
Eugen vergessen? Auſser diesen positiven Ergebnissen
wieviel hat es hinsichtlich beider Teile des negativen, des
gar nicht berechenbaren Nutzens gegeben? Würde Öster-

reich nach so vielen unglücklichen Feldzügen vermocht
haben, so unversehrt zu bleiben, wenn es nicht hinter sich
noch ein grofses Land mit seinen grofsen Ebenen, Bergen,
Flüssen gehabt hätte, von woher es den Widerstand noch
fortsetzen, wo das Kriegsglück sich noch wenden konnte?
Wer vermag es zu berechnen, wie vielen Angriffen wir
ausgesetzt gewesen sein würden, wie vielen Österreich, wie
vielen wir, wenn unsere Waffen nicht verbündet gewesen
wären? Die Schwäche zieht den Eroberer an, wie das
Eisen den Blitz. Und ich frage, würden wir wohl, getrennt,
in den kritischen Momenten unserer Geschichte solche
Bundesgenossen gefunden haben, wie sie uns so zur Verfügung gewesen sind? Die Möglichkeit des Bündnisses
steht immer in geradem Verhältnisse zu der Kraft, über
welche irgend ein Staat verfügt.

Aber an unsere Vergangenheit knüpfen sich auch viele
bittere Erinnerungen.

Die unglückliche Politik, welche in Wien und nicht
selten auch in Ungarn befolgt wurde, brachte unsere Nation
in Konflikt mit der Dynastie und mit den übrigen Ländern
derselben.

Bisweilen hat der Angriff des Absolutismus gegen die
Verfassung, der Versuch der Dynastie, die lockere Personalunion mit innigeren Banden zu vertauschen, oder dieselbe
durch Erweiterung der königlichen Macht wenigstens im praktischen Leben zu umgehen, bisweilen die Inangriffnahme der
Verschmelzung und Germanisation, und deren naturgemäfse
Reaktion, der selbst mit dem äufseren Feinde paktierende
Kuruzengeist, die Völker, welche unter derselben Krone
einander zu verteidigen berufen gewesen wären, in feindliche Lager auseinander gerissen. Es ist nicht das Verdienst der herrschenden Politik gewesen, wenn das Band,
welches uns mit Österreich verknüpfte, in seinem Endergebnis nur zu unserem Vorteile ausschlug. Diese Politik

wurde für die Existenz unserer Nation nur deshalb nicht
verhängnisvoll, weil sie nicht genug Kraft hatte, und
weil sie eine gewaltige Reaktion erzeugte. Andererteils
hat die grofse Mehrheit Ungarns, wenn auch nur eine kurze
Zeit lang, aber doch mehrmal eine solche Politik verfolgt,
deren Sieg den vollständigen Sturz der Dynastie bedeutet
haben würde. Dieses Unglück wurde zwar vermieden, aber
auch nur, weil zur Durchführung dieser selbstmörderischen
Politik nicht hinreichend Kraft vorhanden war. Die aller-
seits begangenen Fehler hatten aber jedenfalls die traurige
Folge, dafs sie das Zusammenleben erschwerten. Sie ver-
gifteten die Seele der Nation und liefsen Spuren zurück,
mit welchen jeder Politiker rechnen mufs, sie zogen das
Mifstrauen gegen die Deutschen grofs und lassen ihre schädliche Wirkung auch jetzt noch empfinden, nachdem doch
die objektive Grundlage des Mifstrauens aufgehört, nachdem die mafsgebende Politik sich geändert hat, und das
Interesse der Nation seit der Herrschaft der Habsburger
Dynastie zum erstenmal mit wahrem väterlichen Wohlwollen, mit wahrer Hingabe und Wärme in Gunst genommen worden ist

Leider, rächt sich alle Schuld auf Erden. Früher oder
später, aber gewifs.

Leider, überlebt, überschreit die böse, die tragische
Erinnerung die gute, welche nur zu leicht vergessen wird.

In Österreich wird auch heute an vielen Orten, wenn
von den Ungarn die Rede ist, an Rákóczy und Kossuth
gedacht, bei uns aber, wenn von den Österreichern gesprochen wird, oft an Caraffa und Haynau.

Wer erinnert sich wohl dort drüben daran, welche
Dienste die Ungarn zu wiederholten Malen der Dynastie
und Österreich geleistet haben? Wer erinnert sich daran,
dafs unsere Nation die Vormauer gewesen ist, welche sie
um den Preis ihres Blutes und ihres Geldes vor den An-

stürmen des Ostens geschützt hat? Wer erinnert sich an
Hadik und die ungarischen Helden, welche im fernen
Westen gekämpft haben? Wer erinnert sich an die Labanzen, welche in der Verteidigung jenes Verbandes, welcher
uns an Österreich knüpft, oft ihr Vermögen, ihr Leben auf
das Spiel gesetzt haben? Wer denkt daran, wie viel ein
Széchenyi, ein Deák Österreich genützt haben? Und doch
könnte ich keinen österreichischen Staatsmann namhaft
machen, welchem unsere Nachbarn mehr verdanken könnten,
als diesen Männern.

In der neuesten Zeit sind in der Stadt Wien tief be-
trübende und hauptsächlich von österreichischem Gesichtspunkte bedauernswerte, weil die Österreicher erniedrigende,
Erscheinungen wahrzunehmen. Die Mehrheit der fried-
liebenden, sympathischen, braven Bürgerschaft dieser Stadt
ist das blinde Werkzeug der häßlichen Leidenschaft der
Gehässigkeit geworden. Das heitere, das humane, das gebildete Wien ist vom Fieber des Neides befallen worden.
„Nieder mit den Juden,“ „nieder mit den Ungarn,“ so
lauten die Losungsworte seiner Mehrheit. Lueger, der
ewig fluchende Volkstribun, wurde Bürgermeister. Diese
unbegreiflichen Erscheinungen bedeuten, so hoffe ich, eine
binnen kurzer Zeit vorübergehende Krankheit, an welche
das österreichische Volk sich auch zurückzuerinnern schämen
wird, und ich zweifle nicht, daß auch der irregeführte
Teil alsbald auf die Bahn der Civilisation zurückkehren
wird, welche diese Racheaufwallungen als gerechtfertigt
nicht anerkennen kann, und welche das Schimpfen und
Fluchen niemals als eines ernsten Politikers würdig betrachtet, wie denn solche Ausfälle auch nicht so sehr demjenigen schaden, gegen den sie sich richten, sondern die
ihrer selbst vergessende Partei verwunden, von welcher sie
ausgehen. Man kann diese bedauernswürdige Aberration
nicht dem Ganzen des Wiener Volkes imputieren. Diese

8 *

Ausbrüche werden bei uns mit Ruhe und Würde beurteilt
und es kommt niemanden in den Sinn, dieselben in ähnlicher
Form zu erwidern. Diese Schande thun wir dem ungarischen Namen nicht an. Übrigens kann mit wahrer Freude
wahrgenommen werden, daſs grade diese Übergriffe bei den
nüchterneren Österreichern schon jetzt eine Reaktion hervorgerufen haben, und es ist zu hoffen, daſs diese Elemente
das gute Einvernehmen mit uns, welches so sehr in ihrem
Interesse liegt, mit gröſserem Eifer als bisher pflegen
werden.

Wenn bei uns solche Übertreibungen auch nicht wahrzunehmen sind, kann doch nicht geleugnet werden, daſs
die allgemeine Stimmung Österreich gegenüber auch heute
noch nicht so beschaffen ist, wie sie sein sollte. Die alten
Wunden sind noch nicht vollständig verheilt.

Wo ein Aas ist, dort finden sich immer Raubtiere, die
davon leben. Wo an der seelischen Welt der Nation eine
Wunde ist, da finden sich immer gewissenlose Politiker,
die sich von deren Blute nähren und darum die Wunde
zu vertiefen bemüht sind.

Wie viele giebt es auch heute noch, die, entweder
selbst unter dem Einflusse dieses historischen Tragikums
stehend, oder, gegen ihr besseres Wissen, aus selbstsüchtiger
Gewissenlosigkeit — wer vermag in das Geheimnis der
Seelen hinein zu blicken? — dieses Miſstrauen anfachen,
demselben schmeicheln, davon leben!

So konzentriert sich, durch das Zusammenspielen
wahrer und unwahrer Motive, welchem jede gröſsere Wirkung auf dieser Welt ihren Ursprung verdankt, die Popularität, die nationale Poesie, die nationale Dankbarkeit um
jene Namen, welche mit den Kämpfen gegen Österreich
verwachsen sind. Neben den Helden der Freiheitskämpfe
sind die übrigen, die Helden der Selbstverteidigungskämpfe,
neben den Rákóczy sind die Zrinyi in den Hintergrund

gedrängt worden. Diejenigen aber, die ihren Namen mit
den Interessen der Dynastie identifiziert, die aber oft
ebenfalls ein grofses Verdienst darum gehabt haben, dafs
unser Vaterland auch heute steht und frei ist. ein Pázmány,
ein Nicolaus Eszterházy, haben niemals Popularität erworben. Die Helden des Jahres 1849 haben sich unleugbar unverwelkliche Lorbeeren der Popularität errungen.
Neben ihnen ist das Andenken jedes anderen Verdienstes
erblichen. Der Name eines Stephan Széchenyi ist vor dem
Namen Kossuths, wenigstens was die geräuschvolle Volks-
tümlichkeit anbelangt, in den Hintergrund gewichen.

So ist jene traurige Erscheinung ins Dasein getreten,
dafs oft, wenn wir Feiern begehen, unser Bundesgenosse,
ja sogar auch unser König trauert. Aus diesem Gesichtspunkte ist es ein Glück, dafs in Österreich jenes einheitliche, starke nationale Leben nicht existiert, welches bei
uns vorhanden ist, sonst könnte es geschehen, dafs sie
drüben dann Feiern begehen, wenn wir trauern. Wir
aber würden, das weifs ich gewifs, die uns verletzenden
Ergüsse, wenn sie von ernsten und wirklich angesehenen
Elementen herkämen, nicht so gleichgiltig aufnehmen; wir
würden in denselben eine politische Demonstration erblicken,
auf welche wir mit einer Gegendemonstration antworten
müfsten.

Und was würde unter diesen Demonstrationen aus
dem Gefühle der Zusammengehörigkeit werden? Auch so
hat schon so manches Festgeräusch, so manche Statuen-
enthüllung jener Harmonie, welche zwischen uns zu unser
aller Wohle herrschen sollte, ernstlichen Abbruch gethan.

Diese Demonstrationen sind nur Symptome, sehr oft
absolut nicht unterdrückbare Symptome jenes Seelenzustandes,
welchen, wie ich gesagt habe, unsere Vergangenheit und
hauptsächlich die gegen uns begangenen Verbrechen geschaffen haben, traurige Folgen jener Thatsache, dafs das

einmal mit Füfsen getretene Vertrauen nur langsam, nur
schwer von neuem aufzuleben vermag.

Es giebt keine empfindlichere, keine leichter welkende
Pflanze, als das Vertrauen. Und doch ist nichts notwen-
diger als dieses, hauptsächlich bei solchen Völkern, welche
auf einander angewiesen sind.

Leider ist selbst die für die Person des gemeinsamen
Herrschers ebenso jenseits der Leitha, wie diesseits derselben
gleichmäfsig und allgemein gefühlte schwärmerische Verehrung und Liebe nicht imstande diesen Mangel des gegenseitigen Vertrauens, die Schwäche der wechselseitigen
Sympathie vollständig zu ersetzen. Das Hirngespinst von
der Existenz unterirdischer Einflüsse, das weitverbreitete
Märchen von der Kamarilla, haben noch immer Macht über
die Geister und schwächen die wohlthuende Wirkung jenes
Bandes der Liebe. Diese Situation erschwert in hohem
Mafse die Lösung jener Aufgabe, welche auch schon an
sich selbst heikel, auch schon an sich selbst so beschaffen
ist, dafs man auch anderswo kaum imstande gewesen ist,
derselben in befriedigender Weise zu entsprechen.

Was folgt aus alledem? Vor allem anderen die War-
nung, dafs wir nicht leichtgläubig und optimistisch sein,
sondern die uns vorgetragenen neuen Pläne einer strengen
Kritik unterziehen mögen, weil es nicht wahrscheinlich ist,
dafs wir für die Verwirklichung unserer Zwecke immer
bessere und bessere Systeme finden würden, und weil es
nicht wahrscheinlich ist, dafs wir mit jenem Problem,
welches in seiner heutigen Form glücklich zu lösen uns so
schwer gelungen ist, in einer andern Form den Kampf aufzunehmen imstande sein würden. Die Erfahrung der Geschichte macht uns darauf aufmerksam, dafs wir auch unseren gegenwärtigen Zuständen gegenüber nicht jene übertrieben strenge Kritik der Malcontenten üben mögen, welche
den erreichten Erfolg mit dem Mafse des Ideals mifst, und

wegen jeder Unvollkommenheit, wegen jedes zufälligen Ab-
ganges den Wert des Ganzen in Abrede stellen und die
ganze Schöpfung über den Haufen werfen will.

Vergessen wir nicht, daß, wenn wir auf dem Gebiete,
auf welchem sich andere nur gar selten auch nur soviel zu
sichern imstande gewesen sind, auch nur Leidliches zu erreichen vermocht haben, diese Errungenschaft zu gefährden
ein Verbrechen gegen die Nation sein würde, ein finsteres
und ernstes Verbrechen, welches dadurch nicht gemildert
würde, daß das Ideal, mit welchem man uns lockte, mit
der rot-weiß-grünen Fahne geschmückt und mit nationalen
Tressen verziert unter uns erschienen ist. Die Erkenntnis,
wie schwierig das Problem ist, welches wir 1867 gelöst
haben, giebt allein den richtigen Maßstab für die Beurteilung jedes anderen, auf eine derartige Schöpfung abzielenden Planes, und dasselbe wird uns gleichzeitig mit
jener Geduld und jener Behutsamkeit wappnen, deren unsere Nation infolge ihrer heikeln Verhältnisse so sehr
bedarf.

Ich glaube mich nicht zu täuschen, wenn ich aus
diesen Schwierigkeiten des Problems die Folgerung ziehe, daß
wir, wenn die heutigen Verhältnisse erträglich sind, jede
Veränderung, selbst die eventuell anmutenden Ideen zurückweisen müssen, weil die Wahrscheinlichkeit immer größer
ist, daß sie unseren Zustand verschlimmern, als daß sie
denselben verbessern. Die Präsumtion spricht auf Grund
des Obigen dagegen, daß das Neue auch gut sei.

Was die Kraft dieser Konklusion noch vermehrt, was
uns zu potenzierter Behutsamkeit mahnt und uns noch
mehr dazu drängt, bloß im Falle der vollständig erwiesenen
Notwendigkeit von der heutigen Basis abzuweichen, das
ist der Umstand, daß jede Verrückung derselben, jeder
Versuch dieselbe zu verändern schon an sich selbst mit
großen Gefahren verbunden ist und wahrscheinlich eine

Lage schaffen würde, welche den Fortbestand des Bündnisses sehr zweifelhaft machen würde. Selbst wenn der
neue Plan auf dem Papiere auch vorzüglich wäre, würden
ihn die Gefahren der Krise so sehr seines Wesens ent-
äufsern, dafs seine heilsamen Wirkungen kaum zur Geltung
zu gelangen vermöchten.

Ist aber der Versuch der Rekonstruktion unserer Monarchie wirklich so gefahrdrohend?

Drittes Kapitel.

Die Gefahren der Modifikation des Ausgleichs.

Das heutige Bündnis aufzulösen und auf neue Grundlagen zu stellen, lebende Organismen entzwei zu reißen,
neue Organismen zu schaffen, so wichtige Fragen, welche
die Existenzinteressen zweier Staaten, mehrerer Nationen und
der Dynastie berühren, aufs neue zu lösen, alles dies würde,
aller Wahrscheinlichkeit nach, mit der Erweckung gegenseitigen Hasses, mit der Erregung häßlicher Leidenschaften
verbunden, und nur auf dem Wege großer Erschütterungen
durchführbar sein, welche, wenn sie auch vorüber gehen,
eine dauernde Spur zurück lassen, und einen Geist entwickeln, welcher zu allem geeignet ist, nur dazu nicht,
dem neuen System günstige Vorbedingungen zu schaffen.
Dieser Geist würde das vereinte Wirken erschweren, und
verhindern, daß die eventuellen Vorteile des neuen
Systems zur Geltung gelangen. Wir können das Eintreten
dieses Ergebnisses als ganz gewiß annehmen, wenn wir
bedenken, wie viele solche Experimente auch bisher schon
vorübergestürmt sind, wie sehr infolge dessen die Situation
auch bisher schon gespannt und wie schwach der Geist des
Zusammenhaltens zwischen den Verbündeten ist; wenn wir
ferner bedenken, daß sich das gegenwärtige System weder

in den Augen der öffentlichen Meinung Europas, noch in
den Augen der Dynastie, noch in den Augen der übrigen
mafsgebenden Faktoren überlebt hat, und dafs der Umsturz desselben überall nur dem ungarischen Chauvinismus zugeschrieben werden würde, dem Umstande, dafs mit
dem ungarischen Stamm auf die Dauer nicht auszukommen
sei, weil er windig und leichtsinnig sei, dem Umstande,
dafs dieser Stamm gar nicht den Willen habe in einem
Bündnis zu bleiben, sondern nach auswärts gravitiere.

Das erneuerte Aufwerfen der Frage der Organisation
der gemeinsamen Angelegenheiten würde die verschiedensten
Aspirationen, die kroatischen, slavischen, walachischen,
czechischen, polnischen Wünsche an die Oberfläche bringen,
wie sie auch in der Vergangenheit durch jede Krisis, welche
die Existenzgrundlagen, den Organismus der Monarchie berührte, an die Oberfläche gebracht wurden.

Der centralistische Typus würde aus jenem Sarge,
welchen ihm der Ausgleich bereitet hat, künstlich wieder
erweckt werden, sobald das ungarische Element die Offensive gegen jene Institutionen ergriffe, welche die Centralisation ihrer Existenzbasis beraubt haben, weil sie jene Ziele,
welchen dieselbe erfolglos gedient hatte, besser sicherten,
nämlich das Ansehen der Dynastie und die Machtstellung
der Monarchie. Es würden wieder einzeln emportauchen:
die Idee des den slavischen Typus tragenden Föderalismus,
der Gedanke des Centralparlaments, mit welchem an die
Stelle der Parität die Möglichkeit der Majorisierung tritt,
der Glaube des Zurgeltunggelangens des böhmischen Staatsrechts, und alle jene Extravaganzen, welche das Andenken
der Vergangenheit und die thörichten Hoffnungen auf die
Zukunft zu erwecken imstande sind.

Die sociale, die staatliche Ordnung ist oft einer dünnen
Humusschicht verglichen worden, welche einen gärenden
Vulkan bedeckt, und über flammenden, verheerenden

Lauen reiche Ernten giebt, aber, wenn sie erschüttert wird, plötzlich zusammenstürzen und dem zügellosen Walten der verheerenden Elemente Raum geben kann. Derselben ist auch jene Ordnung vergleichbar, auf welcher das gegenwärtige Leben der Monarchie basiert. Während die über jeden Zweifel erhabene Festigkeit des gegenwärtigen Rechtszustandes die dissolventen, die centrifugalen Kräfte in den Hintergrund gedrängt, die vielen auseinanderziehenden Wünsche und Phantasieen mit Eisenreifen umschlossen gehalten hat: würde die Auflösung dieser Ordnung auf einmal wieder die vielen verschiedenartigen Ideale und Tendenzen ans Tageslicht fördern, und in den Völkern und Stämmen jene Stimmung erwecken, in welcher sie sich zu solchen Zeiten befinden, wo sie wissen, dafs ihr Schicksal, ihre Existenz wieder der Ungewissheit ausgesetzt ist, dafs sie vielleicht binnen Minuten, binnen Stunden alle ihre Wünsche erreichen, alle ihre Errungenschaften riskieren können, jene Stimmung, welche sich in der Zeit grofser Umgestaltungen der Völker zu bemächtigen pflegt, wann diese mit potenzierter Schnelligkeit leben, wann Minuten an Wichtigkeit Jahren gleich kommen, wann die Zeiten mit grofsen Ereignissen schwanger gehen, wann alle Interessen auf einmal auf dem Spiele stehen. In solchen Momenten pflegt jeder Egoismus, jeder Gegensatz zu erwachen und nach Geltung zu ringen. Und doch basiert jede Ordnung, jede Gesellschaft, jeder Staat oder Staatenbund gleicherweise darauf, dafs die wirklichen oder vermeintlichen Gegensätze, die wirklichen oder vermeintlichen Gegner und Konkurrenten sich mit einander vertragen. Jeder Mensch, jeder aus einer Menschengruppe bestehende Organismus kann nur durch die Ausgleichung der Gegensätze fortbestehen. Wenn die Gegensätze sich miteinander nicht mehr vertragen können, wenn der alte modus vivendi den Dienst versagt, wenn die Gegensätze aufs neue miteinander

paktieren müssen, wenn das gestörte Gleichgewicht sich
auf neuer Basis wieder herzustellen strebt: ist immer und
überall die Möglichkeit des Zusammenlebens, der Association
gefährdet. Wer vermöchte es vorherzusagen, ob die alte
Harmonie wohl je wieder hergestellt werden wird, ob die
auseinanderziehenden Triebe zu einem neuen Kompromiß
gelangen werden, ob sich wohl das Mittel finden lassen
wird, mit welchem die abwärts stürzende Lawine zum Stillstand gebracht werden kann? Wer vermöchte es vorherzusagen, ob diejenigen, welche die auseinanderstrebenden
Kräfte in Bewegung gesetzt haben, imstande sein werden,
die Bewegung dort zum Stillstand zu bringen, wo sie es
wollen? Es ist eine alte Erfahrung, daß es leichter ist
die Geister heraufzubeschwören, als sie dann zu bannen,
daß es leichter ist zu zerstören, als aus dem auseinander-
geworfenen Material einen neuen Bau aufzuführen.

Einer solchen Krise darf das Leben einer Nation nur
dann ausgesetzt werden, irgend ein Staatsbündnis darf nur
dann durch das Experiment einer völligen Umgestaltung
gefährdet werden, wenn die Notwendigkeit dies unabweis-
lich gebietet, wenn der status quo thatsächlich den Dienst
versagt, wenn es wirklich fühlbar wird, daß derselbe die
weitere Entwickelung stört und hemmt. Aber irgend
welchen hübsch ausgetüftelten theoretischen Wahrheiten zuliebe, welche sich, leider, oft als Illusionen erweisen, leichtsinnig eine Basis im Stiche zu lassen, auf welcher wir fortbestehen und uns fortentwickeln können: würde ein frivoles Vorgehen sein, dessengleichen die Weltgeschichte selten aufweist.

Ein solches Vorgehen würde unsererseits selbst dann
ein Fehler sein, wenn das Eintreten der mit einer Krise
verbundenen Gefahren auch nicht wahrscheinlich, auch
nicht leicht vorherzusehen wäre. Auch die theoretische Möglichkeit großer Übel ist schon ein hinreichender Grund zur
Vorsicht. Aber in diesem Falle ist nicht allein davon die

Rede, haben wir nicht allein zu befürchten, daß zufolge
der Mangelhaftigkeit des menschlichen Verstandes, wegen
der Primitivität der politischen Wissenschaft vielleicht
auch die am meisten gesichert scheinenden Hoffnungen doch
nicht in Erfüllung gehen werden, und daß wir auch mit
der gelehrtesten Berechnung einen Mißerfolg einheimsen
können: sondern jene Gefahren, welche das Experiment
einer Neugestaltung der Monarchie umdräuen, sind in
Wirklichkeit mit Augen sichtbar, unverkennbar. Die Gefahr besteht nicht darin, daß auch das weiseste Räsonne-
ment sich irren kann, sondern wir müssen im Gegenteil
befürchten, daß, wenn sich nicht jede Voraussicht, jede
politische Kombination als fehlerhaft erweist, und wenn
nicht irgend ein non putaram eintritt, der Versuch, die
Monarchie gewaltsam umzugestalten, die große Katastrophe
zur unvermeidlichen Folge haben würde. Es ist wahr,
daß die Wortführer der Unabhängigkeit dies leugnen. Sie
entwerfen von der wahrscheinlichen Entwickelung der
Dinge ein mit Hoffnungen, mit Illusionen erfülltes Bild.
Aber ich fürchte, daß die Krise ein ganz anderes Ergebnis in ihrem Gefolge haben würde, als es unsere heiß-
blütigen Apostel erwarten. Sie haben die Sache sehr schön
ausgetüftelt und sehen die Abwickelung derselben als
sehr einfach an. Sie stellen sich vor, daß das gemeinsame
Heer sich auf einmal in zwei Heere teilen, die auswärtige
Vertretung in zwei Organismen auseinanderfallen, die Delegation zu arbeiten aufhören und an die Stelle des gegenwärtigen Wehrsystems sofort ein neues, noch dazu ein besseres
als das frühere treten werde; daß auf unser Kommandowort unsere Dynastie die Vorteile des neuen Systems sofort
einsehen und sich mit demselben vollständig identifizieren
werde; daß die aus der Zweiteilung der einen alten
Armee gebildeten beiden neuen Armeen sofort in das beste
Einverständnis miteinander gelangen werden, sich zwischen

beiden sofort die innigste Waffenbrüderschaft entwickeln
werde; daſs der österreichische Teil sofort vergessen werde,
daſs jene Armee vernichtet worden ist, welche der Stolz
ihrer Mitglieder gewesen ist, welche sie geliebt hatten, an
welcher sie festgehangen hatten, welche ihrer Aufgabe entsprochen hatte, welche die Anerkennung des Kriegsherrn,
des Auslandes zu erringen gewuſst hatte, welche verstanden
hatte, unsere Monarchie geehrt und gefürchtet zu machen;
daſs die Zertrümmerung der heutigen Form der Monarchie
und die Zweiteilung der Armee in der Seele der Dynastie
und der Völker keine Spur zurücklassen werde; daſs diese
Organismen dahinscheiden werden, wie Institutionen, die
sich überlebt haben; daſs dieselben zu Aller Freude, ohne
Hinterlassung schmerzhafter Wunden hinsinken werden,
und daſs so in beiden Staaten sofort jene Stimmung vorhanden sein werde, bei welcher so heiklige Fragen, wie
die Organisation der Wehrkraft eine ist, auf objektiver
Basis lösbar sein werden. Diese sanguinischen Patrioten
bilden sich ein, daſs die centralistische Tendenz bei den
Völkern Österreichs all ihren Boden, bei der Dynastie all
ihre Stütze verlieren werde; daſs ähnlicherweise die Tendenz des slavischen Föderalismus verschwinden werde; daſs
die Dynastie aus purer Dankbarkeit gegen unsere Nation,
welche ihr anstatt einer Armee zwei beschert hat, nun endlich denn doch einmal die wahre Fürsprecherin des ungarischen Einflusses werden werde; daſs so im österreichischen
Parlament unsere Feinde entwaffnet sein und daselbst jene
ungarfreundlichen Elemente dominieren werden, welche
den Dualismus verteidigt, ihr Schicksal an denselben geknüpft hatten, und deren Stellungnahme durch das treue
Festhalten der Ungarn an dieser Form des Bündnisses so
glänzend gerechtfertigt worden war; daſs unsere Verbündeten, die Deutschen, dadurch erstarkend, daſs ihre Sprache
aus der ungarischen Armee hinausgeworfen worden, zu gröſserer

Macht gelangen und uns mit größerer Treue, als bisher, unterstützen werden. Oder, wenn alles dies nicht geschähe, und irgendwie doch unsere Feinde: Lueger, Schönerer oder Hohenwarth, Schwarzenberg, eben infolge unserer Aktion das Übergewicht gewännen, diese Elemente sich mit einem Kossuth, einem Ugron viel besser vertragen würden, als Tisza mit Auersperg oder Taaffe, Bánffy mit Badeni auszukommen verstanden hat. Endlich hoffen unsere verwegenen Reformer, daß das Ausland beim Anblicke dieser herrlichen Harmonie, dieser Aussöhnung alter Feinde, dieser Scene, deren gleichen die Menschheit seit den schönen Tagen der dem Ausbruche der französischen Revolution vorausgegangenen Verbrüderung und gegenseitigen Umarmung nicht wieder gesehen hat, und gerührt von jener Ausdauer, mit welcher die ungarische Nation an dem mit solcher Freude begrüßten Ausgleich festzuhalten gewußt hat, daß, sage ich, das Ausland in die Beständigkeit der neuen Kombination ein unerschütterliches Vertrauen setzen und demzufolge unsere Allianz auch gesuchter sein werde, als sie heute ist. Alles dies ist schön und sinnreich ausgedacht; aber, leider, ist darin sehr wenig Menschenkenntnis und sehr viel Utopie. Leider, stammt es aus der Welt der Märchen. Man braucht nicht ein Prophet zu sein, um sagen zu können, daß alles dies anders kommen würde.

Ist es nicht wahrscheinlich, daß die Dynastie, welche die Bürgschaft ihrer europäischen Stellung in der Einheit der äußeren Politik und der Armee sieht, infolge unserer nationalen Offensive uns aufs neue entfremdet werden, und zwischen der Nation und der Krone aufs neue Disharmonie entstehen würde? Ist es nicht wahrscheinlich, daß die Dynastie jenes Ziel, für welches sie bereits in der Vergangenheit so viel geopfert hat, die Wahrung der Einheit der Verteidigung, nicht sofort fallen lassen, sondern ihre Stütze in jenen Elementen suchen würde, welche an der

Wiederherstellung der Einheit der Armee mit Vergnügen
mitwirken würden, wenn diese Einheit auch nicht auf der
Basis der Parität, sondern vielleicht auf der des Föderalismus ruhen würde, also auf einer solchen Basis, auf welcher
wir majorisiert würden, welche der Monarchie eine slavische
und Nationalitätenfärbung geben würde? Ist es nicht
wahrscheinlich, daß in Österreich unsere Freunde zugleich
mit dem Dualismus ihre Rolle definitiv ausspielen würden,
weil sie alle die Anhänger dieses Systems sind, und daß diejenigen, die an ihre Stelle kommen würden, Centralisten oder
Föderalisten, jedenfalls aber unsere Feinde sein würden?
Sie sind auch heute unsere Feinde und weshalb würden sie
sich dann wohl ändern? Ist es nicht wahrscheinlich, daß
jene ungarische Partei, welche von der Annahme ausgeht,
daß „der Deutsche ein Hundsfott" sei, welche es zum
Dogma erhebt, daß es Vaterlandsverrat sei, irgend einer
Forderung zu entsagen, auf irgend ein Kompromiß einzugehen,
welche demnach in ihrem Wesen antisocial, unverträglich
und mit gleichberechtigten Faktoren zusammenzuleben unfähig, und außerdem speciell antiösterreichisch ist, ist es
nicht wahrscheinlich, sage ich, daß diese ungarische Partei
und die österreichischen Chauvinisten, die slavischen Ultras,
welche in dieser Hinsicht würdige Ebenbilder unserer Extremen und wenigstens in solchem Maße Antimagyaren,
wie unsere Radikalen Antiösterreicher sind, sich nie miteinander friedlich vertragen würden, daß die unter der Leitung
dieser Elemente stehenden beiden Parlamente schneller
einen casus belli gegen einander finden, als bezüglich des
casus foederis zur Übereinkunft gelangen würden?

Werden die im Prozeß der Scheidung erhitzten Gemüter nicht eher zum Kriege gegeneinander, als zur gegenseitigen treuen und standhaften Unterstützung vorbereitet
sein? Dürfen wir wohl auf die Herrschaft jener objektiven
Stimmung zählen, ohne welche die gerechte, zweckmäßige

Lösung der gemeinsamen Interessenfrage eine bare Unmöglichkeit ist? Ist wohl Aussicht dazu vorhanden, daſs die neuen Gestaltungen nicht unter dem überwiegenden Einflusse des Hasses, des Miſstrauens stehen werden?

Als Vorgeschmack kann dienen, was gegenwärtig jenseits der Leitha in betreff der Erneuerung des wirtschaftlichen Ausgleichs geschieht. Wieviel Leidenschaft, wieviel neuer Zündstoff ist durch diese Frage an die Oberfläche gefördert worden. Die Abänderung des staatsrechtlichen Arrangements aber würde noch weit gröſsere Wogen erregen.

Und ist die Harmonie der zwei Armeen nicht eine handgreifliche Utopie? Wenn die Uneinigkeit, die Unverträglichkeit der beiden Staaten aus der einen Armee zwei Armeen schüfe, ist es nicht wahrscheinlich, daſs dieser Ursprung sich tief in die Herzen eingraben würde? Wenn aus der gemeinsamen Armee zwei besondere gebildet würden, müſste sich nicht unausrottbar die Überzeugung einwurzeln, daſs dies nicht des Auslandes wegen geschehen sei? Sind doch alle jene Faktoren, welche die Kraft und Kriegstüchtigkeit der Armee zufolge ihres Berufes beobachten, also die kompetentesten Beurteiler derselben, Gegner der Zweiteilung, weil die alte Armee nach dem Urteile des gesamten sachverständigen Europa auf der vollen Höhe ihrer Aufgabe gestanden hat. Wird da nicht unfehlbar die Überzeugung aufkommen, daſs diese Zweiteilung keinen anderen Zweck haben kann, als die beiden Bruderländer auch gegen einander zu bewaffnen?

Aus der österreichischen Armee wird dann nie die Überzeugung ausgerottet werden können, daſs die Lostrennung des ungarischen Teiles einzig und allein gegen sie gerichtet sei, einzig und allein die Verteidigung Ungarns gegen Österreich bezwecke.

Dieses gegenseitige Mifstrauen aber schliefst die bei
Waffengenossen unbedingt notwendige Waffenbrüderschaft
aus. Wenn sie einander mit Seitenblicken beobachten,
belauern, wenn sie einander beargwöhnen, dann wird
zwischen ihnen nicht jene volle und vollkommene Harmonie vorhanden sein, und von ihnen nicht jenes von jedem
Hintergedanken freie loyale Zusammenwirken erwartet werden
können, welches blofs dem Boden des vollen gegenseitigen
Vertrauens entspriefsen kann. Und wenn wir hinzunehmen,
dafs auch das Herz des gemeinsamen Kriegsherrn sich nicht mit
voller Unparteilichkeit zwischen den beiden Armeen verteilen
würde, zwischen der ungarischen, deren Organisation gegen
seinen Willen gewaltsam durchgesetzt, den Ruin seines Aug-
apfels, seines Stolzes, der alten gemeinsamen Armee verursachen würde, und der österreichischen Armee, welche
letztere er allein als die Erbin der alten betrachten würde:
wenn wir das persönliche Gefühl der sämtlichen Führer-
individualitäten hinzunehmen, deren Wirkungskreis, deren
Machtsphäre auf die Hälfte reduziert würde, die in der
Einheit der Armee auch die Bürgschaft der Kriegstüchtigkeit derselben erblickt haben; wenn so der ungarischen Armee gegenüber in den sämtlichen leitenden
Kreisen jenes Mifswollen zur Thatsache würde, dessen
heute das Oberkommando ohne Grund bezichtigt wird:
wenn der heute nur an die Wand gemalte Teufel —
das Mifstrauen und das Mifswollen gegen die ungarische
Heereskraft — wirklich erschiene, und wenn die Wirkung
desselben auch in der Verkümmerung unserer Armee
fühlbar würde: würden wir dann, frage ich, um das zu
errichtende neue Gebäude herum nicht mehr Zündstoff auf-
gehäuft sehen, als die Projektmacher vermuten?

Wer würde, alles dies bedenkend, dafür gut zu stehen
wagen, dafs die vaterlandbeglückenden Pläne im Falle
ihrer Verwirklichung nicht Bruderblut kosten würden, dafs

die Armeen nicht aus unverläfslichen Freunden zu Feinden
werden würden? und wenn dafür nicht gut gestanden
werden kann, wer würde es wagen seine Nation dieser
Krisis auszusetzen, wenn sich auf der gegenwärtigen Basis
die Erstarkung der Nation als möglich erwiesen hat?

Ich fürchte, dafs die mit der Umgestaltung der Monarchie verbundene Unsicherheit mit grausamer Hand auch
jene Hoffnungen zerreifsen würde, welche unsere sanguinischen Patrioten hinsichtlich der Allianzen der neuen Monarchie zu hegen scheinen. Schon der Umstand allein, dafs
dem heutigen System nur ein kurzes Leben gegönnt wird,
würde auf unsere Alliierten abkühlend wirken. Die einer veränderlichen politischen Richtung huldigenden, die zu leichtsinnigen Experimenten hinneigenden unruhigen Völker sind
nicht diejenigen, mit welchen unabhängige Völker ihre Ge-
schicke zu verbinden lieben. Wir haben gesehen, wie
langer Zeit es bedurft hat, bis Rufsland sich herab liefs,
den Liebeswerbungen der französischen Republik entgegen
zu kommen. Nicht zu reden von der unvermeidlichen
Schwäche der Wehrkraft, in der Zeit der Umgestaltung:
würde die Neugestaltung auch schon deshalb nicht ermutigend wirken, weil sich unwillkürlich die Frage aufdrängen würde, ob das neue System, welches eventuell noch
fähig wäre Vertrauen zu erwecken, nicht binnen kurzer
Zeit durch ein solches abgelöst werden wird, welches
nicht einmal eine so starke Bürgschaft der Kriegstüchtigkeit
zu bieten vermag?

Aufserdem ist es eine unleugbare Thatsache, dafs die
europäischen militärischen Fachkreise insgesamt der Ansicht
huldigen, dafs eine grofse Armee mehr wert ist, als die
Kooperation mehrerer kleiner Armeen, dafs der Zusammenhalt unserer Monarchie auf sichererer Basis ruht, wenn sie
nicht zwei Armeen, wenn sie nicht fertige Werkzeuge zum
Kriege gegeneinander hat. Ebenso ist es eine unleugbare

Thatsache, daß die europäischen Staatsmänner der Ansicht
sind, daß unsere auswärtige Politik eine konsequentere sein
könne, und unsere Monarchie darum ein verläßlicherer
Freund, ein mächtigerer Feind, zur Befolgung einer berechenbaren und darum beständigen Politik geeigneter sei,
wenn die Leitung eine einheitliche ist, als wenn zwei
Minister der auswärtigen Angelegenheiten da sind. Es ist
eine unbestreitbare Thatsache, daß das Entzweireißen der
Verteidigungsmittel in Europa als eine Schwächung der
Monarchie aufgefasst und daß darin überall der erste
Schritt zur vollständigen Lostrennung der beiden Staaten
von einander erblickt werden würde, auf welchen aller
Wahrscheinlichkeit nach bald auch der zweite folgen
würde. Möglich, daß diese Auffassung einem Vorurteil entspringt; möglich, daß Europa nur deshalb auf solchen
schiefen Wegen herumirrt, weil es nicht sorgfältig genug
auf unsere Unabhängigkeitspolitiker achtet, welche ihm erklären würden, daß die wahrhafte, die innige Harmonie
zwischen Österreich und Ungarn erst in der Zeit ihrer
Herrschaft ins Leben treten würde, daß es keinen sichereren
Modus des ständigen Bündnisses zweier Staaten gebe, als
wenn die Angelegenheiten im intransigentesten, im chau-
vinistischesten Geiste geleitet werden, daß es keinen sichereren Modus der Erledigung der gemeinsamen Interessen
gebe, als die gemeinsamen Interessen ohne Organisation zu
lassen, dieselben dem Ungefähr anheimzustellen. Alles dies
ist möglich, ändert jedoch nichts an der Thatsache, daß,
solange die Völker und Regierungen Europas diese Schule
der höheren Politik nicht durchgemacht haben, das in unsere Kraft gesetzte Vertrauen auf den Nullpunkt sinken
würde, und wir einen Verbündeten nur sehr schwer finden
könnten. Daß dies Thatsache, nicht aber bloße Behauptung sei, beweist jene besorgte Aufmerksamkeit, mit welcher
die Diplomatie unseres intimsten Verbündeten, des Deutschen

Reiches, heute jedes Moment verfolgt, welches die Zukunft der gemeinsamen Armee tangieren könnte.

Wer Gelegenheit gehabt hat, mit den Vertretern des deutschen Kaiserreiches in Berührung zu kommen, kann es wissen, daß sie die Vorbedingung der Allianz in der Einheit der Armee erblicken, und daß, sobald diese gefährdet wäre, die deutsche Politik die Garantie der Existenzinteressen des Deutschen Reiches in einer neuen Allianz suchen würde. Wir können dem gegenüber mit Recht sagen, daß dies für uns nicht maßgebend sein könne, daß wir nicht an die Deutschen gebunden seien, daß wir ebenso leicht einen anderen Alliierten finden können, wie sie. Dies ist wahr. Jedoch nur wenn wir stark sind und auch dafür gehalten werden. Wir sind auf das Deutsche Reich nicht mehr angewiesen, als das Deutsche Reich auf uns. Darin liegt die eine Kraft der Allianz. Aber, ich frage, wenn der gegenwärtige Alliierte uns deshalb im Stiche läßt, weil er uns für schwach hält, dürfen wir dann hoffen, einen neuen zu bekommen? Ist es nicht wahrscheinlich, daß über unsere Neugestaltung auch anderwärts dieselbe Ansicht herrschen wird, wie in Deutschland?

Und ist es überdies möglich, ist es erlaubt, jene Eventualität außer Berechnung zu lassen, daß im Moment der inneren Krise, in der Zeit der Umwandlung der Armee und der Diplomatie, wann unsere Wehrorganisation auch im allerbesten Falle, auch nach der optimistischesten Auffassung schwach sein wird, zur inneren Verwickelung, zu den Schwierigkeiten der Übergangsperiode auch eine äußere Komplikation hinzukommen könne? Diese zeitweilige Schwäche unserer Organisation ist auch für sich allein schon genug Ursache dazu, daß diese Eventualität wahrscheinlich sei. Die zeitweilige Desorganisation unserer Wehrkraft könnte auch für sich allein schon eine solche Komplikation erzeugen. Unsere zeitweilige Schwäche würde unsere Feinde

ermutigen, unsere Freunde aber uns entfremden. Dieselbe
würde für sich allein imstande sein, selbst in der ansonst
allerfriedlichsten Zeit, Wirren und Krieg herauf zu be-
schwören.

Jene Folgen, welche aller Wahrscheinlichkeit nach
mit der Störung des Ausgleiches verbunden sein würden,
sind also, leider, ganz andere, viel gefährlichere, als diejenigen, welche die Unabhängigkeitspartei von derselben
erwartet. Der entschiedene Wille der ungarischen Nation,
ihr Verhältnis zu Österreich auf eine neue Basis zu stellen,
würde nach meiner Überzeugung zu einer Krise führen,
welche die Monarchie in ihre Bestandteile auflösen, dieselben vielleicht sogar zu den Waffen gegen einander
rufen, und solcherweise unser Vaterland, die Monarchie,
die Dynastie der Gefahr des Unterganges aussetzen würde.
Die Kinderkrankheit würde das Neugeborene entweder
töten, oder es für sein ganzes Leben schwach und verkümmert machen, möchte der zur Welt gekommene Organismus auch von noch so starker und richtiger Konstitution
sein, und noch so lebensfähig scheinen.

Jene Hoffnung, daß es leicht sein werde an die Stelle
des heutigen Systems ein neues zu stellen, ein solches,
welches imstande sein wird, die Elemente der Monarchie
mit wahreren und innigeren Banden aneinander zu knüpfen,
beruht auf einem großen Irrtum. Unsere extremen Politiker befinden sich bezüglich der Verhältnisse Österreichs
in einer argen Täuschung. Sie glauben in den Anhängern
der Decentralisation, deren Gewicht und Macht jenseits der
Leitha im Steigen ist, einen natürlichen Bundesgenossen zu
finden, und daß dieselben ihr politisches Princip auch auf die
gemeinsame Organisation der Monarchie ausdehnen wollen.
Das Bild, welches sich unsere Ultras schaffen, ist das
folgende: Die Unabhängigkeitspartei und die österreichischen
Föderalisten wollen dasselbe: daß die völlige Unabhängigkeit

der verbündeten Staaten auf der ganzen Linie zur Geltung
gelange. Sie glauben, dafs das Bündnis dieser beiden Parteien die Monarchie auf ihre natürliche und wahre Grundlage stellen werde. Die Monarchie, welche heute auf der
gemeinsamen Verteidigung ihrer beiden Staaten basiert,
würde nach diesem Plane auf der gegenseitigen Verteidigung mehrerer kleinerer Staaten ruhen. Die heutige
Form könne blofs um den Preis der Aufopferung gewisser
Aspirationen der Ungarn und der österreichischen Slaven
aufrecht erhalten werden und sei darum schwach; das neue
System würde zur Verwirklichung aller dieser Wünsche
führen und darum stark sein. Dieses Bild des Bündnisses
der freien Völker ist indessen ein Trugbild. Wer davon
träumt, verkennt die in Österreich herrschenden Tendenzen.
Dort sind einzig und allein die Anhänger des Dualismus
unsere Bundesgenossen. Mit den übrigen Faktoren wird
schwerer auszukommen sein. Das Ziel der Föderalisten
und das Ideal unserer äufsersten Linken ist nicht der Ausflufs eines und desselben politischen Gedankens. Decen-
tralisieren wollen zwar beide; aber die einen in den gemeinsamen Angelegenheiten, die anderen in den besonderen, in
den autonomen Angelegenheiten. Und das ist ein grofser
Unterschied. Die Czechen, die Mähren, die Slovenen
wollen nicht ein besonderes, selbständiges internationales
Leben führen. Ihr unmittelbares Ziel ist: Selbstregierung
in grofsem Mafse, anstatt des Reichstages die Erweiterung
des Wirkungskreises der Landtage und die Abhängigkeit
der Delegation von diesen Körperschaften, nicht aber vom
österreichischen Centralparlament. Neben diesen ihren
Wünschen wollen auch sie den Reichsverband nur stärken.
Sie werden in ihrem Streben von der Hoffnung geleitet, dafs
sie auch die Dynastie für ihren Plan gewinnen, und dann auch
zu dem befähigt sein werden, was der deutsche Stamm nicht
mehr erreichen kann. Sie schmeicheln sich selbst und der

Dynastie mit der Aussicht, daſs sie imstande sein werden, eine gröſsere Centralisation der Reichsangelegenheiten und die Entwickelung einer centralen Legislative herbeizuführen. Wenn in ihrer Idee eine höhere politische Ambition steckt, so offenbart sich diese nicht in der Form der vollen Entwickelung der besonderen Staatlichkeit, sondern darin, daſs sie, unseren Slaven die Hand reichend, aus unserer Monarchie ein slavisches Reich bilden möchten. Dieses ihr Ideal bedroht eben das, was unser heiligster Schatz ist, unser nationales Gepräge. Wo ist hier das Interessenbündnis, die natürliche Harmonie? Wo ist hier das gemeinsame Ziel, von der Sympathie gar nicht zu reden? Ein Strossmayer, ein Staresevics können natürliche Bundesgenossen eines Kramarz, eines Herold sein, aber ein Kossuth oder ein Ugron können dies nicht. Die ganze Analogie zwischen unserer Äuſserstlinken und der transleithanischen slavischen Tendenz besteht darin, daſs beide übertreiben, daſs sie Losungsworte lancieren, welche einander ähneln, daſs „Volksfreiheit, Volkswille, Decentralisation und Föderalismus“ auf ihren Lippen sind, in ihren Herzen dagegen der unausgleichbare Gegensatz haust.

Wir haben es schon oft gesehen, daſs unter der berückenden Wirkung derartiger schimmernder Worte diejenigen einander umarmt haben, welche durch unbesiegbare Gegensätze von einander geschieden sind. Wir haben es schon oft gesehen, daſs nach dieser kurzen Befreundung und nach den unter dem gemeinsamen Losungswort vollzogenen Verwüstungen alsbald die Reaktion eingetreten ist. Die Beteiligten sind zu wiederholten Malen durch Blutbäder vom Rausche ernüchtert worden.

Selbst wenn in unserem Falle die Ernüchterung aus dieser eingebildeten Allianz vielleicht auch nicht um einen so schrecklichen Preis erfolgen würde, ist soviel auf alle Fälle unzweifelhaft, daſs es unter der Herrschaft dieser

Elemente viel schwieriger sein würde, die Zusammengehörigkeit und das harmonische Leben der Monarchie zu erhalten, als dies heute der Fall ist.

Es ist übrigens möglich, daß ich mich in meiner oben ausgesprochenen Ansicht täusche; es ist möglich, daß ich zu schwarz sehe; Unfehlbarkeit vindiziere ich mir natürlicherweise nicht; Eines indessen halte ich auf Grund des oben Gesagten für unzweifelhaft, daß hier von einer Gefahr die Rede ist, welche kein Hirngespinnst, kein an die Wand gemalter Teufel, sondern eine ernste Möglichkeit ist, welche so große Wahrscheinlichkeit hat, daß sie ein unbedingter Faktor der politischen Berechnung ist.

Wer es für ausgeschlossen erklärt, daß die Umgestaltung der Monarchie eine große Erschütterung im Gefolge haben könne, welche möglicherweise verhängnisvoll werden kann; wer die Nation diesem Unternehmen mit leichtem Blute und mit der Vertröstung zuführt, daß die ganze Sache ungefährlich, und die Möglichkeit ausgeschlossen sei, daß die heraufbeschworene Krise zu einer Existenzfrage entarten könne; der schenkt nicht reinen Wein ein, der ist ein Blinder oder ein Verblender. Wer von dem seinen Augen vorschwebenden Ideal verwirrt, von den flimmernden Strahlen seiner Einbildung hypnotisiert, unsere Nation zu einem Sturmlaufe gegen den Ausgleich zu führen unternimmt, erinnert an jene Mücken, welche mit wunderbarer Ausdauer und Geschicklichkeit jedes Hindernis überwinden, um in die hellen Glanz verbreitenden feenhaften Flammen hineinzufliegen, und darinnen zu Grunde gehen.

Wer seine Nation zum Sturmlauf gegen den Ausgleich führt, der möge im Bewußtsein dessen handeln und auch seine Nation zum Gefühle dessen gelangen lassen, daß, wenn der Kampf auch nicht aussichtslos ist, wenn auch Hoffnung vorhanden ist, daß wir unter günstigen Verhältnissen, bei großer Glücksgunst, das gelobte Land ohne

tötliche Wunden erreichen: dennoch unter allen Umständen
von einem Unternehmen die Rede ist, welches die Nation
in unberechenbare Komplikationen hineinreifsen kann, von
einer Aktion, welche mit einem sehr grofsen Risiko verbunden ist.

Ein ernster Politiker, selbst der sanguinischeste, der
optimistischeste, mufs die Frage vor seinem eigenen Gewissen und vor der Nation so aufwerfen: ob jener gehoffte
Vorteil, jener erwartete Nutzen, welchen die Begründung
der reinen Personalunion verheifst, jene ernste Gefahr auf-
wiege, welche der Schofs der heraufbeschworenen Krise
bergen kann? Wenn er die Frage nicht so aufstellt, dann
führt er die Nation irre und treibt sie in einen Kampf,
welchen sie nicht will, setzt sie Gefahren aus, welche sie
nicht riskieren würde, wenn sie wüfste, was sie thut,
wenn sie aufmerksam gemacht würde, welche Folgen das
verwegene Unternehmen haben könne. Wer nicht so handelt, den frage ich, wohin es mit seiner Seelenruhe kommen
werde, wenn doch das eintritt, was nicht unmöglich ist,
was unter keinen Umständen eine Phantasiegeburt genannt
werden kann, wenn das eintritt, dafs die freigelassenen
centrifugalen Kräfte den Rahmen, in welchem wir uns befinden, vollständig zerreifsen, oder wenn die Reaktion der
Strömung, die centripetalen Kräfte, den Zusammenhalt um den
Preis der ungarischen Verfassung sicherstellen würden?
Woher würde dieser Vaterlandsbeglücker das moralische
Recht zum Weiterleben, zur Selbstachtung nehmen, wenn er
nicht einmal die Entschuldigung hätte, dafs die Nation gewufst habe, was sie will, dafs sie gewufst habe, dafs sie
ihr Alles auf das Spiel setze, aber den grofsen Sprung mit
offenen Augen gethan habe; wenn der Unglückliche in diesem
traurigen Momente nicht einmal den Trost hätte, dafs die
Nation, über die Lage vollständig aufgeklärt, das grofse
Risiko mit Selbstbewufstsein auf sich genommen habe, weil

sie den vorhandenen Zustand so schlimm, so sehr unerträglich gefunden habe, daſs sie es vorzog, sich Gefahren auszusetzen, als ihn weiter zu ertragen.

Doch mache dies ein jeder mit seinem Gewissen aus. Zu meinem Zwecke hat es genügt, auf jene unumstöſsliche Wahrheit hinzuweisen, daſs der Umsturz des Dualismus mit so ernsten Gefahren verbunden sei, welchen nur derjenige seine Nation mit gutem Gewissen aussetzen kann, der die Überzeugung hat, daſs das heutige System die Entwickelung der Nation vollständig zum Stillstand bringe und deshalb nicht aufrecht erhalten werden könne. Auf Grund theoretischer Luftschlösser, auf Rechnung optimistischer Hoffnungen die Nation den unberechenbaren Eventualitäten der Krise auszusetzen, würde eine verbrecherische, unpatriotische Handlung sein.

Es ist die elementarste Regel der politischen Ethik, des Patriotismus, daſs eine Nation groſsen Gefahren nur zum Zwecke der Abwehr ähnlich groſser Gefahren ausgesetzt werden, daſs die Existenz nur der Verteidigung der Existenz zuliebe aufs Spiel gesetzt werden darf. Es giebt im Leben der Nation Augenblicke, wo es notwendig und deshalb richtig ist, daſs sie bereit sei ihr Alles aufzuopfern, um so ihr Alles retten zu können. Ein solcher Moment waltet dann ob, wann das Existenzinteresse, die Ehre der Nation in Gefahr ist. Ein solcher Moment war 1848—49. Damals war es nicht erlaubt bedachtsam zu sein; nach dem Geschehenen, als nur mehr zwischen Kampf und bedingungsloser Ergebung die Wahl sein konnte, war es nicht erlaubt etwas anderes zu thun, als mutig, tollkühn selbst gegen die Wand zu rennen, unterzugehen, zu sterben für die Ehre. So konnten wir die Möglichkeit der Wiederauferstehung bewahren. Unser intaktes Selbstgefühl, unsere bewahrte Ehre konnte in uns die Hoffnung der besseren Zukunft aufrecht erhalten. Aber der gegenwärtige Moment ist nicht ein solcher. Jetzt erstarken wir, schreiten wir vorwärts, jetzt gefährdet uns niemand, jetzt sind daher die heroischen Entschliefsungen nicht gerechtfertigt. Heute ist zur Verurteilung einer jeden Politik die Thatsache hinreichend, dafs sie mit grofsem Risiko verbunden ist. Wenn der Plan, welcher der Nation vorgelegt wird, auch schön und gut wäre, mufs derselbe zurückgewiesen werden, sobald seine Verwirklichung die sichere Basis, auf welcher wir stehen, gefährdet. Die Nation wird sich auch zu einem so waghalsigen Abenteuer nicht entschliefsen. Wir dürfen uns auf ihre Nüchternheit unbedingt verlassen. Die Geschichte beweist es, dafs die Nation ihre Besonnenheit nur dann verloren, nur dann sich zu halsbrecherischen Unternehmungen entschlossen hat, wenn sie provoziert wurde, wenn sie ihre Freiheit, ihre Existenz in Gefahr sah. Aber wer unterdrückt, wer provoziert uns heute? Weder unsere Freiheit, noch unsere Existenz ist in Gefahr.

Es ist eine interessante Erscheinung der Völkerpsychologie, dafs man die va-banque spielende Politik mit dem Glorienscheine des privilegierten Patriotismus zu umgeben pflegt; dafs solche waghalsige Unternehmer sich für die wahrsten, unverfälschtesten, gröfsten Patrioten zu halten pflegen; dafs in der Regel auch ein grofser Teil der öffentlichen Meinung diese Auffassung sich eigen macht, und wenn auch den Ultras nicht den Titel der Exklusivität zuerkennt, ihnen doch die Palme zuspricht, von ihnen glaubt, dafs niemand sein Vaterland so sehr liebe, wie sie. Wenn sie sehen, dafs in ihnen die nüchterne Besonnenheit nicht die Oberhand zu gewinnen vermag, messen sie dies der überströmenden Kraft der patriotischen Gefühle bei. Wo sie Überlegung sehen, schliefsen sie auf ein kaltes, ödes Herz. Und doch, welche Täuschung! Welch ein Gegensatz ist dies zu dem, was wir anderwärts wahrnehmen. Worin pflegt sich die Liebe zu offenbaren? Etwa darin, dafs

wir den Gegenstand unserer Liebe mit leichtem Blute einer
Gefahr aussetzen? Schicken etwa eine Mutter, eine liebende
Gattin, ein treues Kind denjenigen, den sie über alles an-
beten, in die Gefahr, um Ruhm, glänzenden Namen oder
andere Güter zu erringen? Nehmen diese etwa gerne die
Verantwortung auf sich, den Gegenstand ihrer wahren
Liebe zu Gefahren zu bewegen, selbst wenn damit eventuell
Ruhm errungen werden kann?

Machen wir nicht, im Gegenteil, die Erfahrung, daß
die Liebe sich in besorgter Ängstlichkeit kundgiebt? daß
der wahrhaft Liebende vor Abenteuern warnt und es vor-
zieht, von den erhofften Vorteilen abzureden, als denjenigen,
den er anbetet, grade auf seinen Rat großen Gefahren entgegen gehen zu sehen?

Ich kann mir nicht helfen, aber so lange sich
all dies nicht ändert, vermag ich die überspannte Forderungen stellenden und übermäßig verwegenen Politiker nicht als Ideale des Patriotismus anzuerkennen. Ich
will an niemandes Vaterlandsliebe zweifeln; vornehmlich
bei uns Ungarn würde derjenige, der unser kleines, der
Anhänglichkeit eines jeden seiner Glieder so sehr bedürf-
tiges Volk nicht mit der ganzen Wärme seines Herzens
liebte, ein ganz undenkbares Scheusal sein. Die Gleichgiltigkeit gegen die Nation ist bei uns, Gott sei Dank, eine
sehr seltene Erscheinung. Ich zweifle bloß daran, ob jene
große Heldenhaftigkeit, jener intransigente Geist, jene
Suffisance, welche jede Vorsicht verachtet und jedes Kompromiß perhorresciert, ein Beweis des hochsinnigeren Patriotismus sei? Wenn jemand in seiner eigenen Sache ein
solcher chevalier sans peur et sans reproche ist; wenn er
in allen Beziehungen des Lebens bis zum Übermaß ver-
wegen und riskant ist; wenn er auch seine eigenen Interessen und seine eigene Haut leicht der Gefahr aussetzt:
dann, aber auch nur dann bin ich geneigt zu glauben,

daſs die Hypertrophie seiner Phantasie, die Hitzigkeit seines Temperaments, eventuell sein Leichtsinn ihn dahin bringt, sein Vaterland trotz seines Patriotismus auch ohne zwingende Notwendigkeit groſsen Gefahren auszusetzen. Daſs er jedoch die Verwegenheit infolge seines Patriotismus übertreibt, glaube ich auch dann nicht, weil dies den ewigen Gesetzen der Liebe diametral zuwiderläuft.

Es ist überraschend, daſs bei uns solche Lehren noch gang und gäbe sind, nachdem unsere Geschichte die Menschheit mit einer Gestalt bereichert hat, welche vielleicht den providentiellen Beruf gehabt hat, durch ihr qualvolles Martyrium die Völker und vornehmlich die Ungarn aus dem Bannkreise der Übertreibungen, aus der Zaubermacht der falschen Propheten zu erlösen; welche mit ihrem sich ängstigenden, grübelnden, unerreichbaren Patriotismus eine lebende Widerlegung jener Lehre ist, als ob der Patriotismus und die groſsen Forderungen, die chauvinistische Politik, einander bedingten, voneinander unzertrennlich wären. Dort wenigstens, wo Stephan Széchenyi gelebt und gewirkt hat, sollte dieser Glaube nicht mehr sich ausbreiten dürfen. Dort sollte es als absolute Wahrheit gelten, daſs die politische Selbstbeherrschung mit dem glühendsten, mit dem brennendsten Patriotismus verträglich ist.

Was immer übrigens das Urteil der öffentlichen Meinung sein mag, ich bin mit mir selbst darüber im Reinen, daſs es ein unverzeihlicher Fehler sein würde, unseren Staat solchen Gefahren auszusetzen, wenn die gegenwärtige Organisation annehmbare Zustände geschaffen hat. Zu dieser Konklusion führt das gesamte Ergebnis meines bisherigen Raisonnements.

Wenn es uns gelungen ist, die mit den Staatsbündnissen verbundenen Gefahren mit der heutigen Form zu vermeiden, halten wir fest an derselben, denn es ist wenig Hoffnung dazu vorhanden, daſs wir sie mit einer besseren

vertauschen können.   Die mit dem Versuche der Veränderung verbundenen Gefahren mahnen uns ebenfalls zur
Bedachtsamkeit.

Die ganze Frage dreht sich also darum, welche Folgen
die 1867er Schöpfungen gehabt haben?   Ob dieselben sich
bewährt haben, oder aber ob es für uns ratsamer ist, auch
großen Gefahren entgegenzugehen, als dieselben weiter zu
ertragen?

Viertes Kapitel.

Die Ergebnisse des Ausgleiches vom Standpunkte der Machtinteressen.

———

Als die Legislative Ungarns im Jahre 1867 den Boden des Ausgleichs betrat, schwebten ihr zwei Ziele vor Augen. Beide Ziele hatte sie aus den Gesetzen des Lebens geschöpft. Beide sind von der Art, daſs wir ihnen unbedingt zu entsprechen wissen müssen, wenn wir hier, an dieser Stelle, leben und uns entwickeln wollen.

Das eine ist die Erlangung der Sicherheit nach auſsen auf dem Wege, daſs der ungarische Staat Participient einer Groſsmacht werde; das andere, daſs daneben die Krone Stephans des Heiligen ihre tausendjährige Souveränität und ihr ungarisches Gepräge bewahren könne.

Von diesem doppelten Gesichtspunkte aus müssen wir die erreichten Resultate untersuchen. Ich muſs auf zwei Fragen Antwort geben.

Die erste Frage ist die, wie der Ausgleich dem einen seiner beiden Ziele, der Aufgabe der gemeinsamen Verteidigung entsprochen habe? Ob Österreich-Ungarn im europäischen Staatensystem jenen Platz ausfüllt, welchen diejenigen Staaten, welche hier sicher bestehen wollen, unbedingt ausfüllen müssen?

Die zweite Frage ist die, ob es den beiden verbündeten Staaten gelungen ist, ihre innere Unabhängigkeit
aufrecht zu halten; mit anderen Worten, ob die innere
Entwicklung und Erstarkung Ungarns durch jenen Verband, in welchem es mit Österreich steht, gestört wird?

Nachdem unsere Monarchie seit dem Ausgleiche keinen
Krieg geführt hat — denn die so sehr aufgeblasene Occu-
pation Bosniens kann ich einen ernsten Krieg, durch den
die kriegerische Kraft unserer Monarchie hätte erprobt
werden können, durchaus nicht nennen —, reduciert sich
die erste Frage darauf: in welcher Weise unsere Monarchie
in den friedlichen Kämpfen, in den Wettbewerben um
Macht und Einfluß, in der Verteidigung der Interessen zur
Geltung zu kommen gewußt hat? Wenn wir auch keinen
Krieg gehabt haben, haben wir doch schwere Zeiten durchlebt, Zeiten, welche jene höchste Fähigkeit auf die Probe
stellen, ohne welche eine Großmacht nicht bestehen kann,
welche die Vorbedingung der erfolgreichen äußeren Politik
jedes Staates ist, jene Fähigkeit, unsere Interessen den
gegensätzlichen Strömungen und Tendenzen gegenüber, sei
es auf kriegerischem, sei es auf friedlichem Wege, zur Geltung zu bringen? Haben wir es verstanden anläßlich
großer Krisen Verbündete zu finden? haben die Großmächte unsere Freundschaft gesucht? haben wir soviel
Kraft zusammen zu bringen vermocht, als dazu nötig gewesen ist, daß unsere Ziele über die Gegeninteressen den
Sieg davontragen, und daß unsere Interessen von denjenigen
respektiert werden, welche den unserigen entgegengesetzte
Tendenzen zur Geltung bringen wollten?

Die Bewaffnung der Monarchien hat nicht allein den
Zweck, daß sie im Falle eines Krieges Siege erringen
können, sondern auch den, und vielleicht hauptsächlich den,
ihren Interessen auch ohne Kampf Geltung zu verschaffen.
Ein Beweis der Kraft ihrer Waffenrüstung ist also auch

das, ob dieselbe sich hinreichend erwiesen hat, das Interesse
des Staates in der Zeit des Friedens zu bewahren.

Das europäische Staatensystem ähnelt der Börse. Jeder
Staat hat seinen Preis, seinen Kurswert, welcher steigt oder
fällt, je nachdem der Staat für stark oder schwach gehalten
wird. Demgemäfs wird irgend ein Staat allianzfähig sein
oder nicht, und demgemäfs wird er im abgeschlossenen
Bündnis sein eigenes Interesse geltend zu machen vermögen,
oder dasselbe seinem Bundesgenossen aufopfern müssen.
Demgemäfs wird er zu einer selbständigen Politik befähigt
oder gezwungen sein, der Sicherung seiner Existenz wegen,
sich dem Willen Anderer unterzuordnen.

Österreich-Ungarn mufs, wie wir gesehen haben, zu
jenen Staaten gehören, welche zu einer selbständigen Politik befähigt sind, welche zum Zwecke der Geltendmachung
ihrer selbständigen Interessen und Tendenzen Verträge,
Bündnisse schliefsen können.

Hat der Ausgleich der Monarchie jenes Mafs von Kraft
gesichert, welches dieselbe in die Reihe der aktiven Staaten,
der wirklichen Grofsmächte erhebt?

In der ersten Hälfte dieses Jahrhunderts hatte sich
das Verhältnis zwischen Ungarn und Österreich infolge der
Überwucherung der königlichen Macht so gestaltet, dafs
die Monarchie ihren Aufgaben entsprechen konnte. Wenn
Ungarn mit diesem Verhältnisse auch nicht zufrieden war
und auch nicht zufrieden sein konnte, weil seine thatsächliche Lage dem Rechtszustande zuwider lief: ergab es sich,
in dieser Periode der Stagnation, dann der inneren Entwicklung, doch in sein Schicksal und gab geduldig
Menschen und Geld zu den Zwecken der gemeinsamen
Verteidigung her. Weil ferner Österreich keine Verfassung
hatte und der Herrscher über dasselbe frei verfügte,
befriedigte das vereinte Wirken Ungarns und Österreichs
die Ansprüche der damaligen Zeiten. Damals mufsten

nicht Millionen, sondern nur Tausende auf das Schlacht-
feld geschickt werden; damals mußte die Nation nicht ihre
sämtlichen Muskeln, ihren Leib und ihre Seele in den
Kampf führen. Damals bedurfte die Großmachtstellung
Österreichs nicht mehr, als einesteils, daß Ungarn und
Österreich die einigen tausend Rekruten und das Geld dazu
hergeben, und andernteils, daß sie die auswärtige Politik
und die Führung der Armee bedingungslos dem gemeinsamen
Herrscher anvertrauen.

Daß dies immer geschah, wenn auch bisweilen erst
nach Aufzählung gewisser Gravamina, erst nach Abforde-
rung gewisser Versprechungen, darauf beruhte die Großmachtstellung der Monarchie. Die Nation konnte dem
Kampfe fremd, mit Gleichgiltigkeit zusehen. Sie hatte
ihrer Pflicht genügt, indem sie treu blieb und die gewünschte Hilfe gewährte. Mehr war nicht nötig. Mehr
konnte bei den damaligen Zuständen auch nicht erreicht
werden.

Wenn die Nation am Buchstaben der Gesetze festgehalten hätte, welcher — ausgenommen den in der pragmatischen Sanktion ausgesprochenen gemeinsamen Besitz
und die daraus ableitbare rein theoretische und im Einzelnen auch nicht geregelte Verpflichtung zur gemeinsamen
Verteidigung — den Verband zwischen den beiden verbündeten Staaten rein auf die Personalunion gründete: dann
würde es nicht einmal möglich gewesen sein, jene Einheit
der Verteidigung zu sichern, welche thatsächlich erreicht
wurde. Dieses Ergebnis war bloß dem Abusus zu verdanken.

Mehr als dieses erreichte Resultat konnte von einem
Abusus, von einer ungesetzlichen Macht nicht erwartet
werden. Daß unsere Nation auch nur so viel hingab, ver-
dankte die Dynastie nur der Geduld und musterhaften
Loyalität unseres Stammes. Leider hat die Dynastie Jahr-

hunderte lang nicht zu verstehen vermocht, was sie an der
ungarischen Nation besitze, nicht begriffen, wie der Ungar
zu wahrer Begeisterung entflammt, zur vollen Anspannung
seiner Kräfte angespornt werden könne.

Aber so, wie es war, füllte Österreich doch jahrhundertelang seinen Platz in der Reihe der Großmächte
aus. Es überlebte auch die Zeit Napoleons, so, wie die
übrigen Mächte, geschlagen, gedemütigt, aber nicht gänzlich gebrochen. In den darauf folgenden Zeiten aber
konnte es sogar wieder eine Rolle ersten Ranges spielen.
Indem es sich mit der Reaktion gegen die französische
Revolution und gegen Napoleon identificierte, nützte es den
damals herrschenden Geist geschickt aus. Der Zar und
Metternich waren die ersten Repräsentanten der herrschenden Richtung dieser Zeit, die mächtigsten Männer derselben.
Wien war der Mittelpunkt Europas. Aber zugleich mit
der Strömung, welche Österreich in die Höhe gehoben
hatte, ging auch sein Ruhm danieder. Mit dem Falle des
europäischen Konservativismus ging auch Österreichs Stern
unter. Es schien, daß sich dieses einst mächtige Reich
seinem Ende nähere. Es schien, daß es nicht imstande sein
werde den Ansprüchen der Neuzeit Genüge zu leisten. Diese
Ansprüche wuchsen stufenweise, die innere Kraft Österreichs
aber schwand immermehr. Das Anwachsen des deutschen
und italienischen Nationalbewußtseins, das neue preußische
Wehrsystem, die großartigen mechanischen Entdeckungen,
das steigende Zahlverhältnis der Armeen machten für die
Staaten den Kampf um das Dasein immer schwieriger. Es
trat die Epoche ein, wo nur ein vollständig in Waffen
stehender Großstaat mit der ganzen Anspannung seiner
Kraft imstande war seinen Großmachtsrang zu behalten.

Den Ansprüchen dieser Epoche würde schon auch das
alte System selbst in seiner besten Zeit nicht imstande gewesen sein Genüge zu leisten. Österreich-Ungarn konnte

unter den neuen Verhältnissen seinen europäischen Rang
nur so beibehalten, wenn seine Völker mit ganzer
Hingabe, mit der ganzen Kraft ihrer Seele der Aufgabe
der gemeinsamen Verteidigung sich unterziehen. Es kam
der Augenblick, wo nur bei der Zusammenfassung der
sämtlichen in den beiden Staaten vorhandenen Kraft darauf
gerechnet werden konnte, dafs die Monarchie mit den
Nachbarn Schritt halten werde. Es wurde daher notwendig,
das vereinte Wirken der Kräfte durch konstitutionelle
Garantien dauernd zu sichern. Weder die von der momentanen Begeisterung abhängende und demzufolge unsichere
Opferwilligkeit, noch die gesetzwidrige Praxis, das gegen die
Verfassung verstofsende Übergreifen der königlichen Macht,
welches die Nation auch bisher höchstens nur geduldet
hatte, waren mehr imstande die Ansprüche der neuen Zeiten
zu befriedigen.

Das Tragicum Österreichs lag darin, dafs, als es mehr
benötigt hätte, selbst jenes vereinte Wirken, auf welches es
bis dahin hatte zählen können, den Dienst aufsagte.

Das erstarkte Selbstbewufstsein der ungarischen Nation,
ihre erwachende Kraft fand im alten Rahmen nicht mehr
genug Raum. Anstatt einer auf dem Papier bleibenden
Verfassung, anstatt der Jahrhunderte lang am Leben geblie-
benen Lüge, wollte die Nation eine wahre Verfassung,
wirkliche Freiheit. Dem Geltendwerden dieses Wunsches
begannen die Machtverhältnisse in der Mitte des Jahrhunderts auf einmal günstig zu werden. Die in Europa
ausgebrochene Revolutionsepidemie drang auch nach Österreich ein und 1848 wurde auch jenseits der Leitha eine
Konstitution verlangt. Zu derselben Zeit hatten auch die
ungarischen Wünsche eine konkrete Gestalt angenommen,
und konnten so auch mit noch gröfserer Kraft als bisher
auftreten. Diesen von vielen Seiten andringenden Wünschen
war die Dynastie, welche von der 1848er Geistesströmung

in erster Linie angegriffen wurde — war doch die in ganz
Europa triumphierende Bewegung eine natürliche Reaktion
gegen die hauptsächlich vom Hause Habsburg repräsentierte
Richtung — nicht imstande zu widerstehen. Sie mußte
nachgeben.

In Österreich und in Ungarn wurde die Dynastie zur
Annahme einer Konstitution bewogen, welche auf die gemeinsame Verteidigung nicht genug Rücksicht genommen
hatte. In derselben wurde zwar die Verpflichtung zur gemeinsamen Verteidigung anerkannt, aber durch keinerlei
Institution Sicherheit dafür geschaffen, daß die verbündeten
Staaten dieser Verpflichtung auch thatsächlich entsprechen.
Die alten Säulen der Großmachtstellung waren umgesunken,
neue aber hatte man an ihrer Stelle nicht errichtet.

Die Garantie des vereinten Wirkens hatte im 18. und
19. Jahrhundert, wie wir gesehen haben, hauptsächlich in
der gesetzmäßigen absoluten Macht des gemeinsamen Herrschers in Österreich und in seiner thatsächlichen Übermacht in Ungarn bestanden. Außerdem hatte das Gesetz
von 1715, welches die ungarländischen Truppen in die
einheitliche Armee einteilte, die Einheit des Kriegsheeres
gesichert. 1848 begannen diese Garantien zu wanken.
1848 erhielt Österreich eine Verfassung und wurde die bisher großenteils nur geschriebene Unabhängigkeit der Ungarn in neuen Formen zur Wirklichkeit, und damit hörte
die in den Machtverhältnissen enthaltene Garantie auf.
Die Einheit des Kriegsheeres wurde zwar nicht aufgelöst,
mit der Ernennung der beiden Kriegsminister und mit der
Feststellung des separaten Eides wurde indessen auch diese
Bürgschaft der Einheit beträchtlich wankend gemacht.

Die Einheit der auswärtigen Angelegenheiten, welche
bei der alten Organisation dadurch vollständig wurde, daß
der König den ungarischen Einfluß umging und alles
durch den in den ungarischen Gesetzen gar nicht

gekannten Kanzler erledigen liefs, wurde jetzt, einesteils infolge der Organisation und des elastischen Wirkungskreises
des dem König beigegebenen ungarischen Ministers,
anderenteils infolge des ernstgewordenen konstitutionellen
Lebens, welches seiner Natur gemäfs jede unberechtigte
Ausübung der Gewalt gefährdet, vollständig illusorisch.
Mit einem Worte, während der alte Zustand Personalunion auf
dem Papier mit thatsächlicher absoluter Herrschaft war, war die
1848er Verfassung Personalunion zwischen konstitutionellen
Staaten. Während das frühere System unter den alten
Verhältnissen imstande war das vereinte Wirken zu sichern,
machte das neue System, wenigstens in diesem Punkte, vollständig Fiasko. Wie ich bereits weiter oben hervorgehoben
habe, ist zwischen konstitutionellen Staaten der rein auf der
Gemeinsamkeit des Herrschers beruhende Verband über die
Mafsen schwach und hat sich noch nirgends bewährt. 1848
kamen zu diesen Gebrechen des Organismus solche unglückliche Umstände hinzu, welche sodann aus den Verbündeten
Todfeinde machten. Auf welch schwachen Grundlagen die
gemeinsame Verteidigung ruhte, erwies sich gleich bei dem
ersten Falle.

Die italienischen Provinzen hatten sich empört, Piemont
hatte die österreichische Grenze überschritten und der casus
belli war eingetreten. Ungarn versprach jedoch nur be-
dingte Hilfe. Es wollte keine Truppen in das Ausland
schicken, so lange im ungarischen Niederland Blut flofs.
Überdies befolgte es auch eine andere auswärtige Politik,
als der Kaiser. Ungarn billigte die Unterjochung der
Italiener nicht, sondern riet Sr. Majestät, mit Piemont Frieden
zu schliefsen und den italienischen Provinzen eine freie
Verfassung zu geben. Europa teilte sich in zwei Lager.
Die Sympathie und Politik des Herrschers und der ungarischen Nation verfolgten entgegengesetzte Richtungen. Der
Herrscher nahm für das Auctoritätsprincip, die ungarische

Nation für die Freiheit Stellung. Vereintes Wirken war
solcherweise unmöglich. Die Monarchie geriet denn auch
in Auflösung.

Die Ursachen des Zusammenstofses lagen freilich nicht
allein in den Institutionen, wiewohl auch diese den Samen
des Chaos, des Zerfalles in sich trugen. Die Ursache der
schnell verlaufenen Krise, des blutigen Konfliktes, ist
hauptsächlich in den Menschen zu suchen. Die Dynastie
wollte die ihr aufgezwungene Verfassung nicht halten, und
wartete nur auf die Gelegenheit, dieselbe zurückzuziehen.
Die Nation fühlte dies instinktiv und wurde mifstrauisch,
dieses Mifstrauen aber und jener gereizte Geisteszustand,
welchen stürmische Zeiten in den Nationen erregen, bot
reichlich Vorwand, ja Ursache zur Einmischung. Das Zusammenspielen bösen Willens und überspannten Nervensystems machten die Krise unvermeidlich.

Es kann als Wunder zählen, dafs die Monarchie die
Krise überstanden hat. Dies war ein Glück, auf welches
nicht gerechnet werden konnte. Zur Rettung der Monarchie
war es notwendig, dafs ihr mächtiger Nachbar das Auctoritätsprincip und die konservative Politik höher schätze als
sein Machtinteresse, und ihr mit uneigennütziger Opfer-
bereitheit zu Hilfe eile. Es war dazu notwendig, dafs der
Zar Don Quijotte-Politik mache.

Aber auch dies geschah und so überlebte Österreich
auch 1849.

Damit eröffnete sich eine neue Epoche des Lebens der
Monarchie. Das kurze konstitutionelle Experiment wurde
vom Absolutismus abgelöst. Wenn das vereinte Wirken
Österreichs und Ungarns mit der Konstitution nicht gesichert werden konnte, mufste der Versuch mit dem Absolutismus gemacht werden. Dieser Versuch machte jedoch
noch gründlicher Fiasko. Er trug den Samen seines Fehl-
schlagens gleichsam in sich. Aber wie bei dem früheren

System, so können auch hier nur die in den Details begangenen Fehler die Größe und den raschen Eintritt des
Fiaskos erklären.

Das System mußte unfehlbar fallen, denn mit Bajonetten kann man Ordnung, kann man Ruhe aufrechthalten,
mit Bajonetten kann man passive Ergebung erzwingen, aber
zu aktiver Unterstützung, zu hingebender Treue eine Nation
nicht nötigen. Und doch hätte, wie ich bereits hervorgehoben habe, in dieser Periode der großen Staatsumge-
staltungen, der Großmachtsrang nur durch die Sicherung
des freien und vollständigen Zusammenwirkens sämtlicher
Kräfte aufrecht erhalten werden können. Der Sturz wurde
dadurch beschleunigt, daß Österreich selten eine prätentiö-
sere Politik befolgt hat, als in dieser Periode seiner
Schwäche. Es scheint, daß seine leitenden Männer die
Kraft des Absolutismus überschätzt haben. Die scheinbare
Einheit der Kräfte verhüllte ihr thatsächliches Auseinander-
streben. Österreich hat, auf die Zaubermacht seiner Bajonette vertrauend, innerhalb dieser 15 Jahre drei Kriege
geführt und überdies einmal mobilisiert. Es hat sich in
allen Richtungen der Windrose, in allen europäischen Fragen
in große Konflikte verwickelt. Es wollte im Orient seine
Suprematie aufrecht erhalten, und entzweite sich deshalb
1854 mit Rußland; es wollte seine Hegemonie in Italien
aufrecht erhalten, und führte deshalb 1859 mit zwei
Staaten Krieg; es wollte in Deutschland herrschen, und
wollte gleichzeitig das bewahren, was ihm von Italien noch
übrig geblieben war, und mußte auch deshalb 1866 mit
zwei Staaten auf einmal den Kampf aufnehmen.

Es wollte auf der ganzen Linie seine alte Stellung aufrecht erhalten, nachdem doch seine Rivalen stärker, es
selbst aber schwächer geworden war.

So erlitt es eine Niederlage nach der anderen. Die
Bilanz, welche die Monarchie am Ende dieser Periode zeigte,

war eine traurige. Eine vollständig zerrüttete Finanzlage,
zwei verlorene Feldzüge und zwei verlorene Provinzen, vollständige Isolation im europäischen Staatensystem, unzufriedene Völker im Innern — das war das Ergebnis des
Absolutismus.

Im Innern wurde mit verschiedenen Systemen das
Glück probiert, aber keines derselben bewährte sich. Der
vollständige Absolutismus, das Centralparlament, das Koket-
tieren mit dem Föderalismus, alles dies war nicht imstande
Ungarn zu gewinnen und seine wirkliche Unterstützung zu
sichern, ohne dies aber ist Österreich, wie Julius Andrássy
sich damals ausdrückte, stets eine auf ihre Spitze gestellte
Pyramide.

Österreich stand wieder vor dem Abgrunde. Es hatte
im Jahre 1866 kein geringeres Glück nötig, als im Jahr
1849. Seine Lage schien hoffnungslos. Die preußische
Armee stand vor Wien. Die Stimmung Ungarns war zum
mindesten zweifelhaft. Wenn die Aufreizungen der Emi-
gration bis dahin auch keinen Widerhall gefunden hatten,
konnte doch niemand dafür gut stehen, daß sie erfolglos
bleiben würden, wenn die fremden Heere einmal in das
Land eindrängen. Aktive Hilfe konnte von uns auf keinen
Fall erwartet werden. Das auf Rechtszertretung gegründete System konnten wir nicht mit unserem Blute verteidigen.

Österreich wurde in erster Linie durch Bismarcks
Weisheit gerettet, dadurch, daß Bismarck Österreichs europäische Mission und Wichtigkeit für Deutschland einsah
und den Sieg nicht bis aufs Äußerste ausnützen wollte.
Er wollte Österreich nicht vernichten, sondern begnügte
sich damit, es aus Deutschland hinausgedrängt zu haben.
Auf seine Entschließung ist ganz gewiß auch das von Einfluß gewesen, daß bei weiterer Verfolgung des Krieges
die Einmischung Napoleons III. befürchtet werden konnte.

Wenn aber die Integrität Österreichs solcherweise auch aufrecht erhalten wurde, mußte doch das herrschende System fallen. Die Weisheit unseres Herrschers sah dies auch ein. Mit der Vergangenheit brechend, suchte er die Rettung aus den Nöten dort, wo dieselbe allein gefunden werden konnte. Er rettete die Monarchie, indem er sich an die Ungarn wandte. Seine Herrschaft auf ihre natürliche Grundlage stellend, schuf er aus dem im Zusammensturz begriffenen Österreich ein lebenskräftiges Österreich-Ungarn, und erwarb sich damit ewigen Ruhm.

Die Monarchie wurde durch den Dualismus gerettet. Die Erbschaft, welche er übernahm, war eine drückende, aber es gelang ihm die Schwierigkeiten zu überwinden und der Monarchie jene Stellung wiederzugeben, welche dieselbe seit Metternich nicht mehr eingenommen hatte. Ja er hob dieselbe auf eine höhere Rangstufe, denn während in Metternichs Ära der Nimbus mehr nur dem zu verdanken war, daß dieser hervorragende Minister der geschickteste Repräsentant der damals in Europa herrschenden politischen Richtung war, ruht jetzt das Ansehen der Monarchie auf einer dauernden und festen Grundlage, auf der Grundlage ihrer wahren Kraft, ihres inneren Wertes. Ihr Ansehen hängt nicht von veränderlichen, von vorübergehenden Geistesrichtungen ab, sondern davon, wie ihre einheitliche große Kraft in Europa aufgefaßt wird.

Zwischen der neuen Monarchie und der Schöpfung Metternichs besteht jener Unterschied, welcher zwischen den Werken wahrer Staatsmänner und geschickter Diplomaten in der Regel zu bestehen pflegt. Indem die ersteren ihre Schöpfung auf natürliche Grundlagen bauen, schaffen sie ein dauerndes Werk, zu dessen fernerer Aufrechthaltung nicht die allerhöchste politische Kunst erfordert wird, und welches aufrecht bleibt, wenn es Dummheit nicht umstürzt. Gegen diese letzte Gefahr kann freilich kein Genie sein Werk

beschützen; ein Werk, welchem diese nicht schaden kann,
vermag der Mensch, leider, nicht zustande zu bringen. Die
Schöpfungen der Diplomaten dagegen sind von der Art,
daß sie nur exceptionelle Geschicklichkeit aufrecht zu
halten vermag, weil sie mit der Natur der Dinge nicht in
Harmonie, weil sie künstliche Schöpfungen sind.

Der Dualismus hat uns unsere europäische Stellung zu-
rückgewonnen, weil er der Monarchie Kraft verliehen hat.
Er hat ihr einesteils dadurch Kraft verliehen, daß er den
ungarischen und den deutschen Stamm befriedigte, und zwar
ohne die erworbenen Rechte irgend eines anderen Stammes zu
schädigen; anderenteils dadurch, daß er die durch die Freiheit gewonnene Kraft der beiden Staaten durch die einheitliche Organisation derselben beträchtlich steigerte. Was die
freie Verfassung im Jahre 1848 nicht zu erreichen vermochte, weil sie die Kraft, welche sie durch die Freiheit
hätte gewinnen können, nicht zu organisieren wußte; was
der Absolutismus nicht zu erreichen vermochte, weil er,
keine Freiheit gewährend, keine wirkliche Kraft zur Verfügung hatte: das erreichte, dieses Problem löste der
Dualismus, indem er mit der Freiheit den Völkern der
Monarchie solche Schätze verlieh, für welche sie auch
zu opfern und zu bluten bereit sind, und indem er mit der
Organisation der gemeinsamen Verteidigung die so zu seiner
Verfügung gestellten Hilfsquellen vollständig ausnützbar
machte.

Kraft der selbständigen und freien Verfassung verteidigen und riskieren Ungarn und Österreich alles das, was
irgend ein Staat, irgend eine Nation nur zu verlieren hat,
alles das, wofür zu leben und zu sterben wert ist. Jeder
dieser Staaten kämpft für sich selbst und für seinen Herrscher, und indem er dies thut, kämpft er unwillkürlich auch
für den anderen, für die Gesamtheit. Was der treue Staatsbürger jedes dieser Staaten an Kraft, an Begeisterungsfähigkeit,

an Patriotismus nur sein eigen nennt, all dies wird
in der Zeit der Not in den Kampf ziehen. Nicht mit
halber Kraft, mit halben Maßregeln, mit halbem Herzen
wird er kämpfen, sondern für sein Alles wird er sein Alles
auf das Spiel setzen.

Dies gilt von der ganzen ungarischen Nation. Es
gilt auch von jenen Ungarn, welche anderes gewünscht
haben, als das, was der Ausgleich geboten hat, ich meine
die Partei der äußersten Linken. Ihre hitzigen Ausbrüche
und ihr Kossuthkultus haben in einigen Kreisen Wiens
und auch im Auslande den Eindruck hervorgerufen, daß
im Falle eines Krieges auf diese unzufriedenen Elemente
nicht gerechnet werden könne. Dies ist eine in jeder Beziehung irrige Ansicht. Die Heilsamkeit des Ausgleiches
wird eben dadurch bewiesen, daß er die ungarische Nation
in solchem Maße befriedigt hat, daß ein ungarischer
Patriot nicht existiert, gar nicht denkbar ist, welcher für
das, was wir haben, wenn er auch mehr haben möchte,
nicht in den Kampf ginge. Heute giebt es unter uns
politische Ansichtsdifferenzen; es giebt Solche, welche
die besondere Armee, die besondere auswärtige Vertretung für richtiger halten und dafür kämpfen; aber es
giebt keine Solchen, wie es die alten Kurutzen sein
konnten, welche lieber den Sieg des Feindes sahen, als
daß sie mit ihrem Gelde und ihrem Blute zur Aufrechthaltung des rechtlosen status quo beigetragen hätten.
Heute kann es Manchen geben, welcher den Sieg mit zwei
Armeen für leichter hält, und darum dafür agitiert; aber
es giebt keinen Einzigen, der den Sieg der einheitlichen
Armee nicht wünschen und nach Maßgabe seiner Kräfte
nicht fördern würde. In den Meinungen sind und können
unter uns Differenzen vorhanden sein; in der Opferwilligkeit und Verläßlichkeit sind wir einig.

Die so gewonnene Kraft erhielt jene Organisation,

welche am geeignetsten ist die Wirksamkeit derselben zu
sichern. Die Selbstständigkeit und das Selbstverfügungsrecht
der Staaten ist jene Handhabe, mit welcher aus der Tiefe
des Volksbewußtseins die Kraft geschöpft werden kann:
die einheitliche Organisation und Leitung der so gewonnenen Kräfte aber verleiht diesen jenes Gewicht, und jene
Wahrscheinlichkeit des Erfolges, welche die Monarchie unter
die europäischen Großmächte erhebt. Die innere Unabhängigkeit der verbündeten Staaten ist dazu erforderlich,
daß die Völker freiwillig und im größtmöglichen Maße
die Unterstützung gewähren; das vereinte Auftreten der
Staaten nach außen aber ist dazu nötig, daß diese Kräfte
nicht überflüssige Opfer seien, sondern das gewünschte Ergebnis, die Großmachtstellung, wenn möglich friedlich,
wenn nötig durch Krieg sichern.

Diese lebenspendende Kraft des Dualismus machte sich
schnell fühlbar. Zwei Jahre nach Königgrätz, zwei Jahre
nach dem Zusammenbruch des alten Österreich, standen
dem Herrscher wieder 800000 Krieger zur Verfügung, so
viele, wie er vorher nicht gehabt hatte. Das Gewicht und
Ansehen dieser Armee wurden in den Augen Europas durch
das Bewußtsein erhöht, daß hinter derselben das feste
Bündnis der versöhnten Völker stehe. Anstatt auf Armeen
konnte sich unsere Monarchie auf bewaffnete Völker
stützen.

Nach außen zu übernahm die neue Monarchie, wie wir
gesehen haben, eine traurige Erbschaft. Es währte geraume
Zeit, bis sie der lastenden Wirkung derselben enthoben
werden konnte. In den ersten Jahren ihrer Existenz wußte
sie noch nicht vollständig mit ihrer alten auswärtigen
Politik zu brechen, verstand sie noch nicht, sich mit ihren
alten Gegnern auszusöhnen, eine den neuen Verhältnissen
entsprechende Politik zu befolgen, und darum geriet sie
e sehr bedrängte Lage.

Als wäre das alte Österreich vom Schicksal verfolgt gewesen, sanken seine Freunde einige Jahre nach dem Abschluß des Ausgleiches dahin, oder verließen es, seine Gegner dagegen waren auf der ganzen Linie siegreich. Die süddeutschen Staaten schlossen sich nacheinander an Preußen an und knüpften mit ihm Schutz- und Trutzbündnisse. Napoleon III., welcher sich seit 1866 Österreich näherte, verschwand vollständig vom Schauplatze. Die alten Gegner Österreichs dominierten in Europa. Nach dem französischen Feldzuge erreichten die Jahrhunderte alten Feinde des Hauses Habsburg, Preußen und Piemont, alle ihre Wünsche, sie schufen ihre nationalen Reiche; Rußland war uns seit der großen Undankbarkeit entfremdet und erschien aufs neue im Orient. Es that den ersten Schritt zur Wiedergewinnung der im Krimfeldzuge verlorenen Gebiete. Unsere Monarchie, von feindlichen Staaten umgeben, war isoliert. Aber die Basis zur Besserung seiner auswärtigen Lage war in seinen gesunden inneren Verhältnissen und der daraus entspringenden Kraft vorhanden. Es bedurfte bloß dessen, daß die auswärtige Politik mit den inneren Veränderungen in volle Harmonie komme, daß mit den alten Traditionen in der äußeren Politik ebenso gebrochen werde, wie es in der inneren Politik geschah. Als dies geschehen war, trat die Wendung auch alsogleich ein. Sowie Österreich eine seiner neuen Lage entsprechende Politik befolgte, gewann es seine europäische Stellung rasch wieder zurück.

Die Besserung gab sich zuerst darin kund, daß, sobald es gewiß ward, daß unsere Monarchie ihren Plänen auf Deutschland definitiv entsagt habe, das die europäische Lage beherrschende Bündnis, das Zwei-Kaiserbündnis, sich uns näherte. Unser Herrscher trat in dasselbe als Dritter ein. Dieses Drei-Kaiserbündnis hatte den Beruf, uns aus unserer bisherigen Isolierung herauszuführen, hauptsächlich aber, ein freundschaftliches Verhältnis zwischen uns und unseren natürlichen Verbündeten, den Deutschen, zustande zu bringen. Dieses Bündnifs und unsere immer mehr wachsende innere Kraft brachte dann unserer Monarchie auch das italienische Königreich näher.

So waren wir bereits in normaler Lage und wurden ein gesuchter Bundesgenosse, als die orientalische Krisis ausbrach. Europa bewies uns Achtung und Vertrauen, was einesteils auf der Kenntnis unserer Kraft, anderenteils auf der Überzeugung beruhte, dafs wir die Prätensionen des alten Österreich endgiltig aufgegeben haben, dafs wir mit uns selbst im Gleichgewicht seien, dafs wir es nicht nötig haben, uns auszudehnen, und dafs alledem zufolge Österreich-Ungarn ein Beschützer des Friedens und des europäischen Gleichgewichts sein werde.

Jeder russisch-türkische Krieg berührt mit der in seiner Begleitschaft befindlichen panslavischen Bewegung die Existenzinteressen unserer Monarchie. Jeder solche Krieg ist die sicherste Probe unserer Macht, unserer Lebensfähigkeit. Wir müssen hauptsächlich darum eine Grofsmacht sein, um eine für uns nachteilige Lösung der orientalischen Frage zu verhindern. Als daher unsere Monarchie in ihrer neuen Gestalt mit dieser Frage abrechnen mufste, hatten wir zu beweisen, dafs wir imstande seien unserer diesbezüglichen Aufgabe zu entsprechen. Der neue Organismus stand vor seiner ersten Feuerprobe.

Unsere Monarchie hat die Probe glänzend bestanden. Sie hat alle ihre Interessen gewahrt, und aufserdem ihr Ansehen gehoben, ihre Macht vermehrt. Sie hat ihren Willen zur Geltung gebracht, ihr Ziel erreicht, und daneben sich ein solches Bündnis verschafft, mit welchem sie heute einer der Pfeiler, und Leiter der mächtigsten Staatengruppe Europas ist.

Seit den napoleonischen Zeiten sind zwei grofse russisch-türkische Kriege geführt worden. In keinem von

beiden ist es gelungen, die Interessen Österreichs in solchem
Maße zur Geltung zu bringen, wie bei dem letzten Feldzug. 1829 ist die Erhaltung der Integrität des türkischen
Reiches Metternichs Ziel gewesen. Aber er hat dieses Ziel
nicht erreicht. Als die russischen Truppen bis zum Balkan
gelangt waren, wollte Metternich ihrem Vordringen Einhalt
thun. Auch das gelang nicht. Mit Karl X. verbündet
hielt Rußland Österreich in Schach. Der Friede wurde
ohne uns abgeschlossen. Die Türkei geriet vollständig in
die Machtsphäre Rußlands. Der Friede von Adrianopel
und der Vertrag von Hunkiar-Iskeles sicherten Rußland die
Suprematie im Orient. Türken und Christen stellten sich
gleicherweise unter das Protektorat Rußlands, weil sie ein-
sahen, daß im Orient der Wille der Russen entscheidend
sei. Im Gefühle ihrer Schwäche schlossen sie sich dem
Starken an. Erst einige Jahre später ist es Palmerston
gelungen, diesem großen Nimbus Rußlands, im Wege
des gegen Mehemed Ali geführten Krieges, das Gegengewicht zu bieten. Aber die Herrschaft des Zars in
Konstantinopel wurde durch die Präponderanz der Westmächte abgelöst, nicht durch jene Österreichs. Dieses wich
vollständig in den Hintergrund zurück. Es war nicht imstande das verlorene Terrain zurück zu gewinnen.

Auch in der Zeit des Krimkrieges ist die Politik
Österreichs nicht glücklicher gewesen. Wiewohl es am
Kampfe nicht teilnahm, verausgabte es Millionen und
machte sich Rußland, die Westmächte und die Türkei
zu Feinden. Das größte Odium fiel Österreich zu. Die
Gegner im blutigen Kampfe söhnten sich vor unsern Augen
mit einander aus, um sich gemeinsam gegen die zwischen
zwei Stühlen gebliebene Monarchie zu wenden. Wir verloren im Orient unser ohnedies bereits schwaches Prestige
und mußten als Draufgabe dulden, daß Cavour auf dem
Pariser Kongresse die italienische Frage auf die Tagesordnung

brachte, und die inneren Angelegenheiten Österreichs
vor einem europäischen Forum zum Gegenstande der Dis-
kussion gemacht wurden. Das grofse Kaiserreich wurde
vom kleinen Piemont abgetrumpft, welches dort Bundesgenossen und allgemeines Wohlwollen fand, wo Österreich
von seinen alten Freunden im Stiche gelassen wurde und
das Mifswollen ihm gegenüber allgemein war. So zogen
sich in Paris die Gewitterwolken zusammen, deren Blitze
1859 auf uns niederfuhren. Dieses traurige Ergebnis
stammte daher, dafs das Wiener Kabinett im Gefühle der
Schwäche sich von der Furcht beraten liefs. Während die
Westmächte es vor dem Krimkriege und während desselben
durch die Drohung des Aufwerfens der italienischen Frage
in einen diplomatischen Kampf gegen Rufsland hinein-
trieben, also gegen diejenige Macht, auf deren Freundschaft
es sich seiner italienischen und deutschen Kombinationen
wegen allein hätte stützen können: befriedigte es, aus Furcht
an dem Kriege teilnehmen zu müssen, auch die Westmächte nicht. Es hielt sie fortwährend mit Versprechungen
hin, welche es einzulösen nicht wagte, und entfremdete
sich dieselben damit vollständig.

Welch ein anderes Gesicht zeigte unsere Monarchie auf
dem Berliner Kongresse! Schon das Zusammenkommen
des Kongresses an und für sich war ein Sieg unserer
Politik. Unsere Monarchie hat es zuerst ausgesprochen,
dafs Rufsland zwar Krieg führen könne, Frieden jedoch
nur unter der Mitwirkung Europas, unter Europas Aufsicht
schliefsen dürfe. Rufsland hat sich dieser Forderung zwar
schmollend, aber doch unterworfen. Es war gezwungen
den Frieden von San Stefano dem Superarbitrium Europas
unterziehen zu lassen.

Und auf dem Kongresse selbst wie ganz verschieden
war unsere Stellung von jener in Paris. Unser Wille kam
auf der ganzen Linie zur Geltung. Unser Programm wurde

das Programm Europas. Ignatiews Landkarte wurde unseren Wünschen gemäfs, unseren im voraus kundgegebenen Bedingungen entsprechend modifiziert. Unsere südlichen Nachbarn wandten sich an uns um Unterstützung, um Protektion, und konnten die Vorteile, deren sie teilhaft wurden, unserem Einflusse verdanken. An die Stelle der russischen Protektion trat überall die europäische. Und damit es über jeden Zweifel erhoben werde, dafs unsere Monarchie der Repräsentant Europas im Orient sei, wurden in demselben Vertrage, in welchem der Auszug der siegreichen russischen Armee aus der Türkei an kurzfristige Termine gebunden wurde, wir damit betraut, im Namen Europas, als Mandatare Europas und der Civilisation, auf unbestimmte Zeit in Bosnien und der Herzegovina einzuziehen. So haben wir, während wir früher nach blutigen Feldzügen Provinzen verloren, damals ohne Krieg Provinzen gewonnen. Während wir 1864 für Preufsen durch Krieg Schleswig-Holstein erwarben, hat uns jetzt Rufsland Bosnien erworben.

Mit dem Ende des Orientkrieges wandelten sich die Machtverhältnisse des Orients zu Rufslands Nachteil und zu unserem Vorteil. Rufsland befand sich nach Verausgabung von Millionen-Summen und massenhaftem Blutvergiefsen in schlimmerer Lage, als vordem. Es erwies sich, dafs es trotz seiner Siege nicht imstande sei seinen Willen zur Geltung zu bringen, sondern dafs Europa das oberste Forum der Umgestaltungen im Orient sei, jenes Europa, welchem in der Orientfrage unsere Monarchie die Richtung gab. Rufsland verlor die ihm bis dahin blind gehorsam gewesenen Werkzeuge. Es befreite die unter türkischer Oberhoheit gestandenen Völker mit seinem Blute und wandelte dadurch die natürlichen Feinde der Türken in zufriedene Völker um, welche, einen Selbstzweck habend, sich ebenso der russischen Eroberung, wie dem panslavischen Gedanken in den Weg stellen. Wir dagegen gewannen in jedem

11*

freien Orientstaat einen möglichen Bundesgenossen, einen
Interessengenossen unserer konservativen Politik. Wir gewannen, mit unserer christenfeindlichen Politik brechend,
bei den Orientvölkern die Stellung, welche wir in der Vergangenheit durch unser Verschulden verloren hatten, wieder.
Außerdem erhielten wir, da die neuen Erwerbungen Serbien
und Montenegro umarmen, auch an thatsächlicher Macht
Zuwachs. Die strategische Kraft unserer Grenzen erfuhr
eine Steigerung. Das schmal und lang dahingestreckte
Dalmatien kam zu einem Hinterlande und wurde dadurch fest an die Machtsphäre der Monarchie geschlossen.
Mit einem Worte, die Opfer hat Rußland gebracht, die
mittelbaren und unmittelbaren Vorteile aber sind uns zugefallen.

Der Gegensatz zwischen jener Rolle, welche unsere
Monarchie auf dem Berliner Kongresse spielte, und jener,
welche man ihr auf dem Pariser Kongresse zukommen ließ,
ist vielleicht noch augenfälliger, wenn wir die Gesamtheit
der politischen Stellung ins Auge fassen. In Paris wurden
die Grundsteine zu den späteren Unglücksfällen der Monarchie gelegt, in Berlin dagegen wurde, wie ich hoffe,
unsere Machtstellung auf Jahrzehnte hinaus gesichert. Die
Ereignisse des Berliner Kongresses förderten das Zustandekommen des deutsch-österreichischen Bündnisses. Auch die
Geschichte dieses Bündnisses zeigt, wie sehr der Abschluß
des Ausgleichs das Gewicht unserer Monarchie gesteigert hat.
Bis dahin war das russische Bündnis der Eckstein der preußischen Politik gewesen. Bismarck war, indem er für die
Einheit Deutschlands einen großen Kampf gegen Frankreich und Österreich führte, auf Rußland angewiesen. Er
war von Anbeginn seiner Laufbahn an von der Überzeugung ausgegangen, daß für Preußen das russische
Bündnis das vorteilhafteste sei. Er trat mit großer
Energie gegen die polnische Revolution auf, um sich die

Freundschaft Rußlands für seine Pläne zu sichern. Dieser Tradition blieb er bis ans Ende treu. Seine Politik bewährte sich auch. 1866 machte es ihm die Freundschaft Rußlands möglich gegen das isolierte Österreich ins Feld zu ziehen. 1870 stand das russische Reich bereit, Österreich anzugreifen, sobald sich dieses zu Gunsten Frankreichs in den Kampf einmengt. Dies waren Dienste, welche sämtlich die Aufrechthaltung des russischen Bündnisses anrieten.

Als unsere dualistische Monarchie sich Deutschland annähern wollte, stand dieses in einem Schutzbündnis mit Rußland, und so waren auch wir genötigt uns mit den Russen zu befreunden. Deutschland zuliebe, welches fest an Rußland hing, mußten wir das Drei-Kaiserbündnis schließen. Von da an war Bismarcks Politik die Aufrechthaltung des Drei-Kaiserbündnisses um jeden Preis. Er that alles ihm nur mögliche um zwischen uns und Rußland alle Mißverständnisse, alle Zwietracht aus dem Wege zu schaffen. Und dies war auch natürlich. Solange die Drei-Kaiserallianz bestand, konnte Deutschland ganz ruhig darüber sein, daß Frankreich isoliert bleibt. Dieses Bündnis war die sicherste Rückendeckung des neuen Reiches. Der Aufrechthaltung dieses Bündnisses zuliebe opferte Bismarck ganz gerne von unseren Orientinteressen, ja vielleicht selbst davon, was indirekt auch ein deutsches Interesse ist. Er ließ es uns immer fühlen, daß wir auf ihn nicht zählen mögen, wenn wir uns mit dem Zar in einen Krieg verwickeln. Er machte wiederholt den Versuch auf uns eine Pression auszuüben, daß wir von unserem dem russischen entgegengesetzten Standpunkte nachgeben mögen. Der „ehrliche Makler" trat wiederholt im Interesse Rußlands auf. Er sprach während des Krieges öffentlich das Princip der beati possidentes aus. Er sagte, daß er des Orients wegen nicht die Knochen eines pommerschen Grenadiers opfern

werde. Er hielt seine russenfreundliche Politik auch noch
später, auch nach dem mit unserer Monarchie geschlossenen
Bündnis, aufrecht. Daher stammt jene Auslegung, welche
er dem Berliner Vertrage giebt, welche Auslegung indessen
durch die Worte des Vertrages nicht gerechtfertigt wird,
welche dem Geiste desselben zuwiderläuft. Bismarck hat
der russischen Freundschaft zuliebe das Princip aufgestellt,
daß der Berliner Kongreß Rußland in Bulgarien Sonderrechte, eine Sonderstellung habe geben wollen, wovon jedoch
in jenem Vertrage keine Spur zu finden ist, und was dem
Geiste desselben deshalb zuwiderläuft, weil derselbe, Bosnien ausgenommen, bezüglich keines einzigen anderen Ge-
bietes der Balkanhalbinsel einzelnen Staaten Sonderrechte
gewähren, sondern im Gegenteil ganz Europa zum Erben
jener Macht machen wollte, welche Rußland sich vindiziert
hatte. Doch ich will mich nicht in die Details dieser Frage
vertiefen, und ich habe auch das bisherige nur zu dem
Zwecke erwähnt, um nachzuweisen, wie zäh Bismarck an
seiner russenfreundlichen Politik festhielt.

Und dennoch, als er schließlich zwischen uns und
Rußland wählen mußte, schloß er sich uns an. Wenn
auch mit blutendem Herzen, er war aber gezwungen dies
zu thun, weil unser Bündnis für ihn größeren Wert hatte,
als das Bündnis Rußlands. Während des Berliner Kongresses ließ er uns bereits solche Unterstützung angedeihen,
daß er sich den Zorn Rußlands zuzog.

Rußland machte für den ihm ungünstigen Verlauf des
Berliner Kongresses in erster Linie Deutschland verantwortlich. Das Odium für das Geschehene mußte Bismarck
tragen. So sehr, daß, als in Polen russische Truppen
konzentriert wurden, in erster Linie Deutschland sich bedroht sah. Unter diesem Eindruck that Bismarck den
ersten Schritt zum Abschluß des Schutzbündnisses mit uns.
In welchem Maße die Lage sich zu unseren Gunsten

gelindert hatte, beweist die Thatsache, daſs Bismarck gezwungen war, jene Bedingungen anzunehmen, welche wir
wollten, und den Vertrag derart abzuschlieſsen, daſs derselbe vornehmlich die Verteidigung gegen Ruſsland sichere,
ohne gegen einen eventuellen Angriff Frankreichs als Schutz
dienen zu können. Bismarck trat von seinem ursprünglichen Plane, welcher ein allgemeines Schutzbündnis begründen wollte, zurück, und acceptierte unseren Standpunkt,
mit welchem es sich nicht vereinte, daſs wir unser Blut für
Elsaſs-Lothringen vergieſsen. Dieser Fall beweist, in welchem Maſse unser Gewicht in Europa seit der Einbürgerung des Dualismus gewachsen war. Nichts bezeugt die
Macht und das Selbstverfügungsrecht eines Staates besser,
als wenn er bei Verträgen, bei Bündnissen, welche er
schlieſst, imstande ist, seinen eigenen Standpunkt zur Geltung zu bringen und seine Interessen zu wahren, vornehmlich wenn dies einem Reiche gegenüber stattfindet, wie
Deutschland, und einem Staatsmanne gegenüber, wie Bismarck. In solchem Falle kann nicht von Geprelltwerden,
vom Erfolge persönlicher Überlegenheit die Rede sein; ein
solches Ergebnis kann nur die Folge der thatsächlichen
Machtverhältnisse sein. Freilich bedarf es der richtigen
Politik dazu, daſs die Vorteile zur Geltung gelangen; aber
gegenüber einem Individuum, wie Bismarck, würde keinerlei
politische Geschicklichkeit das Resultat haben erreichen können,
wenn die Machtverhältnisse nicht günstig gewesen wären.

Das zustande gekommene Bündnis wurde zum Mittelpunkte des europäischen Staatensystems. Die Freunde des
Friedens gruppierten sich um die imponierende Kraft, so
daſs unsere Monarchie heute eines der leitenden Glieder des
mächtigsten Staatenbündnisses Europas ist So hat binnen
wenigen kurzen Jahren das gänzlich herabgekommene
Österreich wieder seinen Platz unter den führenden Mächten
Europas eingenommen. Und es ist ein seltsames Ungefähr

der Geschichte, dafs Österreich, welches unlängst aus
Deutschland und Italien hinausgeworfen worden, heute,
in seiner neuen Gestalt, von diesen Nachbarvölkern zum
Schutze seiner Existenz zehnmal mehr Kraft erwarten kann,
als es von ihnen damals erhielt, als es über sie herrschte.

Die Hauptursache der raschen Besserung der politischen
Lage unserer Monarchie müssen wir in unserer inneren Erstarkung, das heifst in dem dieselbe begründenden Dualismus suchen; eine andere Ursache derselben aber darin,
dafs uns im Moment der gröfsten Krise das Bewufstsein
der Kraft zur Befolgung einer entsprechenden selbständigen
Politik führte. Wenn 1829 und 1854 das Gefühl der inneren Schwäche die Hauptursache des unglücklichen Ergebnisses gewesen ist, machte 1879 das Selbstvertrauen jene
politische Campagne möglich, deren Früchte wir auch jetzt
geniefsen.

Das Vertrauen, dafs die Kraft unserer Monarchie hin-
reichend sein werde, unsere Interessen nötigenfalls auch im
Wege des Krieges zu wahren, verlieh unseren leitenden
Männern jenen Mut, welchem es dann gelungen ist, dieses
Ergebnis auch auf friedlichem Wege zu erreichen. Dieses Vertrauen verlieh ihnen den Mut, dafs Österreich-Ungarn bei jenem
Programm verbleibe, welches es von Anbeginn an offen als
das seinige bekannt hatte; dafs es sich weder durch die
Ratschläge Deutschlands von demselben abreden, noch sich
durch Rufslands kühne faits accomplis erschrecken, noch sich,
durch Englands Reizungen angefeuert, zum Kriege hin-
reifsen lasse. Dieses Vertrauen verlieh uns jene Entschlossenheit, welche im entscheidenden Augenblicke die Politik unserer Monarchie zur Geltung brachte, und dieselbe in
Berlin zum Siege führte.

Das erreichte Ergebnis ist solcherweise direkt die Folge
der neuen Organisation unserer Monarchie. Diese neue
Organisation hat unseren führenden Männern das Selbst-

vertrauen verliehen, hat den alten österreichischen Pessimis-
mus gebrochen, und hat anderenteils den Wert unserer
Allianz, das Gewicht unseres Wortes erhöht. Solange dieser
Zustand anhält, haben wir auch nichts zu fürchten. Solange unsere Monarchie auf dem Bündnisse in ihren Rechten
befriedigter Staaten ruhen wird, können wir zuversichtlich
der Zukunft entgegensehen. Wenn es auch Ebbe und
Flut im Glücke geben kann und geben wird — dies hängt
ja auch von der Leitung ab — wird uns doch immer eine
Kraft zur Verfügung stehen, welche zur Wahrung unserer
Interessen ausreicht.

Hiemit bin ich zu jener zweiten Hauptfrage zurück-
gelangt, ob wohl der Ausgleich die Selbständigkeit Ungarns
zu behüten vermocht hat?

Die Monarchie hat, wie ich zu beweisen getrachtet
habe, ihrer Machtstellung Genüge geleistet. Aber dies wird
nur solange der Fall sein, als die ungarische Nation, befriedigt, ihre ganze Kraft in den Dienst der gemeinsamen
Interessen giebt, solange als der Kampf der Monarchie
immer und unter allen Umständen auch ein Kampf des
ungarischen Staates, der ungarischen Nation sein wird. Die
Frage also, ob der Ausgleich die ungarische Freiheit zu
sichern imstande sei, ist eine Lebensfrage unserer Monarchie,
und von europäischer Wichtigkeit ersten Ranges.

Uns Ungarn indessen hängt das Herz in erster Linie
nicht deshalb an unserer Freiheit. Uns ist diese nicht
Mittel, sondern Selbstzweck. Wir opfern deshalb bereitwillig den Interessen der Bewahrung unserer Großmachtstellung, weil wir glauben, daß wir nur so ein ungarischer
Staat sein können. Wenn wir unsere Staatlichkeit aufopfern müßten, um Großmacht bleiben zu können, würden
wir den Zweck dem Mittel aufopfern.

Dieses Gefühl entspringt bei uns nicht kleinlicher
Eifersucht, nicht engherzigem Lokalpatriotismus. Es ist

nicht jener Eifersucht vergleichbar, welche die Brust manches
bairischen oder württembergischen Patrioten erfüllt, wenn
er, die Vorrechte seines kleinen Staates feurig verteidigend,
die Kraft seiner Nation schwächt. Bei uns ist die Staatlichkeit die Schutzwehr der Nationalität. Mit der Staatlichkeit
ist alles dasjenige verbunden, worauf eine Nation etwas
hält, was das Wesen des nationalen Daseins ist. Bei uns
ist die Verteidigung der Rechte des Staates der Ausfluß
des richtigsten, des heiligsten Patriotismus. Deshalb möge
derjenige, der unsere Monarchie stark will, sich in acht
nehmen, unsere Rechte zu beschneiden. Er muß selbst
den Schein dessen vermeiden, als arbeite er an der Verkürzung der ungarischen Verfassung. Es giebt keine ver-
kehrtere Politik, als die jener österreichischen Politiker,
welche die Kraft der Monarchie damit erhöhen zu können
vermeinen, daß sie Ungarn mit festeren Banden an Österreich knüpfen wollen. Jedes Haarbreit Annäherung, welches
wir zur äußeren Vereinigung machen wollten, würde in
riesigem Maße die centrifugalen Kräfte stärken. Für das
Zustandebringen der äußeren Einheit würde die wahre innere Einheit zu Grunde gerichtet werden.

Aber wie stehen wir gegenwärtig mit der Freiheit
unseres Landes? Hat der Ausgleich dieselbe behütet?

Fünftes Kapitel.

Das Ergebnis des Ausgleichs hinsichtlich der Wahrung der Rechte des ungarischen Staates.

Diese Frage kann von zwei Gesichtspunkten untersucht werden. Der eine ist der rein rechtliche, der andere der des praktischen Lebens. Vom ersteren betrachtet stellt sich die Frage so: hat der Ausgleich unsere alten Rechte — theoretisch wenigstens — belassen? Vom zweiten betrachtet aber lautet sie: können wir unsere von der Verfassung erhaltenen Rechte auch thatsächlich ausüben?

Der Ausgleich hat die Rechte des ungarischen Staates nicht aufgegeben. Ungarn ist zwar mit jenem Staate, an welchen dasselbe auch durch die Gemeinsamkeit der Person des Herrschers gebunden war, seit der pragmatischen Sanktion im Verhältnisse der wechselseitigen Verpflichtung zur Verteidigung gewesen, nicht aber mit demselben zu einem Staatswesen verschmolzen. Die in der pragmatischen Sanktion festgestellte Verpflichtung zur Verteidigung hat die Souveränität des ungarischen Staates nicht vernichtet, dieselbe einer anderen Souveränität nicht untergeordnet. Die übernommene Verpflichtung hat internationalen Charakter; sie begründet ein in Gesetzesform gefaßtes Vertragsver-

hältnis zwischen zwei souveränen Staaten. Wenn dies gegen
die Souveränität verstiefse, dann gäbe es keinen souveränen
Staat in Europa, denn welcher Staat ist frei von Verpflichtungen gegenüber den übrigen? Dann wäre auch Deutschland nicht souverän, weil es verpflichtet ist, uns zu beschützen. Dafs der Vertrag in das Gesetz inartikuliert ist,
ändert an seinem Charakter nichts. Bismarck wollte das
Schutzbündnis, welches er mit uns geschlossen hat, gleichfalls
in Gesetzesform fassen lassen. Würde Deutschlands Souveränität verloren gegangen sein, wenn dieser Plan verwirklicht
worden wäre? Die Handelsverträge inartikulieren eine
ganze Reihe Verpflichtungen gegen fremde Staaten. Geht
darum die Souveränität der solcherweise gebundenen Staaten
verloren? Ganz gewifs nicht. Es ist wahr, dafs jene Verpflichtung, welche wir in der pragmatischen Sanktion übernommen haben, eine gröfsere und weitergehende ist, als
diejenigen sind, welche das an Zeit gebundene Bündnis voneinander vollständig unabhängiger, unter besonderen Herrschern lebender Staaten festzustellen pflegt. Da aber die
pragmatische Sanktion nicht auf Kosten der Souveränität
des ungarischen Staates und des österreichischen Staates ein
höheres Reich konstituiert hat; da sowohl der ungarische
Staat, als auch der österreichische Staat keinem einzigen
Zweige ihrer Souveränität zu gunsten eines von ihnen geschaffenen, von ihnen unabhängigen Reiches entsagt haben;
da also ein solches Reich gar nicht zu Stande kommen
konnte; sind der ungarische Staat und der österreichische Staat
die einander gegenüber wechselseitig verpflichteten beiden
Rechtssubjekte geblieben. Der Rechtscharakter der Verpflichtung ist das Bündnis zweier souveräner Staaten geblieben.
Das Mafs der übernommenen Pflicht hat die rechtliche Souveränität der vertragschliefsenden Teile nicht vernichtet.
Dies hätte blos durch Feststellung eines neuen Souveräns
geschehen können, welchem sich die beiden Staaten

ausdrücklich untergeordnet hätten. Beim Nichtvorhandensein
einer solchen dritten Person kann von Verlust der Souveränität gar nicht die Rede sein. Die suprema potestas
ist bei den beiden Staaten verblieben.

Ungarn ist nicht mit Österreich zu einem Gesamtstaat
höheren Ranges verschmolzen, es ist nicht zum Teile eines
ein selbständiges Dasein und selbständige Rechte besitzenden
Reiches geworden. Es hat kein einziges Attribut der
Staatlichkeit verloren. Gewisse Rechte übt es nicht separat,
sondern zugleich, gemeinsam mit dem, eine von ihm
unabhängige Staatlichkeit geniefsenden Österreich, seinem
Verbündeten. Es hat gewisse Verpflichtungen übernommen,
aber die verpflichtete Rechtsperson ist der ungarische Staat
geblieben. Diese Verpflichtungen reichen so weit, dafs
vermöge derselben die zwei Staaten dem Auslande gegenüber als eine einheitliche Potenz erscheinen, dafs die Monarchie in der internationalen Politik als ein zusammen-
hängendes Ganze mit einheitlichem Willen auftritt. Der
Ausgleich hat diesen Rechtszustand nicht modifiziert.

Ein Österreich-Ungarn als selbständiger Staat existiert
nicht. Das Bündnis Österreichs und Ungarns ist beständig,
es sichert die vollständige Gemeinsamkeit und Einheit der
Verteidigung, hat jedoch keinen höheren Staat organisiert.
Die Monarchie verfügt nicht über die Funktionen des
Staatslebens.

Diese Aufrechthaltung der Souveränität ist eine der
Grundideen des Ausgleichswerkes gewesen und giebt sich
in jedem Teile desselben kund. Der Ausgleich wollte dem
ungarischen Staate nicht allein jene Rechte wahren, deren
selbständige Ausübung er sich selbst vorbehalten hatte,
sondern auch die letztliche Verfügung über diejenigen, deren
Ausübungen, als Ausflufs der pragmatischen Sanktion, zum
Zwecke der wirksamen Effektuierung der Verteidigung, mit
Österreich zu teilen bereit gewesen ist. Der Zweck des

Ausgleichs war nicht blofs der, das Recht des Staates auf
jene Zweige der Regierung vorzubehalten, welche er im
autonomen Wirkungskreise selbst erledigt, sondern auch der,
seine volle theoretische Souveränität zu bewahren, seine Souveränität auch in jenen Zweigen zum Ausdruck gelangen
zu lassen, welche für gemeinsam erklärt wurden. Dieses
Streben ist nicht blofs eine Folge des praktischen Unab-
hängigkeitsdranges gewesen, sondern auch jener wunderbaren Rechtsempfindlichkeit, welche ein charakterisierender
Zug unseres Stammes ist.

Diesem Charakterzuge können wir es verdanken, dafs
die Nation selbst in der traurigsten Epoche, wo sie schwach
und verzagt war, nie zur Rechtspreisgebung bewogen werden
konnte. Vor der Übermacht sich beugend, duldete sie den
rechtlosen Zustand, gab aber von ihrem geschriebenen
Rechte kein Atom auf. So wurde die Schwäche einer
Generation nicht zum bleibenden Verderben der Nation.
Das Recht blieb intakt, welches in besseren Zeiten den
Forderungen der Nation eine feste Basis gab, ihr eine wirksame Waffe sicherte, mit deren Hilfe unsere nationale Individualität unter günstigeren Verhältnissen vollständig zur
Geltung gelangen konnte.

Der Rechtsvorbehalt, der ewige Einspruch und Protest
gegen die Mifsbräuche hat, wenn er auch nicht imstande
war uns den Genufs der Verfassung thatsächlich zu sichern,
wenigstens das immer zu verhindern gewufst, dafs die
widerrechtlichen Thatsachen zu Präcedenzfällen werden und
dafs unsere Verfassung verjähre.

In neuerer Zeit lieben es auch die Anhänger des böhmischen
Staatsrechtes und die Wortführer der kroatischen Opposition
sich auf uns zu berufen, um ihrer alten Verfassung, trotz
ihrer langwierigen Aufserachtlassung, dieselbe Geltung zu
vindizieren, welche das so vielmal verletzte und aufser
acht gelassene ungarische Recht sich zu sichern imstande

gewesen ist.   Aber wie grofs ist der Unterschied zwischen
diesen Fällen!

Erst das Beispiel der Czechen und Kroaten lehrt uns,
welch unendlichen Dank wir unsern Vorfahren schulden.
Ihr Beispiel zeigt, wovor unsere Nation durch die bisweilen
auch kleinlich scheinende Schwierigkeitsmacherei unserer
Vorfahren bewahrt worden ist.   Dazu, dafs unsere Verfassung erhalten blieb, ist nicht blofs das blutige Ringen
oder die ungewöhnlich grofse Kraftanspannung mancher
heroischen Periode, sondern die beständige Rechtsbeharrlich-
keit, der passive Widerstand aller Generationen nötwendig
gewesen.   In der Geschichte der Böhmen und Kroaten
finden wir weder das Eine noch das Andere.

Die gute Sache kann auch durch das Andenken des
für sie vergossenen Blutes, des in ihrem Interesse gekämpften
heldenhaften Kampfes vor der völligen Versumpfung bewahrt werden, selbst dann noch, wenn die Kraftanspannung
ohne äufseren Erfolg geblieben ist.   Aber auf welchem Blatt
der Geschichte ist ein für die böhmische Selbständigkeit, für
die kroatische Unabhängigkeit gekämpfter heldenhafter Kampf
verzeichnet?   Wo sind die böhmischen oder die kroatischen
Rákóczy, Bocskay?

Wohl knüpft sich das Andenken grofser und glänzender
Thaten an den Namen böhmischer und kroatischer Männer.
Diese Völker haben keinen Grund sich ihrer Vergangenheit
zu schämen.   Auch sie haben ihre grofsen Tage gehabt.
Diese glanzvollen Traditionen knüpfen sich aber nicht an
das Andenken der Idee der Sonderstellung, der Unabhängigkeit, der Souveränität.   Die Wallenstein, die Kaunitz, die
Zriny würden welcher immer Nation der Welt zur Zierde
gereichen.   Aber diese hervorragenden Männer haben ihre
grofsen Thaten nicht im Dienste ihres engeren Vaterlandes
vollführt, sondern die Böhmen im Interesse der Sache des
Kaisers und Österreichs, die Kroaten im Interesse des

gemeinsamen Gedeihens des vereinigten Ungarns und Kroa-
tiens. Ich sage dies nicht vorwurfsweise. Es würde nicht
blofs häfslicher Undank, sondern auch Ungerechtigkeit sein,
wenn wir diese Männer wegen des auch für uns vergossenen
Blutes tadeln wollten.

Wenn die Kraft und der Patriotismus der Böhmen und
der Kroaten nicht zur Verteidigung ihres Staatsrechtes
verwendet worden ist, wenn ihr nationaler Idealismus sie
in eine andere Richtung gelenkt hat, wenn sie sich für
das gemeinsame Vaterland und den gemeinsamen Herrscher
begeistert, in deren Interesse gekämpft und geblutet haben,
so ist dies die natürliche und richtige Folge ihrer geographischen Lage, ihrer politischen Verhältnisse, ihrer
nationalen Interessen gewesen. Es ist der Ausflufs des Be-
wufstseins gewesen, dafs die Böhmen nur in Österreich, die
Kroaten nur im Bunde mit Ungarn prosperieren können.
Demzufolge trat die Reichsidee so sehr in den Vordergrund, dafs durch sie die Idee des Sonderstaates gänzlich
zurückgedrängt wurde. Diese Erscheinung ist die Folge
grofser Interessen, grofser historischer Faktoren. Übrigens,
was immer die Ursache davon gewesen sein mag, die
Thatsache selbst ist unleugbar, und schliefst jede Parallele
zwischen den Forderungen jener Länder und denen Ungarns
aus. Das mit starkem Willen, grofsem Heldenmut und
vielem Blutvergiefsen verteidigte höchste Ziel des beständigen
Strebens einer Nation kann nicht auf ein Niveau gestellt
werden mit einer verlassenen, vergessenen, grofser Traditionen
ermangelnden Forderung neuen Ursprungs.

Aber aufser den grofsen Erinnerungen fehlt im böhmischen und kroatischen unabhängigen Staatsrecht auch die
Riesenkraft der Rechtskontinuität. Worauf berufen sie sich,
was mit der ununterbrochenen vollen Rechtsgültigkeit der
ungarischen Verfassung auch nur annähernd verglichen
werden könnte?

Sie können in dem Schweigen langer stummer Jahrhunderte allenfalls darauf hinweisen, daſs hie und da ein Herrscher, aus besonderen politischen Rücksichten, die Geltung des Staatsrechts gelegentlich anzuerkennen geschienen hat. Die Kontinuität aber können sie weder als faktisch vorhanden, noch auch in der Form der bescheidensten auf dieselben abzielenden Forderung oder Bitte nachweisen. Diese Verfassungen haben Jahrhunderte hindurch den Schlaf der Gerechten geschlafen.

Ich habe indessen nicht die Absicht, die zum Zwecke der Zurückforderung dieser Staatsrechte zusammengetragenen Argumente zu kritisieren. Ich will blos hervorheben, wie unermeſslich groſs der Unterschied zwischen jener selbst im besten Falle nur periodisch, nur von Zeit zu Zeit aufdämmernden Geltung jener Staatsrechte, und der ununterbrochen kontinuierlichen Geltung unserer Verfassung ist. Den Böhmen und Kroaten fehlte jener energische und beharrliche Wille, ihre Verfassung zu erhalten; es fehlte ihnen jene Rechtsempfindlichkeit, welche bei uns vorhanden war. Deswegen vermochten sie nicht jenes Ergebnis zu erlangen, welches wir zu erlangen verstanden haben.

Ich kenne auch kaum einen andern Fall, daſs eine Nation an ihrer Verfaſsung so zäh festgehalten hätte, wie wir, selbst dann noch, wenn dieselbe zum Teil nur als Formalität bestand, weil sie nicht in Kraft war. Es giebt kaum ein zweites Beispiel dafür, daſs eine Nation Wohlstand und Bildungsfortschritt der Erhaltung ihrer — wenn auch nur theoretischen — Verfassung hintan gesetzt hätte. Dies hat für uns auch groſse Nachteile gehabt. Während z. B. Böhmen, unbekümmert um sein Staatsrecht, weder seinen Frieden, noch sein Geld, noch sein Blut der Verteidigung von Rechten opferte, sondern mit seiner vollen Kraft an der Mehrung seines Wohlstandes arbeitete und dadurch rasch

wohlhabend wurde, opferte die ungarische Nation ihre
materiellen Interessen auf dem Altar ihrer Freiheit. Sie blieb
in jeder Hinsicht zurück. Wir gediehen nicht, wir entwickelten uns nicht. Wir blieben um ein halbes Jahrhundert
hinter unseren westlichen Nachbarn zurück. Aber wir haben
mit diesen Opfern unsere Freiheit gesichert. Soviel Dulden
hat dennoch sein grofses Ergebnis gehabt, die Aufrechthaltung der Staatlichkeit. Es würde eine himmelschreiende
Ungerechtigkeit sein, diese schönste Errungenschaft unserer
Vergangenheit, für welche wir allem Anderen entsagten, mit
demjenigen für gleichwertig zu halten, wofür die Böhmen
nichts geopfert haben. Jeder erntet so, wie er sät. Sie
haben sich auf materiellem Gebiete gemüht und gear-
beitet, daher sind sie reich; wir haben für unsere idealen
Interessen gekämpft, daher sind wir frei. Um den Preis
unserer Ausdauer ist unsere tausendjährige Staatlichkeit un-
verletzt geblieben. Wir haben das wunderbare Resultat
erreicht, dafs, nachdem die Nation viel Unterdrückung, viel
Drangsal und Widerwärtigkeit erduldet hatte und als Draufgabe
auf alles dies auch noch unter militärische Willkürherrschaft
geraten war: wir, als diese zwölfjährige Tyrannei vorüberging,
eine vollständig intakte Verfassung hatten. Als wir nach
vielen Widerwärtigkeiten im Jahre 1861 zuerst zum ver-
wunderten Europa sprechen durften, bewies Franz Deák
mit unwiderleglichen Thatsachen, dafs diese in Knechtschaft
befindliche Nation rechtlich eine der freiesten Europas sei,
dafs sie eine selbständige Verfassung von voller Integrität
und solcher Giltigkeit habe, dafs ihr auch der böseste Wille,
die gröfste Gewaltthätigkeit nicht an den Leib könne. Gleichwie die Lava in Herculanum die unter ihren Schichten be-
grabene alte römische Stadt in ihrer Unversehrtheit erhalten
hat, sodafs sich heute in ihr eine Schatzkammer, ein leben-
des Denkmal der antiken Welt vor uns aufthut: so hat die
Anhänglichkeit des ungarischen Nationalgeistes an seine

Rechte unsere von den verschiedenen Stürmen verschüttete
Verfassung vor der Verwesung bewahrt und vom Untergange
gerettet. Heute, nachdem wir die Schichten, welche sie bedeckt hatten, weggeräumt haben, ist sie in ihrer alten
Integrität zu neuem Leben auferstanden. Die Errungenschaften von Jahrhunderten sind erhalten geblieben und
Heimstätten neuen Lebens geworden. Unser getreulich kon-
servierter Schatz konnte zur Grundlage einer neuen Entwickelung werden.

Eine Geburt desselben wunderbaren Geistes, welcher
dies möglich gemacht hat, und um welchen uns unsere Nachbarn beneiden, ein Kind derselben Rechtseifersucht ist auch
die rechtliche Konzeption des Ausgleichs. Sie wollte nicht
einmal in der Theorie ein Recht aufgeben. Sie hat das
ständige Bündnis, zu welchem sie unsere alten Gesetze verpflichteten, auf welches sie auch die Interessen unserer Existenz hinwiesen, den neuen Verhältnissen derart angepaßt,
daß sie kein Gesamtreich bildete, den ungarischen Staat
nicht einem anderen Staat unterordnete, die volle Souveränität des Landes aufrecht erhielt. Dieser Teil des Ausgleichswerkes ist ebensosehr unter dem Einflusse des Rechtsge-
wissens und der wunderbaren Rechtsempfindlichkeit der
Nation, wie unter der Einwirkung von politischen Zweck-
mäßigkeitsrücksichten entstanden. Deák hat in erster Linie
die Herrschaft der rechtlichen Auffassung gesichert. Er
hat am treuesten die rechtliche Natur der ungarischen Denk-
weise personifiziert; zu unserem Glücke mit dem reinen gesunden Verstande gepaart und in ihrer erhabensten Form.
In seiner großen Individualität offenbart sich nicht der
Typus des Advokaten, sondern der des objektiven Richters.
Und es ist ein besonders großes Glück für uns, daß er
dem Ausgleich das Gepräge seiner Individualität aufgedrückt hat.

Die rechtliche Konzeption dieser grofsen Schöpfung tritt
in das hellste Licht, wenn wir sie mit der Konzeption anderer Staatsbündnisse vergleichen. Die Gestaltung Deutschlands zeigt einen vollständigen Gegensatz zu der unsrigen,
ebensowohl im politischen Ziel, wie in der rechtlichen Form,
in welcher sich dieses Ziel verkörpert hat. Das deutsche
Reich hat sein Zustandekommen dem Gefühle der Zusammengehörigkeit eines Stammes zu verdanken. Eben darum wurde
es, obwohl das Hauptziel der Schutz nach aufsen gewesen,
von Anbeginn an als Ausgangspunkt einer weitergehenden
Einheit betrachtet. Es konnte bei der Sicherung des Schutzes
nicht stehen bleiben, sondern es mufste in sein Bereich alle
jene Zweige des nationalen Seins hineinziehen, in welchen
das einheitliche Wirken bessere Resultate verhiefs, als das
zersplitterte Wirken der Teile. Der partikularistischen Strömungen wegen war es aber nicht möglich, sofort jenes Mafs
der Einheit ins Leben zu rufen, welches diesem Gesichtspunkte in Allem entsprach, und welches im Interesse des
deutschen Volkes war. Die alten Traditionen, die Selbständigkeit der einzelnen Staaten, mufsten geschont werden.
Er war genügend, wenn dem Reiche eine der Entwickelung
fähige Organisation gegeben wurde, eine Organisation, welche
fähig war der auftauchenden Notwendigkeit entsprechend
sich zu erweitern. Dies war aber gleichzeitig das Minimum
dessen, was im Interesse des Stammes verlangt wurde. Das
Reich mufste in der Weise konstituiert werden, dafs damit
an der Unabhängigkeit der einzelnen Staaten keine Gewaltthätigkeit verübt werde; dafs nicht mehr zentralisiert werde,
als wieviel die eine grofse Vergangenheit hinter sich haben-
den Teile in jener Zeit, mit freiem Willen, mit Beruhigung
der Zentralgewalt übergaben; aber dafs es bei alledem
doch möglich bliebe, den Wirkungskreis des Reiches stufen-
mäfsig zu erweitern.

Dieses letztere Ziel wurde dadurch erreicht, dafs ein

Reich von selbständigem Leben geschaffen wurde, welches, als die höchste souveräne Korporation des deutschen Stammes, seinen Wirkungskreis mittelst selbstgegebener Gesetze ausdehnen kann. Die Hauptgarantie der einzelnen Staaten bestand darin, daſs ihr Einfluſs innerhalb der Reichsverfassung gesichert wurde. Indem jeder derselben seine Stimme im Bundesrate erhalten hat, haben sie die Möglichkeit dafür zu sorgen, daſs die eventuelle Entwickelung keine gewaltsame sei. Indem sie Anteilhaber am Reichswillen sind, können sie den für sie selbst schädlichen Übergriffen desselben Einhalt thun. Aber dessenungeachtet kann, in Folge der unabhängigen Organisation der höchsten Souveränität, zuversichtlich darauf gezählt werden, daſs der Wirkungskreis des Reiches in dem Maſse sich erweitern werde, in welchem Maſse das Gefühl der Zusammengehörigkeit wachsen wird, in welchem Maſse sich das Bewuſstsein Bahn brechen wird, daſs gewisse nationale Interessen mit nationaler Gemeinkraft besser gesichert werden können, als mit der Unabhängigkeit der einzelnen Staaten. Das Reich ist ein lebender Organismus, welcher den neuen Auffassungen, den erstehenden Gemeinbedürfnissen sich anpassend, die wechselnden und im Ganzen von Tag zu Tag immer einheitlicher werdenden nationalen Interessen des deutschen Volkes befriedigen kann. Zu diesem Zwecke ist es mit allen Erfordernissen des selbständigen Lebens ausgerüstet. Es ist ein besonderes deutsches Staatsoberhaupt, eine Reichsgesetzgebung und eine Reichsexekutive da. Im deutschen Reichsgebiet und dessen Bevölkerung ist die Basis der materiellen Existenz dieses Organismus vorhanden. Er verfügt unmittelbar, gebietet unmittelbar in den seinem Wirkungskreise zugewiesenen Angelegenheiten. Er steht seinen eigenen Unterthanen gegenüber, für welche er mit souveränem Recht Gesetze schafft, und vollzieht diese Gesetze selbst, oder überträgt, inwiefern er sie nicht selbst

handhaben will, den Vollzug derselben unter seiner Aufsicht
den einzelnen Staaten. Die einzelnen Staaten haben sich
dieser Souveränität höheren Ranges unterworfen. Sie sind
zu aktivem und passivem Gehorsam verpflichtet worden.
Sie haben auf einen wesentlichen Teil ihrer Souveränität
Verzicht gethan und denselben dem Reiche übergeben. Auch
jener Teil ihrer Autonomie, welcher ihnen noch verblieben
ist, kann ihnen in jedem Augenblick durch ein Reichsge-
setz entzogen werden, welches gröfsere Geltung hat als das
Landesgesetz. Ein Veto-Recht haben die einzelnen Staaten
in den meisten Fällen nicht.

Wir sind in alledem den entgegengesetzten Weg gegangen. Wir durften keinen Gesamtstaat von freier Ent-
wickelungsfähigkeit bilden. Dem entsprechend giebt es
keinen österreichisch-ungarischen Herrscher, keine österreichisch-ungarische Gesetzgebung, kein österreichisch-un-
garisches Staatsgebiet und keine österreichisch-ungarischen
Staatsbürger.

Der Ausgleich hat mit Bewufstsein nicht blos die engere
Autonomie, sondern auch die volle Souveränität des ungarischen Staates vorbehalten. Indem er den Anforderungen
der Grofsmachtstellung in jeder Weise Genüge leistete, indem
er die von den Kriegsführungsverhältnissen der Jetztzeit
geforderte vollständige Einheit und gröfstmögliche Kraft
des Kriegsheeres sicherte, erhielt er gleichzeitig mit wunderbarer Rechtsschärfe und Konsequenz die völlige Souveränität
der beiden Staaten aufrecht.

Die bei der Konstituierung der Vereinigten Staaten
Nordamerikas mafsgebend gewesenen politischen Beweggründe stehen jenen, welche bei unserem Ausgleich zur
Geltung gelangt sind, schon viel näher. Der Unterschied
der zum Zweck führenden Mittel beleuchtet eben darum
sehr gut jene specielle Auffassung, welche die Grundlage
der rechtlichen Konzeption des Ausgleiches ist.

Der politische Zweck ist in Amerika und bei uns gleicherweise einesteils die Vereinigung der Staaten äuſseren Gefahren gegenüber, anderenteils die Bewahrung ihrer inneren Selbständigkeit gewesen.

Die Amerikaner hatten nicht geglaubt, daſs ihre Selbständigkeit äuſseren ernsten Angriffen nicht mehr ausgesetzt sein werde. Sie hatten ihre Sicherheit nach auſsen, welche eine der gröſsten Glücksbegünstigungen ihrer späteren Entwickelung gewesen, nicht voraus gesehen. Sie wollten das, was sie mit vereinten Kräften errungen hatten, mit vereinten Kräften erhalten. Sie wollten das während des Selbsverteidigungskampfes zur Entwickelung gekommene Bündnis stabil machen. Die in der Vergangenheit gemeinsam entfaltete Kraft, das Gefühl der gemeinsamen Gefahr hat die amerikanische Union geschaffen. Was sie aber schützen wollten, das war die Freiheit der einzelnen Staaten. Jeder Amerikaner liebte in erster Linie seinen eigenen Staat. Der Patriotismus war zuerst nur als Lokalpatriotismus entwickelt. Zur Liebe des gröſseren Vaterlandes war in den ruhmvollen Erinnerungen des Freiheitskampfes nur erst der Grund gelegt. Die Bewahrung der Unabhängigkeit der sich verbündenden Staaten ist solcherweise ipso jure der zweite Hauptzweck der Konstituierung der Union gewesen, welcher bei der Schaffung der Verfassung neben der Sicherung des äuſseren Schutzes eine Rolle gleichen Ranges gespielt hat.

Der Zweck ist daher in Amerika derselbe gewesen, wie bei uns. Die rechtliche Struktur jedoch unterscheidet sich schon vollständig von dem Aufbau unserer Monarchie, und steht dem Organismus des Deutschen Reiches näher. Wie in Deutschland, wurde auch in Amerika ein höherer Staat ins Leben gerufen und mit allen Bedingungen des Lebens ausgestattet. Es wurde zum Zwecke der Wahrung der gemeinsamen Interessen ein Staat von selbständigem Leben

geschaffen, welcher innerhalb seines Wirkungskreises vollständige Souveränität, eine eigene Verfassung hat, welcher
ein eigenes Staatsoberhaupt, eine besondere Gesetzgebung
und eine besondere Exekutivgewalt besitzt. Es giebt ein
gemeinsames amerikanisches Staatsbürgertum, ein gemeinsames amerikanisches Staatsgebiet. In jedem Staate giebt
es Centralämter, welche unmittelbar mit dem Volke in Berührung sind und ohne Mitwirkung der einzelnen Staaten
in den ihrem Wirkungskreise zugewiesenen Angelegenheiten
unmittelbar verfügen. Darin ähnelt der Organismus der
Vereinigten Staaten dem des Deutschen Reiches. Aber sie
haben die Sonderstellung der einzelnen Staaten, die strenge
Wahrung der präcis festgestellten Wirkungskreise nicht
allein durch die in der Verfassung enthaltenen zahllosen
Verbote, nicht allein dadurch, daſs diese Wirkungskreise
unter dem Schutze des Reichsgerichts stehen, und nicht
allein durch jenen Einfluſs, welcher den einzelnen Teilen
innerhalb der Verfassung der Vereinigten Staaten vorbehalten worden ist, gesichert, sondern dieselbe auch noch
mit besonderen Garantien umgeben. Diese Garantien bestehen darin, daſs das Recht der Abänderung der Verfassung
nicht allein dem Kongreſs, sondern bei komplizierterem Ver-
fahren der Majorität der einzelnen Staaten zusteht.

Aber der einzige Zweck dieser Verfassungsgarantien
ist immer nur der gewesen, daſs den einzelnen Staaten eine
ihren praktischen Anforderungen entsprechende Autonomie
gesichert sei. Um die Souveränität, deren Kriterium darin
besteht, daſs der Staat irgend einem auſser ihm stehenden
höheren Willen nicht unterworfen sei, haben sich die
Amerikaner nicht gekümmert.

Unser Zweck ist, wie ich gesagt habe, ein weiter-
gehender gewesen. Wir wollten dem ungarischen Staate
nicht bloſs sichern, daſs er in gewissen Angelegenheiten
seine Autonomie habe, und daſs diese seine Autonomie

nicht verletzt werde, sondern auch, daſs er souverän bleibe, mit anderen Worten, wir wünschten ihm zu sichern, daſs sein Wille dem Willen eines höheren Staates nicht unterworfen sei. Wir wollten die Verteidigungsinteressen in der Weise befriedigen, daſs wir ihrethalb die Souveränität nicht aufopfern.

Deshalb muſsten wir zu einer Originalkonzeption die Zuflucht nehmen. Ein ausländisches Vorbild stand uns nicht zur Verfügung, weil das, was wir wollten — die vollständig gesicherte Vereinigung der Kraft zweier souveräner Staaten — noch nirgends gelungen war. Daſs wir dies wollten, daſs wir mit der thatsächlichen Garantie unserer inneren Autonomie nicht zufrieden waren, daſs wir auſserdem die Verdunkelung unserer Souveränität selbst auf dem Gebiete der Theorie nicht gestatteten, dies ist eine gemeinsame Folge der Natur unseres Stammes, unserer Geschichte und unserer besonderen Verhältnisse. Dies verleiht dem Dualismus auch auf dem Gebiete der staatsrechtlichen Theorie seine Originalität und sein Hauptinteresse.

Die Grundidee dieser dualistischen Monarchie ist die, daſs Österreich und Ungarn nicht zu einem Staate zusammenschmelzen, sondern, ihre Sonderstellung behaltend, behufs vereinter Wahrung ihrer gemeinsamen Interessen solche gemeinsame Institutionen organisieren, welche die Institutionen eines jeden der beiden Staaten, der Souveränität eines jeden der beiden Staaten, nicht aber der Souveränität eines dritten, ein von ihnen unabhängiges Leben führenden Staates unterworfen, aber darum doch einheitlich sind. Nicht ein Reich hält eine Armee und eine Diplomatie, nicht ein Reich schafft vermöge seines eigenen Rechtes das für dieselben nötige Geld herbei, sondern das souveräne Ungarn und das souveräne Österreich

halten gemeinsam eine Armee und eine Diplomatie, und
das Geld dazu geben ebenfalls sie her.

Diese Grundidee hat drei hauptsächliche rechtliche und
politische Folgen.

Die erste derselben ist, daſs die vollständige Befriedigung der Verteidigungsinteressen möglich geworden ist,
ohne Verletzung der Rechtsempfindlichkeit und des Selb-
ständigkeitsdranges der ungarischen Nation, eines der stärksten
Charakterzüge des ungarischen Stammes. Die Verteidigung
konnte zufolge der Gemeinsamkeit einheitlich organisiert
werden, ohne daſs ein einheitliches Reich entstand. Der
Begriff der Gemeinsamkeit schlieſst den Begriff des Reiches
aus, und macht, unseren Stamm auch damit beruhigend,
die Einheit der Verteidigung möglich. Es sind im Wege
der Gemeinsamkeit jene Aufgaben gelöst worden, welche
anderwärts nur mittelst Konstituierung eines einheitlichen
Reiches gelöst werden konnten, und so ist bei uns die
Entstehung eines solchen Reiches überflüssig geworden.
Indem das Princip der Gemeinsamkeit die Anerkennung
der beiden Souveränitäten involviert, hat es den vereinten
Schutz auf die Freiheit der Staaten basiert, denselben permanent gemacht und ihm in der Zufriedenheit der Nation
eine felsenfeste Stütze gegeben.

Die solcherweise beruhigte Nation hat den Interessen
der gemeinsamen Verteidigung auch vollständig Genüge
geleistet. Sie hat denselben in den 1867er Gesetzen solche
institutionelle Garantien verliehen, wie sie vordem nicht
bestanden hatten. Dies hat die Nation nicht unter der
Pression Österreichs oder der Krone gethan. Die volle
Sicherheit der Verteidigungsinteressen ist nicht eine Folge
unserer Schwäche, sondern eines der leitenden Motive der
ganzen Konzeption des Dualismus gewesen, welches für
Ungarn, infolge seines wohl aufgefaſsten Existenzinteresses,
in ebensolchem Maſse entscheidend gewesen ist, in welchem

dies das andere leitende Motiv — die Wahrung der Freiheit — gewesen. Wir wollten bewußterweise die Kraft mit der Freiheit vereinigen. Die Wehreinheit ist nicht eine uns aufgezwungene Bedingung, von welcher wir uns frei machen sollten, deren Lockerung eine nationale Errungenschaft und ein Vorteil sein würde, sondern ein zur Stärkung der Waffenrüstung der Nation, zur Sicherung ihrer Existenz dienendes Machtmittel, welches wir nicht zerstören dürfen, welches wir solange aufrechterhalten müssen, als die europäischen Verhältnisse eine so schwere Waffenrüstung fordern. Es würde eine nationale Errungenschaft, ja eine Errungenschaft der Menschheit sein, wenn zur Sicherung der Großmachtstellung auch weniger Kraft ausreichend wäre. Aber bevor diese Zeit, welche vielleicht nicht mehr gar so weit entfernt ist, eintritt, würde die Störung der Einheit ein nationales Unglück sein. Auf dem Andenken derjenigen, welche den Ungar mit dieser nationalen Errungenschaft beschenken würden, würde Fluch ruhen Sie würden unter Éljenrufen (Lebehochrufen) den Keim des Todes in den Organismus des ungarischen Staates hineintragen. Daß die Vereinigung der Wehrkraft nicht die Folge bloßen Zwanges sei, wird auch durch die Thatsache bewiesen, daß im Verlaufe der dem Ausgleich vorangegangenen Unterhandlungen seitens der ungarischen Majorität nicht einmal ein Versuch zur Durchsetzung des Princips der geteilten Verteidigung gemacht worden ist. Die Führer der ungarischen Mehrheit haben sich von allem Anfang an und freiwillig auf die principielle Basis der gemeinsamen Armee gestellt. Sie haben die Errichtung einer besonderen Armee nicht gefordert, dies nicht einmal versucht. Sie haben nicht eine einzige solche Bedingung aufgestellt, welche imstande gewesen wäre für die ungarischen Heeresteile eine besondere und sie von den österreichischen Heeresteilen unterscheidende Organisation zu sichern. Sie haben von

allem Anfang an die Garantien der Nation ausschliefslich in
den Rechten der Ergänzung, der Rekrutenbewilligung, in
der Ausübung der Kontrolle gesucht. An den auf diesem
Gebiete aufgestellten Forderungen haben sie dann streng
festgehalten. Sie haben alles zur Geltung gebracht, was
sie von Anfang gewollt hatten. Sie haben in nichts nachgegeben. Dies beweist, dafs das Resultat nicht eine Folge
des Zwanges, sondern des freien Willens war.

Die Hauptgarantie der freiwillig angenommenen Einheit der Verteidigung besteht darin, dafs die beiden Haupt-
werkzeuge der Verteidigung, die Kriegsmacht und die
äufsere Vertretung, einheitlich und gemeinsam geblieben
sind. Indem wir die Garantie unserer Selbständigkeit darin
suchten, dafs dieser Organismus wirklich gemeinsam, das
heifst, dafs er dem Einflusse Ungarns und Österreichs
unterworfen sei, hatten wir es nicht nötig in diesem Organismus selbst die rechtliche Selbständigkeit der beiden
Staaten institutionell zum Ausdruck gelangen zu lassen,
hatten wir es nicht nötig die innere Einheit des Organismus
zu berühren.

Die oberste Leitung der einheitlich organisierten Verteidigung wurde durch die Identität der Person des Staatsoberhauptes und durch jenen Rechtskreis gesichert, welchen
in Beziehung auf diese gemeinsame Angelegenheit dem König
von Ungarn die ungarischen, dem Kaiser von Österreich
die österreichischen Gesetze und Rechtsgebräuche gegeben
haben.

Die fernere Einheit der Exekutive wurde durch Konstituierung der gemeinsamen Regierung gesichert, welche
die vereinte Verteidigung gleicherweise im Frieden und im
Kriege nach einheitlichen Principien leitet.

Im Bereiche jener die gemeinsamen Angelegenheiten
betreffenden Verfügungen, welche den konstitutionellen
Körperschaften vorbehalten wurden, zu welchen namentlich

die Feststellung des gemeinsamen Budgets und die konstitutionelle Kontrolle der gemeinsamen Administration gehören, haben wir das harmonische Zusammenwirken der
beiden Staaten dadurch gesichert, daſs wir diese Agenden
nicht den aus vier Häusern bestehenden beiden Gesetzgebungen übertragen haben, sondern aus jeder der beiden
Gesetzgebungen entsandten besonderen Delegationen, welche,
zufolge ihrer geringeren Anzahl und jener unmittelbareren
Berührung, auf welche sie einander gegenüber angewiesen
sind, sowie auch zufolge der Möglichkeit der gemeinsamen
Abstimmung, befähigter sind die eventuellen Gegensätze auszugleichen, die in ihren Wirkungskreis fallenden Angelegenheiten schneller zu erledigen und die bei der Verhandlung
der gemeinsamen Angelegenheiten immer notwendige Rücksicht und Billigkeit leichter im Auge zu behalten imstande
sind, als dies das Plenum der beiden Gesetzgebungen zu
thun vermocht haben würde.

Auf dem Gebiete der Gesetzgebung aber ist die Garantie
dafür, daſs die souveränen Staaten nicht, von einseitigen
Gesichtspunkten ausgehend, die billigen Wünsche des Bundesgenossen ignorieren, und die einmal festgestellten gemeinsamen Angelegenheiten einseitig abändern oder interpretieren
werden, in jenem Punkte des Gesetzes enthalten, nach
welchem die auf die gemeinsamen Angelegenheiten bezüglichen Gesetze nur mittelst gemeinsamen Übereinkommens
zu modifizieren gestattet ist, daſs in solchem Falle die
beiden Regierungen auf Grund gleicher Principien einen
Gesetzentwurf ausarbeiten müssen, und daſs, wenn zwischen
den beiden Gesetzgebungen ein Gegensatz auftauchen
sollte, derselbe ausgeglichen werden muſs.

Bezüglich der unbehinderten Deckung der gemeinsamen
Kosten endlich sorgt der Ausgleich in der Weise, daſs er
Kommissionen systematisiert, welche von Zeit zu Zeit die
Proportion feststellen, in welcher die beiden Staaten zu

denselben beitragen, und für den Fall, daſs diesbezüglich
ein gemeinsames Übereinkommen nicht zustande käme, das
Recht der Entscheidung auf den König überträgt.

Diese Organisation hat den wirksamen Schutz nach
auſsen in eben solchem Maſse gesichert, in welchem dies
zum Beispiel Deutschland als einheitliches Reich vermocht
hat. Ja die Einheit ist im österreichisch-ungarischen Heere
sogar noch gröſser, als in dem des Deutschen Reiches, weil
das Deutsche Reich bei seiner Konstituierung mehrere
Heere von mehrhundertjähriger Vergangenheit, welche
nicht mit einem Federstriche weggeschafft werden konnten,
und in den Fürsten Kriegsherren vorgefunden hat, mit
welchen ebenfalls gerechnet werden muſste. Es konnte daher die Einheit nicht auf einmal auf der ganzen Linie
zu Stande bringen, sondern muſste selbst in der Sache der
Verteidigung vieles der stufenmäſsigen Entwickelung überlassen. Aber das Fundament der Einheit wurde auch dort
damit gelegt, daſs der Kaiser der Oberfeldherr der gesamten
Armee ist, daſs diese einen Reichsgeneralstab hat, daſs die
gesamte Ausbildung nach preuſsischem System stattfindet,
daſs die taktische Einteilung, Dislokation der Armee zum
Rechtskreise des Kaisers gehört, daſs die Reichsgesetzgebung
die Grundprincipien der Wehrkraft einheitlich organisiert
und die einzelnen Staaten gezwungen sind dieselben anzunehmen. Schlieſslich wurde die Einheit auch dadurch gesichert, daſs die meiſsten Fürsten mit dem König von
Preuſsen einen Vertrag schlossen, welcher ihre Kriegsherrn-
rechte auf den letzteren überträgt. So ist heute der gröſste
Teil der Armee bereits vollständig einheitlich, der Rest aber
gelangt immer mehr unter die Verfügungsgewalt des Kaisers.
Bezüglich der Armee ist also in Deutschland ein starker
Centralisationsprozeſs wahrnehmbar, aber heute ist wegen
der historischen Hindernisse die Einheit dort noch nicht
eine so vollständige, wie bei uns.

Es giebt solche, welche aus dieser minderen Einheitlichkeit der deutschen Armee ein Argument für die Zweiteilung unserer österreichisch-ungarischen Armee, oder wenigstens für eine organisationelle Sichtbarmachung der rechtlichen Sonderstellung der ungarischen Armee schöpfen. Aber
diese Argumentation ist irrig. Bei uns kann nicht auf
Grund des Beispieles Deutschlands Decentralisation verlangt
werden, da dort konsequent centralisiert wird. In Deutschland konnte die Einheitlichkeit der Armee nur auf den
Trümmern lebender Organismen erwachsen, und das ist der
Grund, warum dies nicht auf einmal geschehen konnte,
warum eine gewisse Sonderstellung einzelner Staaten des
Reiches geduldet werden mußte. Die militärischen und technischen Gründe jedoch, welche bei uns die Einheit der
Armee aufrecht hielten, sind auch dort zur Geltung gelangt,
und haben auch dort zur Centralisation, zur konsequenten
und wirksamen Centralisation geführt. Daß die vollständige
Einigung der Landarmee nicht aus militärischen Gründen,
nicht mit Absicht unterlassen wurde, wird auch durch die
Thatsache bewiesen, daß dort, wo die historische Vergangenheit der Gesetzgebung freie Hand ließ, auch thatsächlich
die vollständige Einheit ins Leben gerufen wurde. Die See-
macht ist Reichsmacht und vollständig einheitlich. Hier
stand der Centralisation kein Hindernis im Wege und darum wurde dieselbe auch in ihrer vollen Strenge in Anwendung gebracht.

Bei uns ist die Einheit der Armee schon von Anfang
an dagewesen. Bei uns hätte ein lebendiger Organismus
der Vivisektion unterzogen werden müssen, um das zu erreichen, was die Deutschen nur mit schwerer Mühe abzuschaffen imstande sind, wogegen die Deutschen kämpfen,
was die Deutschen, wo es möglich war, vermieden haben.
Das deutsche Beispiel lehrt uns also höchstens, daß wir
dasjenige nicht zerstören sollen, was sie ihres ungünstigen

Ausgangspunktes wegen noch nicht vollständig erreicht haben,
wonach sie jedoch hinstreben. Die deutsche Militärpolitik
ist centralisatorisch; wenn wir also hinsichtlich derselben
von den Deutschen irgend etwas lernen können, kann es
nur dies sein. Sie werden von der Überzeugung geleitet,
daß die einheitliche Armee besser sei als die geteilte; wenn
wir also von ihnen in dieser Hinsicht irgend etwas übernehmen können, kann es nur diese Wahrheit sein.

Die zweite große Folge des Grundprincips des Ausgleichs besteht darin, daß die gemeinsamen Organe
nicht Organe eines einheitlichen Reiches, sondern die vereinten Organe der beiden Staaten sind, wie denn diese grund-
legende Thatsache nicht allein in dem Worte „gemeinsam"
sondern auch im rechtlichen Ursprunge der Institutionen,
sowie auch in der thatsächlichen Kontrollierung derselben
sich kundgiebt. Hieraus fließend ist der rechtliche Ursprung
dieser Organe so sehr über jedes Mißverständnis erhaben
klar, daß es ihnen unmöglich ist, ihren Beruf nicht zu erkennen, und daß sie sich in allem ihrem rechtlichen Ursprunge accomodieren müssen.

Jedes legislative oder gouvernementale Recht in Betreff
der Feststellung, Leitung, Kontrollierung, Abänderung der
gemeinsamen Institutionen kann auf die ungarische oder
österreichische Souveränität zurückgeführt werden. Überall kommt die parallele Herrschaft dieser beiden Souveränitäten zur Geltung, und zwar auf Basis der vollen Parität.
Nirgends ist eine Spur eines Gesamtstaates von selbständiger Souveränität vorhanden. Vom Majestätsrecht herab
bis zum Recht des alleruntersten Organs ist jede Macht
von den beiden Staaten geliehen, eine in der Ordnung der
beiden Staaten wurzelnde Macht, nicht aber ein Ausfluß
der Souveränität eines Reiches.

Es ist kein gemeinsames Staatsoberhaupt da, denn die
separate Krönung des Königs von Ungarn, sein separater

und von dem des Kaisers von Österreich abweichender
Rechtskreis, in einem gewissen Falle auch seine von der
österreichischen abweichenden Erbfolge machen die Zusammen-
schmelzung der Rechtsperson des Ungarkönigs mit dem
Kaiser von Österreich unmöglich. Jedes Recht unseres gemeinsamen Herrschers kann auf das besondere Recht entweder der ungarischen Krone oder des österreichischen Kaisers
zurückgeführt werden. Es giebt kein gemeinsames Gesetz,
keine gemeinsame Gesetzgebung. Die gemeinsamen Angelegenheiten haben ihren Ursprung nicht einem Reichsge-
setze zu verdanken, sondern der Vereinbarung der ungarischen
und der österreichischen Gesetze. Wenn wir Österreich
gegenüber auch eine gewisse Verpflichtung in Betreff der
Modifizierung, Abänderung der gemeinsamen Angelegenheiten übernommen haben, haben wir doch unser souveränes
Recht auch darin nicht aufgegeben, denn diese Verpflichtungen sind von uns selbst errichtete Schranken, sie sind
von der Art, wie die internationalen Verträge, welche —
politisch richtig, mit Billigkeit gegen den anderen vertragschliefsenden Teil — nur mit gemeinsamem Willen aufgelöst
werden können, welche jedoch ihre Rechtskraft im Lande
selbst nur dem Landesgesetze zu verdanken haben, und deshalb rechtlich nach jenen Regeln zurückgezogen werden
können, welche für die Aufhebung anderer Gesetze mafsgebend sind. Unser Glaube, unsere Ehre ist in gewisser
Hinsicht gebunden, unsere Rechte jedoch haben wir nicht
aufgegeben. Unsere Existenzinteressen haben das erstere
gefordert, unsere Rechtsselbständigkeit hat das letztere
verboten. Mit der Preisgebung unseres Selbstverfügungs-
rechtes würden wir unsere Souveränität beeinträchtigt haben;
mit der Aufrechthaltung desselben haben wir unsere Souveränität bewahrt.

Es existiert keine gemeinsame Gesetzgebung. Die
Delegationen sind dies nicht, sondern sie sind nur

Kommissionen der beiden Gesetzgebungen. Die gemeinsame
Abstimmung bringt nicht den Willen des Gesamtstaates zum
Ausdruck, sondern ist blos das Mittel dazu, daſs der besondere Wille Ungarns und Österreichs auf jeden Fall in
Übereinstimmung gebracht werden könne. Der gesonderte
Organismus der beiden Delegationen, ihre gesonderten Be-
ratungen, ihre organische Verbindung mit den beiden Gesetzgebungen, die Bestimmung, daſs ihre Beschlüsse den Gesetzgebungen angezeigt werden müssen und ohne Mitwirkung
derselben nicht ausgeführt werden können, alles dies beweist, daſs die Delegation keine höhere gemeinsame
Souveränität repräsentiert, sondern daſs sie ein einfaches
Organ der ungarischen und der österreichischen Souveränität ist.

Es existiert auch keine Reichsexekutive Der österreichische und ungarische Ursprung der gemeinsamen Institutionen, der Armee und der Diplomatie wird auſser ihrem
Namen dadurch in lebendiger Erinnerung behalten, vor
jedem möglichen Miſsverständnis bewahrt, daſs dieselben ihre
Existenz einem ungarischen und österreichischen Gesetze zu
verdanken haben, daſs jede Abänderung ihrer Organisation
nur durch ein ungarisches und österreichisches Gesetz erfolgen kann, daſs die Rekruten und die Geldmittel durch
die Gesetzgebungen der verbündeten Staaten separat votiert
werden.

Auch die an der Spitze der gemeinsamen Organismen
stehende gemeinsame Regierung ist nicht eine Reichsre-
gierung, sondern eine Regierung Ungarns und Österreichs.
Dies gelangt darin zum Ausdruck, daſs die gemeinsamen
Minister politisch den beiden Delegationen separat verantwortlich sind, und daſs sie, da sie mit den Regierungen der
beiden Staaten in Solidarität sind, für ihre politische Haupt-
richtung im Wege der ungarischen Regierung auch im
Parlament zur Verantwortung gezogen werden können.

Dies findet übrigens seinen Beweis auch darin, dafs sie
ihren Rechtskreis ebenfalls nur ungarischen und österreichischen Gesetzen verdanken, und dafs jede Abänderung ihres
Wirkungskreises ebenfalls nur auf diesem Wege erfolgen
kann.

Überhaupt, wenn es auch den Anschein hat, als ob
die rechtliche Natur der vereint geschaffenen Organe durch
die im Interesse des gemeinsamen Wirkens gesicherte Einheit hie und da vielleicht verdunkelt werde: wird durch
die kardinale Thatsache, dafs kein Reich-Staatsoberhaupt,
keine Reichsgesetzgebung existiert, und dafs weder ein altes,
noch ein neues Gesetz die beiden Staaten einer höheren Souveränität untergeordnet hat, dieses Dunkel immer zerstreut
und die Souveränität der beiden Staaten gesichert. In dieser
Thatsache liegt die Grundlage des Rechtes des ungarischen
Staats den gemeinsamen Institutionen gegenüber. Darum
ist es nicht notwendig eine besondere gesetzliche Vorsorge dafür
zu suchen, dafs wir berechtigt sind die gemeinsamen Institutionen auch für uns zu beanspruchen, und von den gemeinsam angestellten Individuen jene Achtung und jenen Gehorsam zu fordern, welche jeder Staat von seinen eigenen
Organen fordern kann. Dieses Recht findet seine Schranke
nur in dem gleichen Rechte Österreichs. Wir dürfen von
unseren gemeinsamen Organen bedingungslosen Gehorsam
unseren souveränen Rechten gegenüber verlangen bis zu jener
Grenze, wo dieser Gehorsam nicht Ungehorsam gegen die
souveränen Rechte Österreichs ist. Innerhalb dieser Grenze
ist es überflüssig aus dem 1867er Gesetze einzelne Worte
auszulesen, um aus ihnen unsere Macht über die gemeinsamen Institutionen abzuleiten.

So ist es namentlich überflüssig unser Recht über die
Armee auf die Worte des Gesetzes: „die ungarische Armee"
gründen zu wollen. Insofern man aus diesem Ausdrucke
mehr und anderes folgern will, als was aus der Gemeinsam-

13*

keit der Gesamtarmee hervorgeht, ist die Folgerung irrig:
insofern man aber daraus blos das ableiten will, was darin
auch so schon enthalten ist, ist sie überflüssig. Diejenigen,
die auf diesen Worten herumreiten, pflegen dieselben zur
Motivierung größerer Forderungen zu benutzen. Aus dem
Ausdruck „ungarische Armee" wollen einige folgern, daß
dies ein Hinweis darauf habe sein wollen, daß die rechtliche
Natur der ungarischen Heeresteile auch durch besondere
Organisation, durch Einführung eines besonderen, von dem
des österreichischen Heeres abweichenden Unterrichts, eventuell einer besonderen Kommandosprache zum Ausdruck gelangen solle. Aber diese Argumentation ist irrig.

Im Jahre 1867 haben die Führer der Nation die Einheit der Armee und darum die kriegsherrlichen Rechte
des Königs sans phrase gewollt. Sie haben die Rechte
der Nation nicht aufgegeben, aber dieselben in der verfassungsmäßigen Kontrolle gesucht. Sie haben eine solche
gemeinsame Armee gewollt, welche von den beiden Staaten
erhalten wird, welche von den Parlamenten der beiden
Staaten im Wege ihrer verantwortlichen Regierungen kon-
trolliert werden kann, welche daher in ihrer Ganzheit ebensosehr Ungarn, wie Österreich unterworfen ist. Sie haben
das Recht Ungarns nicht blos hinsichtlich des ungarischen
Heeres, sondern hinsichtlich der ganzen Armee sichern
wollen. Deshalb haben sie nicht die Erwerbung besonderer
Rechte angestrebt, sondern sie haben die den konstitutionellen Körperschaften vorbehaltenen sämtlichen Rechte auf
Basis der Parität gleichmäßig den Parlamenten beider
Staaten zu sichern gewünscht. Sie haben kraft des Princips
der verantwortlichen Regierung, welchem auch der Kriegsminister unterworfen ist, kraft des Rechts der freien Bewilligung von Geld und Mannschaft, Ungarn in die Lage
zu bringen gewünscht und auch gewußt, daß es die ganze
Armee sich selbst gegenüber in jenem Verhältnisse der

Abhängigkeit zu halten vermöge, welches zwischen einem freien Staate und seiner Armee bestehen muſs.

Aus dem Ausgleich hebt sich deutlich die Idee hervor, daſs die gemeinsame Armee auch die Armee Ungarns ist. Hierauf gründet sich die moralische Pflicht des Militärs, Ungarn zu achten und seinen Gesetzen zu gehorchen, sowie das Recht Ungarns, die Erfüllung dieser Pflicht zu fordern. Das auf die Gestaltung und Erhaltung der Armee bezügliche Recht des ungarischen Parlaments aber verleiht der Nation jene Macht, welche zur Sicherung der Erfüllung dieser Pflicht notwendig ist.

Kein Parlament Europas hat seiner Armee gegenüber mehr Rechte, als das ungarische Parlament der gemeinsamen Armee gegenüber.

Bei uns sind die Rechte des obersten Kriegsherrn von den Rechten der Parlamente in ihren Hauptzügen durch dieselbe Grenzlinie getrennt, wie in Deutschland, Frankreich, Italien. Die Führung, innere Organisation der Armee steht dem Staatsoberhaupte zu, die Konstituierung derselben, die Feststellung des Wehrsystems, die Bewilligung der Geldmittel sind Rechte des Parlaments. Das Recht der Führung gehört dem Staatsoberhaupt, das der Kontrolle dem Parlament, ganz so, wie in jedem konstitutionellen Staate, welcher das allgemeine Wehrsystem angenommen hat. Hinsichtlich der Effektuierung der Kontrolle hat das ungarische Parlament dieselben Befugnisse, wie das französische oder das italienische.

Der Unterschied liegt nur darin, daſs wir mit Österreich zusammen eine gemeinsame Armee halten und darum in derselben nicht die unbedingte Herrschaft der ungarischen Staatsidee fordern können, sondern, wie ich bereits hervorgehoben habe, Österreich in derselben eine Stellung von gleichem Range sichern müssen, wie diejenige unseres eigenen Staates.

Wieviel also dürfen wir auf dieser Basis, um den Preis
unserer Opfer, kraft unserer Souveränität von der gemeinsamen Armee fordern, ohne die Einheit derselben zu tangieren, ohne mit der Souveränität Österreichs in Kollision
zu kommen?

Kurz ausgedrückt soviel, daſs sich der in der Armee
herrschende Geist dem Dualismus accommodiere. Das leitende
Motiv des Heeres, die verbindende Kraft müssen wir in erster
Linie in der Anhänglichkeit an den gemeinsamen Herrscher
suchen. Diese ist der feste Fels, auf dem die Einheit basiert.
Auſserdem jedoch dürfen wir noch zweierlei fordern. Erstens,
daſs ein die ungarische Staatlichkeit negierender, nach
auſsen hin gravitierender, gegen die Integrität des ungarischen Staates sich richtender Geist in der Armee, in keinem
einzigen Teile derselben, unter keinen Umständen geduldet
werde; zweitens, daſs jenen Soldaten, welche ungarische
Staatsbürger sind, ihr ungarischer Patriotismus nicht zum
Nachteile gereiche, und daſs derselbe nicht nur nicht geschwächt, sondern im Gegenteile mit Bewuſstsein entwickelt
werde. Das ungarische Nationalgefühl muſs, wo es vorhanden ist, gestattet und aufrechterhalten, die Achtung vor
dem ungarischen Staat aber muſs gefordert werden. Wir
können beanspruchen, daſs der ungarische Patriotismus in
der Armee sich heimisch fühle. Aus der Armee des ungarischen Staates darf der ungarische Patriotismus nicht ver-
bannt sein.

Zur Erreichung dieser Ziele genügt es nicht, das Princip
auszusprechen, daſs der Soldat nicht politisiere. Dies vermag die Entstehung eines Konflikts zwischen dem Soldaten
und der Staatsordnung zu verhindern, aber es sichert nicht
jene innige Harmonie zwischen ihnen, welche wir anstreben
müssen. Dazu ist mehr nöthig. Das erfordert eine
militärische Erziehung, welche dem österreichischen Soldaten die Achtung des ungarischen Staates zur Pflicht

macht, den Ungar hingegen in seinem Patriotismus bestärkt.

Diese Forderung ist nicht im Gegensatze mit dem Rechte Österreichs, denn diesem bleibt dasselbe Recht, welches uns zu teil wird. Diese Forderung gefährdet nicht die Einheit der Armee, da sie die Anhänglichkeit an den König, welche die Basis der Einheit ist, nicht nur nicht schwächt, sondern im Gegenteil dieselbe durch ihre Verbindung mit jenem Gefühle, welches ihr integrierender Bestandteil, und von ihr unzertrennlich, welches ihr Treibbeet ist, durch ihre Verbindung mit dem Patriotismus, nur gehaltvoller, wahrer, tiefer machen kann. Diese Forderung gefährdet nicht die Verläfslichkeit der Armee, da das Schicksal des Ungars an die Monarchie gebunden ist, da der Ungar nicht nach aufsen hin gravitieren kann. Es ist auch gar nicht schwer, diese Richtung in der Armee zu pflegen, denn es ist dazu nichts anderes nötig, als das im Soldaten auch ohnedies vorhandene Bürgergefühl — ist doch auch der Soldat Mensch und Patriot — wach zu erhalten.

Nichts vermag der Armee soviel Kraft zu verleihen, als wenn der Ungar in dieselbe mit dem ganzen Gewicht seines Patriotismus, mit befriedigtem Nationalgefühle eintreten kann. Wenn dies unmöglich wäre, wenn dies der Einheit der Armee zuwiderliefe, dann würde die äufserste Linke mit ihrer Behauptung Recht haben, dafs die geteilte Armee stärker sei als die einheitliche. Ich stelle die technischen Vorzüge der einheitlichen Armee sehr hoch, und ich bin davon überzeugt, dafs eine einheitliche Armee eine viel gröfsere Kraft repräsentiert, als zwei Armeen, welche zusammen genommen die Zahlhöhe jener einen erreichen; aber wenn dieser technische Vorzug blos damit erkauft werden könnte, dafs die Soldaten ihres Wesens entkleidet werden; wenn derselbe nur in der Weise aufrechterhalten werden könnte, dafs den Mitgliedern der Armee die heiligste Em-

pfindung genommen wird, jene Empfindung, welche, aufser
der Treue zum Herrscher allein imstande ist, im Kampfe zu
begeistern, die Kraft zu steigern: dann wäre die einheitliche
Armee totgeboren; dann würde sie der bewegenden Kraft
ermangeln; dann wäre sie auf eine naturwidrige Basis gestellt;
dann wäre sie unhaltbar, da eine Nation nicht denkbar ist,
welche Millionen Geldes und ihre sämtlichen Bürger für eine
Armee hergiebt, die vor dem Nationalgefühl Furcht hat, die
sich zur Nation in systematischen Gegensatz stellt. Aber zu
unserem Glücke und zum Glücke der Armee ist eine solche
Zwangslage nicht vorhanden und auch nicht denkbar. Im
Gegenteil, es ist auch ein Interesse der Armee, dafs der ungarische Patriotismus so stark als nur möglich sei, und es ist
ihre Pflicht, diesen Patriotismus zu respektieren. Zu unserem
Glücke, und zum Glücke der Armee ist jene neue Armee,
welche wir einige Monate nach Königgrätz unserem Herrscher zur Verfügung gestellt haben, ihrer Gemeinsamkeit
zufolge direkt darauf angewiesen, auch mit der ungarischen
Staatsidee in Harmonie zu sein. Nicht in der Organisation
der Armee mufs man den ungarischen Staat zum Ausdruck
gelangen lassen, denn auch die ungarische Nation will, dafs
diese Organisation einheitlich sei, in einer einheitlichen
Armee aber kann die rechtliche Sonderstellung zweier Staaten nicht zur Geltung gebracht werden; aber im Geiste der
Armee mufs der Dualismus zum Ausdruck gelangen, jene
Grundidee, dafs die Armee auch dem ungarischen Staate
diene.

Die Zweiteilung der Armeeorganisation wäre im Gegensatze zu dem Grundgedanken des Ausgleichs, der Einheit
der Armee; aber das Ignorieren des ungarischen Staates
wäre in ebensolchem Gegensatze zu dem zweiten Grundgedanken desselben, der Gemeinsamkeit der Armee. Die
Gemeinsamkeit schliefst aus, dafs die Armee uns fremd
sei. Wir haben auf die Konstituierung einer besonderen

Armee verzichtet, aber wir haben niemals unsere Einwilligung dazu geben können, daſs Hunderttausende unserer Staatsbürger pflichtgemäſs uns fremd werden. Wir haben auf die besondere Armee verzichtet, aber auf das Herz von Hunderttausenden unserer Bürger niemals. Die Armee ist nicht ein zum Ausdruck komplizierter rechtlicher Organismen dienendes Mittel. Darum haben es unsere Vorfahren nicht gewünscht und darum wünschen auch wir es nicht, daſs ihre Organisation im Stile des Dualismus umgestaltet werde. Die Armee hat nicht den Zweck Rechte zum Ausdruck zu bringen, sondern dieselben und die Interessen der Nation zu verteidigen. Darum wollen wir die Armee einheitlich und stark, stark aber kann sie nur dann sein, wenn sie mit der Nation, die sie schafft, in Harmonie ist. Der Anhänglichkeit an den König muſs die Anhänglichkeit an den Staat an die Seite gestellt werden, damit die Armee den ganzen Menschen, wie die bürgerliche Gesellschaft ihn für dieselbe erzieht, zugleich mit all seinen edlen Leidenschaften ausnützen könne. Wenn dies nicht geschieht, entsteht eine Leere, welche durch nichts ausgefüllt werden kann. Den Begriff des Vaterlandes kann der Begriff der Gesamtmonarchie nicht ersetzen, denn dieser lebt nicht in der Brust des Menschen, findet dort nicht Widerhall, vermag nicht zu begeistern.

Das Interesse des Dualismus und der Armee — darin kann ich das zusammenfassen, was ich über diese Angelegenheit geschrieben habe — fordert gleicherweise, daſs der Geist der Armee mit ihrem gemeinsamen Gepräge übereinstimme; daſs in ihr der ungarische Patriotismus ebenso Raum habe, wie der österreichische, welche zwei Patriotismen miteinander in Einklang zu bringen die Treue zum gemeinsamen Herrscher berufen ist.

So ist die Frage von den Schöpfern des Dualismus aufgefaſst worden. Sie haben in der gemeinsamen Armee nicht eine besondere ungarische Armee organisieren wollen, sondern sie haben gewollt, dafs der Geist der gemeinsamen Armee sich gänzlich den neuen Verhältnissen accommodiere, jener neuen Rechtbasis, welcher sie verdankt, dafs sie besteht und dafs sie heute so viel angesehener ist, als sie vordem gewesen. Sie haben nur gewollt, dafs die Armee jenes Staatssystem achte, dessen oberster Hüter der oberste Kriegsherr ist.

Die dritte wesentliche Folge der Grundidee des Ausgleichs ist: Ungarns völlige Unabhängigkeit in jenen Angelegenheiten, welche nicht gemeinsam sind.

Da sich kein höherer Gesamtstaat mit höherer Souveränität gebildet hat, ist alles das, was Ungarn nicht mit Einschränkung seiner Rechte gemeinsam gemacht hat, ipso iure Ungarns selbständiges Recht geblieben. Darin ist es absoluter Herr seines Willens. Es ist nicht gehalten irgend eine Einmischung zu dulden.

Von dem Gesichtspunkte der Unabhängigkeit der verbündeten Staaten betrachtet, giebt sich die Überlegenheit der rechtlichen Conception des Ausgleiches über andere auf ein ähnliches Ziel gerichtete Organisationen am klarsten in diesem Ergebnisse desselben kund, darin, dafs diese Unabhängigkeit des inneren Lebens der verbündeten Staaten eine ebenso unverkennbare, wie unabweisbare natürliche Folge der rechtlichen Organisation der Monarchie ist. Anderswo ist es die schwierigste Aufgabe gewesen, die Freiheit der einzelnen Teile der Gesamtheit gegenüber zu sichern. Es sind komplizierte Verbote, Garantien aufgestellt worden, ohne dafs das Resultat erreicht worden wäre. So haben wir gesehen, wie viel Sorgfalt in Amerika auf den Schutz des Wirkungskreises der einzelnen Staaten verwendet worden ist und wie unvollkommen der Erfolg war.

Die Vereinigten Staaten haben heute weit mehr Rechte, als sie bei ihrer Entstehung gehabt haben. Die natürliche

Entwickelung des geschaffenen Gesamtstaates konnte selbst durch den Fundamentalvertrag nicht aufgehalten werden. Da die oberste Souveränität in die Hände des gesamten Volkes, nicht aber in die Hände der einzelnen Staaten niedergelegt ist, hat diese einheitliche souveräne Kraft das einheitliche Bewußtsein geschaffen und zur Vereinheitlichung der Institutionen geführt. Auf wie immer verschlungene Wege dieses Streben durch die Verfassung auch gedrängt worden war, es hat sich doch geltend zu machen gewußt. Die geschaffene Kraft hat ihre natürliche Wirkung ausgeübt.

Bei uns hat das dualistische System die Souveränität den Teilen belassen, und demzufolge hat sich das Gefühl der Gesamtsouveränität nicht entwickeln können. Unsere Gesetzgebung hat sich nicht allein davor gehütet, einen Organismus zu schaffen, welcher seine eigene Macht durch selbstgegebene Gesetze leicht zu erweitern vermag, sondern sich selbst vor der Schaffung des Begriffes der Gesamtmonarchie in acht genommen. Unser politisches System hat die Garantie der Unabhängigkeit der Teile nicht in der Beschränkung eines entstandenen Gesamtstaates gesucht, sondern darin, daß es einen solchen gar nicht hat entstehen lassen. Jeder lebende Organismus will sich ausdehnen. Welche rechtliche Hindernisse immer ihm auch im Wege stehen mögen: wenn der Organismus eine glückliche Konstitution erhalten hat, so daß er seinen Aufgaben zu entsprechen imstande, daß er lebensfähig ist, wird er sich auch ausdehnen. Wir haben zur Verhinderung dieser Ausdehnung das einzige radikale Mittel, den einzigen sicheren Weg gewählt: den, daß wir keinen Gesamtstaat, keine Gesamtsouveränität geschaffen haben. So hat sich im Bewußtsein der Völker das Gefühl des einheitlichen Staates auch nicht entwickeln können.

Die Vergleichung der Einzelheiten des von den Ame-

rikanern angenommenen Systems mit denjenigen des uns-
rigen könnte den Gegenstand einer interessanten Studie
abgeben. Es würde interessant sein aufzuklären, welche
Ursachen in Amerika der centralisierenden Tendenz zum
Siege verholfen haben, und ob es uns gelungen ist, der
Entstehung dieser Ursachen vorzubeugen?

Ich will auf einige Hauptmomente hinweisen. Die
Verhältnisse Amerikas haben einander entgegengesetzte
Richtungen in Gang gebracht. Sie schufen zwei Tendenzen,
welche sich bekämpfen mußten: die der Centralisation und
die des Partikularismus. Große Impulse, gleichstarke
natürliche Faktoren trieben die Entwickelung den beiden
entgegengesetzten Zielen zu. Die Entscheidung zu Gunsten
der Centralisation verursachte die Verfassung. Ihr ist es
beizumessen, daß die unionistische Richtung von Anfang
an beständig erstarkte und schließlich triumphierte.

Das ausschlaggebendste Motiv dieser Entwickelung
lag darin, daß, wie wir gesehen haben, die gemeinsamen
Agenden einem Organismus von selbständigem Leben
übertragen worden waren und daß demzufolge das Bewußtsein der Gemeinsamkeit zustande kam. Das Nationalgefühl fand kompetente Repräsentanten, deren berufsmäßige
Beschäftigung, deren ganze Existenz sich an die Union
knüpfte. Die Aufmerksamkeit, das Interesse, das ganze
politische Leben der Nation beschäftigte sich mit dem Erfolg und Mißerfolg des Wirkens des obersten Staates. Da
die große Republik auf repräsentativem System basierte,
mußten sich darin einheitlich nationale Parteien bilden,
und dies wurde die Hauptquelle der Einheit.

Bei repräsentativem System ist die Partei die größte
Kraft. Diese beherrscht alles. Das nationale Leben ge-
staltet sich den Zielen und Gegensätzen der Parteien gemäß.
In das Bett, in welchem das Parteileben fließt, wird das
Ganze des politischen Lebens geleitet. Darum ist für die

Richtung der Entwickelung Amerikas entscheidend geworden,
dafs dort der Gegenstand des Kampfes der Parteien nicht
die Leitung der einzelnen Staaten, sondern die Herrschaft
der Gesetzgebung und Exekutivgewalt der vereinigten
Staaten war; das aber war eine unvermeidliche Folge dessen,
dafs eine centrale Gesetzgebung geschaffen worden war.

Es bildeten sich zwei Parteien. Die eine strebte mit
Bewufstsein die Entwickelung des Wirkungskreises der
Centralmacht an: die andere nahm die Rechte der Einzelstaaten in Schutz. Thatsächlich aber hatte schon die blofse
Existenz dieser beiden nationalen Parteien eine einigende
Wirkung mit ihrer einheitlichen und darum einigenden
Organisation, welche auch auf die entferntesten Gegenden
sich erstreckende starke Bande, gemeinsame Interessen,
kräftiges Zusammenwirken schuf, und die Ambitionen und
die allgemeine Aufmerksamkeit, die Privatinteressen und
die öffentlichen Rücksichten gleichmäfsig auf Washington
hin lenkte. Aufser dieser unbewufsten Wirkung des Daseins der Parteien verstärkte auch die positive Wirksamkeit
einer jeden von ihnen die die Teile verknüpfenden Bande.
Die eine hat dies auf Grund ihres Programms gethan und
thun können, die andere infolge jenes ihres natürlichen
Instinktes, dafs sie, wenn sie zur Herrschaft gelangt, erfolgreich regieren, Erfolge erringen müsse, dies aber
durch die energische Verwendung der Mittel, durch die
wirksame Ausnützung der der Regierung zur Verfügung
stehenden Machtfaktoren beträchtlich erleichtert wird. Die
neue Lebenskraft, mit welcher die Föderalisten — dies war der
erste Name der nach gröfserer Centralisation strebenden
Partei — die Organisation der Union gesteigert hatten,
nützten auch ihre Gegner aus, indem sie sich, als sie zur
Herrschaft gelangten, der neuen Macht bedienten. Die
Föderalisten hatten die Hand der Centralregierung auf alles
gelegt, was sie zum Zwecke der erfolgreichen Leitung der

Angelegenheiten nötig hatten. Wie hätten die Demokraten auf diese Erwerbungen verzichtet? Ihre Administration würde ja Fiasko gemacht haben und damit ihre künftige Macht zweifelhaft geworden sein. Ihr Princip blieb das alte: das selbständige Recht der Einzelstaaten; thatsächlich aber gingen sie dem alles beherrschenden Parteiinteresse, der in die Augen springenden momentanen Notwendigkeit gemäfs vor. Die Parteien sind in der Regel so. Sie lassen sich von der unmittelbaren Notwendigkeit leiten. Auf Machtmittel, wenn sie selbst vielleicht auch nicht gestrebt haben würden dieselben herbeizuschaffen, pflegen sie nicht zu verzichten, wenn dieselben einmal schon vorhanden sind. Deswegen ist nach solchen Antecedenzien die Durchführung jeder ernsteren Decentralisation schwierig. Wir haben in Frankreich oft gesehen, dafs Politiker, welche in der Opposition für Selbstregierung und Decentralisation gekämpft hatten, als sie zur Regierung gelangten, die Reformen nicht ausführten, oder wenigstens nicht wirksam genug. Darum ist es schwer die einmal erreichte Centralisation einzuschränken oder abzuschaffen.

Die Verantwortlichkeit, mit welcher die Leitung der Regierung verbunden ist, hat in Amerika die Demokraten, die Verteidiger der Selbständigkeit der Einzelstaaten sogar dazu gezwungen, für die Centralregierung neue Rechte zu erwerben. Jefferson, der erste Führer dieser Partei, hat als Präsident der Republik durch die Erwerbung Louisianas und die Anordnung des Embargo den Wirkungskreis der Union auf zweifelhafter Rechtsbasis erweitert. Er ist im Geiste der Politik seiner Gegner vorgegangen. Das Interesse des ihm übertragenen Amtes und des Staates, dessen Oberhaupt er geworden, hat sich als stärker erwiesen, als seine Theorien. Der erschaffene Organismus wollte leben und trieb auch jene Kräfte in seinen Dienst, welche ihm unabhängiges Leben zu geben nicht gewillt waren.

Der Dualismus dagegen hat, indem er einen einheitlichen Staat und ein Centralparlament nicht gründete, auf
die ganze Monarchie sich erstreckende einheitliche Parteien
nicht entwickelt und damit der Entstehung jener grofsen
centralisierenden Kraft vorgebeugt, welche in Amerika wirkt.
Das Leben der Parteien ist an die beiden Staaten gebunden,
ihre Thätigkeit und das gesamte politische Interesse wendet
sich dem ungarischen und dem österreichischen Staate zu.
Das Centrum der Blutcirkulation sind die beiden Staaten,
die beiden Regierungen, die beiden Hauptstädte geblieben.
Die Zwecke und Bedürfnisse des ungarischen und des österreichischen Staates bilden die leitenden Motive des politischen
Lebens, und diese bestimmen die Richtung der Bildung
der Parteien, ihrer Thätigkeit und ihrer politischen Kämpfe.
Der Egoismus der Parteien führt solcherweise nicht zum
Centralismus, sondern verstärkt im Gegenteil die Unab-
hängigkeit der Staaten voneinander. Was gemeinsames Interesse ist, das ist der absoluten Herrschaftssphäre der
Parteien entzogen worden, und hinsichtlich dieser Angelegenheiten mufs sich der eine Staat mit dem anderen Staat in
den Einflufs und in die Macht teilen. Blofs diejenigen
Angelegenheiten, die in ihrem vollen Umfange den einzelnen
Staaten vorbehalten wurden, fallen unter den ausschliefslichen
Einflufs der Majorität des betreffenden Landes. Infolgedessen
kämpft die gröfste Lebenskraft, welche sich bei parlamen-
tarischer Regierungsform bilden kann, bei uns für die Wahrung der Rechte des Staates, während dieselbe in Amerika
in entgegengesetzter Richtung wirksam ist.

Eine fernere Ursache der centralisierenden Entwicke-
lung in Amerika ist gewesen, dafs die Centralgewalt der
Union ihren Wirkungskreis selbst erweitern konnte. Die
Verfassung kann sie nicht abändern, aber die Interpretation
und Anwendung der vorhandenen Verfassung ist in den
Händen der föderativen Behörde, der Exekutivgewalt, der

Gesetzgebung und der föderalen Gerichtsbarkeit. Diese
stehen als Organe des Gesamtstaates unter der Wirkung
des Bewußtseins der Gemeinsamkeit, und darum hat die
Interpretation und Anwendung der Verfassung gleicherweise zur Erweiterung des Wirkungskreises geführt. Die
Gesetzgebung und die Exekutivgewalt ist unter dem Drucke
der Opportunität auf dem Wege der Centralisation vorwärts
gegangen, die Gerichtsbarkeit hat die neue Erwerbung
sanktioniert und mit ihrer die weitere Interpretation fest-
stellenden Decision der neuen Expansion die Rechtsbasis
verliehen. Wenn auch Ausnahmen vorgekommen sind, diese
Richtung der Entwickelung ist die Regel gewesen.

Was dieser Entwickelung die Bahn geöffnet und das
große Ergebnis möglich gemacht hat, ist der Text der
Verfassung. Die amerikanische Verfassung war ein großer
und kühner Versuch. Der Versuch gewaltiger Geister, eine
wirkliche Selbstregierung in bisher nicht erprobten, großen
Dimensionen zu organisieren und zwischen diesen freien
Gestaltungen ein beständiges Bündnis zustande zu bringen.
Bei der Feststellung desselben kämpften gegensätzliche Ten-
denzen miteinander, und das Kompromiß derselben war die
Vorbedingung des Gelingens.

So konnten nur Grundprincipien, nur Umrisse der
neuen Organisation zustande kommen. Das übrige, der
Ausbau der Details wurde der Zeit, der späteren Entwickelung überlassen. Alles hing davon ab, welche Richtung
diese nehmen werde. Deshalb ist es von maßgebender
Wichtigkeit geworden, daß die Interpretation und Anwendung der Gesetze den Behörden der Union zufiel.
Die Wortkargheit des Gesetzes eröffnete diesen Faktoren
einen weiten Raum zur Geltendmachung der centralisierenden Richtung. Die erweiternde Gesetzesinterpretation
wurde besonders durch jenen Satz der Verfassung befördert,
welcher die Union zu alledem ermächtigt, was zum Zwecke

der Ausübung der ihr anvertrauten Rechte notwendig oder vorteilhaft ist.

Das dualistische System ist ganz andere Wege gewandelt. Erstens hat es der stufenmäfsigen Entwickelung weniger Raum gewährt. Es war nicht von einem ganz neuen Versuch die Rede, nicht davon, solche Staaten mit einander zu verbinden, welche bis dahin mit einander in keinem unmittelbaren Kontakt gewesen, und so ein neues internationales Band zustande zu bringen; sondern die Aufgabe war, den bereits Jahrhunderte hindurch bestehenden, staatsrechtlichen Organismus den neuen Verhältnissen zu accommodieren. Die Grundprincipien waren vorhanden, nur deren detaillierte Anwendung war mangelhaft. Die Aufgabe, welche 1867 gelöst werden mufste, war diese Details derart festzustellen, dafs sie imstande seien die thatsächliche Entwickelung des Lebens zu regulieren. Das zustande gekommene Gesetz verfügt daher viel umständlicher, als die amerikanische Verfassung. Nehmen wir Beispiele. Die amerikanische Verfassung sagt, dafs der Kongrefs das Recht habe zum Zwecke der Hebung des Gemeinwohles eine Steuer auszuwerfen. Einen so elastischen Satz enthält unser Gesetz nicht. Der ursprüngliche und erste Teil des amerikanischen Gesetzes, welcher den gesamten Organismus feststellt, besteht aus sieben Abschnitten. Das unsrige ist viel ausführlicher, wiewohl es blos über einen verhältnismäfsig kleinen Teil des staatlichen Lebens verfügt. Unser Gesetz bestimmt im einzelnen den Rechtskreis der gemeinsamen Organe. Alles das, was nicht klar und deutlich unter die gemeinsamen Angelegenheiten eingereiht ist, gehört nicht dorthin. Unser Gesetz hält sich streng an das taxative System, in Amerika dagegen wurde demselben durch allgemein gehaltene Sätze Abbruch gethan. So ist bei uns jener Raum für die Erweiterung des Gesetzes nicht vorhanden, welcher in der

grofsen Republik vorhanden war. Selbst wenn wir das
Recht der Gesetzesinterpretation den gemeinsamen Organen
in die Hand gegeben hätten, würden sie ohne das Verbrechen des deutlichen Gesetzesbruches ihren Wirkungskreis nicht erweitern können.

Aber bei uns ist die Gesetzesinterpretation in der Hand
des bündnisschliefsenden Staates verblieben. Selbst wenn
der Ausgleich irgend einen auf verschiedene Weise inter-
pretirbaren Punkt enthielte, würde den Sinn desselben nur
die Gesetzgebung Ungarns und Österreichs feststellen
können. Es ist wahr, dafs eine Regierungshandlung,
welche, auf einseitiger Auffassung des 1867er Ausgleichs
basierend, den Worten des Gesetzes eine weitere Interpretation geben und den Wirkungskreis der gemeinsamen
Organe erweitern wollte, auch bei uns von irgend einem
gemeinsamen Beamten ausgehen würde, wie in Amerika.
Sobald aber von einer wichtigen principiellen Beschlufsfassung
die Rede wäre, würde der gemeinsame Minister zufolge der
Kraft der Solidarität dieselbe ohne Mitwirkung der Landesregierung nicht durchführen können, die Landesregierung
aber würde schon zufolge ihrer Organisation, zufolge ihres
Berufes, zufolge des Interesses der Ausdehnung oder Verteidigung ihres eigenen Machtkreises, eine natürliche Hüterin
des Rechtes ihres eigenen Staates sein. Es würde in ihrer
Macht stehen, einer eventuell dem Gesetze zuwiderlaufenden
Tendenz der gemeinsamen Regierung das Gegengewicht zu
halten. Wenn sie aber dies zu thun verabsäumen sollte,
würde die weitere Beschlufsfassung der Delegation, oder im
höchsten Forum der Gesetzgebung zufallen.

Was in Amerika der Kongrefs oder die Gerichtsbarkeit,
also die mit dem Gesamtstaat verwachsenen Organe
ausführen, das erledigen bei uns die Organe der Theile.
Man kann zwar sagen, dafs auch die Delegation die
Erweiterung der gemeinsamen Angelegenheiten anstreben

könnte. Sie könnte diese Politik im Interesse der Erhöhung ihrer Wichtigkeit befolgen. Dies ist indes nicht wahrscheinlich, und wenn es dennoch erfolgen sollte, gäbe es konstitutionelle Gegenmittel. Es ist nicht wahrscheinlich, denn die Delegation ist eine einfache Kommission des Reichstages, ihre Mitglieder sind insgesamt auch Mitglieder der Gesetzgebung, und das Gefühl der Zusammengehörigkeit ist thatsächlich immer größer zwischen den Auftraggebern und den Beauftragten, als zwischen der ungarischen und der österreichischen Delegation, welche in der Regel miteinander nur schriftlich verkehren, gemeinsame Debatten nicht kennen, Korporationsgeist nicht entwickeln können, deren jede der Ausfluß einer anderen Souveränität, der Mandatar einer von der anderen völlig unabhängigen Gesetzgebung ist.

Für den Fall aber, daß die Delegationen gegen alle Wahrscheinlichkeit dennoch eine besondere Korporationspolitik befolgen wollten, sind drei wirksame Gegenmittel vorhanden. Das eine ist, daß ihr Beschluß erst nach der Sanktion des Königs vollziehbar ist, diese aber ohne die Mitwirkung der den Parlamenten verantwortlichen Regierungen nicht erfolgen könnte. Es ist wahr, daß die direkte Verantwortlichkeit die gemeinsame Regierung träfe, aber in Folge der Solidarität, welche in derlei Fragen nicht aus den Augen verloren werden darf, würde auch die Landesregierung in die Sache dreinzureden haben, und so würde auch sie Verantwortlichkeit treffen. Zweitens, da die Delegation bloß für eine Session gewählt ist, würden ihre Mitglieder, wenn sie eine separate Politik befolgen wollten, nicht wiedergewählt werden, und so könnte der Erweiterung ihres Wirkungskreises leicht der Weg abgeschnitten werden. Drittens — und das ist das radikalste Mittel — wenn die Delegation mit irgend einem ihrer Beschlüsse den Kreis ihrer Kompetenz überschritte, würde die Gesetzgebung unleugbar das Recht haben den auch an sich schon ungiltigen Beschluß zu annullieren.

Es kann also auf keine Weise befürchtet werden, daß die mit der Besorgung der gemeinsamen Angelegenheiten betrauten Organe sich systematisch und stufenmäßig ausdehnen werden, und daß damit das Verhältnis der beiden Staaten zu einander nach der Richtung der Einheit modifiziert werden würde. Im Organismus selbst ist kein Grund, welcher die Entwickelung auf diese Bahn lenken könnte. Eine größere Centralisation als die heutige kann nicht ein unbemerkbares Ergebnis des regelmäßigen Wirkens der gemeinsamen Organe, eine Frucht des natürlichen, organischen Wachstums der festgestellten Gemeinsamkeit sein; bloß die selbstbewußte Absicht der Gesetzgebung würde eine solche schaffen können.

Darum ist der Standpunkt jener Politiker ein vollständig falscher, welche sich immer nur vor der Ausdehnung der Centralisation fürchten, und aus Furcht vor derselben jede nicht unumgänglich notwendige Berührung mit Österreich ipso jure perhorrescieren. Wenn unser Herz noch das alte ist, wenn uns unser Patriotismus auch heute noch an unser Land bindet, und wenn Nationalitäts-Dekomposition das Gepräge unserer Gesetzgebung nicht ändert: haben wir keine Ursache uns vor der Gefahr der übermäßig großen Centralisation, vor dem Entstehen und Wuchern des Begriffs der Gesamtmonarchie zu fürchten. Darum dürfen wir, auf unsere avitische Tugend vertrauend, die Bande, welche uns an Österreich binden, ruhig tragen. Dieselben vermehren unsere gemeinsame Kraft nach außen, gefährden jedoch unsere Selbständigkeit nicht. Diese könnten nur wir selbst mit Willen zu Grunde richten. Dagegen schützen uns nicht allein die geduldigen papierenen Paragraphen, nicht allein Rechtsschranken, sondern auch die natürliche Tendenz jener lebendigen Kräfte, welche die Verfassung bewegen.

Unsere innere Autonomie ist solcherweise stark, weil sie die Folge der Grundidee der ganzen rechtlichen Gestaltung ist. Sie ist eine Folge der Thatsache, dafs die Souveränität der ungarische Staat behalten hat. Aus dieser Grundidee folgt einesteils der Einflufs Ungarns auf die gemeinsamen Angelegenheiten, und andernteils, dafs hinwiederum die gemeinsamen Organe auf die ihnen von Ungarn nicht übergebenen Angelegenheiten keinen Einflufs ausüben können, und dafs sie auch nicht jenen natürlichen Trieb haben, ihren Wirkungskreis zu erweitern.

Doch genug von der rechtlichen Organisation des Ausgleichs. Ich habe die auch ohnedies bekannte Wahrheit nachgewiesen, dafs der Ausgleich den ungarischen Staat keinem anderen Staate untergeordnet, und dafs er jene Rechte, welche der ungarische Staat vor dem Ausgleich besessen hatte, der späteren Zeit intakt übergeben hat.

Sechstes Kapitel.

Das Ergebnis des Ausgleichs vom Gesichtspunkte der Ausübung der Rechte des ungarischen Staates.

Nach dem Gesagten kann ich auf die zweite Hauptfrage übergehen, welche ich bereits bezeichnet habe: ob wir unsere uns vorbehaltenen Rechte auch thatsächlich ausüben können? Vom geschriebenen Segen kann man nicht leben. Das Recht allein macht nicht glücklich. Blofs die Ausübung desselben giebt Kraft und erzeugt Zufriedenheit. Wie stehen wir also in dieser Hinsicht? Welche Erfahrungen haben wir auf diesem Gebiete gemacht?

Wenn wir die Vergangenheit als Ausgangspunkt nehmen, wenn wir untersuchen, wieviel unsere Vorfahren von ihren geschriebenen Rechten ausgeübt haben und wieviel wir von denselben ausüben, müssen wir jedenfalls einen riesigen Fortschritt konstatieren. Dieser Fortschritt ist so in die Augen springend, dafs ihn, wie ich glaube, niemand leugnen kann. Seit der Mohácser Katastrophe sind wir nie in dem Mafse im Genusse unserer geschriebenen Rechte gewesen, wie seit dem Ausgleiche. Abgesehen von jenen traurigen Zeiten, wo die ungarische Verfassung vollständig suspendiert war, jenen traurigen Zeiten, welche, wie das

Wechselfieber, regelmäfsig wiederkehrten: bestand auch unter normalen Verhältnissen, an welche die ungarische Nation wie an das unabänderliche Faktum sich gewöhnt hatte, immer ein riesiger Unterschied zwischen dem geschriebenen und dem ausgeübten Rechte. Ungarns Sonderstellung ruhte, geduldig und bescheiden zurückgezogen, im corpus juris. Die Blätter unseres Gesetzbuches sind angefüllt mit Gesetzen, eines schöner als das andere, welche samt und sonders das Recht unserer Gesetzgebung, die Unabhängigkeit der Regierung Ungarns sichern. Wer die Geschichte nicht liest, sondern blos in den Rechten und Gesetzen forscht, könnte glauben, dafs unser Vaterland stets Herr seines Schicksals gewesen, dafs Ungarn von ungarischem Willen, von ungarischen Männern gelenkt worden sei. Aber welche Täuschung. Wie sehr würde dieser Forscher sich enttäuscht finden, wenn er auch in die Welt der Thatsachen einen Blick thäte. Ungarn ist seit der Mohácser Katastrophe nie Herr seines Willens gewesen, über Ungarn wurde, ohne dasselbe, in Wien verfügt. Unser Vaterland war, wenn auch nicht dem Recht gemäfs, doch thatsächlich eine österreichische Provinz. In internationaler Hinsicht ging die Individualität Ungarns vollständig im Begriff der Monarchie unter. Die auswärtige Politik wurde ausschliefslich den Interessen des deutschen Reiches und der österreichischen Provinzen gemäfs geleitet. Die speciellen ungarischen Interessen kamen bei der Feststellung der Politik des kaiserlichen Hauses kaum in Betracht, mafsgebend sind sie nie gewesen. Ungarn wurde blofs als Mittel zur Vermehrung der Macht des kaiserlichen Hauses benützt, einen Selbstzweck jedoch hat unser Vaterland in den Augen der Dynastie niemals gebildet.

Bei der Feststellung der auswärtigen Politik waren niemals ungarische Räte als Vertreter des ungarischen Staates mitthätig. Blofs einzelne hervorragende ungarische Indivi-

dualitäten vermochten sich vermöge ihres grofsen Gewichtes
soweit emporzuringen, dafs ihr Rath auch in europäischen
Fragen gehört wurde. Aber auch dies ist nur sehr selten
geschehen, und vornehmlich nur in solchen Fällen, wo der
Betreffende sich seines nationalen Typus entäufsert hatte.
Die Leitung der äufseren Angelegenheiten war dem Reichs-
kanzler anvertraut.

Diese vollständige Verdunkelung der ungarischen Souveränität wurde sehr erleichtert durch jenen Grundsatz des
ungarischen Staatsrechts, dafs die auswärtigen Angelegenheiten dem König zukommen; ferner durch den Umstand,
dafs unser Staatsrecht kein Organ bezeichnete, welches ex-
prefsis verbis das Recht und die Pflicht gehabt hätte, bei
der Leitung der auswärtigen Angelegenheiten mitzuwirken.
Der König war in der Ausübung seiner diesbezüglichen
Gewalt an kein einziges zu diesem Zwecke namhaft gemachtes ungarisches Organ gebunden. Er konnte seine
Ratgeber frei wählen, und diese waren stets Mitglieder der
österreichischen Regierung.

Wenn er damit auch dem Buchstaben nach keine Rechts-
verletzung begangen hätte, verletzte er doch jedenfalls den
Geist der ungarischen Verfassung, welche eine solche Unter-
ordnung nicht kannte, und welche ausdrücklich aussprach,
dafs Ungarn nach seinen eigenen Gesetzen, durch seine
eigenen Organe zu regieren und keinem anderen Lande
untergeordnet sei; die unser Vaterland interessierenden auswärtigen Angelegenheiten waren aber ungarische Angelegenheiten, sie durften daher Österreich nicht untergeordnet
werden. Vor der pragmatischen Sanktion ist das Auswärtige
rechtlich noch nicht einmal gemeinsam gewesen. In Konsequenz der pragmatischen Sanktion wurde das Auswärtige
zwar eine Österreich und Ungarn gleicherweise interessierende
gemeinsame Angelegenheit, dazu jedoch, dafs die Regierung
Österreichs die auswärtigen Angelegenheiten der ungarischen

Krone leite, gab auch die pragmatische Sanktion keine rechtliche Stütze. Dies war eine klare Rechtswidrigkeit in der Vergangenheit, wie es eine Rechtswidrigkeit in der Gegenwart sein würde.

Übrigens hat die Praxis fortwährend auch jeden einzelnen auf das Auswärtige bezüglichen positiven Rechtssatz ignoriert. Die Gesetze sprachen aus, dafs ohne die Zustimmung der Gesetzgebung kein Krieg begonnen werden könne, dafs bei der Pforte auch der ungarische Staat einen Gesandten haben solle, dafs der mit den Türken zu schlie- fsende Friede durch ungarische Delegierte verhandelt werden solle; aber alles dies blieb auf dem Papier. Diese Gesetze wurden nie ausgeführt.

Die Rechtswidrigkeit der konstanten Praxis war noch mehr in die Augen springend in den streng genommen inneren Angelegenheiten Ungarns. Jeder wichtigere Gegenstand wurde in Wien erledigt. Die königliche Macht war das Mittel der Centralisation. Der König übte seinen grofsen Machtkreis in österreichischem Geiste, österreichische Ratgeber anhörend, in österreichischem Interesse aus. Die ungarischen Oberbehörden, deren Selbständigkeit durch Gesetze und königliche Eide unzählige Male gesichert worden war, wurden zu untergeordneten Organen des österreichischen Staatsrats. Die Sektion für Inneres im österreichischen Staatsrate war die eigentliche ungarische Regierung, wiewohl diesen Staatsrat das ungarische Staatsrecht nicht kannte, wiewohl derselbe kein ungarisches Organ war. Der Reichstag wurde dem Gesetze entgegen selten einberufen, das Palatinalamt wurde dem Gesetze entgegen unzähligemale unbesetzt gelassen. Die Landessteuern wurden nach österreichischen Finanzrücksichten verwaltet; die Wirtschaftspolitik betrachtete Ungarn als Kolonie.

Doch ich setze die Aufzählung der Rechtswidrigkeiten nicht fort. Ich müfste, um sie zu erschöpfen, die Geschichte

Ungarns in den letzten drei Jahrhunderten vortragen. Ich müßte über unser gesamtes Staatsrecht Überschau halten, denn welche Vorschrift desselben hat diese Jahrhunderte ohne Verletzung überlebt? Auch ohnedies sind diese Rechtsverletzungen in unser aller Gedächtnisse, und jedem bekannt, der sich mit der Geschichte Ungarns beschäftigt. Es ist nur dann Brauch, dieselben zu ignorieren, wenn die gegenwärtigen Zustände mit denen der Vergangenheit verglichen werden sollen. Eben diejenigen, welche ihr ganzes politisches Credo auf diese traurige Vergangenheit basieren; welche die Angelegenheiten der Nation auch heute so leiten möchten, als ob diese Vergangenheit die Gegenwart wäre; welche nichts vergessen wollen und nichts lernen wollen; welche mit der Heraufbeschwörung der Erinnerungen der Vergangenheit den Geist der Nation in jenem aufgeregten Zustande erhalten möchten, welcher in jenen bitteren Tagen des Kampfes um das Dasein natürlich, ja notwendig gewesen; welche verspätet die Kurutzen spielen: diese lieben es diese Thatsachen dann zu ignorieren, wann sie zur Glorifizierung der Gegenwart dienen. Sie sehen die Vergangenheit schwärzer, als sie vielleicht gewesen ist, weil sie die einzelnen Glanzpunkte derselben ignorieren, und nur dann, wann dieser dunkle Schatten als Hintergrund der Gegenwart dient, wann er den Glanz der Gegenwart hebt, nur dann verschließen sie sich vor ihm, nur dann suchen sie den Glanz in der Vergangenheit. Dann vertiefen sie sich in das corpus juris, suchen in demselben vielversprechende Gesetze, und wollen die Praxis nicht sehen, welche diese Gesetze zu toten Buchstaben machte. Und daran thun sie, wenn auch nicht billig, doch jedenfalls sehr klug. Sie wissen, wo Barthel den Most holt. Wenn sie der Nation sagen würden: erinnere dich dessen, was du gehabt, unter welcherlei Verhältnissen du die letzten Jahrhunderte durchlebt, und siehe, was du heute hast: bei

Gott, dann würde es schwer sein, dem Ausgleich zu fluchen, diejenigen, welche der Nation so viel erworben haben, der Rechtspreisgebung zu bezichtigen.

Die Nation hat indessen die Rechnung auch ohne sie gemacht und macht sie auch weiter ohne sie. Die Nation fühlt, daſs ein System, welchem es um so vieles besser gelungen ist ihre Rechte zur Geltung zu bringen, als den Systemen der vergangenen Zeiten, nicht schlecht sein könne. Und sie hat Recht. Der Ausgleich wird schon allein durch diese seine Wirkung vollständig gerechtfertigt.

Dieses eine Resultat würde für uns Grund genug sein, den 1867er Ausgleich den glücklichsten, den segensreichsten Schöpfungen der ungarischen Gesetzgebung einzureihen. Diese eine Folge würde genügen, die Aufrechthaltung des Ausgleichs zum leitenden Princip der ungarischen Politik zu machen.

In der Politik muſs man sich auch mit relativen Ergebnissen begnügen. Wenn ein System in einem so wesentlichen Punkte, wie es die thatsächliche Ausübung der Verfassungsrechte des Landes ist, einen Erfolg erntet, wie ihn die Anstrengung von Jahrhunderten nicht einmal annähernd zu erwirken vermochte, dann darf dieses Ergebnis nicht gering geschätzt, dann darf dieses System nicht verfehlt genannt werden, dann ist jene Kritik, welche seine Gegner an ihm üben, eine himmelschreiende Ungerechtigkeit.

Aber der Wert des Ausgleichs darf in dieser Hinsicht selbst mit dem Maſse des Absoluten gemessen werden. Sein Verdienst besteht nicht allein darin, daſs es ihm besser gelungen ist, unsere geschriebenen Rechte im Leben zur Geltung zu bringen, als dies vorher geschehen ist, sondern darin, daſs dieselben auf der ganzen Linie auch vollständig ins Leben getreten sind. Heute ist jeder Teil unserer Verfassung vollzogen. Verschwunden ist der traurige Gegensatz zwischen geschriebenem Recht und ausgeübtem Recht, welcher der

Geschichte der letzten Jahrhunderte einen so trüben Grundton gegeben, die Nation mit vollem Rechte unzufrieden gemacht, die Erstarkung unseres Bündnisses mit Österreich
verhindert, dem Kurutzengeiste Nahrung gegeben hatte.
Unermefslich ist der Nutzen, welcher aus dem Aufhören
dieser Ursache der beständigen Disharmonie hervorgegangen
ist. Die Entwickelung des Gefühles der Rechtssicherheit, der
Gesetzesachtung ist möglich geworden. Solange die Verfassung auf dem Papiere blieb; solange jedermann sah und
wufste, dafs der oberste Hüter des Gesetzes selbst sich um
Rechtsvorschriften unzweifelhaftester Geltung nicht kümmert;
solange jene wundersame Gewohnheit bestehen blieb, dieselben
Rechtssatzungen unzähligemale zu inartikulieren, unzähligemale zu wiederholen, weil sie nie zur Ausführung kamen, und
weil diese ihre Wiederholung wenigstens die Nation vor
der Verjährung derselben bewahrte, wenigstens die schwache
Hoffnung beliefs, dafs die vielen Versprechungen einmal
vielleicht doch ernst genommen werden würden: solange
von oben ein solches Beispiel gegeben wurde, konnte nicht
darauf gerechnet werden, dafs sich im Charakter der Nation
das Gefühl des Gehorsams gegen das Gesetz entwickeln,
und dafs dieser der Nation zur Gewohnheit werde würde.

Der Verfassungsbruch hat somit nicht blofs auf die
Gestaltung der grofsen Politik nachteilig gewirkt, nicht
blofs das Resultat herbeigeführt, dafs das Vertrauen zwischen
dem König und der Nation nicht wiedererstehen konnte,
und dafs alle jene heilsamen Folgen ausblieben, welche mit
der Ausübung der in der Verfassung gegebenen Rechte
verbunden gewesen sein würden, sondern er ist auch für
die Erziehung der Nation und für die Entwickelung ihres
Charakters von schädlichem Einflufs gewesen. Der Staat
vermochte einer seiner gröfsten Aufgaben, die Gesellschaft
an Gesetzesachtung zu gewöhnen, nicht einmal nahe zu
kommen. Es wurde im ungarischen Nationaltypus zur

zweiten Natur, das Gesetz nicht ernst zu nehmen, demselben nicht Folge zu leisten, dasselbe zu eludieren. Wir kranken hieran auch heute noch. Aber heute ist wenigstens die Vorbedingung der Besserung schon vorhanden. Der Staat kann heute die Erfüllung seiner Gebote auch mit eiserner Hand verlangen, weil er sich auch selbst seinem eigenen gesetzlichen Willen fügt. Von oben wird kein böses und verderbendes Beispiel mehr gezeigt. Im Gegenteil, wir können vom allerhöchsten Repräsentanten des Staates am besten lernen, wie man die Pflicht erfüllen muß. Wollte Gott, daß dieses edle Beispiel auch wirkte!

Es ist daher eine Thatsache von allerhöchster Wichtigkeit, daß die 1867 geschaffenen Gesetze, indem sie die 1848er Schöpfung mit den Existenzinteressen der Monarchie in Einklang brachten, das Inslebentreten dieser Schöpfung sicherten und uns auf dem Wege des verantwortlichen Regierungssystems zu dem Ziele jener großen Zeit gelangen ließen, dazu, daß unser geschriebener Segen zur Wirklichkeit wurde.

Der schwerste, der größte Schritt in dieser Hinsicht ist auf dem Gebiete der gemeinsamen Angelegenheiten gethan worden. Der Ausgleich hat den Einfluß Ungarns auch in den der gemeinsamen Handhabung anvertrauten Verwaltungszweigen zur Geltung gebracht und denselben damit auch in solchen Teilen des Staatslebens gesichert, von welchen derselbe Jahrhunderte hindurch vollständig ausgeschlossen war.

Der Ausgleich hat, wie wir bereits gesehen haben, dem Lande Einfluß auf die Leitung der auswärtigen Angelegenheiten verschafft. Diesen Einfluß haben wir thatsächlich in vollem Maße ausgeübt, und dies hat dazu geführt, daß sich die Politik der Monarchie dem Willen Ungarns entsprechend gestaltete. Unsere Monarchie hat wiederholt den von Budapest ausgegangenen Impulsen nachgegeben.

Der Wille Ungarns hat seit dem Ausgleich an der
Gestaltung der gröfsten Ereignisse Europas einen mit seiner
Macht vollständig im Verhältnis stehenden Anteil gehabt.
Die Politik des ungarischen Staates ist in der gemeinsamen
Politik der Monarchie zur Geltung gelangt, und hat auf
das Schicksal Europas einen Einflufs ausgeübt, wie seit den
grofsen Tagen des Königs Mathias nicht.

Die Wahrheit dieser meiner Behauptung wird klar
werden, wenn wir einen kurzen Blick auf die Geschichte
der auswärtigen Politik unserer Monarchie werfen.

Die auswärtige Politik der dualistischen Monarchie
nahm im Jahre 1870 jene Wendung, welche unserer innerpolitischen Stellung entspricht, und, seitdem stabil bleibend,
unserer äufseren Politik die Richtung gab. Diese Wendung,
welche nicht nur auf das Schicksal der Monarchie von
entscheidendem Einflufs gewesen ist, sondern auch der
Entwickelung Europas die Richtung gegeben hat, insofern
sie einer der Faktoren der Konstituierung des Deutschen
Reiches, der Konsolidation Italiens, des heutigen Zustandes
Europas geworden ist: ist direkt dem ungarischen Einflufs
zu verdanken gewesen.

Der Minister der auswärtigen Angelegenheiten der Monarchie, Beust, verfolgte eine franzosenfreundliche Politik.
Seine Grundidee war: Revanche für Königgrätz. Er setzte
in Österreich jene Politik fort, welche er auch als sächsischer
Minister befolgt hatte: die preufsenfeindliche. Er hoffte
mit Hilfe Frankreichs Österreich seine verlorene Stellung
in Deutschland zurückerobern zu können.

Zu diesem Zwecke waren bereits lange Zeit hindurch
Unterhandlungen zwischen Napoleon, der italienischen Regierung und Beust im Gange, als Napoleon, vor dem Zustandekommen der Übereinkunft, mit seinem einseitigen Auftreten
den Krieg provozierte. Beust wagte es nicht sich ihm offen
anzuschliefsen. Er fürchtete sich vor diesem Schritte, denn

die Armee war nicht fertig, und er besorgte auch die
Einmischung Rußlands. Indessen setzte er die Unterhandlungen unter der Hand fort, und schickte sich an mittler-
weile die Aktionsfreiheit Deutschlands zu Gunsten Napoleons
dadurch zu schwächen, daß unsere Monarchie, jeder offenen
Erklärung aus dem Wege gehend, an den östlichen Grenzen
Deutschlands eine drohende Stellung einnehme.

Den entscheidenden Schritt konnte jedoch Beust im
Sinne des Ausgleichs ohne Mitwirkung der ungarischen
Regierung nicht thun. Er mußte darüber ins Reine
kommen, ob er auf die Unterstützung Ungarns zählen
könne. Zu diesem Zwecke wurde unter dem Vorsitze
Sr. Majestät ein Kronrat gehalten.

Das Ziel der ungarischen Regierung stand zu jenem
Beusts in diametralem Gegensatze. Der damalige ungarische
Ministerpräsident, Julius Andrássy, wollte keine Einmischung
in den Krieg. Er glaubte, im Gegensatze zu Beust, an
den Sieg der deutschen Waffen. Er perhorrescierte, im
Gegensatze zu Beust, die deutsche Mission der Monarchie,
und wollte nicht die Wiedererwerbung ihrer bis 1866 in
Deutschland eingenommenen Stellung. Er fürchtete im Interesse Ungarns und der Monarchie nichts so sehr, wie das
Wiederaufleben der alten deutschen Ambition Österreichs.
Er sah die Mission der Monarchie im Osten, nicht im
Westen. Er wünschte, im Gegensatze zu Beust, lieber den
Sieg der Deutschen. Er würde in keinem Falle seine Zustimmung dazu haben geben können, daß wir denselben
durch unsere Stellungnahme verhindern, und noch weniger
würde er seine Zustimmung zum Beschlusse einer kriegerischen Aktion haben geben können. Da er die Mission
der Monarchie im Osten suchte, würde er bloß in dem
Falle geneigt gewesen sein auch einen Krieg zu riskieren,
wenn er unsere orientalischen Interessen gefährdet gesehen
hätte. Für diese aber war ihm bloß vor einer deutsch-

russischen Kooperation bange. Er befürchtete, dafs, wenn
diese zustande käme, Rufsland im Orient auf unsere
Rechnung seinen Lohn gewinnen würde. Für diesen Fall
also war er bereit Sr. Majestät auch die Teilnahme am
Kriege anzuraten. Aber, wie gesagt, er hielt dies einzig
und allein in diesem Falle für zulässig. Bis zum Eintritte
dieses Falles riet er die vollständigste und entschiedenste
Neutralität an. Eine solche Neutralität, welche, Preufsen
beruhigend, dessen Aktionsfreiheit nicht alteriere, auf dessen
Kriegschancen keinen nachteiligen Einflufs übe. Zu gleicher
Zeit jedoch empfahl er, im Hinblick auf die Eventualität
orientalischer Komplikationen, dafs die Monarchie mobilisiere,
jedoch gegen keinen der kämpfenden Teile, sondern blofs
zu dem Zwecke, die Freiheit unserer Politik für alle Fälle
zu bewahren, und uns gegen die schädlichen Folgen eines
eventuellen deutsch-russischen Bündnisses zu schützen.

Im Rate der Krone wurde die Meinung Andrássys
angenommen. Beust, welcher fühlte, dafs seine Politik
ohne die Unterstützung Ungarns unausführbar sei, und dafs
hinter der ungarischen Regierung die grofse Mehrheit der
ungarischen Nation stehe, gab sich mit der Neutralitäts-
erklärung zufrieden. Wenn damit auch jene seine Hoffnung
vereitelt wurde, dafs unsere Monarchie durch zweideutige
Haltung einen Teil der Kraft Preufsens an die Grenzen
Böhmens binden werde, und wenn er auch fühlte, dafs die
offene Erklärung der Neutralität ein der deutschen Sache
geleisteter Dienst sei, tröstete ihn der zweite Teil des Be-
schlusses des Kronrates, die Anordnung der Rüstung. Er
sah darin ein Werkzeug des Krieges. Er dachte, dafs diese
Rüstung es unserer Monarchie möglich machen werde, ohne
Zeitverlust den günstigen Augenblick zur Einmischung ergreifen zu können. Er wollte sich unter dem Deckmantel
der Neutralität zum Kriege vorbereiten. Diese seine Absicht erklärt er selbst in einer an dem auf den Neutralitäts-

beschluß folgenden Tag an den Pariser Botschafter unserer
Monarchie, Fürsten Metternich, gerichteten vertraulichen
Note.

Bis dahin wollte er die Zeit zur diplomatischen Vorbereitung des Krieges ausnützen. Er bemühte sich hinter
dem Rücken der ungarischen Regierung und gegen die
gemeinsame Übereinkunft, in Florenz und Paris eine Tripel-
allianz zustande zu bringen. Beust vertraute auf den Sieg
der französischen Waffen, und glaubte, daß es nach den
ersten französischen Erfolge möglich sein werde auch die
ungarische öffentliche Meinung für seine Politik zu gewinnen.

Während dieser Zeit machte die ungarische Regierung, im Gegensatze zu Beusts geheimem Wirken, für
den offiziellen Standpunkt der Monarchie, für die aus
ihrer Initiative entsprungene Politik Aktion. Sie wurde
darin von der großen Mehrheit des ungarischen Parla-
mentes warm unterstützt. Darin ging das linke Centrum voran. Der Führer desselben, Koloman Tisza, nahm
in der am 28. Juli gehaltenen Sitzung des Abgeordnetenhauses „mit voller Freude und Beruhigung" die Erklärung
Andrássys entgegen, daß er als unsere Politik die Neutralität bekenne, und „daß nach seiner Überzeugung die
Wiedererwerbung der in Deutschland im Jahre 1866 auf-
gegebenen Stellung der Monarchie keinen Nutzen, wohl
aber Nachteil und Gefahr bringen könnte."

Diese Erklärung und die entschiedene Stellungnahme
des ungarischen Parlaments waren natürlich ein Hemmschuh
für Beusts Wirken. Sie zählten als politische Thatsache
und wirkten auf die öffentliche Meinung Europas beruhigend.
Sie konnten auch Beust Stoff zum Denken geben. Wie
sollte er seine Pläne durchführen, wenn die eine Gesetzgebung, ohne deren Opferwilligkeit kein Krieg geführt
werden konnte, denselben so unbedingt Feind war und
entschieden für die Politik Farbe bekannte, vor welcher

auch er sich gebeugt hatte, welche er aber unter der Hand
eludieren wollte?

Der Verschärfung des Gegensatzes beugten glücklicher-
weise die deutschen Siege vor. Nach Wörth verlor auch
Beust seine Kriegslust. Die ungarische Politik triumphierte
vollständig. Zum Siege verhalfen ihr, aufser der raschen
Entscheidung auf dem Kriegsschauplatze, jene konstitutionellen Mittel, welche der Ausgleich der Nation gegeben
hatte: einesteils der Einflufs der ungarischen Regierung
auf die Leitung der auswärtigen Politik, anderenteils das
Kontrollrecht des Parlaments über seine eigene Regierung,
welche infolge ihrer Solidarität mit der gemeinsamen Regierung, auch diese letztere unter den Einflufs des Parlaments gelangen liefs.

Im Wege des ersten Mittels nahm die Monarchie die
von Ungarn gewünschte Politik an, das andere Mittel aber
verlieh dieser Politik Kraft gegen die geheimen Pläne Beusts.
Andrássy sagte vor dem Ausbruche des Krieges Gramont,
dem damaligen Wiener Botschafter Frankreichs, er halte
es für seine Pflicht, Napoleon III. den warnenden Wink zu
geben, er möge, falls er mit Preufsen in einen Krieg verwickelt würde, auf österreichisch-ungarische Hilfe nicht
rechnen. Ob ihm nun Beust, oder irgend ein anderer Hoffnung darauf mache, er möge ja nicht glauben, dafs diese
ihr Versprechen einzulösen vermöchten. Ungarn würde
dies nicht zulassen können. Napoleon hat diesem Rate
nicht gefolgt und hat dafür gebüfst. Die Thatsachen haben
Andrássy Recht gegeben. Sie haben bewiesen, dafs die
Monarchie seit dem Ausgleiche gegen den Willen Ungarns
keine Politik führen könne.

Ich frage, ob es seit der Katastrophe von Mohács eine
Zeit gegeben hat, von welcher dies gesagt werden könnte?
ob es seit jenem Unglückstage eine Zeit gegeben hat, wo
ein ungarischer Staatsmann in solchem Tone hätte sprechen

können, wie er es jetzt vermochte? Ich frage weiter, ob
es seit der eben erwähnten Katastrophe eine Zeit gegeben
hat, in welcher der Wille Ungarns auf so tiefgreifende, so
hochwichtige europäische Ereignisse entscheidenden Einfluſs
geübt hätte? Ungarisches Geld und Blut hat in der Weltgeschichte mehrmals Spuren zurückgelassen; aber die ungarische Politik, der Wille des ungarischen Staates ist in den
letzten Jahrhunderten niemals imstande gewesen in solchem
Maſse zur Geltung zu gelangen. Er ist jetzt nach Verlauf
langer Zeit zum erstenmal ein maſsgebender Faktor der
groſsen Gestaltungen geworden.

Die Politik, welche die Monarchie in dieser Krise befolgt hat und welche in erster Linie auf den ungarischen
Einfluſs zurückgeführt werden kann, war der Ausgangspunkt jener ganzen Entwickelung, welche im deutschen
Bündnis ihren Abschluſs gefunden hat und kraft ihrer Folgen
die jetzige internationale Gestaltung Europas bestimmt. Wie
ihr Anfang, so war auch ihre Fortsetzung in Harmonie mit
dem Willen Ungarns, denn sie hat mit den alten österreichischen Traditionen, mit den westlichen Ambitionen gebrochen, sie hat der Monarchie den Frieden gesichert und
ihr freie Hand gegeben zur Wahrung ihrer orientalischen
Interessen, welche in erster Linie Ungarn und durch dieses
die ganze Monarchie berühren.

Die zweite groſse auswärtig-politische Krise, welche
unsere Monarchie durchlebt hat, war der türkisch-russische
Krieg. Seit dem Bestande des Ausgleichs ist dieser auch in
der Entwickelung Europas das zweite hochwichtige Moment
gewesen. In welchem Maſse ist damals das Interesse Ungarns, der gesetzmäſsige Einfluſs Ungarns zur Geltung gekommen? Die Initative zur Politik der Monarchie ging
nicht von den Organen des ungarischen Staates aus. Die
Politik der gemeinsamen Regierung wurde auch von der
ungarischen Regierung und vom ungarischen Parlament

angenommen. Es war zwischen jenen Faktoren, deren Übereinkunft die äufsere Politik unserer Monarchie übertragen ist, kein Gegensatz vorhanden, wie im Jahre 1870. Der Geschäftsgang verlief im regelmäfsigen, im erwünschten Strombett.

Aber die verfassungsmäfsigen Rechte Ungarns traten auch bei dieser Gelegenheit in sehr eklatanter Weise zu Tage. Das Parlament und die Delegation Ungarns ist in diesen aufgeregten Zeiten wiederholt der Mittelpunkt des europäischen Interesses gewesen. Die Abstimmungen des ungarischen Abgeordnetenhauses, die Verhandlungen der Delegation waren politische Thatsachen ersten Ranges, welche über die orientalische Krisis, über den europäischen Frieden entschieden. Es kann ohne Übertreibung gesagt werden, dafs das Schicksal Europas, die Zukunft der europäischen Entwickelung auch von der Gestaltung der ungarischen Parteiverhältnisse abhing. Es fehlte wenig dafs mit dem Siege der Opposition die Politik der Monarchie eine ganz andere Richtung genommen hätte, und wir in einen blutigen Krieg verwickelt worden wären. Es hing an einem Haare, dafs wir, indem wir uns mit der Türkei indentifizierten, dem Verlauf der Krise eine ganz andere Richtung gegeben hätten. Das Parlament Englands ausgenommen, ist keine Gesetzgebung Europas auf den Verlauf dieser hochwichtigen Ereignisse von so entscheidendem Einflufse gewesen wie die ungarische Gesetzgebung.

Die Neutralität unserer Monarchie lokalisierte den Krieg, ihr energisches Auftreten brachte den Frieden von San Stefano vor einen europäischen Areopag, in Berlin aber brachte unser dominierender Einflufs die friedliche und dem Machtgleichgewicht Europas günstige Lösung zu Stande. All dies wäre unterblieben, all dies hätte sich anders gestaltet, wenn die ungarischen Parteiverhältnisse sich geändert hätten. Alles dies wäre verändert worden, wenn zwölf

ungarische Politiker anders gestimmt hätten, wenn Tifza und
mit ihm die gemeinsame Regierung gefallen wären.

Die Entwickelung des Orients, das europäische Gleichgewicht, alles würde eine andere Gestalt angenommen haben,
wenn die ungarische Abgeordnetenkammer oder Delegation
anders entschieden hätte. Wann ist dies so gewesen in jenen
Zeiten, wo die Rechte der Nation noch nicht „preisgegeben"
waren, wo das so sehr beweinte berühmte Gesetz vom Jahre
1791 noch in Geltung stand? Wenn der Ungar noch einige
solche Rechtspreisgebungen erlebte, wie er mit dem 1867er
Ausgleich erlebt hat, würden wir es wahrlich weit bringen
können.

Es ist wahr, die orientalische Politik unserer Monarchie
ist damals nicht populär gewesen, ein grofser Teil der
ungarischen öffentlichen Meinung hat sich auch gegen sie
erklärt. Aber die Gesetzgebung, welche allein zur Vertretung Ungarns berufen ist, welche die Pflicht hat, nach
ihrer eigenen Überzeugung vorzugehen, die Nation vielmehr
zu leiten, als sich von ihr leiten zu lassen, welche nicht
hinter der öffentlichen Meinung, der wankelmütigen, unauf-
geklärten öffentlichen Meinung herlaufen darf — die Faktoren des konstitutionellen Ungarns haben diese Politik ge-
billigt, sie angenommen und sie damit möglich gemacht.
Der das Interesse spannende grofse konstitutionelle Kampf,
welcher unserer definitiven Stellungnahme voranging, hat es
ganz Europa, die ungarische Nation, auch die gemeinsame
Regierung fühlen lassen, dafs Ungarn ein freier Staat sei,
dessen Wille ein mafsgebender Faktor der Politik unserer
Monarchie ist.

Wenn es auch ein schwerer Kampf gewesen ist, welchen
die Politik in diesen Jahren im Lande hat kämpfen müssen,
hat nachträglich die ungarische öffentliche Meinung mit
ihrer vollen Kraft die Folgen dieser Politik sich eigen gemacht, sie hat die Vorteile derselben eingesehen, und ist

heute die mächtigste Hüterin der Errungenschaften derselben.
Die leitende Idee der auf dem Berliner Kongresse zum
Ausdruck gelangten Politik ist die, daſs die orientalischen
christlichen Staaten, wenn sie nur nicht, ihren natürlichen
Grenzen entgegen, auf der Unterdrückung anderer gleich-
berechtigter Völker beruhen, uns nicht nur nicht zum Nach-
teil, sondern unsere natürlichen Verbündeten sind, deren
Schutz, deren Unterstützung der Beruf dieser Monarchie ist.
Diese Idee wird heute am bewuſstesten und am energische-
sten von der ungarischen öffentlichen Meinung vertreten.
Eine der verläſslichsten Stützen dieser Idee, sowie auch des
deutschen Bündnisses, ist jener Einfluſs, welchen unsere
Verfassung den Faktoren des ungarischen Staates auf die
Leitung der auswärtigen Angelegenheiten gewährt. Als
Ruſsland das sich von dessen Vormundschaft immer mehr be-
freiende Bulgarien von neuem in seinen Machtkreis ziehen
wollte, öffnete sich dem verfassungsmäſsigen Einflusse Ungarns wieder eine Gelegenheit, sich geltend zu machen.
Die Stimmung des ungarischen Parlaments ist der eine
Faktor gewesen, welcher die Leitung der auswärtigen Angelegenheiten antrieb, öffentlich zu erklären, daſs der Schutz
der Selbständigkeit der orientalischen Staaten auch fürderhin
ihr Programm bilde, und daſs sie es nicht zulassen könne,
daſs die vertragsmäſsigen Rechte der orientalischen Völker
durch welchen Staat immer verstümmelt werden. Die Antwort Tiſzas auf die in dieser Angelegenheit an ihn gerichtete Interpellation ist in dieser Phase der Ereignisse die
entschiedenste und erfolgreichste Thatsache der auswärtigen
Politik gewesen.

Das im ungarischen Parlament aufgestellte Programm
und das begeisterte Echo, welches dasselbe bei den politischen Faktoren des ungarischen Staates fand, verlieh Bulgarien Kraft zur Ausdauer und mahnte Ruſsland daran,
daſs die Fortsetzung seiner gewaltthätigen Politik zu einem

auch von ihm selbst nicht gewollten Konflikt führen könnte. Der ungarische Einfluß ist auch in diesem Falle zu einer Thatsache von internationaler Wichtigkeit geworden, und zwar zu einer Thatsache, welche die Position der Monarchie nur stärkte, dem Worte des auswärtigen Amtes nur Gewicht verlieh.

Aus diesen Beispielen, und daraus, daß seit fünfundzwanzig Jahren die auswärtige Politik vollständig in einer mit der ungarischen Auffassung übereinstimmenden Richtung fortschreitet, erhellt zur Genüge die Wahrheit jener meiner Behauptung, daß das den ungarischen verfassungsmäßigen Faktoren gesicherte Recht wenigstens hinsichtlich der auswärtigen Angelegenheiten ins Leben übergegangen ist, thatsächlich ausgeübt worden ist und ausgeübt wird. Ungarn ist wieder zu einem der Faktoren der internationalen Politik geworden. Nicht als vollständig unabhängige Kraft, sondern als mehr als dies, als einer der maßgebenden Faktoren einer größeren Macht, der österreichisch-ungarischen Monarchie. Ungarn kommt durch Österreich und Ungarn in Europa zur Geltung. Es hat im Wege des vom Gesetze verliehenen Einflusses seiner Regierungen, seines Parlaments und seiner Delegation immer erreicht, daß die Politik der gemeinsamen Regierung mit den Interessen und der Auffassung Ungarns im Einklang stand. Wir machen die Wahrnehmung, daß ein jedes der Ungarn vorbehaltenen Rechte ausgeübt worden ist, daß außer dem Einflusse der ungarischen Regierung und außer der regelmäßig wirkenden Kontrolle der Delegation auch das Parlament selbst an der Kontrollierung der auswärtigen Politik lebhaft und wirksam Anteil genommen hat. Wir haben den uns im Sinne des Ausgleiches zu Teil gewordenen Einfluß ausgiebig ausgeübt. Ja infolge unseres mehr entwickelten konstitutionellen Lebens, in Folge der Einheitlichkeit unserer öffentlichen Meinung, ist unser Wort bisher mit größerem Gewicht in die gemeinsame Wagschale

gefallen, als das Wort des politisch weniger einheitlichen
Österreich.

Das Gewicht Ungarns wird auch dadurch bewiesen,
daß die öffentliche Meinung Europas in größerem Maße
beginnt sich mit uns zu beschäftigen und sich mit unseren
politischen Verhältnissen bekannt zu machen, als sie es bisher gethan hat. Die auswärtige Diplomatie studiert unsere
Verhältnisse in einem bisher niemals gekannten Maße.
Leider ist sie in der Regel noch mangelhaft informiert,
nimmt sie viele solche Erscheinungen, welche eine bedeutend
geringere Wichtigkeit haben, als die man ihnen beizumessen
pflegt, in der Regel viel zu tragisch; aber man kann ihr
jene immer mehr Verbreitung gewinnende Auffassung ansehen, daß der maßgebende Faktor der Monarchie heute
Ungarn ist, und daß derjenige, welcher die künftige Politik
der Monarchie kennen will, auch mit der politischen Tendenz
Ungarns im Reinen sein müsse. Die Wichtigkeit Ungarns
für die europäische Politik dringt immer mehr in den
Vordergrund, gewinnt ein immer stärkeres Relief.

Unser Einfluß ist für die Monarchie heilsam gewesen.
Er hat zu keinem Konflikt mit Österreich geführt. Das
entscheidende Wort des Königs, die ihm vorbehaltene oberste
Leitung, die Institution der Delegationen und der politische
Takt, mit welchem wir unseren Einfluß ausüben, haben die
Rechte Ungarns mit den Existenzinteressen der Monarchie in
Einklang zu bringen gewußt.

Mit einem Worte, die Erfahrung beweist, daß nicht
diejenigen Recht hatten, welche bei der Schaffung des Ausgleiches sagten, daß wir Rechte verloren, daß wir auf dem
Gebiete der auswärtigen Angelegenheiten abdiziert haben,
sondern diejenigen, welche sagten, daß wir einen Einfluß,
eine Macht erworben haben, wie wir sie seit Jahrhunderten
nicht besessen hatten. Die Erfahrung zeigt, daß unsere
Rechte zur Geltung gekommen sind, und daß die Monarchie

damit nur gewonnen hat. Es hat sich glänzend bestätigt,
dafs auch diejenigen irrten, welche vor dem Zustandekommen des Ausgleichs befürchtet hatten, dafs das
dualistische System die Kraft der Monarchie gefährde; dagegen hat die Erfahrung denjenigen Recht gegeben, welche
Seiner Majestät verhiefsen, dafs die Monarchie nie so
stark sein werde, als wenn die Rechte des ungarischen
Staates respektiert werden. Es hat sich erwiesen, dafs der
Ausgleich die europäische Stellung unserer Monarchie zu-
rückzuerobern gewufst hat, dafs dieses System im Stande
ist, allen Erfordernissen der auswärtig-politischen Situation
zu entsprechen, und wenn nöthig, die Monarchie auch mit
neuen Provinzen zu bereichern, ohne dafs der Dualismus
gefährdet würde. Die Erfahrung hat auch bewiesen, dafs
Europa mit der neuen Einrichtung unserer Monarchie nur
gewonnen hat, denn eine mit sich selbst zerfallene und eben
darum zu einer abenteuerlichen Politik geneigte Macht ist
durch eine zufriedene, friedliche, nach Eroberungen nicht
verlangende Monarchie abgelöst worden.

Auch diese günstige Folge des legitimen Einflusses
Ungarns sichert den ferneren Fortbestand dieses Einflusses.
Da die Wirkung der neuen Gestaltung eine heilsame ist,
darf dieselbe auf die aufrichtige Unterstützung aller mafsgebenden Faktoren zählen.

Hinsichtlich der Armee ist es zufolge der Natur der
Sache viel schwieriger zu konstatieren, ob wir unsere aus
dem Ausgleich entspringende Stellung in derselben thatsächlich eingenommen haben oder nicht. Dafs den positiven
Gesetzen keine Beeinträchtigung widerfahren ist, und dafs
unsere öffentlichen Zustände auch auf diesem Gebiete in
jeder Hinsicht dem Rechte entsprechen, kann nicht in Zweifel
gezogen werden. Gegenstand der Frage kann nur das sein,
ob sich auch die inneren Verhältnisse der Armee den Anforderungen des Rechtszustandes angepafst haben: ob jene

Thatsache, dafs die Armee auch eine Institution des ungarischen Staates ist, auch in der Armee ihre notwendigen
Folgen hat; ob auch ihre Sitten sich der neuen Verfassung
angeschmiegt haben?

Es ist schwer, auf diese Fragen eine bestimmte Antwort
zu geben. Schwer gemacht wird dies durch die Natur unserer
aus dem Ausgleich entspringenden Stellung und unserer
diesbezüglichen Rechte. Wie ich nachzuweisen bemüht war,
hat der ungarische Staat keinerlei Recht erworben, auch nicht
erwerben wollen, welches sich notwendigerweise in der besonderen Organisation, in der äufseren Erscheinung der ungarischen Heeresteile widerspiegeln würde. Die gesamte
Folge unserer staatsrechtlichen Stellung ist die, dafs wir
fordern können, dafs der Geist der Armee mit der dualistischen
Staatsform in Harmonie sei.

Der Geist irgend eines Organismus hat kein Thermo-
meter von untrüglicher Verläfslichkeit. Die Armee schweigt,
arbeitet, aber sie äufsert sich nicht. Wie kann man es also
sicher wissen, in wiefern sich ihre alte Auffassung geändert
hat, und inwiefern sie sich den neuen Verhältnissen accommo-
diert hat? Man kann kaum von Thatsachen sprechen,
sondern blos von Impressionen, welche je nach den auch
vom Ungefähr abhängenden persönlichen Erfahrungen verschieden sein können. Die Armee besteht aus Hunderttausenden, und da das Gefühl, die Auffassung dieser Hunderttausende in vielem von einander abweicht, wie kann man
den Geist des Gros, der Mehrheit, die herrschende Richtung
deutlich erkennen und konstatieren? Es bleibt für die
tendenziöse Mifsdeutung ebenso, wie für die aufrichtige, aber
einseitige Auffassung immer ein weiter Raum.

Aber wenn es auch schwer ist, der Entwickelung des
Geistes der Armee in ihren Einzelheiten zu folgen, kann
doch, glaube ich, soviel mit Sicherheit behauptet werden,
dafs die Richtung der Entwickelung die richtige, die

wünschenswerte ist. Die Armee ist das Werkzeug des Absolutismus gewesen, sie hat die Centralmonarchie gewollt und ihr gedient. Heute ist diese Richtung im Aussterben. Heute wird in der Armee das Bewußtsein immer stärker, daß einer der Hauptfaktoren ihrer Kraft in jener Harmonie besteht, welche sie mit den Gefühlen der Nationen aufrechtzuhalten im Stande ist; heute wird es bereits allgemein anerkannt, daß der ungarische Patriotismus mit der Treue des guten Soldaten nicht inkompatibel ist.

Die alte Auffassung ist im Stadium des Aussterbens. Die Jugend, die neue Generation steht großenteils bereits auf dem Standpunkte, auf welchen sie die Natur der Dinge hinlenkt, auf welchen sie das Interesse der Armee, die Intention des Königs hinweist. Daß die allerhöchste Leitung, der Wille unseres konstitutionellen Königs in dieser Richtung gewirkt hat und wirkt, dies beweist auch jenes eine allerhöchste Handschreiben, welches Seine Majestät anläßlich des berüchtigten Janszky-Falles erlassen hat.

Aber darum behaupte ich auch selbst nicht, daß der Geist der Armee bereits völlig jener Anforderung entspricht, welche ich weiter oben ausgedrückt habe. Es können, leider, selbst in hohen Kreisen, Auffassungen wahrgenommen werden, welche den großen Wert des ungarischen nationalen Selbstgefühls im Soldaten nicht zu würdigen wissen. Wir hören alle Augenblicke Stimmen, welche uns an die alten Zeiten erinnern.

Aber darüber kann man sich nicht wundern. Es giebt auch heute noch Viele, die mit den Waffen in der Hand gegen die ungarischen Aspirationen gekämpft haben, die in den Ungarn noch immer 1849er sehen. Die eingewurzelte Ansicht dieser wird sich nicht ändern. Diejenigen, welche sich bis jetzt von der Veränderung der Zeiten nicht überzeugt haben, werden ihre fixe Idee ins Grab mitnehmen. Wenn wir uns von diesen Elementen hätten befreien wollen,

würden wir nichts anderes zu thun vermocht haben, als
eine Razzia gegen sie zu veranstalten, als vom Kommando
zu fordern, dafs es diese Veralteten einzeln aus der Armee
ausschliefse. Aber hätten wir gut daran gethan? Es würde
ein entschiedener Fehler gewesen sein. Die Armee hat
nicht die Aufgabe zu politisieren. Die Armee hat die Aufgabe zu gehorchen und bei gegebener Gelegenheit zu
kämpfen. Solange kein Zweifel darüber obwaltet, dafs
irgendeiner bereit sein wird, auf das Kommando des Kriegsherrn sein Blut zu vergiefsen, solange er sich der Disziplin
unterwirft, solange er militärisch brauchbar ist, solange kann
er in der Armee geduldet werden. Die irrige politische
Auffassung Einzelner kann nicht gefährlich sein, denn nicht
sie, sondern der König bestimmt wann und für wen sie
kämpfen sollen.

Die Verfolgung derselben würde demnach überflüssig
und nebenbei auch noch schädlich sein, denn sie würde in
der ganzen Armee böses Blut machen. In Ehren ergraute
Veteranen wegen ihres politischen Glaubensbekenntnisses zu
strafen ist das sicherste Mittel, uns die Armee zu entfremden.
Es ist überhaupt ein grofser Fehler, wenn das Parlament
seine Kontrollrechte in der Weise ausüben will, dafs es sich
über das notwendige, über das unumgängliche Mafs hinaus
in die Angelegenheiten der Armee einmengt. Dies ist ein
Fehler bei uns und ein Fehler in jedem Staat der Welt.

Es existiert überall ein gewisser Gegensatz zwischen
der Armee und dem Parlament. Diese beiden Körperschaften huldigen entgegengesetzten Lebensgesetzen. Das
belebende Princip der einen ist die Disciplin, der bedingungslose Gehorsam gegen den Kommandanten; das der anderen
das freie Wort, die Kritik. Das belebende Princip der
einen ist die vollständige Stabilität, die Unveränderlichkeit
des in ihr herrschenden Systems; der unauslöschliche
Charakterzug der anderen ist eine gewisse Veränderlichkeit

des in ihr herrschenden Systems, die Wechselwirtschaft. Die über die angemessenen Grenzen hinausgehende Einmischung der Parlamente würde in jedem Lande der Welt die in der Armee immer versteckte Antipathie gegen die parlamentarische Institution wachrufen. Sie würde nicht imstande sein die Auswüchse der Soldateska auszurotten, ja sie würde dieselben nur lebendiger machen.

Zu dieser Erfahrung würde auch das ungarische Parlament gelangen, wenn es auf die Entwickelung des Geistes der Armee gewaltthätig Einfluß üben wollte. Wo die Umknetung des Geistes der Armee notwendig geworden war, ist dieselbe immer nur allmählig, nur stufenweise erreicht worden. Allmählig, stufenweise ist aus Napoleons Armee eine royalistische Armee, aus der royalistischen Armee eine napoleonische, und aus dieser eine republikanische geworden; und doch haben die in Frankreich eingetretenen Veränderungen unmittelbarer auf die Armee gewirkt, als diejenige, welche in unserer Monarchie eingetreten ist, denn dieselben haben die Person des Oberkommandanten betroffen, für die Armee ist es aber immer und überall die allerhöchste Lebensbedingung, die allererste Regel, daß sie mit dem allerhöchsten Kriegsherrn in vollkommener Harmonie sei.

Ludwig XVIII. hat einen großen Teil der Marschälle Napoleons I. behalten, Napoleon III. die Soldaten Ludwig Philipps, die Republik die Napoleons III. Und doch ist dort nicht bloß in der Politik, in den auf die Verfassung bezüglichen Auffassungen die Abweichung zwischen der Vergangenheit und der Gegenwart vorhanden gewesen, wie bei uns, sondern der Gegensatz zwischen den einander ablösenden Systemen ist ein so hochgradiger gewesen, daß mit Grund an der Treue jenes Soldaten gezweifelt werden konnte, der dem früheren Systeme gedient hatte. Bei uns konnte ein solcher Zweifel nicht aufkommen. Wenn der alte Soldat die neue Politik seines Kaisers auch nicht

versteht und auch nicht billigt, wird er doch auch dieser
Politik mit seiner vollen Kraft dienen, wird er doch auch
zum Schutze dieser neuen Politik bereit sein, sein Leben
aufzuopfern, wenn sein Kaiser es gebietet. Es ist wahr, er
wird dann nicht den Staat schützen wollen, welchem er
ebenfalls unterthan ist, sondern seinen Herrscher; aber diesen
schützend, schützt er auch uns, ob er es nun will, oder nicht.

Aber unsere Nachsicht, unsere Geduld hat natürlicherweise
ihre Grenze. Wenn wir vor den Ansichten des Veteranen
ein Auge zudrücken, dürfen wir mit Recht fordern, dafs
er dieselben bei sich behalte, dafs er mit denselben nicht
Schule mache, dafs er die Würde des Staates nicht verletze,
und dafs er den berechtigten Äufserungen des ungarischen
Patriotismus nicht in den Weg trete, wenn ihm derselbe auch
nicht behagt. Indem wir dies von ihm fordern, fordern wir nur
das, was seine militärische Pflicht ist: den blinden Gehorsam gegenüber den Gesetzen, gegenüber der Intention des
Königs und Enthaltsamkeit von jeder Demonstration und
Politik. Wenn er mit diesen seinen Pflichten in Gegensatz
geriete, dann wird es der ungarischen Regierung zur Pflicht,
ausreichende Reparation zu fordern. Wenn sie dies verab-
säumt, schadet sie nicht allein dem ungarischen Staate,
sondern schadet auch der Armee, denn sie erregt in der
Nation Antipathie gegen die Armee, aber dies würde sich
bei der allgemeinen Wehrpflicht, bei den grofsen Rechten
des Parlaments, früher oder später gewifs und bitter rächen.

Doch möge an dieser Stelle davon so viel genügen.
Später komme ich noch auf jene Politik zurück, welche
wir in militärischen Angelegenheiten meiner Ansicht nach
befolgen müssen. Jetzt will ich nur noch die Wirksamkeit,
die erreichten Resultate des Ausgleichs in den eigentlichen
inneren Angelegenheiten Ungarns kurz beleuchten.

Ist wohl der tote Buchstabe des Gesetzes auch auf diesem
Gebiete zur Wirklichkeit geworden?

Auf wirtschaftlichem Gebiete hat der Zollvertrag die Unabhängigkeit des Landes von Zeit zu Zeit gebunden. Auf diesem Gebiete kann daher von der vollen Ausübung der Selbständigkeit nicht die Rede sein. Diese Verpflichtungen sind jedoch insgesamt Folgen frei übernommener, der Befriedigung unserer eigenen wirtschaftlichen Interessen dienender Verträge, und beweisen deshalb nicht eine Überschreitung der gesetzlichen Befugnisse der gemeinsamen Institutionen; sie sind nicht Ergebnisse gesetzwidriger Abhängigkeit, sondern Folgen des wohlerwogenen Willens, der richtig verstandenen wirtschaftlichen Interessen Ungarns.

Wo es nicht durch einen solchen besonderen Vertrag beschränkt ist, wird unser Recht auch mit voller Freiheit ausgeübt. Diese Wahrheit bedarf gar nicht des Beweises. Diejenigen, die jene Schlagwörter lancieren, daß Ungarn auch heute noch eine Provinz, auch heute nicht unabhängig sei, berufen sich auch gar nicht auf Thatsachen, auf Beweise. Seitdem unser König auf unsere Verfassung den Eid geleistet hat, haben unsere Rechte nie einen Abbruch erlitten, ist in denselben nie ein inkompetenter Einfluß zur Geltung gekommen. Es existiert kein einziger Fall dafür, daß sich Österreich in die inneren Angelegenheiten Ungarns eingemischt hätte, daß die ungarischen inneren Angelegenheiten österreichischen Rücksichten, österreichischen Interessen gemäß erledigt worden wären. Als Illustration der vollständigen Unabhängigkeit unserer Politik kann die kirchenpolitische Campagne der nahen Vergangenheit dienen.

Die Kirchenpolitik ist ihrer Natur nach jener Teil des inneren Lebens der Staaten, welcher von äußeren Einflüssen am schwersten isoliert werden kann, welcher auch mit internationalen Kräften rechnen muß, dessen Wirkung auch über die Landesgrenzen hinaus fühlbar ist. Deshalb ist in den alten Zeiten die allerhöchste Leitung der Kirchenpolitik Ungarns immer gezwungen gewesen, sich jenen politischen

Gesichtspunkten zu accommodieren, welche in der europäischen Politik des Kaiserhauses mafsgebend waren. Der
deutschländischen Politik des kaiserlichen Hauses entsprechend wurde auch das Verhalten des ungarischen
Staates in den ungarischen Religionsangelegenheiten festgestellt. Die grofse katholische Reaktion wurde durch
Rudolf II., Ferdinand II. und ihre deutschen Räte auch
Ungarn aufgezwungen, dessen Interesse dieselbe doch diametral zuwiderlief. Später hat der Staat aus europäischen
Rücksichten eine tolerantere Kirchenpolitik befolgt, als die
ungarische Mehrheit wollte. Mit einem Worte, es sind
immer ausländische Rücksichten mafsgebend gewesen und
nie vaterländische.

Die Geschichte der jetzt befolgten Kirchenpolitik beweist glänzend den Wandel der Zeiten. Sie ist von Anfang
bis zu Ende auf ungarischem Boden gewachsen, in vollem
Gegensatze zu jener Politik, welche in Österreich herrschte.
Während sie bei uns eine entschieden liberale Richtung
nahm, blieb sie in Österreich in konservativem Geleise.
Jedermann weifs, dafs unsere Richtung in Österreich die
gröfsten Antipathieen erweckte, dafs unsere liberale Politik
von den mafsgebenden Faktoren des österreichischen Staates
nicht blofs aus Opportunitätsrücksichten, sondern aus principiellen Ursachen, nicht blofs aus katholischem, sondern auch aus österreichisch-politischem Gesichtspunkte
mit der gröfsten Besorgnis, mit dem gröfsten Mifsmute auf-
genommen worden ist, und dafs auch der gemeinsame
Minister des Äufsern unsere Politik nicht für zweckmäfsig
und richtig gehalten hat. Aber sie ist trotz alledem zur
Geltung gelangt. Unsere vollständige Unabhängigkeit ist
besser als durch jede Phrase dadurch bewiesen worden,
dafs Ungarn auch in dieser heiklen, in vieler Hinsicht auch
auf Österreich zurückwirkenden, internationale Interessen
berührenden Angelegenheit seinen eigenen Weg zu gehen

und seine Politik mit Entfaltung seiner vollen Kraft durchzuführen vermocht hat.

Durch nichts wird besser, als durch die kirchenpolitische Campagne bewiesen, daß in den inneren Fragen keine Gesamtreichspolitik existiert, daß es nach Jahrhunderten dem Ausgleich zum erstenmal gelungen ist, die vollständige Aktionsfreiheit Ungarns zu sichern. Durch nichts werden jene Anklagen, daß Ungarn auch heute noch unter fremdem Einflusse stehe, gründlicher widerlegt, als dadurch, daß in der Kirchenpolitik Österreich und Ungarn völlig entgegengesetzte Richtungen verfolgen konnten, ohne miteinander in Konflikt zu geraten, ohne einander auf diesen divergenten Wegen zu stören.

Mit einem Worte, und darin kann die dreißigjährige Erfahrung zusammengefaßt werden, der Ausgleich hat seine schwierige Aufgabe erfolgreich zu lösen verstanden. Er hat uns jene Kraft verliehen, welche wir, hier an dieser Stelle, benötigen, er hat die Monarchie in ihrer Großmachtstellung befestigt, und unsere staatliche Unabhängigkeit gesichert.

Dieses Ergebnis steht in der Geschichte unserer Nation ohne Gleichen da. Seit 350 Jahren hat niemals zwischen unserem König und unserer Nation, und anderenteils zwischen den beiden verbündeten Staaten ein so gesundes Verhältnis, wie das gegenwärtige, geherrscht. Vergeblich wollen die Verkleinerer des Ausgleichs die 1867er Versöhnung auf das Niveau jener periodischen Annäherungen zwischen Herrscher und Nation herabdrücken, welche während der in der Vergangenheit geführten kriegerischen Kämpfe kurz dauernde Waffenstillstände zuwege zu bringen vermocht haben. Der heutige Zustand ist nicht ephemer, nicht die Geburt eines glücklichen Ungefährs, nicht eine Übergangserscheinung, die von Einflüssen einzelner Menschen bedingt ist, oder infolge des zwingenden Druckes auswärtiger

Gefahren aufrecht erhalten wird, und nach deren Schwinden
selber wieder aufhören kann; er ist die definitive Beendigung des jahrhundertelang geführten Prozesses.

Dies wird er wenigstens werden, wenn nicht große
Fehler begangen werden. Im Ausgleichswerke sind die
Vorbedingungen der Dauerhaftigkeit, der Definitivität vorhanden. Nur mögen dieselben nicht von unberufenen Händen
zerstört werden.

Wenn früher die von gegensätzlichen Principien ausgehenden Kräfte sich auch in irgend einem modus vivendi
zu einigen vermochten, blieb doch der eigentliche Krankheits-
erreger, die konstante Ursache neuer Kämpfe immer in
voller Kraft zurück. Ergreifend ist die Geschichte der
letzten Jahrhunderte, wo das Schicksal der ungarischen
Nation die Verwickelungen eines interessanten, spannenden
Dramas zeigt. Die große und berechtigte Ambition der
Nation maß sich mit ihrer ungünstigen Situation. Sie war
wiederholt auch ohne ihre Schuld von der Gefahr des
Unterganges bedroht. Selbst ihre Fehler finden im
Tragicum des Schicksals wenn nicht ihre Rechtfertigung,
doch ihre Entschuldigung. Auch die Kraft, welche der
Nation gegenüberstand, wurde von natürlichen, ja berechtigten Instinkten getrieben. Die Verwickelung wurde nicht
durch irgend eine Intrigue, durch die Kabale irgend eines
bösen Geistes heraufbeschworen, wie es in den schlechten
Dramen Brauch ist, sondern durch Faktoren herbeigeführt,
die dem Gesetze der Natur gemäß wirken. Die ungelösten
großen Probleme des Volkslebens veranlaßten den Kampf.
Die Ruhe, welche bisweilen eintrat, war nur die nach oder
vor dem Sturme eintretende momentane Stille, welcher vor-
aussichtlich in Bälde ein neuer Sturm folgen mußte. Diejenigen Elemente, welche das Geschick aneinander geknüpft
hatte, und welche auch thatsächlich aufeinander angewiesen
waren, welche ohne einander unter den neuen Verhältnissen

nicht hätten gedeihen können, dienten gegensätzlichen Lebens-
kräften, verfolgten gegensätzliche Ziele, Ziele, welche aus
dem Ursprunge, aus der Vergangenheit, aus den Traditionen
dieser Elemente, nicht aber aus dem freien Willensakte
einzelner Menschen hervorgingen. Die Kollision derselben
war deshalb eine Art Schicksalsfügung; eine solche war es
aber auch, daſs sie, wiewohl in schlechter Eintracht, wiewohl miteinander streitend, doch zusammenblieben.

Die ungarische Nation hatte eine freie Verfassung und
wollte dieselbe aufrecht erhalten. Konnte sie anders handeln?
Sie wählte zu ihrem Könige den deutschen Kaiser, den
Herrn der Nachbarprovinzen, aber zu dem Zwecke, daſs
er sie gegen die Eroberungszüge des Orients schütze und
daſs er ihr die verlorenen Landesteile zurückzuerwerben helfe.
Konnte es dem Lande mit zerrissenem, mit blutendem Leibe
übelgenommen werden, daſs es selbstsüchtig war und die
europäischen Interessen seines Königs nicht berücksichtigen
wollte?

Der König aber, welcher auch Kaiser war, welcher
Weltpolitik machte, und dazu auch gezwungen war, betrachtete
Ungarn als Schutzwall gegen den Osten, dessen Beruf darin
bestand, zu ermöglichen, daſs ein groſser Teil der deutschen und
österreichischen Kräfte im Dienste dieser Weltpolitik verwendet
werden, daſs der Kaiser mit Frankreich den Kampf bestehen,
in Italien, in Spanien, in den Niederlanden sein Banner
hoch flattern lassen, und in Europa die katholischen Interessen
vertreten könne. Den Türken gegenüber befolgte er bloſs
eine defensive Politik. Darf man sich darüber wundern?
Ist es nicht begreiflich, daſs jenes kleine Landgebiet, welches
für uns alles, also der Mittelpunkt der Welt war, in den
Augen des Kaisers weniger wog, als die erste Krone der
Welt, als die groſsen Interessen des Weltreichs?

Überdies wollte der Kaiser die ungarische Krone mit
seinem Hause deshalb verbinden, um die ihm zur Verfügung

stehenden Kräfte steigern zu können. Darum wollte er die
Steuern erhöhen, so oft ihn die Interessen seines Hauses
zu grösserer Kraftanspannung drängten. Darum war er bestrebt die ihm im Wege stehende ständische Verfassung zu
schwächen. War dies nicht ein natürlicher Trieb des Königtums überall und vornehmlich dort, wo dasselbe Weltreichsinteressen hatte, Interessen, um welche sich die Stände nicht
kümmerten?

Die konstante Quelle des Mißverständnisses, der Reibung,
des Übels bestand darin, dass an sich berechtigte, natürliche und starke Triebe den der gegenseitigen Unterstützung bedürftigen Teilen gegensätzliche Ziele vorsteckten.
Gegensätzlich waren nicht allein die Ziele, welche sie verfolgten, verschieden war nicht blos die Sprache, welche die
Nation und der Herrscher redeten, sondern abweichend voneinander war auch der Typus ihres Denkens, ihres Em-
pfindens. Wir und sie gehörten verschiedenen Welten an,
und dennoch mußten wir beisammen bleiben. Wir verstanden einander nicht, und dennoch mußten wir einander
helfen.

Selbst die Auffassung jenes Rechtsverhältnisses, welches
die beiden Teile aneinander band, war in Wien und bei
uns eine völlig verschiedene. Die Dynastie hielt fortwährend
an der Auffassung fest, dass ihr die ungarische Krone im
Wege des Erbrechtes zugefallen sei, die Nation aber, gleicherweise Labanzen und Kurutzen, bekannte sich dazu, dass
die Dynastie durch freie Wahl auf den Thron Stephans des
Heiligen erhoben worden sei. Als wir nahezu anderthalb
Jahrhunderte nach der Thronbesteigung Ferdinands das
Wahlrecht aufgaben, war dies in den Augen der Dynastie
nichts anderes, als die endlich erfolgte Anerkennung des gesetzlichen und rechtsmäßigen Zustandes, in unseren Augen
dagegen war dies eine Abänderung der Verfassung, ein
grosses Opfer, welches wir dem König brachten. Kann

wohl bei derartigen Divergenzen von einer ernsten Harmonie auch nur geredet werden? Kann wohl das zeitweilige Verstummen des Kampfes der Gegensätze eine definitive Ausgleichung derselben genannt werden?

Die zeitweilige Ruhe war nicht das Ergebnis der Lösung des Problems, des Aufhörens der gegensätzlichen Ziele, sondern immer nur die Folge davon, dafs die kämpfenden Kräfte in ein solches Gleichgewicht miteinander gelangt waren, dafs beide Teile mit der Aggression innehalten mufsten.

Dieser Thatsache entsprechend wurden die geschaffenen Gesetze, welche mit wenigen Ausnahmen die alte Verfassung wieder und wieder unsern Gesetzbüchern inartikulierten, und die Friedensschlüsse, welche von Zeit zu Zeit zwischen den kämpfenden Parteien zustande kamen, auch nicht als aus dem freien Willen der sich vergleichenden Parteien entspringende und alle ihre Wünsche befriedigende Übereinkünfte betrachtet, welche sie mit gemeinsamer Übereinstimmung, mit gemeinsamem Willen auch aufrechthalten wollen. Jedermann wufste von denselben, dafs sie Folgen der Machtverhältnisse seien, und deshalb nur so lange gehalten werden, als das gegenseitige Verhältnis der Kraft der Parteien sich nicht modifiziert.

Das Vertrauen und die wechselseitige Abrüstung war demzufolge ausgeschlossen. Die gegensätzlichen Geistesströmungen sahen einander feindselig Aug' in Auge, immer vorbereitet auf den Eintritt des Kampfes und eine jede auch dazu entschlossen, wenn nötig, der anderen mit dem Angriff zuvorzukommen. Im grofsen und ganzen war die Krone der aggressive Teil. Wir wollten die alte Freiheit, die alte Verfassung bewahren, die Dynastie dagegen wollte dieselbe ihren Weltreichsinteressen entsprechend modifizieren. In einzelnen Perioden jedoch sind auch wir die Angreifer gewesen. Die Offensive ist oft die einzig mögliche Defensive.

So sind Gabriel Bethlen, Georg Rákóczy I. bestrebt gewesen,
mit Ausnützung der Chancen des dreifsigjährigen Krieges,
den voraussichtlichen Gefahren zuvorzukommen, die aus
dem endlichen Siege der Dynastie entspringen konnten.
Die böhmischen Ereignisse, das Schicksal der dortigen
ständischen Verfassung, liefsen auch die pessimistischeste Auffassung als berechtigt erscheinen. Bisweilen wurden in der
Hitze des Kampfes, infolge der sich darbietenden Gelegenheit
und des Glaubens dafs, solange der Verband mit Österreich besteht, die Freiheit der Nation ewig in Gefahr
schwebe, bisweilen aber infolge der unberechtigten Ambition
einzelner, von ungarischer Seite auch den grofsen Interessen
der Nation zuwiderlaufende, weitergehende Ziele ausgesteckt.
Es blitzte in den Geistern auch die Idee der Losreifsung,
der Wiederherstellung des nationalen Königtums auf.

Aber dies waren vorübergehende Erscheinungen. Das
Gros der Nation erhitzte sich nicht sehr für diese gefährliche
Richtung. Sobald der Kampf durch die momentane Gefahr,
durch die eben damals verübte Gesetzesverletzung nicht
gerechtfertigt war, wurde die Sache der Kurutzen massen-
haft verlassen, und trat nach der künstlich erregten Flut
wieder die Ebbe ein. So wandte man sich von Tököli ab,
sobald Reichstag gehalten werden konnte und die Verfassung wieder hergestellt war. Auch Gabriel Bethlens
spätere Feldzüge konnten kein Resultat aufweisen, weil die
brennendsten Gravamina bereits bei der ersten Gelegenheit
saniert wurden. Die Labanzen sagten dem König immer,
dafs die beste Abwehr die Achtung der Gesetze sei. Sie
hatten Recht.

Aber, wenn dies auch so gewesen, ist es trotzdem nicht
verständlich, dafs der König in diesen Erscheinungen die
Unzuverlässigkeit der Nation sah, und dafs ein österrei-
scher Minister dem rein nur aus Labanzen bestehenden
Reichstage sagen konnte: alle Ungarn seien Revolutionäre?

In ihren Augen mußten sie dies auch sein. Für die Deutschen mußte es einfach unverständlich sein, daß Leute, welche den Krieg der Kurutzen gegen den König nicht billigten und das Geschehene bedauerten, dabei doch immer behaupteten, die Schuld liege doch am König und seinen Räten; daß Leute, welche sich als königstreu bekannten, doch gleichzeitig den Kampf motivierten, ja als berechtigt erklärten. Wenn ein Pázmány das Siebenbürgen Rákóczys aufrechthalten wollte, dann kann man sich nicht wundern, daß die deutschen Minister über Ungarn das Kreuz machten und uns nicht verstanden. Es gähnte eine unausfüllbare Kluft selbst zwischen den Labanzen, wenn dieselben Gesinnungstüchtigkeit und Selbstgefühl hatten, und jener Auffassung, welche in jenen Zeiten in ganz Europa in den Hofkreisen herrschte. Wenn der Kaiser sah, daß seine Ranggenossen sich überall mehr und mehr Macht erwarben; wenn er sah, daß sein größter Feind in Europa, der König von Frankreich, und später der König von Preußen ihre Kraft ihrer unbeschränkten Macht verdankten: wie hätte er sich mit der Auffassung der Ungarn befreunden können, welche den König zwar verehrten und auch bereit waren ihr Leben für ihn zu opfern, aber nur dann, wenn er die ihm im Wege stehende ständische Verfassung hielt? Wie hätte sich der König von Gottes Gnaden mit jener altherkömmlichen ungarischen Auffassung zufrieden geben können, welche das Königtum auf die Basis eines bilateralen Vertrages stellt und den beiderseitigen Pflichten gleichen Ursprung, gleiche Heiligkeit beimißt?

Und wieviel Heuchelei, wieviel Wortbrüchigkeit ist im Laufe der langen Kämpfe auf beiden Seiten zu Tage getreten! Wie konnte die Nation zu Versprechungen Vertrauen haben, welche, wie vielmal sie gegeben worden waren, ebenso vielmal gebrochen wurden, zu Eiden, welche nicht gehalten, zu Gesetzen, welche nicht vollzogen wurden?

Franz Rákóczy II., eine der sympathischesten Gestalten
unter den Kurutzenführern konnte, als ihm unter günstigen
Bedingungen Frieden angeboten wurde, und der Kaiser geneigt schien, die Gravamina im Gesetzeswege zu sanieren,
mit Recht sagen: was giebt dafür Sicherheit, dafs die Versprechungen eingelöst, dafs die Beschlüsse ausgeführt werden?
Er konnte mit Recht fragen, wie er nach den vielen traurigen Erfahrungen die Waffen niederlegen solle, ohne
aufser dem Eid, aufser dem auf dem Papier bleibenden
Gesetz auch noch eine andere Beruhigung, auch noch eine
auf dem Gebiete der Machtverhältnisse zu gebende entscheidende Garantie zu erhalten?

Andererseits wieder hatte auch der Kaiser hinreichend
Grund dazu, seine Politik nicht blofs auf Versprechungen
zu basiren. Das Vertrauen wurde beständig dadurch unmöglich gemacht, dafs die miteinander kämpfenden grofsen
Strömungen, wie es in der Regel zu geschehen pflegt, nicht
offen mit ihren eigenen Farben und Wappen auftraten,
sondern oft gezwungen waren, sich selbst zu verleugnen
und ihr gänzliches Aufhören kund zu thun, während sie
doch nur durch die momentanen Machtfaktoren zur Passivität gedrängt waren. Die östlichen Provinzen der ungarischen
Krone, infolge der türkischen Eroberungen von den übrigen
losgerissen, konnten nur dann ungarisch und autonom bleiben,
wenn sie sich mit den Türken verglichen. Der Türke konnte
nicht gestatten, dafs Siebenbürgen ein Lager feindlicher
Kräfte werde, weil er sonst zwischen zwei Feuer geraten
sein würde. Er würde sich im Rücken bedroht gesehen
haben, sobald er daran ging seinen Eroberungszug gegen
Westen, gegen Wien fortzusetzen. Wenn also die hinreichende Kraft zum Zurückdrängen der Angriffe der
Türken nicht vorhanden war, konnte man nicht anders, als
sich mit ihnen vergleichen. Unmittelbare türkische Herrschaft, oder Autonomie unter türkischer Oberhoheit, dies

war die Alternative, vor welcher Siebenbürgen stand. Die ungarische Nation wählte von den zwei Übeln das verhältnismäfsig kleinere. Aber konnte wohl vom Kaiser dasselbe erwartet werden? In Siebenbürgen organisierte sich frei eine nationale Kraft und diese wurde die natürliche Basis des Widerstandes, welchen die Nation der westlichen Absorption gegenüber entwickelte. Konnte man wohl glauben, dafs der Kaiser, der Repräsentant dieser Absorption, dem ruhig zusehen werde? Seit Zápolya wurde im Fürsten von Siebenbürgen ein Gegenkönig erblickt. Die Thatsache selbst, dafs das Land zwei Regierungen und somit die Unzufriedenen eine Zufluchtstätte hatten, machte die Untreue, die Abtrünnigkeit möglich, ja leicht. Daher war das gegen den Bestand des siebenbürgischen Fürstentums gerichtete Streben des Kaisers ein ganz natürliches.

Die siebenbürgischen Fürsten wollten auch nicht eine türkische Politik befolgen. Sie wollten die Osmanen nur als Schutzwehr gegen die Österreicher, für die Verfassung benützen, sie wollten aber nicht mithelfen, die türkische Herrschaft in Ungarn weiter auszudehnen. Die Türken forderten von ihnen aber auch dies und wollten sie bisweilen auch gegen Polen verwenden. Siebenbürgen stand solcherweise zwei Gefahren gegenüber. Es mufste, wie dies kleine Staaten in der Regel machen, zur Schlauheit, zur List, oft zur Täuschung der beiden miteinander kämpfenden Parteien seine Zuflucht nehmen. Die Hinterlistigkeit und die Intriguen Martinuzzis, der Diplomatie Gabriel Bethlens grenzen ans Unglaubliche.

Darf man sich wundern, dafs man ihrem Worte kein Vertrauen schenkte? Dafs der Kaiser an den Kundgebungen, an den Beschwörungen der Treue selbst dann zweifelte, wann dieselben aufrichtig waren? Die Ermordung Martinuzzis wurde zu der Zeit beschlossen, wo dieser geniale Mann mit seiner wunderbaren Energie und Kühnheit eben

jenes große Unternehmen in Angriff nahm, dessen Gelingen
unserer Geschichte eine andere Richtung gegeben und, ich
glaube, eine glänzenderen Verlauf gesichert haben würde.
Die Nation wählte der von zwei Seiten ausgehenden Gefahr gegenüber die Politik der Behutsamkeit, die Politik
des Schwachen.   Darin bezeugte sie dann erstaunliche Geschicklichkeit, Ausdauer und, wenn es not that, auch Kühnheit.   Einzelne führten der Helden von Thermopylae würdige Waffenthaten aus; aber zu einem größeren Wagnis,
als unumgänglich nötig war, zu einer heroischen Resolution
konnte sich die Nation im Ganzen in der Wahl ihres Ver-
haltens nicht entschließen.   Wir haben schließlich auch
alle Gefahren glücklich überlebt, so daß das Resultat
die befolgte Politik sanktioniert.   Aber es würde erhabener
gewesen sein, wenn Martinuzzis Gedanke zur Wirklichkeit
geworden wäre, wenn es ihm gelungen wäre, seinen ge-
heimnisvollen Geist seiner Nation einzuhauchen.   Er wollte
alle ungarischen Kräfte unter den schützenden Fittigen der
Habsburger zum Zwecke der Austreibung der Türken vereinigen, damit diese imposante einheitliche Kraft dann unsere
Verfassung beschütze.   Es war dies ein herrlicher Gedanke,
eine Politik, wie sie nur im Geiste von der Vorsehung
gesandter großer Männer konzipiert zu werden und nur von
ihnen durchgeführt zu werden vermag.   Es liegt darin ein
großes Tragikum, daß seine gutenteils unter dem Drucke
des Zwanges begangenen Sünden sich an ihm eben damals
rächten, als endlich der große Moment der Verwirklichung
seines Planes gekommen war.   Wenn sein Vorhaben von
Erfolg gekrönt worden wäre, wie anders würde unsere
spätere Entwickelung geworden sein!   Wenn die Herrschaft
der Türken in unserem Lande um ein Jahrhundert kürzer
gewährt hätte, und wenn wir den Löwenanteil an unserer
Befreiung unserer eigenen Kraft hätten verdanken können,

wie anders würde sich unsere spätere Geschichte gestaltet
haben.

Die begreifliche Folge des vielen Diplomatisierens und
Ränkespinnens war, dafs der Kaiser zu uns kein Vertrauen
hatte. Es ist zu verstehen, dafs er in seinem Bestreben,
seine absolute Gewalt zu erweitern, immer mehr bestärkt
wurde. Wenn Rákóczy mit Recht ein Machtmittel als
Garantie verlangen durfte, kann nicht geleugnet werden, dafs
auch der Kaiser Ursachen zu einer solchen Forderung hatte.
Es ist begreiflich, dafs er die Festungen in deutschen
Händen zu sehen wünschte; es ist begreiflich, dafs er zu
den deutschen Generälen mehr Vertrauen hatte, zu einer Zeit,
da er auch gegen die Ungarn zu kämpfen hatte. Solange
er keine System-Aenderung wollte; solange er die ungarische
Auffassung nicht zu der seinigen zu machen vermochte;
solange er sich nicht von seinen Traditionen und von der
europäischen Strömung zu emancipieren wufste: konnte er
gar nicht anders handeln. Wenn er sich zu alledem hätte
entschliefsen können, würde die gesamte Lage sich geändert
haben. Ein mit Genie gesegneter Mann würde vielleicht imstande gewesen sein, durch die von den Machtinteressen und
von den Vorurteilen aufgerichtete Mauer hindurchzusehen und
darauf zu kommen, dafs dem chronischen ungarischen Übel nur
abgeholfen werden könne, wenn die Nation ausgesöhnt, und
wenn die Verfassung mitsamt allen ihren Mängeln in allem
gehalten wird, weil ja die Ungarn nur darum unzuverläfsig
seien, weil sie gedrückt werden, in diesem Falle aber dies
immer sein werden, wie immer sie es auch leugnen und was
immer sie auch versprechen mögen.

Aber. die Menschen mit dem gewöhnlichen Mafse gemessen, ist es natürlich und begreiflich, dafs wir uns aus
den traurigen Mifsverständnissen nicht herauswinden konnten.
Wir gerieten in einen circulus vitiosus hinein, aus welchem
kein Entrinnen möglich war. Jeder Friede verwirrte die

Fäden nur noch mehr, denn er bereicherte unsere Geschichte
mit einer neuen Täuschung.

Der jetzige Zustand aber ist ein ganz anderer. Die
Fatalität, welche über unser Schicksal geherrscht hatte, hat
aufgehört, und darin besteht der große Unterschied zwischen
unserer alten und unserer heutigen Lage. Der heutige Zustand verdankt seinen Ursprung nicht dem zeitweiligen
Gleichgewicht mit einander im Kampf gewesener Kräfte,
sondern der Aussöhnung derselben, dem Aufhören der
gegensätzlichen Motive. Darum ist er nicht ein Waffen-
stillstand, sondern ein wirklicher Friede und ein wirkliches
Bündnis.

Das glückliche Ergebnis ist durch das Zusammenwirken objektiver und persönlicher Ursachen zustande gebracht worden.

Vordem huldigten der König und die Nation zwei
verschiedenen Weltanschauungen, verschiedenen rechtlichen
und politischen Auffassungen. Der König glaubte sich gezwungen für Ideale zu kämpfen, welche die Nation nicht
als ihre eigenen anerkennen konnte. In ganz Europa strebten
die Herrscher insgesamt sich einem und demselben Typus
zu nähern, der Alleinherrschaft. Anerkennung, Ruhm
konnte im Kreise der Dynastien nur so geerntet werden.
Der ungarische Begriff des konstitutionellen Königs war
gleichbedeutend mit dem Begriff der Schwäche, der
schmählichen Impotenz. Aber dies hat sich geändert.
Heute kennen die Herrscher es als ihre Ambition, treue
Hüter der Verfassung zu sein, und das ist der Prüfstein
ihrer Weisheit, daß sie diese schwierige Aufgabe erfolgreich
zu lösen wissen; heute ist das ihr Ehrgeiz, daß ein freies
Volk nach seinen eigenen Gesetzen regiert werde. Vorzeiten
sind wir mit unserer Auffassung gegen den Strom des
europäischen Gemeingefühls geschwommen, gegen jenen
Strom, welcher der Richtung unserer Könige Kraft ver-

lich. Heute können König und Nation, mit der herrschenden Strömung haltend, in gleicher Richtung fortschreiten.

Vorzeiten hatten unsere Könige die materiellen Mittel,
sie hatten die Möglichkeit, ihr unseren Interessen zuwider-
laufendes Ideal zu verwirklichen. Heute würde ihnen auch
diese nicht zu Gebote stehen. Vorzeiten hatte unser
Herrscher aufser Ungarn auch ein grofses Weltreich und
in einem grofsen Teile desselben war unser König absoluter Herr. Wenn es ihm die internationale politische Lage
gestattete, hatte er auch immer genug Geld und Soldaten
gegen die ungarischen Unzufriedenen. Der in dem einen
seiner Länder herrschende Absolutismus gewährte ihm das
Werkzeug und die Lust, diese Regierungsform auch in das
andere zu verpflanzen.

Heute sind die dem Kaiser unterthanen übrigen Völker
nicht mächtiger als wir. Aufserdem haben sie eine ebenso
freie Verfassung, wie wir. Von freien Ländern ausgerüstete
Kräfte können aber nicht zur Unterdrückung der Freiheit
verwendet werden.

Da ferner im Lande selbst, wie wir gesehen haben,
die thatsächliche Ausübung des Regierens vorzeiten ein
Recht des Königs gewesen, bediente er sich dieses Rechtes
in tendentiöser Weise und wufste er den Feind in die
Schanzen unserer freien Verfassung hereinzubringen. Wir
haben gesehen, dafs es eben deshalb leicht gewesen ist, die
Gesetze zu umgehen.

Heute ist ihm auch dieses Werkzeug abhanden gekommen. Die Institution des Parlamentarismus ist die Garantie der Rechte des ungarischen Staates, das unüberwind-
liche Hindernis der Verschmelzung der österreichischen und
der ungarischen Hoheitsrechte.

Vorzeiten ist die unter der Ägide des Absolutismus
befolgte Politik der Verschmelzung nicht blofs möglich,
sondern auch natürlich gewesen.

Zwischen den Weltreichsinteressen der habsburgischen Dynastie und den engeren Interessen Ungarns bestand eine grofse Divergenz. Unsere Könige mufsten Interessen verteidigen, deren Wahrung uns Hekuba war, und welche uns nur insoweit berührten, als sie von Einflufs auf das Ansehen und die Macht unseres Königs waren. Der König mufste diesen Interessen gemäfs handeln, denselben entsprechend mufste er Frieden schliefsen oder Krieg führen. Zum Schutze dieser Interessen verlangte er das Zusammenwirken der gesamten Kraft aller seiner Länder. Wenn die ungarischen Stände in ihrer Unterstützung mit weitem Gesichtskreise auch bis an die äufserste Grenze der Billigkeit gegangen wären, selbst dann würde noch so manche Frage, so manches Interesse obgewaltet haben, bezüglich deren es nicht möglich war ins Einvernehmen zu gelangen. Thatsächlich jedoch ist die Engherzigkeit der ständischen Verfassung, der berechtigte Egoismus einer zerrissenen unglücklichen Nation, der enge Gesichtskreis der mit sich selbst und ihren grofsen Gefahren beschäftigten Nation in der Unterstützung jener Interessen nicht einmal bis an die Grenze der Möglichkeit und der Billigkeit gegangen. Das Überwuchern des Klasseninteresses, die Furcht vor den zu den Zwecken des Kaisers notwendigen Opfern, machten die Antipathie des gemeinsamen Herrschers gegen die Verfassung natürlich und erregten in ihm unfehlbar das Streben, seine höchsten Interessen auch gegen die Stände zur Geltung zu bringen, sich zum Herrn über das Militär und das Geld, über den Krieg und den Frieden zu machen.

Aber jetzt ist alles dies anders geworden. Die Interessen der Dynastie und Ungarns decken einander in allem.

Das läuternde Feuer der Geschichte hat die mit den Ungarn in keiner Interessengemeinschaft stehenden excentrisch gelegenen Länder von Österreich geschieden. Die äufserpolitischen und Machtinteressen der auch heute dem

Kaiser unterthanen Länder sind vollkommen identisch mit den unsrigen. Die Teilnahme des ganzen Volkes am konstitutionellen Leben schützt uns vor der Herrschaft der Klasseninteressen, die Regelung der gemeinsamen Verhältnisse und Institutionen aber sichert, daſs die gemeinsamen Interessen unbedingt zur Geltung kommen. Damit ist vollständig und endgiltig jeder erdenkliche Beweggrund der alten Verschmelzungspolitik geschwunden.

Wenn wir zu alledem die persönliche Garantie der Festigkeit der heutigen Rechtsverhältnisse hinzunehmen, muſs es, glaube ich, auch der Blinde sehen, daſs unser nationales Leben an der Schwelle einer neuen Epoche steht. Unser König hat den Begriff des konstitutionellen Königtums ganz zu seinem eigenen gemacht. Es ist sein Stolz, daſs er der konstitutionellste König Europas ist, daſs er seine Auctorität, seinen Einfluſs, die Machtinteressen der Monarchie mit dem rechtschaffensten Worthalten auf verfassungsmäſsigem Wege zur Geltung zu bringen gewuſst hat. Das auf diesem Wege erreichte Ergebnis ist auch dazu geeignet, in der Dynastie eine neue Tradition zu begründen. Der Erfolg des glänzenden Beispiels kann zu einer für ewige Zeiten geltenden Lehre werden. Er ist seit Jahrhunderten unser erster König, der unser volles Vertrauen fordern kann, weil kein einziges seiner Versprechen uneingelöst geblieben ist.

Die groſse Überlegenheit des mit dem Ausgleich zustande gekommenen Rechtszustandes über alle die Experimente, welche die Harmonie nur auf Zeit und Frist aufrecht zu halten vermochten, spiegelt sich in jenem, von mir bereits hervorgehobenen Ergebnisse wieder, daſs unsere sämtlichen Rechte jetzt zum erstenmale thatsächlich in Vollzug gesetzt worden sind.

Demzufolge hat Ungarns innere Lebenskraft auch eine Entwickelung genommen, deren Gleichen die Blätter unserer

Geschichte nicht kennen. Diese Entwickelung ist die glänzendste Rechtfertigung des Ausgleichs. Die Thatsache selbst ist von aller Welt, selbst von der Opposition anerkannt. Die staatsrechtliche Opposition meint indessen, dafs dieser Fortschritt nicht eine Folge des Ausgleichs sei, sondern trotz dem Ausgleich zustande kam. Aber die Beobachtung der Dinge beweist das Gegenteil. Sie beweist, dafs die schwindelerregende Entwickelung der letzten dreifsig Jahre direkt dem Umstande zu verdanken ist, dafs das bis dahin ungelöste grofse Problem der Monarchie gelöst wurde.

Das erste Erfordernis der inneren Entwickelung ist der staatsrechtliche Friede, ist dies, dafs das Verhältnis, welches uns an unseren Bundesgenossen bindet, auf einem von allen mafsgebenden Faktoren mit freiem Willen angenommenen Übereinkommen basiere, welches keinem ein Dorn im Auge ist und deshalb keines offene oder geheime Feindseligkeit provociert. Wenn diese Vorbedingung nicht vorhanden wäre, wenn das Übereinkommen der konstanten und aktiven Antipathie sei es der Krone, sei es Österreichs begegnete, dann würde der Schutz desselben, der thatsächliche Vollzug desselben uns in einem Mafse in Anspruch nehmen, dafs uns zur ruhigen inneren Entwickelung nicht genug freie Kraft übrig bliebe; dann würde die Gesellschaft zur friedlichen Arbeit keine Lust und keinen Mut haben, weil über ihrem Haupte das Damoklesschwert des Familienzwistes hinge; dann würde zwischen den Faktoren des Staatslebens nicht jene innige Harmonie vorhanden sein, ohne welche die erspriefsliche Arbeit nicht denkbar ist. Hauptsächlichst aber würde auf keinen Nationalitätenfrieden gerechnet werden können, denn der staatsrechtliche Zwist würde, wie er in der Vergangenheit bei den unzufriedenen Elementen der Nationalitäten Widerhall gefunden hat, solchen unausbleiblich auch heute finden.

Wenn wir auf dem Wege nach Wohlstand und Bildung

mit raschen Schritten vorwärts schreiten, so verdanken
wir dies dem staatsrechtlichen Frieden, welcher die mit
voller Kraft verrichtete innere Arbeit möglich machte.
Diesen staatsrechtlichen Frieden aber hat die 1867er staatsrechtliche Ordnung gesichert. Sie hat denselben dadurch
gesichert, daß sie das Verhältnis der einzelnen Teile der
Monarchie zu einander in eine so feste Form zu gießen
verstand, daß sich vor dem fait accompli jeder der Faktoren beugen mußte; daß sie die Monarchie des großen
Vorteiles der Stabilität teilhaftig gemacht; daß sie den
staatsrechtlichen Zwist vom Gebiete der Aktualität ab-
zudrängen vermocht hat. Abgesehen von der Modalität
der Lösung, liegt allein in der Thatsache selbst, daß die
Lösung mit der vollen Beruhigung der entscheidenden
Faktoren zustande kam, daß sie das Gepräge der
Dauerhaftigkeit trägt, daß sie aus einem Staatsbündnis,
welches bis dahin durch eine Folge von Konvulsionen und
Krisen hindurch vergebens sein Gleichgewicht gesucht
hatte, ein Bündnis zu schaffen verstand, welches dieses
Gleichgewicht gefunden hat und so von allen mit Erschütterung der Lebensorgane verbundenen Schwankungen er-
löst worden ist: allein in dieser Thatsache liegt eine der
höchsten Segnungen des Ausgleichs. Damit hat derselbe
auch die eine der Vorbedingungen der inneren Erstarkung
gegeben.

Die im Ausgleiche beruhende zweite Ursache unseres
Fortschrittes ist in der Modalität der Lösung selbst
enthalten, darin, daß sie dem ungarischen Staate die
Mittel zur Verfügung stellt, mit welchen er imstande ist,
die Entwickelung der Gesellschaft zu befördern, auf der
Höhe seiner kulturellen und wirtschaftlichen Aufgaben
zu bleiben und auch das ungarische Gepräge dieser Entwickelung zu bewahren. Die hierzu notwendige Macht ist
durch die dem ungarischen Staate vorbehaltene völlig

unabhängige autonome Rechtssphäre gesichert. Dies macht es
möglich, daſs unsere Nation endlich die riesigen Vorteile
genieſse, welchen die glücklicheren Stämme des Westens so
viel zu danken haben, und deren Mangel bis dahin der
traurigste Zug unserer Geschichte war; daſs wir endlich
einen nationalen Staat haben, welcher mit Bewuſstsein eine
ungarisch nationale Politik zu verfolgen fähig und seiner
Organisation zufolge auch willens ist, welcher die Bestrebungen und die Arbeit der Gesellschaft planmäſsig fördert
und in eine nationale Richtung lenkt. Der Mangel dieses
Werkzeuges war eine der Hauptursachen unseres Zurück-
bleibens. Ohne die bahnbrechende, leitende Thätigkeit des
Staates ist die Arbeitskraft der Nation immer lahm. Infolge
des Mangels dieser Thätigkeit ist unsere Nation im Kampf
ums Dasein hinter ihren glücklicheren Nachbarn zurückgeblieben. Die schwächenden Wirkungen dieses Mangels
lassen sich durch die ganze Geschichte unserer letzten Jahrhunderte nachweisen. Die Nation hat diesen erschlaffenden,
diesen zehrenden Zustand lange mit voller Ergebung getragen, und ist lange Zeiten hindurch gar nicht zum Bewuſstsein dessen erwacht, welch unersetzlicher Verlust es für
sie sei, daſs gerade zur Zeit, da in der Nachbarschaft
allenthalben die Staaten zu schaffender, organisierender
Thätigkeit griffen, mit groſs angelegter Politik die Nationen
wirtschaftlich und kulturell zu heben anfingen, bei uns die
Leitung der Nation entweder impotent oder böswillig, zumeist aber beides zugleich gewesen ist. Die Nation war
glücklich, wenn ihre Regierung nicht ihr Feind war: aktives
Mitwirken zur Erreichung groſser Ziele erwartete sie von
ihr gar nicht. So verloren wir die groſsen Aufgaben der
nationalen Entwickelung allmählich auch aus den Augen, vielleicht zu unserem Glücke, denn nur so waren wir imstande, die
niederdrückende Lage mit so erstaunlicher Geduld zu ertragen. Zum vollen Bewuſstsein dieses traurigen Zustandes

gelangte die Nation erst in diesem Jahrhundert. Die herz-
erschütternde grofse Tragik der Laufbahn Stephan Széchenyis
hat darin eine ihrer Quellen gefunden. Er ist der ungarische
Staatsmann gewesen, der zuerst die gesamte Kraft der Nation
in positiver Arbeit vereinigen wollte; er war es, der deshalb die Unvollkommenheit unserer Rüstung am tiefsten
empfand, und die Aufmerksamkeit der Nation zuerst auf
die grofsen Ziele der Volksbildung hinzulenken wufste.
Bei jedem seiner Schritte stiefs er auf die Schwierigkeit,
dafs kein ungarischer Staat vorhanden war, welcher der
Gesellschaft helfen wollte oder konnte, und dafs andernteils
auch die ungarische Nation einen solchen Staat nicht
schaffen wollte, weil sie mehr die Gefahren fürchtete, welche
ihr seitens einer lebensfähigen Exekutivgewalt drohten, als
an die Hilfe glaubte, welche dieselbe ihr zu gewähren vermocht hätte. Bei der Durchführung seiner schönen Pläne
stiefs er oben allermeist auf kalte Zurückweisung, unten
auf Mifstrauen. Oben wollte man auch das nicht thun,
was man hätte thun können, denn man fürchtete sich vor
der Nation, man fürchtete sich vor ihrer Kraft; unten
wollte man der Regierung keine wirksamen Werkzeuge
liefern, weil man vor ihrer Richtung Angst hatte. Mit
diesen unüberwindlichen Hindernissen mufste Széchenyi
kämpfen. Er versuchte den Mangel eines zur Leitung der
materiellen und geistigen Entwickelung des Landes berufenen
Staates durch unermüdliche Thätigkeit, durch märchenhafte
Ausdauer zu ersetzen, aber umsonst. Wenn er auch viel
Glorreiches erreichte, das Ergebnis war doch nicht das,
welches es hätte sein können, wenn ihm ein moderner ungarischer Staat zur Verfügung gestanden wäre.

Diese unerläfsliche Vorbedingung der kraftvollen Entwickelung hat die Nation durch den Ausgleich erhalten. Heute
besitzt die Exekutivgewalt hinreichende Mittel zur Lösung
ihrer Aufgaben. Da dieselbe keine andere als eine ungarische

17*

sein kann, da unsere Angelegenheiten nicht mehr von der
Wiener Regierung aus österreichischem Gesichtspunkte ad-
ministriert werden, sondern wir selbst die Schmiede unseres
Glückes sind, können heute der Regierung Mittel zur Verfügung gestellt werden, ohne dafs dieselben gegen uns verwendet würden. Zum Zwecke der Entwickelung unserer
materiellen Kraft können heute die Gesetzgebung und die
Exekutivgewalt des Staates und der freien Gesellschaft zusammenwirken. Wenn und falls die entfaltete Thätigkeit
nicht zum Ziele führt, ist daran nicht unsere Verfassung
schuld, nicht das Übelwollen der allerhöchsten Leitung,
wie in der Vergangenheit, sondern lediglich die Ungeschick-
lichkeit der Individuen. Dem Staate stehen alle Hilfsquellen
zur Verfügung, deren er bedarf. Das Mangelnde kann er sich
verschaffen. Kein äufserer Einflufs, keine äufsere Einmischung bindet ihm die Hände. Er vermag die vorhandenen sämtlichen Kräfte den nationalen Zwecken entsprechend zu organisieren, ohne daran von irgend jemand
gehindert werden zu können.

Dem gegenüber wird gesagt, dafs das gemeinsame
Zollgebiet und alles das, was mit demselben zusammenhängt,
unsere Freiheit auf dem Gebiete des materiellen Lebens beschränke. Es würde mich zu weit führen, wenn ich untersuchen wollte, ob die Wirtschaftspolitik, welche der wirtschaftliche Ausgleich zustande brachte, richtig gewesen ist
oder nicht. Ich will hier blofs das eine hervorheben, und
dies genügt zur Verteidigung des politischen und rechtlichen Ausgleiches, dafs uns dadurch nicht die Hände gebunden wurden, dafs die wirtschaftliche Einigung die
Folge wirtschaftlicher Ursachen, nicht die Folge eines
Rechtszwanges ist. Wenn sich das heutige System als
schlecht erweisen und die wirtschaftlichen Interessen der
Nation es verlangen sollten, können wir das besondere
Zollgebiet errichten. Wir sind durch keinen Rechtszwang

an das heutige System gebunden. Wir können unsere Wirtschaftspolitik den Anforderungen der wirtschaftlichen Verhältnisse anpassen.

Wenn auch niemand behauptet, dafs die 1867er Gesetze die Gemeinsamkeit des Zollgebiets ausgesprochen und unser selbständiges Verfügungsrecht auf wirtschaftlichem Gebiete aufgehoben hätten, hört man doch oft sagen, dafs die Politik, welche wir im Interesse des Beisammenbleibens der Monarchie befolgen müssen, und ohne welche der Ausgleich nicht aufrecht gehalten werden kann, welche demnach eine direkte Folge des Ausgleichs ist, dafs diese Politik die wirtschaftliche Union mit Österreich notwendig mache. Nach dieser Auffassung werden wir also, wenn auch keine rechtliche Verpflichtung obwaltet, durch die politische Notwendigkeit, welche doch ebenso gebieterisch ist, wie das Gesetz, durch das aus dem Ausgleich hervorgehende politische Interesse auf die Basis der Zollgemeinsamkeit gedrängt. Wir hätten also unsere Aktionsfreiheit auch nach dieser Auffassung verloren. Politische Rücksichten, aus dem Ausgleich hervorgehende Gesichtspunkte würden uns gebieten, mit unsern Nachbarn auch dann zu einer Übereinkunft zu gelangen, wenn dies nur unter Beeinträchtigung unserer wirtschaftlichen Interessen möglich wäre.

Demgemäfs müfsten wir unsere politischen Interessen um den Preis unserer wirtschaftlichen Interessen bewahren. Diese Auffassung ist jedoch verkehrt. Es steckt darin Wahrheit, aber auch Irrtum. Wahr ist, dafs das Zusammenleben mit Österreich harmonischer, inniger und auch sicherer sein wird, wenn wir wirtschaftlich ein einheitliches Gebiet bilden, als wenn das Gegenteil der Fall ist. Wahr ist auch, dafs unser Beisammenbleiben draufsen als sicherer und beständiger betrachtet werden und demzufolge auch unser Gewicht nach aufsen gröfser sein wird, wenn auch unsere wirtschaftlichen Interessen als identisch erscheinen. Aber

das wirtschaftliche Band wird nur dann einer der Faktoren
der politischen Harmonie sein, wenn dasselbe aus der Identität der Interessen hervorgeht; es wird nur dann eine
Stütze unserer Machtstellung sein, wenn es im Auslande
den Glauben an die Identität der Interessen erweckt. Das
Dasein des gemeinsamen Zollgebietes, des gemeinsamen
Zollamtes hat an sich keine verbindende, verschmelzende
Wirkung. Unsere Kraft wird durch dasselbe in den Augen
des Auslandes nicht erhöht. Nur die wahre Harmonie der
beiderseitigen wirtschaftlichen Interessen und ihre Verträglichkeit miteinander, das wirtschaftliche Aufeinanderange-
wiesensein verbindet uns und stärkt die Einheit; nur dies
wird überall als Garantie des Zusammenbleibens angesehen.
Nur inwieweit die wirtschaftliche Union eine Folge und
ein Zeichen dieser wirtschaftlichen Situation ist, nur insoweit bildet sie einen Machtfaktor. Sowie dieselbe den
Nationen ohne innere Rechtfertigung aufgenötigt wird, sowie dieser Verband mit Nachteil verbunden ist, bringt
er die Nationen einander nicht näher, sondern entfremdet
sie im Gegenteil einander. Das Bewufstsein, dafs dem
politischen Bündnis zuliebe wirtschaftlicher Nachteil erduldet
werden müfse, schwächt dieses Bündnis. Der Ton der
Unzufriedenheit und der Klage würde alsbald auch das
Ausland aufklären, dafs sich unter dem Scheine der Einheit
das Gefühl der Erbitterung und des Auseinanderstrebens
verberge.

Wenn unsere wirtschaftlichen Interessen in Gegensatz
zu einander gerieten, wenn sie sich so gestalteten, dafs sie
bei gemeinsamem Zollgebiet nicht mehr gewahrt werden
könnten, dann würde auch das politische Zusammenleben
unter ungünstigere Einwirkungen und in schwierigere Verhältnisse gerathen, dann würde von der Regelung des wirtschaftlichen Lebens nicht mehr die Solidarität der Monarchie
erwartet werden können, dann würde das politische Ziel

nur sein können, aus dem Gesichtspunkte der Gemeinsamkeit die minder nachteilige Lösung anzunehmen.

Dies würde aber im bezeichneten Falle entschieden das gesonderte Zollgebiet sein. Die wirtschaftliche Einheit auf Kosten unserer wirtschaftlichen Interessen aus politischen Ursachen aufrechtzuhalten wäre nichts anderes, als eine Gefährdung des Dualismus. Der politische Vorteil unserer heutigen Staatsordnung ist blofs einem Teile des gebildeten, des denkenden Publikums klar; den wirtschaftlichen Nachteil dagegen würde bis in die unterste Tiefe der Gesellschaft ohne Parteiunterschied jeder empfinden, und so wäre die Absicht, den politischen Ausgleich mit dem Odium dieses Nachteils zu belasten, ein Attentat gegen dessen Beständigkeit, sie würde einen grofsen Teil der Nation zu dessen Feinde machen, sie würde seinem Verteidiger den Boden, auf dem sie stehen, unter den Füfsen wegziehen, sie würde dem Ausgleich ein reales und grofses Interesse entgegenstellen. In diesem Falle würde das Interesse der Monarchie geradezu das getrennte Zollgebiet fordern, in diesem Falle würde der Dualismus nur gerettet werden können, wenn es sich erwiese, dafs er die Wahrung unserer wirtschaftlichen Interessen nicht hindert, dafs wir des Dualismus wegen nicht ärmer werden.

Mit einem Worte, das Interesse der Monarchie ist vor allem, dafs ihre Existenz und ihr Fortbestand nicht als Quelle wirtschaftlicher Nachteile betrachtet werde. Es besteht nicht nur keine rechtliche Verpflichtung, welche uns unter allen Umständen an eine bestimmte Form des wirtschaftlichen Lebens auch dann bände, wenn dieselbe zu unserem Nachteile wäre, sondern es zwingen uns auch die politischen Interessen des Ausgleiches nicht, um jeden Preis in Zollgemeinsamkeit zu leben. Wir dürfen unsere Wirtschaftspolitik unseren wirtschaftlichen Interessen anpassen. Wir haben dazu freie Hand.

Ja, inwiefern sich in unsere Österreich gegenüber zu
befolgende Wirtschaftspolitik außer den rein wirtschaftlichen
Gesichtspunkten auch gewisse politische Gesichtspunkte einmischen, sind diese vom Ausgleich vollkommen unabhängig;
sie würden ebenso vorhanden sein und ebenso wirken, wenn
wir auch keine gemeinsame Armee und keine gemeinsame
Diplomatie hätten; sie hängen mit der Thatsache des Bündnisses zusammen, nicht aber mit der Form desselben. Einem
Lande gegenüber, auf dessen Throne unser König sitzt,
dessen Vermögen und Kraft in keinem Falle gegen uns
wird verwendet werden können, dagegen im entscheidenden
Augenblicke uns denselben Dienst leisten wird, wie unser
eigenes Vermögen und unsere eigene Kraft; dessen Vermögen und Kraft unser eigenes Gewicht und unsere eigene
Macht in den Augen des Auslandes hebt: einem solchen
Lande gegenüber müssen die wirtschaftlichen Transaktionen
in billigem und gerechtem Geiste geführt werden, ihm
gegenüber muß mehr Wohlwollen bezeugt und mehr Rücksicht bewiesen werden, als einem völlig fremden Staate
gegenüber, welcher auch noch unser Feind werden kann.
Dem Bruderlande Schaden zuzufügen, uns mit demselben
in einen Zollkrieg einzulassen, würde ein uns selbst zu-
gefügter Schaden sein. In letzter Analyse darf freilich die
entscheidende Rücksicht immer nur unser eigenes Interesse
sein; aber das Bündnis der beiden Staaten macht es notwendig, daß wir nach der Vereinigung unserer Interessen
streben, daß wir die Kollision nach Möglichkeit vermeiden,
daß wir darauf bedacht seien, die Gegensätze der
wirtschaftlichen Verhältnisse, soweit es in unseren Kräften
steht, auszugleichen. Diese Rücksicht ist die Folge des
politischen Schutz- und Trutzbündnisses, und sie ist gleicherweise maßgebend, ob die Schutzverpflichtung wechselseitig,
oder ob sie gemeinsam ist. Unser Schicksal ist so wie so
gemeinsam: nun aber können diejenigen, deren Schicksal

gemeinsam ist, kein Interesse haben, einander zu schaden. Aber auch diese Rücksicht fordert von uns nicht, dafs wir das gemeinsame Zollgebiet um jeden Preis aufrecht erhalten. Auch diese Rücksicht beläfst uns die Freiheit, wenn wir zu keinem Übereinkommen gelangen könnten, auf einem anderen Wege gehen zu dürfen. Diese höhere ratio verpflichtet uns blofs dazu, welche wirtschaftliche Politik immer wir auch führen, die Animosität zu besiegen und nach uns selbst an jedem wirtschaftlichen Vorteil in erster Linie und vor jedem anderen Österreich teilnehmen zu lassen.

Unser eigenes Interesse verlangt, dafs unser erstes Ziel unser eigenes Gedeihen, und unser zweites Ziel das Wohlergehen des anderen Staates der Monarchie sei.

Es steht uns jedoch frei, diesen Zielen ohne rechtliche und politische Einschränkungen zuzustreben.

Der Ausgleich hat demnach auch in dieser Hinsicht für die Möglichkeit gesorgt, dafs der Staat seine eigene Politik ausschliefslich den wohlaufgefafsten Interessen des Landes gemäfs dirigieren könne.

Dieses seit dem Ausgleich möglich gewordene Zusammenwirken des Staates und der Gesellschaft hat unseren grofsen Fortschritt geschaffen. In diesem Zusammenwirken liegt eine der Ursachen jenes unseres Erstarkens, welches sich die Anerkennung Europas zu erringen gewufst hat, und welches eine Frucht des Ausgleichs ist.

Die unseren Fortschritt fördernde dritte Folge des 1867er Gesetzes ist die Wirkung desselben auf unsere Finanzen.

Ungarns Schicksal hat es mit sich gebracht, dafs es einer gröfseren Kraftanspannung bedarf, als seine materielle Entwickelung leicht erträglich machen könnte. Die meisten Staaten sind darum Grofsmächte, weil ihre materielle Kraft sie dazu gemacht hat. Die Zunahme ihrer materiellen

Mittel hat ihnen ein Übergewicht über ihre Nachbarn gegeben und so sind sie zu führenden Mächten geworden.
Ihre Kraft hat sie dazu gemacht, und darum ist das mit
dieser ihrer Stellung verbundene Opfer im Verhältnis zu
ihrer Kraft geblieben. Im Gegensatz dazu ist Ungarn
nicht deshalb Grofsmacht, weil seine Hilfsquellen reicher
sind als diejenigen seiner Nachbarn, sondern darum, weil
es seine Existenz nur so zu sichern vermag. Es ist nicht
deshalb Grofsmacht, weil es stark, stärker als seine Nachbarn ist, sondern es mufs sich Kraft verschaffen, um eine
Grofsmacht sein zu können. Die traurige Folge dieser
Situation ist, dafs es seine materielle Kraft auch bis aufs
Äufserste anspannen mufs. Wenn es die Opfer allein
bringen müfste, würde es dieselben nicht erschwingen
können. Wenn es dieselben mit Österreich vereint, aber
mit ganz getrennter Organisation der Verteidigungsmittel
brächte, dann würden sie auch viel beträchtlicher sein, als
sie heute sind. Mit Hilfe der gemeinsamen Institutionen
können wir eine Grofsmacht sein, ohne dafs wir unsere
Kraft über das Mafs anspannen müfsten. Es kann uns
eine über eine Million zählende Armee zur Verfügung
stehn, ohne dafs wir mehr zahlten, als wir zahlen müfsten,
wenn wir nur einige hunderttausend Soldaten hätten. Wir
können eine Grofsmacht sein, ohne dafs wir deshalb Lasten
trügen, welche unsere innere Entwickelung ins Stocken
bringen würden. Die Machtinteressen können solcherweise
befriedigt werden, ohne dafs diese Kraftanspannung unsere
kulturellen und materiellen Fähigkeiten über das erträgliche
Mafs hinaus belastet. Mit Hilfe des Bündnisses ist neben
der Wahrung unserer europäischen Interessen auch unsere
kraftvolle innere Entwickelung möglich geworden.

Hiemit habe ich die Hauptfaktoren aufgezählt, welchen
wir unsern Fortschritt danken können, und welche insgesamt Folgen des Ausgleichs sind.

Dem gegenüber behaupten die Anhänger der Unabhängigkeitspartei, daſs der Fortschritt nur eine Folge der
1848er Gesetze, nicht aber der 1867er Gesetze sei. Wenn
1867 die Errungenschaften des Jahres 1848 nicht beschnitten
worden wären, würde ihrer Ansicht nach der Fortschritt
ein bedeutend gröſserer gewesen sein. Es ist wahr, daſs
die 1848er Gesetze der Nation die verantwortliche Regierung und damit die thatsächliche Garantie unserer alten
Selbständigkeit gegeben haben; es ist wahr, daſs sie der
ungarischen Nation den ungarischen Staat zurückgegeben
und daſs sie uns von der Omnipotenz Wiens befreit haben.
Aber eben so wahr und unleugbar ist es, daſs die 1867er
Gesetze die im Jahre 1848 in eine wirksamere Form ge-
brachte ungarische Verfassung mit den Interessen des
Bestandes der Monarchie vereinbart haben, und so ist es
diesen zu verdanken, daſs die 1848er Gesetze ausgeführt
wurden und daſs sie ihre heilsame Wirkung auch fühlbar
machen konnten. Es ist einer der Hauptvorteile des Ausgleichs gewesen, daſs derselbe die 1848er groſsen Errungenschaften ins Leben treten lieſs. Deshalb muſs das, was
unsere Nation den damaligen Gesetzen verdanken kann,
auch dem Ausgleich als Verdienst angerechnet werden,
weil ohne ihn dies alles papierner Segen geblieben sein
würde.

Übrigens ist, wie ich weiter oben bereits nachgewiesen
habe, unsere starke Entwickelung auch jenen Teilen des
Ausgleichs beizumessen, welche Modifikationen der 1848er
Verfassung sind.

Wie dem aber immer sei, schon allein jene einfache
Thatsache, daſs unsere Entwickelung seit dem Ausgleich
eine kraftvolle gewesen ist, widerlegt den Standpunkt der
Unabhängigkeitspolitiker, wenn auch nicht den jetzigen,
doch jedenfalls den alten. Als der Ausgleich geschlossen
wurde, sagten die 1848er, daſs die mit demselben verbun-

dene Rechtspreisgebung die Erstarkung der Nation verhindern werde; dafs der Staat, welcher der getrennten Armee,
der getrennten Vertretung nach aufsen entsage, ohnmächtig,
ein toter Körper sein werde, welcher der Vernichtung geweiht
sei; dafs die Rechte der Nation verstümmelt worden seien
und diese dadurch ihrer Lebenskraft beraubt worden sei. Sie
erklärten die Entwickelung für ausgeschlossen. Und sie
ist dennoch erfolgt. Sie sagten 1867, dafs infolge des
Ausgleichs unsere Kraft niedergehen werde; heute sind sie
gezwungen, anzuerkennen, dafs wir trotz des Ausgleichs
fortgeschritten sind. Gegen die Thatsachen aber giebt es
keine Berufung. Hauptsächlich gegen solche Thatsachen,
welche auch diejenigen nicht leugnen, welche auch diejenigen
anerkennen, gegen welche sie Zeugnis geben. Die für das
System beweisende Kraft der Thatsachen wird nur stärker,
wenn wir auch dessen gedenken, dafs die Unabhängigkeitspartei während der verflossenen dreifsig Jahre die Regierungen nicht nur damit angegriffen hat, dafs die Basis, auf
welcher sie stehen, fehlerhaft sei, sondern sie auch dessen
bezichtigt hat, dafs sie auch nicht fähig seien, die sich darbietenden Gelegenheiten zu ergreifen, und all das Gute zu
verwirklichen, was trotz der verfehlten Verfassung, bei
geschickter und zielbewufster Leitung hätte erreicht werden
können. Gute Staatsmänner und thatkräftige Regierungen
sind imstande auch bei einem schlechten System schöne
Resultate aufzuweisen. Wenn aber die Regierungen unge-
schickt und ohnmächtig gewesen sind, wenn sie unter dem
Einflusse Wiens gestanden und nicht einmal jene Unabhängigkeit bewiesen haben, welche der Geist der Gesetze
zugelassen hätte, wie dies die 1848er immer behaupten,
dann ist das erreichte gute Resultat ein doppelter Beweis
für das System. Wieviel würde noch erreichbar gewesen
sein, wenn hervorragendere Männer die Angelegenheiten
der Nation geleitet hätten! Und so hat nach der Ansicht

der Opposition nur die Schwäche der Regierungen es verhindert, daſs der Ausgleich die Prophezeihungen seiner Gegner nicht noch glänzender widerlegt hat, als er es thatsächlich gethan hat.

Ich könnte die aufgeworfene Frage damit als gelöst betrachten. Ich glaube, daſs, wenn ich in dem bisher Gesagten Recht habe, auch jene Folgerung nicht abgewiesen werden könne, daſs die einzig richtige Politik diejenige sei, welche sich die Aufrechthaltung des Ausgleichs als Ziel vorsteckt. Wenn es wahr ist, daſs wir eines beständigen und verläſslichen Verbandes mit Österreich bedürfen; wenn es wahr ist, daſs die Auffindung des erforderlichen Maſses einer solchen Verbindung eines der schwierigsten politischen Probleme ist; wenn es wahr ist, daſs der Versuch einer Abänderung schon an sich gefährlich ist, und wenn schlieſslich auch wahr ist, daſs die 1867er Schöpfungen sich thatsächlich bewährt haben: dann müssen wir auch ein sich aller Vorzüglichkeiten der Theorie rühmendes neues Projekt zurückweisen, dann müſsten wir uns der Störung des Ausgleichs selbst in dem Falle enthalten, wenn diese für unseren Staat geplante neue Konzeption den Anforderungen der Theorie entspräche.

Ich kann mich auf ein groſses und glänzendes Beispiel berufen. Die weisen Begründer der Vereinigten Staaten Amerikas haben unter der Wirkung derselben Motive mit Eifer und Ausdauer an der Verfassung festgehalten, welche sie 1789 der neuen Staatengruppe gegeben hatten. Sie fühlten, daſs ihr Werk weit hinter der theoretischen Vollkommenheit zurückgeblieben sei; aber sie wuſsten, daſs der Versuch, sich derselben zu nähern, das mit schwerer Mühe erreichte Resultat gefährden würde, und darum nahmen sie für die definitive Annahme der ganzen Verfassung Stellung und kämpften im Interesse derselben harte Kämpfe in den einzelnen Staaten. Sie setzten ihre Popularität auf das

Spiel für eine Verfassung, welche die meisten unter ihnen beanstandeten, welche die meisten unter ihnen gern anders geschaffen hätten. Aber weil sie glaubten, daß auch mit diesen auszukommen sei, und daß sie, Besseres wollend, alles gefährden würden, ordneten sie ihre theoretischen Einwendungen dem praktischen großen Ziele unter. Das eclatanteste Beispiel dafür lieferte Hamilton. Er war einer der gewaltigsten Geister; er hielt zäh an allen seinen Überzeugungen fest; er war ein Mann der That, mutig und entschlossen. Er beanstandete die Verfassung und entwickelte in einer denkwürdigen Rede seinen abweichenden Entwurf. Als jedoch sein Projekt fiel und die mit seinen Ansichten nicht übereinstimmende Verfassung angenommen wurde, machte er mit der ganzen Kraft seines Geistes für dieselbe Propaganda. Daran, daß die der populären Strömung in vielem zuwiderlaufende Verfassung zum Siege gelangte, kommt der Löwenanteil ihm zu. Er ließ seine eigene Konzeption fallen und kämpfte für das relativ Gute. Er fühlte, daß es unfehlbar notwendig sei in irgend einer Form zu einem Resultat zu gelangen, daß das Umhertasten schlechter sei als jedes System, und daß es demnach nicht eine eines Staatsmannes würdige Handlung sei, die im Wege langer Transaktionen mit großer Mühe zustande gekommene Lösung nach rein theoretischen Gesichtspunkten zu beurteilen und, falls sie denselben nicht entspricht, sie zu verwerfen.

In demselben Geiste ging auch die amerikanische Nation vor. Den Staaten gefiel der ihnen unterbreitete Entwurf nicht. Sie hegten Furcht vor der Tyrannei, die sich daraus entwickeln konnte, sie hegten Furcht vor der Gefahr der Verschmelzung. Es scheint, daß die ziffermäßige Mehrheit gegen die Verfassung gewesen ist, und daß diese nur infolge der intellektuellen Überlegenheit der Minorität gesiegt hat. Sobald sie jedoch Gesetz geworden

war, nahm die ganze Nation das fait accompli an und
wollte daran nicht mehr ändern. Es entstand keine einzige
Partei, welche die Durchbringung einer neuen Verfassung
als Ziel ausgesteckt hätte. Die Nation ließ mit seltener
Besonnenheit, unter Führung ihrer großen Männer, sich
von der Wahrheit leiten, daß auch die unvollkommene
Lösung besser sei als Nichts, besser als die Krisen, mit
welchen der Versuch der Änderung der Staatsordnung
einhergeht, besser als die Kämpfe, welche die Gegensätze
wieder aufleben lassen und die Staatsordnung mit der Gefahr der ewigen Umwälzung bedrohend, die große Wohl-
that der Stabilität, die Kontinuität der Entwickelung auf
das Spiel setzen würden.

Das nach dreihundertjährigen unfruchtbaren Versuchen
mit schwerer Not erreichte Resultat für den immer zweifel-
haften und unsicheren Wert theoretischer Raisonnements
aufs Spiel zu setzen, würde ein unverzeihlicher Leichtsinn
sein. Aber entspicht das uns vorgezauberte Ideal wenigstens
den Regeln der Theorie? Ist, jede andere Rücksicht bei-
seite gesetzt, und die Sache von rein theoretischem Gesichtspunkte betrachtet, das Programm der Äußerstlinken
wohl besser, als das gegenwärtige System? Ich wiederhole,
daß, wenn dasselbe auch besser zu sein verspräche, es
selbst dann nicht erlaubt sein würde seinetwegen das thatsächlich gut funktionierende zuverlässige System zu verwerfen. Sie wollen unser nach vielem Ungewitter und
Umhertreiben glücklich an das Ufer gelangtes Schiff von
neuem auf die unruhige offene See lassen, um es in einen
stärkeren und sicheren Hafen gelangen zu lassen. Ich
glaube, der drohende Sturm und die Gefahr der Fahrt seien
hinreichende Gründe dafür, daß wir ohne zwingende Notwendigkeit den geschützten Ort nicht mehr verlassen, wo
wir unser schadhaft gewordenes Schiff herzustellen vermocht
haben, wo wir uns der Ruhe erfreuen. Aber es würde die

Frage endgiltig entscheiden und den Antritt der Fahrt im
Lichte des Wahnsinns erscheinen lassen, wenn es sich her-
ausstellte, dafs der vielgepriesene grofse Hafen unsicherer.
schlechter sei als derjenige, in welchem wir uns befinden.
Und aus der Nähe besehen verhält es sich thatsächlich
auch so und der Vorzug des neuen Hafens besteht blofs
darin, dafs seine Pfeiler, seine Mauern mit nationalen
Farben angestrichen sind, dafs er aber ansonst weniger
Sicherheit gewähren würde, als derjenige, den wir um
seinethalben verlassen sollten.

Siebentes Kapitel.

Das Programm der Unabhängigkeitspartei.

Die politische Conception, welche die Unabhängigkeitspartei an die Stelle des Ausgleichs setzen will, und für deren Verwirklichung wir uns so vielen Gefahren aussetzen müfsten, hält auch aus theoretischem Gesichtspunkte die Kritik nicht aus. Sie steht hinter der in den 1867er Gesetzen niedergelegten Lösung in jeder Hinsicht zurück. Das neue System würde mit mehr materiellen Opfern verbunden sein und einen schwächeren Schutz gewähren als das gegenwärtige und es würde auch unsere Unabhängigkeit nicht so unbedingt sichern, wie man glaubt. Aufserdem trägt es nach meiner festen Überzeugung den Keim des gänzlichen Zerfalles unserer Monarchie in sich, und deshalb würde es selbst in dem Falle zu verdammen sein, wenn es ohne Krise auf leichte Art verwirklicht werden könnte. Der Schein desselben ist verführerisch schön, aber der Inhalt desselben in jeder Hinsicht schlecht und gefährlich.

Die Details der von der Unabhängigkeitspartei geplanten neuen Staatsordnung sind nicht bekannt, und deshalb kann nur die Grundidee derselben diskutiert werden. Es kann blofs zum Gegenstand der Untersuchung gemacht werden, ob der gegenseitige, aber durch getrennte Kraft bewirkte Schutz Österreich-Ungarns heilsamere Folgen haben würde, als der gemeinsame Schutz durch gemeinsame Kraft?

Wie der Ausgleich, muſs auch dessen Antipode aus zwei Gesichtspunkten geprüft werden, aus den Gesichtspunkten der zwei groſsen Ziele, welche der Ausgleich zu erreichen strebt, und welche jedes politische System erreichen muſs. Das eine ist, in welchem Maſse er fähig sein wird, uns gegen unsere äuſseren Feinde zu schützen, unsere Groſsmachtstellung zu sichern; das andere, in welchem Maſse er die wahre Selbständigkeit Ungarns, die Bethätigung seiner freien Kraft fördern wird?

Bei der Lösung der ersten Frage kommt es nach meiner Auffassung darauf an, ob die gesonderte Wehrorganisation Ungarns und Österreichs, also die gesonderte auswärtige Vertretung und gesonderte Armee derselben in der Nation solche lebende Kräfte entwickeln und mobilisieren würden, welche bei dem gegenwärtigen System sich nicht bilden, oder zu den Zwecken der Verteidigung der Monarchie nicht benutzt werden können? Die entscheidende Frage ist, ob jenes Kraftplus, welches wir mit der vollständigeren Ausnutzung der nationalen Motive, mit der volleren Freiheit erzielen können, für die Verteidigung ein gröſserer Gewinn wäre, als der Nachteil, mit welchem die Zweiteilung der Armee und der auswärtigen Vertretung, die Sache aus rein technischem Gesichtspunkte betrachtet, verbunden ist? Ich glaube, daſs gegen diese Form der Frage niemand einen Einwand erheben könne, und daſs auch die Politiker der Unabhängigkeitspartei anerkennen müssen, daſs dieselbe auf eine gerechte und objektive Basis gestellt sei.

Ich glaube, es kann von niemandem bezweifelt werden, daſs zwei Armeen und zwei auswärtige Vertretungen die wechselseitige Verteidigung in einem Maſse erschweren, daſs,

wenn die Zweiteilung die Innigkeit, die Intensivität, die
Kraft der Verteidigung nicht steigern würde, unbedingt
jedermann die einheitliche Organisation besser finden müfste,
selbst derjenige, der heute die Teilung der Armee wünscht.

In allen Darlegungen zu Gunsten der gesonderten
Armee ist ein stets wiederkehrendes, das Rückgrat und
Wesen der Beweisführung bildendes Argument die Behaup-
tung, dafs nur die gesonderte ungarische Armee der
Monarchie die ganze Kraft, die echte Begeisterung der
Nation sichern würde.

Der Wert der Unabhängigkeitsidee ist identisch mit dem
Werte, mit der Richtigkeit dieser Behauptung. Sie steht und
fällt mit ihr. Dafs ohne diesen behaupteten Vorteil die Zweiteilung der Verteidigungsmittel reiner Verlust wäre, kann,
glaube ich, nicht in Zweifel gezogen werden. Erstens würde
die gesonderte Diplomatie, die gesonderte Armee unleugbar
kostspieliger sein, als die gemeinsame. Darauf allein aber lege
ich kein entscheidendes Gewicht. Es ist zwar gewifs, dafs bei
den grofsen Lasten, welche wir heute tragen, jedes Lastenplus
ein ernster Schaden und möglichst zu vermeiden ist. Aber
wo es sich um die Frage von Sein oder Nichtsein handelt,
kann die Sparsamkeit kein entscheidendes Motiv sein. Der
mafsgebende Gesichtspunkt ist immer, ob das Kostenplus
unsere Kraft steigert? Wenn unsere Kraft dadurch beträchtlich erhöht wird und wir die neue Last zu ertragen
vermögen, müssen wir sie unbedingt auf uns nehmen. Soviel dürfen wir jedoch auch aus dieser Thatsache des An-
wachsens der Kosten folgern, dafs wir das Plus nur à
Conto der sicheren Verbesserung unserer Lage auf uns
nehmen, dafs wir mehr Geld nur für die bessere Rüstung
geben können, und dafs die Mehrkosten ein positiver
Nachteil der wechselseitigen Verteidigung sind.

Die separate Leitung der auswärtigen Angelegenheiten
bei unbedingter Gegenseitigkeit der Verpflichtung zur Ver-

18*

teidigung ist, wie bereits oft gesagt worden ist, entweder
schädlich oder überflüssig, je nachdem die beiden Minister
des Auswärtigen, die beiden Diplomatien eine verschiedene
oder eine identische Politik befolgen.

Im Hintergrunde der auswärtigen Politik steht immer
die Möglichkeit des Krieges; das Ziel der auswärtigen
Politik ist stets der Schutz unserer Interessen, und zwar in
erster Linie ohne Krieg, falls dies jedoch unmöglich wäre,
mit einer Vorbereitung des Krieges, die den Sieg sichert.
Die Aufgabe der auswärtigen Politik ist demnach stets:
den Krieg entweder durch Bündnisschlüsse, durch vor-
sichtige und zugleich energische Politik zu vermeiden, oder
ihn vorzubereiten, oder ihn zu beendigen und auszunützen.
Wenn daher zwei Staaten nur vereint Krieg erklären,
nur vereint Frieden schließen können, und zwar nicht
allein gegen einzelne Feinde, in einzelnen Fällen, sondern
immer und bedingungslos: dann können sie nur vereint
Bündnisse schließen, können sie in allen internationalen
Fragen nur einer Ansicht sein, nur in einer Richtung eine
Aktion entwickeln, nur eine und dieselbe Politik unterstützen
oder mißbilligen; dann wird die auswärtige Politik der
beiden Staaten thatsächlich und unwiderstehlich, nicht in
Folge von Gesetzen, sondern vermöge des Zwanges der Lage
übereinstimmen, identisch sein, gemeinsam werden. Zur
Führung einer und derselben Politik aber ist ein Organ
mit seiner reinen Verantwortlichkeit, seinem consequenteren
Vorgehen jedenfalls geeigneter, als zwei Organe, vornehmlich
solche zwei, deren jedes einem anderen Staat zu dienen
meint, deren jedes unter anderen politischen Einflüssen
steht und sich schon deshalb auf einen abweichenden Standpunkt stellen kann. Zur Repräsentation einer und derselben
Politik im Auslande ist ebenfalls ein Individuum geeigneter,
als zwei, von welchen das eine das angesehenere, das ein-
flußreichere sein wird, dem man Gehör schenkt, das andere

das Beipferd, das fünfte Rad am Wagen und ebendeshalb
das unzufriedene, das intriguierende. Die persönlichen
Differenzen werden, wie dies unter ähnlichen Verhältnissen
immer der Fall zu sein pflegt, zu nationalen Fragen auf-
geblasen werden. Jede kleinste Abweichung im Tone, in
der Auffassung der beiden Diplomatien würde im Auslande
als Differenz zwischen den beiden Staaten angesehen werden.
Würde dadurch wohl unser Gewicht vergröfsert werden?
Wenn aber keine Differenzen zwischen ihnen vorkommen,
wozu dann das zweifache Personal? Damit das eine stumm
sei, damit es so rede, als ob die zwei blofs eines wären?
Unter den neuen Verhältnissen würde es der ideale
Zustand sein, wenn man garnicht wahrnehmen könnte, dafs
zwei Diplomatien vorhanden sind; aber wozu sind dann die
doppelten Kosten? Wenn wir jedoch davon ausgingen, dafs
die Botschafter die Person des Herrschers repräsentieren, und
dafs es absurd sein würde dieselbe Person ihrer beiden
Würden wegen doppelt repräsentieren zu lassen, und
demzufolge die beiden Staaten bei den auswärtigen Höfen
blofs e i n e n Gesandten hätten: welche Stellung würde dieser
seinen beiden Chefs, den Ministern des Äufseren des österreichischen und des ungarischen Staates gegenüber haben?
Wenn die Instruktionen derselben auch nur in der kleinsten
Nüance voneinander abwichen, was würde der Gesandte
thun? Was würde man zu der Idee sagen, dass Ungarn
zwei Minister des Innern haben soll, in jedem Komitat mit
zwei Obergespänen, oder mit einem, welcher beiden Ministern
untergeordnet sein würde? Und doch sind, sobald das
Auswärtige der beiden Staaten verschmilzt und e i n e Angelegenheit geworden ist, die beiden Fälle identisch. Der
Schlüssel des Dilemmas liegt meiner Auffassung nach darin,
dafs, wenn wir eine zweifache Leitung und eine zweifache
Diplomatie wollen, die Grundlage dieses unseres Wunsches
nur die sein kann, dafs unsere Interessen nicht identisch

sind; wenn dies aber so ist, dann müssen wir nicht
den Organismus trennen, sondern die Angelegenheit. Dann
liegt der Fehler nicht darin, dafs wir gemeinsame Ministerien
haben, sondern darin, dafs wir unbedingte Bürgschaft für
einander übernommen, dafs wir durch die Verpflichtung zur
unbedingten Hilfeleistung unser Schicksal mit dem Schicksal Österreichs identifiziert haben; ja ich gehe weiter, dann
liegt der Fehler darin, dafs unser Herrscher gemeinsam ist.
Dann müssen wir dem abhelfen, müssen wir dies ändern.
Wenn unsere Interessen auf dem Gebiete der internationalen
Politik gegensätzliche, oder auch nur verschiedene sein
können, dann mufs dafür Sicherheit geschaffen werden, dafs
diese Interessen unabhängig voneinander zur Geltung gelangen können; das aber können wir nur dann bewerkstelligen, wenn wir separat Krieg führen, separat Bündnisse
schliefsen können, wenn wir also die Verpflichtung zur unbedingten Verteidigung aus unserem Gesetzbuche ausstreichen.
Dann jedoch können wir auch nicht dulden, dafs die Identität der Person des Königs in die auswärtige Politik eine
identische Richtung, eine identische Leitung einführe. So
lange diese Faktoren sich nicht ändern, macht es auch die
Zweiteilung der auswärtigen Repräsentation nicht möglich,
dafs wir unsere Sonderinteressen zur Geltung bringen.
Unsere Interessen bleiben auch dann verbunden, nur wird es
schwierig sein, diese miteinander verknüpften Interessen
erfolgreich zu wahren. Eine besondere Vertretung hat nur
dann einen Sinn, wenn wir auch eine besondere Politik
haben können, die Vorbedingung hiezu aber ist die Abänderung der pragmatischen Sanktion, nicht aber die des
Ausgleichs.

Wenn unsere Interessen identisch sind, kann auch
unsere Politik identisch sein; dann aber stören wir nicht
die Einheit der Leitung, erschweren wir nicht die wirksame
Verteidigung. Wir müssen zwischen zwei Wegen wählen.

Der Ausgleich ist davon ausgegangen, dafs unsere Interessen identisch sind, und hat die logischen Konsequenzen hievon gezogen. Die äufserste Linke ist in Widerspruch mit sich selbst. Sie läfst unser Schicksal mit Österreich verknüpft, sie macht uns nicht zu unserem eigenen Herrn, sie schafft nicht die Möglichkeit der besonderen ungarischen auswärtigen Politik, plant aber eine Organisation für diesen aus ihrem eigenen Programm ausgeschlossenen Begriff. Sie redet es sich selbst ein und will es der öffentlichen Meinung einreden, dafs sie ungarische auswärtige Angelegenheiten schaffe, währenddem sie nichts anderes thut, als dafs sie die einheitliche österreichisch-ungarische Politik einem Organismus überträgt, welcher zur Leitung zwei verschiedener Arten von Politik berufen und zur einheitlichen Geltendmachung der einheitlichen Interessen ungeeignet ist.

Wenn die äufserste Linke konsequent vorgehen will, mufs sie ebenfalls zwischen zwei Wegen wählen. Wenn sie wirklich an der These festhält, dafs jenes innige und vollständige Bündnis Österreichs und Ungarns, wie es die pragmatische Sanktion feststellt, unseren Interessen entspricht; wenn sie bei ihrem alten Standpunkte verharrt, welcher die äufseren Angelegenheiten Österreichs und Ungarns thatsächlich verknüpft und vereinigt: dann mufs sie eine Organisation annehmen, welche zur Führung der einheitlichen Politik geeignet ist. Wenn sie dagegen die besondere Vertretung für notwendig hält, wenn sie also eine Abweichung zwischen den auswärtigen Interessen Österreichs und Ungarns sieht: dann mufs sie die pragmatische Sanktion angreifen, dann mufs sie jene Form des Bündnisses ändern, welche das Schicksal Österreichs und Ungarns vollständig und unauflöslich miteinander verbindet, welche die auswärtige Politik der beiden Staaten mit einander verschmilzt. Wenn sie die pragmatische Sanktion ernstlich will, und dennoch eine separate Organisation forciert, dann gefährdet

sie das, was sie selbst für richtig hält. Indem sie der
separaten Politik ein Organ giebt, erweckt sie vermöge der
Logik der Dinge den Wunsch eine separate Politik zu schaffen.
Sie schafft einen Organismus, welchem nur die Absonderung
der ungarischen auswärtigen Politik Existenzberechtigung
geben kann; das aber ist nur durch die Auflösung des bedingungslosen Bündnisses erreichbar. Sie kreiert einen
Organismus, welcher sich nur dann einen Wirkungskreis
verschaffen, nur dann Thätigkeit entwickeln, nur dann fortleben kann, wenn er jene Eisenbande zerstört, welche
die ungarische und österreichische Politik zum Besten beider
Teile und auch mit Billigung der Unabhängigkeitspartei
selbst zu einer einheitlichen gemacht haben. Mit dem
Dringen auf einen separaten Organismus huldigt diese Partei
einem Prinzip, dessen Folge mit ihrer eigenen Politik in
Gegensatz steht und deshalb gegen sie selbst gerichtet
werden könnte. Sie stellt sich auf eine politische Basis,
von welcher die Logik der Thatsachen mit unwiderstehlicher Kraft die Nation in den Abgrund reißen kann,
vor welchem heute auch die Partei selbst ihr Vaterland
bewahrt sehen will.

Daß mit der vollständigen und unbedingten Identifi-
zierung des casus belli die auswärtigen Angelegenheiten
zweier Staaten in jeder Hinsicht in eins verschmelzen und
daß unter solchen Umständen der besondere Minister des
Auswärtigen und die besondere auswärtige Vertretung
keinen Sinn, keine Existenzberechtigung haben, dies bestätigt auch das einheitliche Vorgehen anderer in solcher
Lage befindlicher Staaten. Schweden und Norwegen haben
einen Minister des Auswärtigen und eine Diplomatie,
trotzdem, daß sie miteinander in reiner Personal-Union
leben; trotzdem, daß sie besondere Armeen haben; trotzdem, daß die Verpflichtung zur Verteidigung in keinem
eigenen Gesetze ausgesprochen, sondern nur eine natürliche

Folge des Bündnisses und ein Ausfluß des Umstandes ist, daß das Recht der Kriegserklärung und der Friedensschließung dem gemeinsamen Herrscher vorbehalten, und so die auswärtige Politik der beiden Länder thatsächlich zu e i n e r Angelegenheit geworden ist.

Aber es giebt noch ein Beispiel, dessen Autorität am meisten jene anerkennen, welche die gesonderte Vertretung fordern. Kossuth hat in dieser Frage, vielleicht unbewußt, uns, den Anhängern des Ausgleichs, recht gegeben, indem er für seine Donau-Konföderation eine einzige und gemeinsame Diplomatie projektierte. Er sah zwischen Ungarn und Österreich einen Interessengegensatz, und riet darum zur Losreißung, er wollte die pragmatische Sanktion streichen und war auch ein Feind der gemeinsamen Diplomatie. Er wollte eine von der Politik Österreichs abweichende und gesonderte Politik führen, und wollte darum auch das Organ derselben, die unabhängige Diplomatie, schaffen. Er ging vollkommen logisch vor.

Wo er jedoch vereintes Wirken wollte, wo er glaubte, daß die Identität der Interessen vorhanden sei, wo er eine gemeinsame äußere Politik aufrechthalten wollte, wo er die konstante und volle Solidarität der Verteidigung im Interesse des Landes gelegen sah, dort hielt er, ebenfalls mit vollkommener Logik und praktischem Sinn, die einheitliche Diplomatie für den allein möglichen Modus.

Die durch die Annahme der pragmatischen Sanktion geschaffene Identität des Schicksals Österreichs und Ungarns brachte außer den auswärtigen Angelegenheiten auch die Wehrkraft der beiden Staaten miteinander in eine Verbindung, welche stärker als der Wille des Menschen ist und bei welchem System immer zur Geltung gelangen würde.

Wir können nicht separat Krieg führen; wir müssen uns gegen jeden Feind vereint und auf einmal zur Wehre

setzen. Eine Schlappe Österreichs ist auch eine Schlappe
Ungarns, die Hilfsquellen Österreichs sind auch die Hilfsquellen Ungarns und darum ist die Verteidigung Österreichs auch die Verteidigung Ungarns. Der Krieg muſs
nach einem strategischem Grundgedanken, nach einem
Plan geführt werden. Im Kriege dürfen, wenn wir Erfolg haben wollen, nicht die Sonderstellung Ungarns und
Österreichs, nicht die separaten Verteidigungsinteressen derselben zur Geltung kommen; die Kriegführung muſs in
allem der gemeinsamen und obersten Rücksicht huldigen,
wie und wo die feindliche Armee am sichersten besiegt
werden könne. Wenn dieses Ziel es verlangt, muſs ungarisches, wenn dieses Ziel es verlangt, muſs österreichisches
Gebiet ohne Deckung gelassen werden. Diesem Grundgedanken entsprechend müssen die gemeinsamen Heereskräfte
in Ungarn oder Österreich vereinigt werden. Als Friedrich II.
sein Land gegen die Koalition verteidigte, oder als Preuſsen
im Jahre 1866 gegen die süddeutschen Länder und gegen
Österreich Front machen muſste, konnten sie die Verteidigung
lediglich dem strategischen Interesse entsprechend einrichten.
Dem hatten die Preuſsen in beiden Fällen den Erfolg zu
verdanken. Sie waren genötigt einen Teil des Landes auf-
zugeben. In der Zeit der Feldzüge Friedrichs II. war auch
Berlin wiederholt gefährdet, weil die Heere anderwärts
occupiert waren. Im Jahre 1866 gaben die Preuſsen die
Westprovinzen auf, damit ihnen für die böhmische Offensive
desto gröſsere Kräfte zur Verfügung stünden. Wäre das wohl
möglich gewesen, hätte der Feldzug wohl so groſsen Erfolg
gehabt, wenn zum strategischen Grundgedanken politische
Nebenrücksichten dazugetreten wären? wenn die einzelnen Provinzen über eine besondere Heereskraft verfügende
Staaten gewesen wären, welche vor Allem sich selbst und
erst dann den Bundesgenossen hätten verteidigen wollen?
Wir finden in der Kriegsgeschichte unzählige solche

Beispiele, in welchen die gemeinsame Aktion durch die in dieselbe hineingetragenen Sondergesichtspunkte und Sonderinteressen erfolglos gemacht wurde. Die gröfste Schwäche der kolossalen Koalition gegen Napoleon I. bestand darin, dafs die besonderen Heere zur Wahrung besonderer Gesichtspunkte, besonderer Interessen destiniert waren; dafs jedes Heer dem besonderen Ruhm, dem besonderen Plan seines Führers diente; dafs jedes derselben den Schutz seines eigenen Landes oder die Sicherung der von demselben eventuell gewünschten Eroberung sich als höchstes Ziel steckte, vergessend, dafs das allein sichere Mittel zur Erreichung der speciellen Ziele der definitive Sieg gewesen wäre.

Das geeignetste Mittel zur Durchführung einer einheitlichen strategischen Conception ist die einem Impulse gehorchende, homogene, einheitliche Armee. Besondere Heere, wenn sie auch im Kampf von einander unabhängig bleiben, stören die Einheit der Conception und die einheitliche Durchführung derselben; wenn sie aber im Moment der Aktion miteinander verschmolzen werden, entsteht in ihren Reihen Unzufriedenheit und bemächtigt sich ihrer das Gefühl, dafs sie degradiert, dafs sie Fremden untergeordnet, dafs sie ihres Rollenkreises eben in dem Moment beraubt worden seien, wo das Auge der Welt auf sie gerichtet ist, wo sich ihnen endlich Gelegenheit geboten hat, Anerkennung und Ruhm zu erwerben. Die einfache Logik sagt es, dafs dort, wo separate Aufgaben zu lösen sind, die separate Organisation das Richtige ist; dort dagegen, wo die Aufgabe eine einheitliche ist, wo die volle Harmonie, das unbedingte wechselseitige Vertrauen zu einander, die volle Bekanntschaft miteinander, die Gewöhnung aneinander die Bedingung des Erfolges ist, die einheitliche Organisation angenommen werden mufs.

Man mufs sich im Frieden an die Verhältnisse des

Krieges gewöhnen. Die Armee muſs jenen Verhältnissen entsprechend geübt, erzogen werden, unter welchen sie im kritischen Augenblicke sich bethätigen muſs. Wenn die Natur der Dinge die Heeresteile auf vollständig verschmolzene, vollständig identische Thätigkeit hinweist; wenn es ihnen nicht erlaubt ist in der Wirksamkeit ihre Sonderart zur Geltung zu bringen: dann müssen die Truppen an das vereinte Wirken gewöhnt werden; dann müssen sie so geübt und ausgebildet werden, daſs in ihnen das Gefühl der Zusammengehörigkeit entwickelt wird; dann muſs eine einheitliche Armee gehalten werden, denn es ist eine unleugbare Thatsache, daſs die entschiedenste Garantie der Einheit des Wirkens in der Einheit der Organisation besteht.

Doch ich will die Wahrheit dieser These nicht ausführlicher erörtern. Die berufensten Verteidiger des Ausgleichs haben schon oft die groſse strategische Wahrheit bewiesen, daſs das zweckmäſsigste Werkzeug der gemeinsamen Verteidigung die einheitlich organisierte Armee sei. Zuletzt hat Julius Andrássy diese seine Überzeugung im Magnatenhause ausführlich begründet. Es genügt, wenn ich mich auf diese Rede berufe. Meinerseits weise ich zur Erhärtung der Richtigkeit dieser Auffassung nur noch auf eine Autorität ersten Ranges hin, deren diesbezügliche Berufenheit um so unzweifelhafter ist, weil ihm hinsichtlich der Schwäche der Koalitionen eigene unmittelbare Erfahrungen zu Gebote standen, und weil er der gründlichste Kenner eben jenes Beispieles ist, auf welches sich Andrássy in seiner Rede berufen hat, des Beispieles, dessen Beweiskraft seitdem mehrmals geleugnet worden ist. Ich meine Moltke, welcher im Jahre 1868 das Verhältnis zwischen dem Norddeutschen Bunde und den Süddeutschen Staaten erörternd, sich unter anderem so geäuſsert hat[1]:

---

[1] Reden des General-Feldmarschalls Grafen Hellmuth von Moltke. Bd. VII. S. 14.

„Freilich wäre eine größere Annäherung, z. B. auf dem militärischen Gebiet, zu wünschen. Es besteht zur Zeit ein Schutz- und Trutzbündnis. Es ist dies die unvollkommene Form gegenseitiger Hilfsleistung. Ein Schutz- und Trutzbündnis hat gerade so viel Wert, wie jeder Teil Schutz und Trutz zu üben vermag. Ich rede nicht davon, daß Norddeutschland die größeren Streitmittel besitzt, das versteht sich von selbst, aber wir stellen eben eine Armee, Sie stellen Kontingente, wir haben einen Kriegsherrn, Sie einen Oberfeldherrn. Der Unterschied ist groß, und das Jahr 1866 hat das gezeigt. Man hat die süddeutsche Kriegführung hart getadelt und die Führer dafür verantwortlich gemacht. Die Eigenliebe verlangt immer bei unglücklichen Feldzügen, daß Einer die Schuld trägt, wäre dieser Eine nicht gewesen, so wäre alles gelungen. Aber, meine Herren, in der Hauptsache tragen nicht die süddeutschen Führer die Schuld an dem Mißerfolg, auch nicht die süddeutschen Truppen, welche sich überall tapfer geschlagen haben. Es waren die süddeutschen Partikularinteressen, welche es möglich machten, daß 46 000 Preußen, einheitlich und kräftig geführt, gegen 100 000 Gegner die Offensive ergreifen und von der Oder bis zur Jaxt vordringen konnten. Sie hatten in die Hand des Führers eine Waffe aus trefflichstem Stahl gelegt, aber sie bestand aus Stücken.

Dies der Unterschied zwischen einheitlichem Heer und Koalition. Beim besten Willen können die Staaten Süddeutschlands jetzt nur eine Koalition bieten, während wir doch rings um uns nur große einheitliche Heere erblicken.“

Man kann sich nur wundern, daß gerade bei uns an dem Vorzuge der einheitlichen Verteidigung vor den Koalitionen gezweifelt wird. Traurige Erfahrungen hätten uns eines anderen belehren können. Eine Hauptursache der Erfolglosigkeit der Verteidigung gegen die Türken bis zur Zeit Karls von Lothringen ist die Rivalität der besonderen

Heere und der einander fremden Heerführer gewesen. Da
ist der berühmte Feldzug · Montecuccolis und Nicolaus
Zrínyis. Wieviele Nachteile, wieviele Nöten sind aus dem
wechselseitigen Mißtrauen der verbündeten Heere gegeneinander hervorgegangen, daraus, daß einander solche
Feldherren übergeordnet wurden, die fremden Heeren
angehört hatten, daß zur persönlichen Rivalität — welche
zwar auch in einer einheitlichen Armee vorkommen kann.
aber hier durch das Band der Kameradschaft gemildert,
durch den esprit de corps gesänftigt wird — daß zur
persönlichen Antipathie, sage ich, noch die Geringschätzung
hinzutrat, welche der österreichische Soldat dem ungarischen General gegenüber bewies, sowie das Mißtrauen
des ungarischen Soldaten gegen die Angehörigen des
deutschen Heeres. Die Festung Zerin fiel infolge dieser
Reibungen in die Hand der Türken. Leider ist dies nicht
das einzige Beispiel der Rivalität der einander fremden
Truppen und Heerführer in unserem Vaterlande.

Dieser Zustand hatte die Folge, daß zu jenen unvor-
hergesehenen störenden Momenten, welche beim Zusammenwirken großer Heeresmassen immer vorkommen können,
ein permanentes, ein systematisch wirkendes Element hinzutrat, welches das Gewicht und die nachteilige Wirkung
jener Faktoren in hohem Grade steigerte, ja dieselben verhängnisvoll machen konnte. Für jede persönliche Eitelkeit
that sich ein nationaler Hintergrund auf, jede Ansichts-
divergenz, jedes Mißverständnis zwischen den Führern der
verschiedenen Heere konnte zu einem großen Umfang auf-
gebauscht, zu einer nationalen Angelegenheit erhoben werden.
Es ist immer eine der schwierigsten Aufgaben, in einer
großen Anzahl von Menschen alle Sonder- und Neben-
zwecke zu unterdrücken. Tausenden nur einen Willen.
ein Herz und eine Seele einzuhauchen, zu erreichen, daß
jeder nur einer Idee lebe, daß er bereit sei für seinen

Kameraden sein Leben und eventuell auch seinen speciellen
Ruhm aufzuopfern, sich mit ihm völlig und vollkommen
zu identifizieren. Dies ist selbst bei der strengsten Disziplin,
bei der gröfsten Entwickelung des Gefühls der Zusammengehörigkeit und Einheit schwer zu erreichen. Der Neid
der Menschen, ihr Mifswollen, ihre Eitelkeit, ja bisweilen
auch ihr berechtigtes ehrgeiziges Selbstgefühl sind samt
und sonders, leider, nie ganz aufhörende mächtige Hindernisse des wünschenswerten Einklangs. Wenn diese unaus-
rottbaren Impulse nicht im kameradschaftlichen Gefühle
einen Dämpfer finden, wenn im Gegenteil die individuellen
Motive in der Stimmung der ganzen Umgebung, im besonderen Selbstgefühl der Heere einen mächtigen Widerhall
wecken, dann wird das schwere Problem nur bei exceptio-
nellem Glücke gelöst werden können, dann wird das Geltendwerden der Gegensätze, die Zwietracht, die Regel
werden.

Und es berufe sich niemand auf Beispiele, wo solche
Koalitionen dennoch siegreich gewesen. Das Endergebnis
ist nicht die Folge einer einzigen Wirkung. Unzählige
kleine und grofse Ursachen spielen immer zusammen, unzählige Umstände fliefsen in Eins, und entscheidend ist
immer nur, in welcher Proportion zu einander die verschiedenen Impulse, die verschiedenen nützlichen und schädlichen
Wirkungen stehen. Das günstige Ergebnis beweist nicht,
dafs der schädliche Impuls, die schädliche Wirkung
garnicht wirksam gewesen. Andere Vorteile konnten jenen
das Gleichgewicht halten und das Endergebnis auch ihnen
entgegen günstig gestalten. So verhält sich dies auch mit
der Koalition. Andere Vorteile können den Nachteilen der
Koalition ein Gegengewicht bieten und derselben auch
gegen einheitliche Heere zum Siege verhelfen, ohne dafs
dieser Sieg die Überlegenheit des Organismus oder auch
nur die Ranggleichheit desselben beweisen könnte. Wer

kann daran zweifeln, daſs kleine Truppenzahl, Ungeübtheit
der Soldaten und ungeschickte Führung Nachteile sind, und
gleichwohl hat sich gar oft der Fall ereignet, daſs trotz
dieser Nachteile ein Sieg errungen wurde. Die Mängel
wurden durch andere günstige Umstände wett gemacht.
Es ist unzweifelhaft, daſs der Kühne gegenüber dem minder
Kühnen im Vorteil ist, und dennoch ist nicht immer e r der
Sieger. So kann auch die Koalition siegreich sein; aber
einesteils macht es die in dem von jedem Hintergedanken
freien Zusammenwirken liegende groſse Kraft, anderenteils
jene aus der Natur der Dinge flieſsende und auch
durch den groſsen Durchschnitt der Thatsachen bewiesene
Wahrheit, daſs es schwieriger ist die vereinte Arbeit in
Koalitionen, als in einer Armee von gemeinsamer Disciplin
und einheitlicher Organisation zu sichern, unzweifelhaft,
daſs die Koalition ein mangelhafteres Werkzeug ist, als das
einheitliche Heer.

    Übrigens ist der technische Vorzug der einheitlichen
Armeen über die vereinte Kraft der kleinen Heere von den
militärischen Autoritäten des gesamten Europa anerkannt,
durch die Praxis Europas sanktioniert worden.

    Selbst jene Staatenbündnisse, welche, von dem Schau-
platze der groſsen Kämpfe weit abgelegen, sich an einer
kleinen Armee genügen lassen können, haben danach
getrachtet, in ihrer Verteidigungsorganisation eine möglichst
groſse Einheit festzustellen. So ist in Amerika die Marine
vollständig föderal und ebenso auch die reguläre Armee.
Die Miliz ist allerdings staatlich; aber im Kriegsfalle trägt
die Union für ihre Bewaffnung, ihre Disciplin, ihre Einteilung in Armeecorps Sorge. Mit dem Kommando ist der
Präsident betraut. Die höheren Offiziere sind sämtlich von
der Republik ernannt. Der Wirkungskreis der einzelnen
Staaten erstreckt sich nur bis auf die Regimenter. Die
höhere Einteilung, die Formung derselben zu Armeecorps

oder Armeen, ist stets ein föderales Recht gewesen. Es ist
interessant und lehrreich, daß, als gelegentlich des letzten
großen Bürgerkrieges die südlichen Teile im Interesse der
Souveränität und Unabhängigkeit der Staaten das Schwert
zogen, es ihnen nicht im entferntesten einfiel, besondere
staatliche Armeen zu formieren, sie centralisierten die gesamte
Kraft vollständig. Auf jene wohlklingenden großen Phrasen,
welchen bei uns viele Glauben schenken, daß ein Staat
ohne besondere Armee nicht bestehen könne, und daß ein
Volk von Selbstgefühl der Errichtung einer solchen nicht
entsagen dürfe: wurde jenseits des Oceans nichts gegeben.
Der gesunde Verstand der Amerikaner sah bloß, daß die
Staaten, wenn sie unabhängig leben wollen, stark sein
müssen, stark aber können sie nur so sein, wenn sie der
einheitlichen Armee des Nordens eine ebenfalls einheitliche
Armee entgegenstellen. Selbst die Schweiz hat für die einheitliche Organisation und die Homogenität der Heereskraft
gesorgt. Die einzige Ausnahme ist Schweden und Norwegen,
welche besondere Armeen haben; aber dies kann nicht als
maßgebendes Beispiel dienen. Sie können darum getrennte
Armeen halten, weil sie derselben wenig bedurft haben.
Seit den großen napoleonischen Feldzügen haben sie bis
heute Frieden genossen und darum können sie kein Muster
für unsere Monarchie sein, welche auch seitdem unzählige
Kriege geführt hat und im Mittelpunkte der europäischen
Rivalitäten liegt. Ich habe nirgends und nie gehört, daß
irgend eine Partei, oder daß ein militärischer Fachmann
von dem Gesichtspunkte der Potenzierung der Wehrkraft,
von rein technischem, organisationellem Gesichtspunkt aus,
die Auflösung der einheitlichen Armee befürwortet hätte.
Der entgegengesetzten Strömung begegnen wir oft. Auch
bei uns wird nicht behauptet, daß, abgesehen von der voll-
kommeneren Ausnutzung der Begeisterungsfähigkeit der
Nation, an und für sich die Organisation zweier Armeen

zweckmäßiger sei, als die einer. Es wird höchstens behauptet, daß jene nicht schlechter sei: aber auch dies konnte nicht bewiesen werden, so daß ich kühn sagen kann, daß die zweiteilige Armee vom technischen Gesichtspunkte betrachtet schwächer sei als die einheitliche. Weil sie auch teurer ist, würde sie nur dann annehmbar sein, wenn sie solche nationale Kräfte in Bewegung zu setzen vermöchte, welche beim heutigen System unbenutzbar bleiben.

Meiner Überzeugung nach ist aber nichts irriger, als dieser Kalkul. Meiner Überzeugung nach wird die gemeinsame Armee im Falle eines Krieges die Kraft der Nation in einem Maße ausnützen können, daß darin von einer Steigerung gar nicht die Rede sein kann. Wenn dies nicht der Fall sein wird, wird die Schuld nicht an der Organisation, sondern an den Individuen liegen. Was ist imstande den Menschen zu begeistern, ihn dazu zu bringen, daß er, der Gefahren, der Schrecken des Todes vergessend, sein Alles aufopfere und sich selbst der Vernichtung aussetze? Das Bewußtsein, daß er für das kämpft, was für ihn das Wertvollste ist, für die Sicherheit und Freiheit seiner selbst, seiner Familie, seines Vaterlandes; daß das Schicksal, die Zukunft, die Existenz seiner Nation auf dem Spiele steht. Seitdem wir unsere Verfassung zurückerlangt haben, seitdem die Integrität der Krone des heiligen Stephan wiederhergestellt worden, ist es jedem Menschen klar, daß die gemeinsame Armee im Falle der Not das verteidigen würde, wofür in der Vergangenheit unsere hervorragendsten Patrioten geblutet haben, wofür zu leben und, wenn nötig, zu sterben die heiligste Pflicht ist, welche ein Ungar erfüllen kann.

Ist wohl ein ungarischer Soldat denkbar, welcher, dies wissend, seine Pflicht nur mit halbem Herzen erfüllen wird, bloß darum, weil er „vorwärts marschiert" statt „elöre" hört?

Die Sache, der Zweck, wofür jemand kämpft, ist das entscheidende Motiv seiner Handlungsweise. Die Sprache des Kommandos ist nebensächlich. Das Székler Regiment hat 1849 unter deutschem Kommando gekämpft. Die deutschen Söldner haben in den alten Zeiten für englisches, italienisches, ungarisches Interesse unter deutschem Kommando gestritten. Aber wer hat wohl mit innigerem Feuer, mit gröfserer Begeisterung gedient, derjenige, der fremde Kommandoworte hörte, aber für das Beste seiner eigenen Nation kämpfte, oder derjenige, der in seiner Muttersprache, aber für fremde Interessen in den Tod geschickt wurde?

Man kann sagen, dafs all dies wahr sei für den gebildeten Menschen, der höhere Ideale hat, der stets mit Bewufstsein handelt, aber nicht wahr für den Ungebildeten, welcher sich um das Ziel nicht kümmert, weil er es gar nicht kennt, welcher nur unter der Wirkung der augenblicklichen Stimmung steht. Den letzteren können nur die geliebten Laute seiner Muttersprache anfeuern, das fremde Wort lasse ihn kalt. Dies ist zum Teil wahr. Aber bei diesem mufs man sich in erster Reihe immer auf die Disciplin stützen, und, welche immer die Kommandosprache sein möge, den Idealismus durch den Gehorsam ersetzen.

Das Mafs von Begeisterung, welches Worte auch in diesem erwecken können, kann auch bei deutschem Kommando erzielt werden, wenn dafür gesorgt wird, dafs ungarische Offiziere an der Spitze der ungarischen Truppen stehen und man in diesen, wie ich bereits mehrmals gesagt habe, das Nationalgefühl nicht ausrottet. Das trockene, banale Kommandowort begeistert in keiner Sprache, dagegen vermag dies ein an die Soldaten im richtigen Momente gerichteter kerniger Spruch; diesen aber kann auch der Offizier der gemeinsamen Armee treffen, wenn er nur den Verstand und das Herz am rechten Flecke hat. Was im Soldaten die Ausdauer steigert und die Begeisterung entflammt,

19*

das ist das Beispiel jenes Offiziers, welcher mit wohl-
wollender, gerechter Behandlung das Vertrauen der Mannschaft zu gewinnen weils, welcher den ihm Subordinierten
versteht und demzufolge auch von diesem verstanden wird.
Dies aber aber kann auch bei deutschem Kommando erreicht werden. Es ist meine feste Überzeugung, dals ein
Offizier, welcher nicht die Mittel und Wege findet, den ungarischen Soldaten anzufeuern, wenn dieser für seinen
König und sein Vaterland kämpft, wenn er seinen häus-
lichen Herd und seine Familie schützt — vorausgesetzt.
dafs das Herz dieses Soldaten überhaupt für Patriotismus
empfänglich ist — dals ein solcher Offizier seines Offiziers-
ranges nicht würdig ist, dals er immer hinter seinem Berufe
zurückbleiben würde, ob wir nun eine separate Armee
hätten, oder nicht. Er kann im übrigen ein braver Mann
sein, aber zum Führer taugt er nicht. Wenn sein Sub-
ordinierter ihn im Stiche lälst, wird daran nicht das System
schuld sein, sondern die Leere seines Kopfes, die Öde seines
Herzens. Es ist wünschenswert, dals an der Spitze der
ungarischen Truppen ungarische Offiziere stehen, und dies
ist auch in der gemeinsamen Armee erreichbar; wenn es
aber derzeit auch nicht erreichbar ist, weil nicht genug ungarische Offiziere vorhanden sind, wird auch der die ungarische Natur kennende, der den ungarischen Patriotismus
achtende fremde Offizier imstande sein, das nationale Selbstgefühl zur Steigerung des Mutes des Truppe auszubeuten.
Dies wird durch das Beispiel eines Bem, eines Henneberg
bewiesen, welche die ungarische Sprache radebrechten, aber
immer den Weg zum Herzen des Ungars fanden. Diese
Aufgabe ist leicht, da der Ungar immer bereit ist, für sein
Vaterland zu kämpfen. Seine natürliche Begeisterung darf
nur nicht abgekühlt werden. Es bedarf dazu nur einigen
guten Willens. Es ist nur nöthig, dals das Offiziercorps
von jenem Geist durchweht sei, welcher, weil er aus dem

Patriotismus Nahrung empfängt, auch den Patriotismus anderer versteht und achtet. Dieser Geist aber läuft dem Interesse der gemeinsamen Armee nicht zuwider. Er ist, wie ich bereits darauf hingewiesen habe, die direkte Folge ihres rechtlichen Ursprunges und die unerläfsliche Vorbedingung aller ihrer Erfolge.

Wenn dieser Geist im Offizierscorps in den grofsen Augenblicken der Prüfung vorhanden sein wird, dann wird die Kraft der Thatsachen die sogenannte Armeefrage, gleichwie der Sturm den Strohhalm, von der Tagesordnung wegfegen. Die unbeugsame Treue, die ungeteilte Begeisterung der Nation wird die Kraft der Armee steigern und, ich zweifle nicht daran, sie zum Siege führen. Der Ungar von der äufsersten Linken wird der Armee mit ebensolchem Eifer dienen, wie der Mameluk, weil jeder fühlen wird, dafs an diese Fahne unsere Ehre und unsere nationale Existenz geknüpft ist.

Mit einem Wort, wenn die gemeinsame Armee das ist, was sie sein soll, dann wird sie in den kritischen Augenblicken, wo die Zeit der Phrasen abläuft, wo die Wirklichkeit mit ihrem ganzen Ernste in den Vordergrund tritt, wo der Schutz unserer Existenz der Schwertschneide unserer braven Armee anvertraut sein wird, eine so grofse Anhänglichkeit ihrer ungarischen Glieder erfahren und in solchem Mafse der Unterstützung der ungarischen Nation teilhaftig werden, dafs eine gröfsere Kraft für die Verteidigung auch die nationale Armee nicht zu sichern vermöchte. So und so wird der gleiche Patriotismus, die gleiche Begeisterung ins Feld ziehen, weil es sich in beiden Fällen um den Schutz desselben Schatzes handeln wird.

An der hingebenden, selbstaufopfernden Teilnahme der ungarischen Nation könnte nur dann gezweifelt werden, wenn in ihr der Trieb der Selbsterhaltung, der Patriotismus erstürbe, oder wenn es den Führern der Armee

gelänge, die fast übermenschliche Aufgabe zu lösen, den
Soldaten, der für sein Vaterland und für seinen König
kämpft, in solchem Grade der Armee zu entfremden, daſs
er so lau und widerwillig fechten würde, wie wenn er
ein fremdes Interesse verteidigte. In diesen Fällen aber
würde uns keinerlei System helfen. Gegen Mangel an
Patriotismus und so hochgradigen Blödsinn giebt es kein
Heilmittel.

Wenn wir das Obengesagte zusammenfassen, sehen wir,
daſs die nach der Idee der Unabhängigkeitspartei einge-
richtete Verteidigungsorganisation schwächer sein würde,
als die heutige, auf jenes Kraftplus aber, welches die Unabhängigkeitspartei von der nationalen Armee erwartet, und
welches die Lücke ausfüllen könnte, ebenfalls nicht gerechnet
werden könne — immer vorausgesetzt, daſs die gegenwärtige
Organisation eine derartige sein werde, wie sie sein muſs
und auch sein kann.

Demnach wird der aus der Zersplitterung der Kräfte
entspringende Nachteil durch nichts ersetzt. Es ist wahr,
dieser Nachteil könnte gemäſsigt, und die zerstörende
Wirkung der Zweiteilung der Armee könnte gemildert
werden, wenn in Folge der geplanten Neuorganisation der
Monarchie eine wahre und groſse Harmonie jener Faktoren
zustande käme, welche die Armeen erhalten und ihnen den
Impuls geben. Wenn die Aufhebung der gemeinsamen Angelegenheiten zwischen den Völkern Österreichs und Ungarns
ein glücklicheres politisches Zusammenleben zu sichern vermöchte; wenn die Abnahme der Berührungspunkte und die
wechselseitige Freiheit eine festere und innerlichere Harmonie
als die heutige zwischen ihnen zustande brächte: dann würde
die Innigkeit und vermehrte Kraft des politischen Verbandes
vielleicht imstande sein das rückhaltlos pünktliche Zusammenwirken der Heere herbeizuführen. Die innere Einheit
würde die Mängel der Organisation ersetzen. Im Jahre

1870 bestand die deutsche Heereskraft aus selbständigen
Teilen, die auswärtige Politik führten voneinander völlig
unabhängige Regierungen und dennoch war die Einheit der
Aktion eine vollständige. Ein Gedanke, ein Gefühl, ein
Wille herrschte überall. Das Feuer des Patriotismus schmolz
die „verschiedenen Stahle", aus welchen die Waffenrüstung
der Deutschen bestand, in einen zusammen. Das deutsche
Volk fühlte, daß es vor einer jener grofsen Gelegenheiten
stehe, welche die Vorsehung im Verlaufe langer Jahrhunderte
nur hie und da einmal darbietet, vor einer jener Gelegenheiten, wo mit einem Schlage auch das erhabenste Ideal
verwirklicht werden kann, wo das Schicksal der Völker auf
einer einzigen Karte steht, vor einer Gelegenheit, welche
ohne schweres Verschulden nicht versäumt werden kann.
Als ob die Gröfsen der germanischen Welt, die Hohenstaufen,
Friedrich II., Stein, Schiller und alle diejenigen, welche für
die grofse Idee der Einheit entflammt gewesen, aus ihren
Gräbern emporgestiegen wären, um die glücklichere Generation zur Verwirklichung ihres erhabenen Zieles anzuspornen,
um das Gefühl und die Kraft des Zusammenhaltens denjenigen einzuhauchen, welche berufen waren, zu Vollstreckern
des Testaments so vieler grofsen Gestalten der Geschichte
zu werden, so viele edle Wünsche, so viele schöne Hoffnungen zu erfüllen. Was an edlen und erhabenen Motiven
während des langen Lebens einer Nation entstanden und
zerstoben war, alles das vereinigte sich in einer Erinnerung,
in einem Gebote und spornte zum Heroismus. Im Jahre
1870 fühlte, von den Herrschern angefangen bis hinab zum
letzten Korporal ein jeder, dafs das Beste der Bestrebungen
der Vergangenheit, das Nonplusultra der Hoffnungen der
Zukunft erreicht werden könne, wenn die Nation, jede
kleinliche Rücksicht bei Seite setzend, wenn auch nur für
eine kurze Zeit, sich Schulter an Schulter zu kühner Arbeit
vereine. Es konnte auf einmal dem alten Hasse Genüge

geleistet, für Ludwig XIV. und Napoleon I. Rache
genommen, die Integrität des Landes beschützt und dasjenige
ausgeführt werden, was bisher das Ideal der Besten der
Nation gewesen, dessen Verwirklichung jedoch nicht einmal
nahe gekommen werden konnte: die deutsche Einheit zu begründen. Kann man sich wohl wundern, daß unter solchen
Umständen die Begeisterung, der heroische Wille, das Gefühl
der Notwendigkeit der deutschen Einheit über den Partikularismus und über die Hindernisse der verschiedenen Organisation der Heere den Sieg davon trug und ein so volles
und vollkommenes Zusammenwirken zustande kam, wie
es selbst in der einheitlichen Armee einheitlicher Staaten eine
Seltenheit ist? Kann man sich wohl wundern, daß die
preußischen und die bayrischen Soldaten mit solcher Hin-
gebung, solcher Begeisterung für einander kämpften, als ob
sie Teile einer wirklichen Einheit gewesen und zusammen
aufgewachsen wären? Jeder von ihnen war nur Deutscher,
hielt nur vor Augen, was vereinigt, nicht aber, was
trennt. Zu dieser Ausschließung jeder Eifersucht und
schädlichen Rivalität kam auch noch jenes Übergewicht der
preußischen Kraft hinzu, welchem zufolge die Führung
naturgemäß ihr zufiel, ohne daß die Anerkennung dieses
ihres Vorranges mit einer Demütigung der Übrigen verbunden gewesen wäre. Auch die berechtigte Überlegenheit
der führenden Individualitäten stand über jedem Zweifel.
Wer würde es seit 1866 wohl gewagt haben, mit Bismarck
oder Moltke zu rivalisieren, und wer würde wohl daran gezweifelt haben, daß sie von der Vorsehung ausersehen seien,
dem deutschen Stamm zu einem großen Erfolge zu verhelfen?

Dieses seltene Zusammentreffen der glücklichen Umstände machte alle die Nachteile verschwinden, welche mit
den Koalitionen verbunden zu sein pflegen. Aber darauf
zu rechnen, daß dies auch ein andermal der Fall sein
werde, ist der reine Aberwitz. Dieser Fall gehört zu jenen

Ausnahmen, welche die Regel verstärken. Es kann nicht darauf gerechnet werden, daſs unsere Monarchie alle ihre Kriege unter so günstigen Verhältnissen werde führen können, wie diejenigen, unter welchen die Deutschen im Laufe von Jahrhunderten einmal zu kämpfen vermocht haben. Am wenigsten ernst kann der Glaube genommen werden, daſs ein gewisses politisches System beständig, jedem Feinde gegenüber imstande sein werde zwischen von einander unabhängigen Armeen das Zusammenwirken so innig und vollständig zu machen, wie es das 1870er Beispiel zeigt. Keinerlei System ist imstande, im voraus eine solche Harmonie und eine so vollkommene Einheit der leitenden Motive zuwege zu bringen, daſs sich dieselbe dann unter welcherlei Verhältnissen immer mit elementarer Kraft kundgeben und die natürlichen Mängel der Koalition mildern müſste.

Aber wenn auch auf ein so riesiges Glück nicht mit Sicherheit gerechnet werden kann, darf doch die Frage aufgeworfen werden, ob nicht dennoch eine richtigere Form des uns mit Österreich verbindenden Verhältnisses, als die heutige, ein so wahres Einvernehmen, ein so inniges Zusammenwirken zwischen den Verbündeten herstellen würde, das jene Bürgschaften, welche wir heute in der Einheitlichkeit der Verteidigungsorganisation finden, ersetzen könnte. Ich habe bereits darauf hingewiesen, daſs auch diese Hoffnung sich als eitel erweisen würde. Was an die Stelle des heutigen Systems treten müſste, wäre nicht das ruhige und sichere Bündnis der ihres freien Lebens sich erfreuenden und vollständig befriedigten Völker; die neue Gestaltung wäre nicht das idyllische Dasein zweier Völker unter der Herrschaft einer durch ihre Machtstellung vollständig befriedigten Dynastie, sondern, wie ich glaube, der heftige politische Kampf viel gegensätzlicherer Kräfte, als es die heutigen sind. Die Idee eines Groſs-Österreich würde von neuem, und

zwar in ihrer odiosesten, in ihrer gefährlichsten Gestalt
auferstehen. Österreich-Ungarn hat, weil es die Dynastie
befriedigte, das alte Österreich in den Hintergrund gedrängt.
Die Trennung Österreichs und Ungarns würde diese Richtung zu neuem Leben erwecken und, die Dynastie dem
Slavismus in die Arme treibend, unsere alten historischen
Kämpfe, das Fatum unseres Stammes, noch um die Natio-
nalitätengefahr vermehren.

Zufolge des unausweichlich eintretenden Wachstums
der slavischen Hoffnungen und der Stimmung der unbefriedigten Dynastie könnte nicht das Ergebnis erwartet werden,
daß die innere Einheit der Schwäche der Organisation und
den centrifugalen Tendenzen das Gegengewicht halte. Die
innere Disharmonie würde unbedingt die Disharmonie der
Organisation steigern. In welchem Maße, kann man freilich nicht voraus wissen. Dies hängt auch von den Umständen, von den herrschenden Individuen ab. Wenn es
der politischen Klugheit vielleicht auch gelingen könnte,
die extremsten Konsequenzen abzuwenden, ist soviel gewiß,
daß das neue System infolge seiner Organisationsschwäche
und inneren Disharmonie unsere Machtstellung ernstlich
gefährden würde. Deshalb ist es unbedingt zu verurteilen.

Wir haben uns nur noch mit der Frage zu befassen,
ob wohl die Verwirklichung des Programms der Unabhängigkeitspartei die Individualität des ungarischen Staates
auch auf jenem Gebiete, welches der Ausgleich als gemeinsam vorbehalten hat, prägnanter zum Ausdruck bringen
würde? Auf dem Papier ohne Zweifel. Aber in der Wirklichkeit, im Leben kaum. Zwei historische Beispiele und
die Natur der Dinge selbst machen mich sehr skeptisch.

Bis zum 18. Jahrhundert war Ungarn mit Österreich
durch kein anderes Band, als durch die Identität der Person
des Herrschers verbunden, so daß die Vereinigung der
Heere und der auswärtigen Angelegenheiten beider Staaten

selbst der gesetzlichen Basis entbehrte. Und wir wissen,
dafs trotzdem der ungarische Einflufs auf die Leitung der
auswärtigen Angelegenheiten vollständig umgangen wurde,
dafs die ungarischen Heerscharen zumeist unter fremdes
Oberkommando gestellt wurden, und dafs denselben neben
dem kaiserlichen Heere immer eine untergeordnete Rolle zugewiesen wurde. Es ist wahr, dafs es zu jenen Zeiten eine
verantwortliche Regierung und ein parlamentarisches System
nicht gab, welches darüber gewacht hätte, dafs die Regierung
nicht vom Wege des Gesetzes abweiche, und dafs wir deshalb heute nicht mehr zu besorgen haben, dafs unser Recht
auf dem Papier bleibe. Aber es darf der Umstand nicht
aufser Acht gelassen werden, dafs die Leitung der Details
des Kriegswesens und der auswärtigen Angelegenheiten, die
Entscheidung der damit verknüpften Personalfragen auch im
allerkonstitutionellsten Lande, selbst in den Republiken, unter
so unmittelbarem Einflusse des Staatsoberhauptes stehen, dafs
die Staatsleitung imstande ist vieles auch gegen die Tendenz
und den Wunsch der legislativen Körperschaften durchzuführen, und vor allem mit leichter Mühe fähig ist, das Geltendwerden gewisser Elemente im praktischen Leben zu verhindern,
gewisse Richtungen zu paralysieren. Und zwar ist die Regierung dies auch ohne Gesetzesbruch zu thun imstande. Zu
diesem Zwecke ist es auch bei uns nicht immer notwendig
gewesen, den Weg der offenen Ungesetzlichkeit zu betreten.
Das oberste Kommando hat es oft verstanden, die kraftvolle
Entwickelung und das selbständige Auftreten des ungarischen Heeres ohne jede Ungesetzlichkeit zu verhindern.

Wenn es zwei Diplomatien und zwei Armeen giebt,
kann der gemeinsame Herrscher im Wege der Ausübung
der Prärogative diejenige Diplomatie und diejenige Armee
grofsen und dauernden Vorzuges teilhaftig machen, welche
seiner Auffassung näher steht, und er kann diese auf
Kosten der anderen dermafsen entwickeln, dafs sie an

Kraft und Wichtigkeit ihre minder glückliche Schwester weit überflügelt, welche solcherweise ganz dem Lose des Stiefkindes verfällt.

Es wäre schwer sich gegen diese Gefahr zu schützen. Denkbar wäre ein solcher Schutz nur dann, wenn die Rechte des Staatsoberhauptes auch auf diesem Gebiete eingeschränkt würden. Dies aber ist erstlich der Sache selbst schädlich, weil die Armee und das Auswärtige gleicherweise eine gleichförmigere, konsequentere, diskretere Leitung beanspruchen, als die, zu der die übrigen Faktoren des Staatswillens befähigt sind; zweitens aber führt solches Streben stets zu gewaltsamen Krisen, da die Krone diesen Rechten stets nur unter der Wirkung des Zwanges entsagt.

Daſs die Gefahr, von welcher ich gesprochen habe, auch trotz des konstitutionellen Lebens eintreten kann, beweist in unseren Tagen das Beispiel Norwegens. Norwegen und Schweden sind nur durch Personalunion aneinander gebunden, sie haben eigene Armeen, das Gesetz spricht, wie es unter ähnlichen Verhältnissen in Ungarn gewesen, auch die Einheit der äuſseren Vertretung nicht aus, diese Länder leben ein sehr entwickeltes konstitutionelles Leben, und was geschieht dort trotz alledem? Die auswärtige Politik leitet der schwedische Minister des Äuſsern. Es besteht zwar auch ein höherer Reichsrat, dessen Beruf es wäre, in diesen Angelegenheiten auch das Wort des norwegischen Ministers zur Geltung zu bringen, thatsächlich jedoch liegt aller Einfluſs einzig und allein in der Hand des schwedischen Ministers. Auch zwischen den Armeen besteht jene Ungleichheit, welche eine unausweichliche Folge des allbekannten Umstandes ist, daſs der Kriegsherr sein Vertrauen, sein Herz nicht in gleichem Maſse auf seine beiden Armeen verteilt. Im norwegischen Heer besteht das lähmende Gefühl der Hintansetzung, lebt die Überzeugung, daſs es im Falle eines Krieges, trotz seiner Unabhängigkeit,

schwedischen Führern untergeordnet wird, daß ihm im
entscheidenden Augenblicke eine Nebenrolle zugeteilt wird,
daß die leitende Rolle, der Ruhm den Schweden zufallen,
und ihm auch im besten Falle, wenn es nicht bloß als
Kanonenfutter verwendet wird, immer die undankbarsten
Aufgaben auferlegt werden. Die Norweger wissen es,
daß man in der schwedischen Armee glaubt, die norwegische
Kraft könne sich eventuell auch gegen sie wenden, und
daß der schwedische Wille diesem Argwohn entsprechend
über ihr Leben und ihren Ruhm entscheiden wird. Ist dieser
Zustand wohl beneidenswert? Kann aus demselben wohl
Hoffnung auf Erfolg geschöpft werden? Erzeugt er wohl
jene Beruhigung, jene Befriedigung, welche bei uns von
der Personalunion erwartet wird? Kaum. Und ich frage:
vermag Norwegen seine Unabhängigkeit zur Geltung zu
bringen, die auf dem Papiere vollständig, im Leben jedoch
ebenso verstümmelt ist, wie es diejenige Ungarns gewesen
ist, als wir unter ähnlichen Verhältnissen lebten?

Und es kann auch nicht behauptet werden, daß diese
Lage eine Folge der Energielosigkeit, der Weichlichkeit
Norwegens sei. Wir können uns nicht damit trösten, daß
uns leicht sein werde, was den Norwegern schwer ist, weil
sie nicht den nötigen Mut haben. Dieses Volk hat für
seine Rechte schwere Kämpfe gekämpft. Die Norweger
sind eine in jeder Hinsicht hervorragende, patriotische, frei-
heitliebende und kühne Nation. Und dennoch vermögen sie
nicht zur Geltung zu gelangen. Die große Majorität derselben
hat wiederholt die genaue Durchführung der staatlichen
Unabhängigkeit, die unverfälschte Befolgung der Verfassung ihrem wahren Geiste nach gefordert. Aber dieses
Streben wurde trotz des parlamentarischen Systems, trotz
der verantwortlichen Regierung nicht von Erfolg gekrönt.
Der König gab nicht nach und regierte mit einer Minorität.
Er that es und konnte es thun, weil er damit den Macht-,

ja den Existenzinteressen des Landes gemäfs vorzugehen
vermeinte; weil diese seine Überzeugung von einem Teile
des norwegischen Volkes selbst geteilt wurde, er also auch
die Stütze im Lande nicht vollständig verloren hatte, und
weil er in seinen königlichen Rechten und in den Mitteln
des schwedischen Staates die Kraft zum Widerstande fand.
Dieses Beispiel beweist auf jeden Fall, dafs auch der Kon-
stitutionalismus keine absolute Garantie dafür bietet, dafs
die Rechte, welche das Staatsoberhaupt für die gemeinsame
Sicherheit und für die Machtinteressen schädlich, gefährlich
erachtet, unbedingt und in dem Mafse zur Geltung gelangen,
wie dies nach dem Buchstaben des Gesetzes erwartet werden
könnte, und dafs auch die gröfste Freiheitsliebe und die
wirksame Unterstützung der parlamentarischen Regierungsform nicht imstande sind, das Geltendwerden der den Machtinteressen zuwiderlaufenden Rechte unbedingt zu sichern.

Ist es aber wohl wahrscheinlich, dafs diese Möglichkeit
unter unseren Verhältnissen zur Thatsache werden würde?
Ist es wahrscheinlich, dafs, wenn es gelänge das Unabhängigkeitsprogramm durchzusetzen, die auf dem Gebiete
der Heeres- und der auswärtigen Angelegenheiten mafsgebenden Majestätsrechte in einer Weise ausgeübt werden
würden, welche die selbständigen Organe des ungarischen
Staates denen des österreichischen gegenüber benachteiligen
würden, und dafs diese Organe, des gesunden Bodens ent-
behrend, wie vernachlässigte Gewächse verkümmern müfsten?
Wenn dies in der Vergangenheit geschehen ist, wenn
es in Schweden und Norwegen auch heute geschieht, so
hat dies einen tiefen Grund. Dieser Grund würde bei uns
auch fürderhin nicht aufhören zu wirken, ja er würde
gewichtiger werden, als er gewesen und gegenwärtig
in den skandinavischen Staaten ist. Dieser Grund lag
darin, und wird auch künftighin darin liegen, dafs der
Herrscher, dessen erste Pflicht und allezeit auch heifsester

Wunsch die Wahrung der gemeinsamen Sicherheit ist, sich
mit einer Organisation nicht definitiv zufrieden geben kann,
welche er für schwach hält, welche seiner Auffassung nach
die gemeinsame Sicherheit zu schützen nicht imstande ist.
Wenn er nicht vermochte, das Zustandekommen eines Gesetzes zu verhindern, und nicht vermag, dessen Abänderung
durchzusetzen, trachtet er dessen schädlichen Wirkungen in
der Praxis ein Gegengewicht zu bieten. Wenn er zwei
Armeen, zwei Minister des Äußern hat, will er die Einheit
in der Weise sichern, daß er dem einen ein solches Übergewicht über den anderen verschafft, welches genügen soll,
die Einheit unter allen Umständen, nötigenfalls auch auf
dem Wege der Gewalt zu erringen.

Dieser Grund wird bei uns in der Gegenwart ein
mächtigerer Faktor sein, als er es in der Vergangenheit
gewesen und als er es in Skandinavien gegenwärtig ist,
weil heute die Verteidigungsinteressen entscheidender sind,
als in den vergangenen Jahrhunderten, insofern als eine
Niederlage jetzt eine bedeutend größere Katastrophe ist, als
ehemals; weil heute Ungarn ein viel größerer Faktor der
Macht der Dynastie, eine viel größere Quote seiner Länder
ist als ehemals, und so die ungenügende Organisation der
Verteidigung ein viel größerer Nachteil wäre als ehemals;
ferner, weil unsere Monarchie äußeren Gefahren mehr ausgesetzt ist, und so ihre Großmachtstellung auch entschiedener aufrechthalten muß, als Skandinavien; endlich,
weil die Habsburger Dynastie ihren großen Traditionen
schwerer entsagen kann, als die Dynastie Bernadotte, welche
in Europa nie jenen Rang eingenommen hat, den unser
Herrscherhaus inne hat.

Dieser Grund würde denn auf keinen Fall aufhören
fühlbar zu sein. Es wird immer der Trieb dazu vorhanden
sein, dasjenige, was hinsichtlich der Monarchie für gefährlich
gehalten wird, in der Praxis möglichst zu contrebalancieren.

So lange wir einen Herrscher haben, wie der gegenwärtige,
würde dieses Streben zwischen den berechtigten Grenzen
verharren, welche zu überschreiten unser König sich schon
infolge seines Charakters enthalten würde; aber wer weifs,
ob ein anderer Herrscher nicht weiter gehen würde, ob er
nicht, mit der Berufung auf das „salus reipublicae suprema
lex esto“, von neuem wieder auf das Gebiet der Ungesetzlichkeit zurückkehren würde? Aber wie dem immer sei,
so viel ist Thatsache, dafs derjenige ein verwegener Mensch
wäre, der dafür gutzustehen wagen würde, dafs unsere mit
Gewalt erprefsten, mit Besorgnis angenommenen Rechte
ohne jede Verkürzung würden ins Leben treten können;
dafs die ungarische Diplomatie und Armee thatsächlich das
sein würde, was sie, wenn wir sie nun einmal errichtet
hätten, wirklich sein müfste, würdig des ungarischen Staates
und fähig uns wirksam zu verteidigen.

Der 1867er XII. Gesetzartikel kann, weil er die Rechte
des ungarischen Staates mit den Machtinteressen der Monarchie
und mit jener Auffassung in Einklang bringt, welche hinsichtlich derselben bei den mafsgebenden Faktoren herrscht,
und solcherweise mit voller Beruhigung der Krone zustande
kam, bis zum letzten Buchstaben durchgeführt werden; das
Programm der äufsersten Linken würde, weil es mit der
von der Krone bezüglich des Existenzinteresses der Monarchie gehegten Ansicht und auch mit den thatsächlichen
Machtinteressen derselben im Gegensatz steht, auf passive
Resistenz stofsen, welche auch den vermeintlichen Vorzug
desselben, das vollere Geltendwerden unserer staatlichen
Unabhängigkeit, zweifelhaft machen würde.

Beim Abschlufs des Ausgleichs ist es eine mafsgebende
Rücksicht gewesen: nur das zu verlangen, was wir auch
definitiv behalten können, weil es den ständigen Interessen
der Monarchie nicht zuwiderläuft. Wir haben nicht das

Meistmögliche erpressen, sondern nur das möglichst Nützliche und möglichst Dauerhafte erreichen wollen, das vermöge seines Inhaltes allgemeine Beruhigung zu erzeugen
geeignet ist. Deshalb haben wir nach Königgrätz nicht
mehr gefordert, als vor Königgrätz. Wir würden von
diesem richtigen Princip abgehen, wenn wir einen eventuellen schwachen Moment dazu ausnützen wollten, mehr zu
erringen. Im besten Falle würden wir damit etwas erreichen, dessen Erhaltung und thatsächliche Durchführung
einen ewigen Kampf mit der Krone verursachen würde.
Wir würden damit mehr verlieren, als wir gewinnen
könnten. Wir würden das Zusammenleben mit Österreich
der ernstesten Krise aussetzen. Bei jedem Teile würde
der Trieb vorhanden sein die Rechtsvorschriften abzuändern
und zu eludieren. Der ungarfeindlich gewordenen Dynastie
würde der bei uns eben infolge dieser Stimmung erstarkende
österreichfeindliche Chauvinismus gegenüber stehen. Es ist
in unserer Geschichte immer so gewesen und es wird
auch in Zukunft immer so sein, daß das eine Extrem das
andere heraufbeschwört, und daß der ungarfeindliche
Einfluß oben und der ungarische revolutionäre Geist unten
einander erzeugen, voneinander sich nähren.

Die Aufhebung der gemeinsamen Angelegenheiten und
hiemit die Verletzung der Machtinteressen der Monarchie
würde in einer oder der anderen Form die ungarfeindliche
Reaktion ins Leben rufen, das Auftreten derselben aber
würde in Ungarn einen Geist entwickeln, welchem auch
die neue Form des Bündnisses ein Dorn im Auge sein
würde. Es ist die größte Illusion zu glauben, daß mit der
Verwirklichung des Programms der 48er jene Partei und
Richtung auf einmal ein Ende nehmen würde, welche,
mit der vorhandenen Unabhängigkeit nicht zufrieden, eine
weitergehende Selbständigkeit anstrebt, und den an der
Macht befindlichen gegenüber den Chauvinismus, die natio-

nale Eitelkeit zu ihren Zwecken ausnützen will. Es ist
umsonst: jenem Reize, welchem die heutige Opposition
nicht Widerstand zu leisten vermag, wird auch ihre Nach-
folgerin nicht imstande sein zu widerstehen. Wie sie es
heute thut, werden später andere die Gefühle anfachen,
welche es nicht schwer ist in jeder Nation zu erwecken,
die nicht vollständig und ausschliefslich für sich selbst leben
kann. Mit unwiderstehlicher Kraft wird das Wasser auf
die Mühle dieser Tendenz getrieben werden durch das nur
allzu wahrscheinliche Streben der höchsten Leitung, die
lebensfähige Entwickelung der ungarischen Armee zu hindern und überall Bundesgenossen zu suchen, um auf ge-
setzlichem Wege oder auf andere Weise die verlorene
Bürgschaft der Grofsmachtstellung wiederzugewinnen.

Es ist daher nicht schwer zu sehen, dafs die Unabhängigkeitspartei nicht imstande sein würde, die Aktion
zum Stillstand zu bringen, welche sie in Bewegung gesetzt
und welche ihr zum Siege verholfen hat. Wenn die
Entwickelung auch eine Zeitlang nicht über den Standpunkt
dieser Partei hinausginge, würde die Logik der Ereignisse
die Nation unfehlbar weiter fortreifsen.

Auch die Anhänger der Unabhängigkeitspartei müfsten
die Erfahrung machen, welche die Führer der französischen
Revolution nacheinander gemacht haben, dafs sich immer
solche finden, welche die Konsequenzen und die Logik ihres
Ausgangspunktes weiter als sie führen, und sie mit ihren
eigenen Waffen besiegen. Die Unabhängigkeitspartei greift
die Politik des Verzichtes auf Rechte der Nation in jeder
Form unerbittlich an, sie selber aber verzichtet auf das
Recht der selbständigen und freien Verfügung über das
Blut des Landes, indem sie die pragmatische Sanktion aufrechterhalten will. Mäfsigung und Entsagung ist nicht
nur zur Aufrechthaltung des Ausgleichs notwendig, sondern auch die conditio sine qua non jenes Systems, welches

sie an die Stelle desselben setzen wollen. Ohne Mäfsigung und Entsagung ist kein sociales Leben, kein friedliches Auskommen zwischen Staaten denkbar. Aber so wie die äufserste Linke heute ohne Rücksicht hierauf jede Entsagung geifselt, wird dann gegen sie eine Opposition erstehen, welche das Brandmal der Feigheit und des Vaterlandesverrates auch jener Entsagung aufbrennen wird, welche die äufserste Linke, wenn sie das erreichte Resultat sichern will, dennoch ausüben müfste. Die neuen Radikalen werden mit unwiderstehlicher Logik beweisen, dafs die Österreich gegenüber übernommene unbedingte Verteidigungspflicht österreichische Politik und Preisgebung der Unabhängigkeit des Landes sei. Die gegen uns im Munde geführten Losungsworte können insgesamt auch gegen die Unabhängigkeitspartei gewendet werden. Nicht allein die Losungsworte, sondern auch der Name Kossuth, mit welchem sie heute für ihre Politik Propaganda machen, und mit welchem unzertrennlich die Lehre der Inkompatibilität, die Idee der Detronisation verknüpft ist. Die auf das gegenwärtige System geschleuderten Flüche werden dann als mächtiger Widerhall auf unsere heutigen Ankläger zurückprallen. Die grofsen Principien sind unbequeme Werkzeuge; wer sie als Reitpferd benützt, kann nicht stehen bleiben, wo er will; er wird entweder grausam rücklings geschleudert, oder gelangt dorthin, wo das Pferd will.

Wenn wir endlich bedenken, dafs das Programm der äufsersten Linken, indem es den beiden Staaten je eine besondere Armee und Diplomatie giebt, möglich macht, dafs der politische Zwist seine Fortsetzung und Beendigung auf dem Schlachtfelde finde, kann ich nicht sehr irren, wenn ich behaupte, dafs die Annahme dieses Programms aller Wahrscheinlichkeit nach die Anfang des Zerfalles, der grofsen Katastrophe sein würde.

Indem ich das Gesagte zusammenfasse, komme ich zur

Konklusion, dafs das Unabhängigkeitsprogramm auch an
und für sich verfehlt erscheint. Es würde in jeder Hinsicht schlechtere Ergebnisse haben, als es die thatsächlichen
Folgen des 1867er Systems sind. Dürfen wir daher wohl
seinetwegen Gefahren heraufbeschwören, Kämpfe provozieren?

Das wäre so viel, als die Nation mit Gewalt aus einer
Stellung hinauszuschleudern, in welcher sie augenscheinlich
fortschreitet, augenscheinlich erstarkt, welche uns dreifsig
so ruhige und im Ganzen so glückliche Jahre gegeben hat,
wie sie uns Jahrhunderte lang nicht zuteil geworden sind,
welche der Monarchie, und durch sie Ungarn, die seiner
Kraft gebührende und aus dem Gesichtspunkte des Schutzes
seiner Interessen unentbehrliche Machtstellung in Europa
gesichert, und neben alledem auch die Souveränität
Ungarns und die Unabhängigkeit seines inneren Lebens
bewahrt hat. Das hiefse, die Nation aus ihrer sicheren
Stellung mitten in die unberechenbaren Eventualitäten der
Krisen hineinschleudern mit der Aussicht, dafs sie, wenn
es ihr auch gelänge, die mit der Umgestaltung des heutigen Systems verbundenen Gefahren mit heiler Haut zu
überstehen, nur mit in jeder Hinsicht schwächeren und
schlechteren Waffen den Kampf um das Dasein würde
fortführen können, in welchem wir in unserer gefährdeten
Lage keinen Fehltritt thun dürfen, weil jeder Fehltritt den
Untergang bedeuten kann.

Achtes Kapitel.

Konklusion.

Hiemit könnte ich den ersten Teil meines Werkes auch beschliesen. Ich habe die aufgeworfene Frage, so gut ich konnte, beantwortet. Wenn ich mir dennoch einige weitere Bemerkungen erlaube, thue ich das mit Rücksicht auf die Stimmung, mit deren künstlicher Ausbreitung man die Aufrechthaltung des Ausgleichs unmöglich machen will. Man sagt: eine Nation, die der Ausübung eines natürlichen Rechtes entsagt, die grosse Ziele aufgiebt, beweist Kleinmut, giebt sich selbst auf, verurteilt sich selbst. Man sagt: der Ausgleich ist eine Preisgebung des nationalen Lebens und darum ein Verbrechen gegen den Idealismus der Nation.

Dafs wir unserer Souveränität nicht entsagt haben, habe ich bereits oben entwickelt. Unleugbare Thatsache jedoch ist es, dafs wir der selbständigen Ausübung eines Teiles unserer souveränen Rechte ohne jeden Hintergedanken aus freien Stücken entsagt haben. Ist es erlaubt gewesen, dies zu thun? Verletzen wir mit dieser Selbstverstümmelung nicht das nationale Gefühl, die Integrität des nationalen Lebens? führt dieser unser Entschluſs, der Akt der Entsagung an und für sich zur Feigheit, zur Verzagtheit? Hat

derselbe dem Fluge des nationalen Idealismus die Schwinge
gebrochen? Ist das hohe Streben, der mutige Wille, der
edle Inhalt aus der Nation ausgestorben, weil sie sich
mäßigen muß, weil sie sich Schranken setzt?

Eine wunderliche Frage. Die Weltordnung beruht
auf Selbstbeschränkung. Eine der unumgänglich notwendigen Eigenschaften jedes lebenden Wesens ist die Fähigkeit, gewissen Dingen zu entsagen. Der Zwang des Lebens
verlangt von jedem, daß er sich Eines und das Andere
versage, seinen Willen beschränke. Wer das nicht thun
will, muß durch eigenen Schaden klug werden und die
Notwendigkeit der Selbstbeschränkung durch Erfahrung erkennen. Wer aber auch von dieser größten Lehrmeisterin
nicht lernt, geht unrettbar zu Grunde.

Aber vielleicht macht ein Volk mit seinem untrüglichen
Instinkt, mit seiner Machtvollkommenheit, seiner Hoheit
eine Ausnahme? Bewahre. Dergleichen können nur
Schmeichler behaupten. Die Nationen müssen ebenso zu
entsagen wissen, wie die Einzelnen. Die Ordnung, das
Gleichgewicht, der Friede Europas, die Ruhe und das Glück
beinahe jedes Volkes beruht auch auf Entsagung. Wer diesen
Begriff aus dem Codex der Völker ausschließt, vernichtet
das friedliche Nebeneinanderleben. Es ergeht ihm ebenso,
wie Napoleon I., der das „impossible" ignorieren und aus
dem Wörterbuch streichen wollte. Waterloo hat ihn dieses
Wort kennen gelehrt, es hat ihn gelehrt, daß demjenigen,
der das Unmögliche will, sein Genie und seine Riesenkraft nichts nützt.

Die Nationen, auch die größten, haben nur um den
Preis ihres Verzichtes auf viele vollständig berechtigte
Wünsche und Ideale ihren Frieden, die Vorbedingung der
ruhigen und sicheren Entwickelung, erworben. Die französische Nation wird durch ihre große Tradition, die Ab-
rundung ihres Reiches, die Abschließbarkeit desselben, ihre

wirtschaftlichen und militärischen Interessen gegen den
Rhein, gegen die natürlichen Grenzen gedrängt. Die Erwerbung dieser Grenzlinie würde für sie eine ernste, wahre
nationale Errungenschaft sein. Von diesem unleugbaren
Interesse ausgehend entwickeln die Ultras der Nation eine
ständige Agitation für die Verwirklichung dieses Ideals.
Jede Regierung, welche ihre Politik nicht diesem Ideal entsprechend einrichtet, bezichtigen sie der Abdikation, der
Feigheit, der Dienstbereitschaft für fremde Interessen. Sie
können sich damit nicht zufrieden geben, daß dort, wo die
französischen Bajonette einmal die französische Trikolore
aufgepflanzt haben, ein Fremder herrsche. Aber der unbefangene Beobachter kann diesen Ultras nicht Recht geben.
Es ist ihm klar, daß den Franzosen in diesem Jahrhundert nichts so sehr geschadet hat, als die chauvinistische
Strömung, die in der Erinnerung großer Ruhmesthaten
schwelgt und die realen Interessen des Landes vernach-
lässigt, die einseitig von einer abstrakten Wahrheit ausgehend mit den thatsächlichen Verhältnissen nicht rechnet,
welche der abstrakten Wahrheit das Gegengewicht halten
und die forcierte Verwirklichung des Ideals zu einem
schädlichen, ja gefährlichen Experiment machen. Der unbefangene Beobachter sieht klar, daß diese Agitation eine
der Hauptursachen gewesen, daß die inneren Verhältnisse
Frankreichs sich nicht zu konsolidieren vermochten, daß
dort auch die besten Regierungen und Staatsformen zu
Falle kamen und anderenteils, daß das Land nach außen
isoliert gewesen, daß Europa seine Schritte mit Mißtrauen
verfolgt, daß immer Frankreich für den Bedroher des
europäischen Friedens gehalten wurde.

Ludwig XVIII. hatte in den Augen des Volkes den
Erbfehler, daß er ihm nicht als Hochzeitsgeschenk die Rhein-
gegend mitgebracht, daß er nichts für die Erhöhung des
französischen Prestige gethan hat. Man konnte es ihm

nie verzeihen, dafs er das Erbe Napoleons I. veräufserte,
dafs er den französischen Einflufs nicht auf jene Höhe
hob, auf welcher ihn ein Riesengenie zum grofsen Unglück seiner Nation, um den Preis schwerer Kämpfe, und
auch so nur Augenblicke lang zu erhalten vermocht hatte.
Man nahm keine Rücksicht auf die europäische Lage, welche
diese Eroberung unmöglich machte; man berücksichtigte
nicht das Friedensbedürfnis des Landes; man wollte weder
auf die natürlichen Grenzen, noch auf die prädominierende
Stellung verzichten, und dies blieb bis zu Ende eine der
Ursachen der Unzufriedenheit. Die Regierung Ludwig
Philipps kam hauptsächlich durch ihre richtige, wohl-
begründete, weise Mäfsigung zu Falle. Der Friede, welchen
seine Politik sicherte, wurde als Schande betrachtet. Der
Friede war in den Augen weiter Kreise identisch mit der
Erniedrigung der Nation. Als Ludwig Philipp Belgien
trotz der sich darbietenden Gelegenheit nicht wiedererobern
wollte, verlor er bedeutend an Popularität. Den Todes-
stofs aber erhielt seine Beliebtheit durch Ereignisse der
40er Jahre. Eine nur kurze Epoche der Schwäche dem
Chauvinismus gegenüber, hatte für ihn wie für Frankreich
die traurigsten Folgen. Die damals durch Thiers wach-
gerufene aggressive Stimmung der Nation hatte die verhängnisvolle Folge, dafs sie die Regierungen des Landes
vor eine gefährliche Alternative stellte. Wenn sie dem
Drucke des Chauvinismus widerstanden, geriet ihre Macht
ins Wanken: wenn sie demselben weiter nachgaben, gerieten sie mit Europa in Konflikt. 1840 stand, unter
dem Vorwande der orientalischen Wirren, thatsächlich
jedoch darum, weil mit Thiers die expansive Kraft zur
Geltung zu gelangen schien und von seinem Kabinet
in Europa für die Rheinlinie gefürchtet wurde, eine
riesige Koalition gegen Frankreich in Waffen. Unter dem
Drucke dieser Übermacht war Frankreich gezwungen, sich

zu erniedrigen. Aber dies war vielleicht noch das geringere Übel, weil die Wirkung desselben eine vorübergehende war. Als Denkmal dieser Zeiten jedoch blieb das Erwachen des deutschen Gemeingeistes mit seiner gegen Frankreich gerichteten Spitze, und die Stimmung der damals entstandenen „Wacht am Rhein" dauernd fortbestehen. Metternich sagte, daſs Thiers Napoleon übertroffen habe, weil er binnen einem Jahre das erreicht habe, was Napoleon nach einem Jahrzehnt: die Erbitterung des ganzen deutschen Volkes gegen Frankreich. Dem Jahre 1840 ist demnach in der Geschichte der deutschen Einheit eine groſse Rolle zugefallen. Es war dies der zweite groſse Stoſs zur Erweckung des allgemeinen Gefühles der Notwendigkeit der Einheit. Er bereitete jenen Geist vor, welcher Deutschland zusammenschweiſste, und führte dazu, daſs später schon der bloſse Schein der französischen Offensive imstande war, dieses ansonsten von Stammeshaſs und Parteisucht zerklüftete Volk zu einigen. Er bereitete den dritten Stoſs vor, welcher zur definitiven Vereinigung führte. Daſs die Folgen dieser Aggression nicht noch schlimmere wurden, hat es nur Ludwig Philipp zu verdanken. Er hat aber teuer dafür büſsen müssen. Als er Guizot unterstützte; als er, anstatt den mit groſsem Risiko verbundenen Krieg zu wagen, in welchem Frankreich fast ganz Europa gegen sich gefunden haben würde, mit Hilfe seines persönlichen Einflusses den Frieden aufrecht hielt und Frankreich vor einer fast unvermeidlichen Katastrophe rettete: vernichtete er seine Popularität vollständig und bereitete die 1848er Ereignisse vor.

Ludwig Philipp fiel als Opfer des Andenkens Napoleons. Umsonst sagten damals, mit mehr Selbstgefühl, als Wahrheit, die Männer der Regierung, daſs der Frieden von den glorreichen Erinnerungen nichts zu fürchten habe, und daſs er den Vergleich mit jedem Glanze ertrage. Sie

waren im Irrtum. Lamartine hat die tragische Wahrheit
herausgesagt. Frankreich langweilte sich unter dem Regime
des juste milieu. Darum brach dieses zusammen. Umsonst
befolgte es eine im Ganzen vernünftige Politik; umsonst
sicherte es den Frieden und entwickelte die Hilfsquellen
des Landes; umsonst standen vielleicht die hervorragendsten
Politiker Frankreichs in diesem Jahrhundert an der Spitze
der Geschäfte, Casimir Perier, Thiers, Guizot u. s. w.;
umsonst wurde dort damals der erste und einzige ernstliche
Versuch zur Einbürgerung des Systems des Parlamentarismus und der Freiheit gemacht: alle diese Verdienste waren
nicht imstande dem unbefriedigten Ruhmbedürfnisse das
Gegengewicht zu halten. Der Chauvinismus war unzufrieden und verhinderte, dafs die neue Regierungsform im
Bewufstsein der Nation starke Wurzeln schlage.

Napoleon III. liefs sich dies zur Lehre dienen und
kokettierte ewig mit dem nationalen Chauvinismus. Doch
war er ein viel zu kluger Politiker, sich demselben ganz
in die Arme zu werfen, ein ernster Vorkämpfer seiner
Aspirationen zu werden und damit das vor dem Namen
Napoleon ohnedies schaudernde Europa gegen sich zu vereinigen. Seine Politik wurde hin- und herhaschend, zwei-
deutig. In jede seiner Unternehmungen mischte sich irgend
ein kleiner Teil von den Träumereien der Ultras, irgend
eine kleine Grenzberichtigung, hie und da ein Schritt gegen
den Rhein oder gegen die Alpen, was dazu genügte, in
Europa Beunruhigung zu verursachen, aber nicht hinreichte,
jenen extremen Teil der französischen Nation zu befriedigen,
welcher seinen Träumen nicht entsagen wollte.

Von den unfruchtbaren Plänen Napoleons III. kam
nur einer zur Verwirklichung: die Erwerbung von Nizza
und Savoyen. Dies war eine unschuldige kleine Expansion,
welche die Kraft Frankreichs nicht sehr vergröfserte, aber
dennoch allgemeine Bestürzung und allgemeine Besorgnis

in ganz Europa erweckte. Sie wurde für die erste praktische Manifestation der napoleonischen Traditionen, der
Eroberungssucht gehalten. Und die italienische Nation, für
welche der Franzose sein Blut vergofs, und deren Dank
und sichere Allianz die heilsamste Frucht des 1859er Feldzuges hätte sein können, wurde in einem Mafse beleidigt,
dafs sie zum Feinde Napoleons wurde. Diese kleine Grenzberichtigung liefs die von ihm befolgte Politik im Lichte
selbstsüchtiger Berechnung erscheinen, während sie für
Frankreich nur dann hätte nützlich werden können, wenn
man geglaubt hätte, dafs sie edleren Gesichtspunkten, einem
erhabeneren Ideal entsprungen sei. So wurde um eines
kleinen Vorteils willen ein grofser moralischer Sieg ver-
scherzt.

Neben diesem einen verwirklichten Plane, wie viel
Nachteile haben Napoleon seine auf die Eroberung Belgiens
und Luxemburgs gerichteten Wünsche eingetragen! Wir
wissen, wie geschickt Bismarck diese Bockschüsse am Vor-
abend des Krieges benützte, und welchen Einflufs seine gegen
Napoleon an die Öffentlichkeit gebrachten Mittheilungen
nicht allein auf die Stimmung Englands, sondern auch auf
die öffentliche Meinung Europas hatten. Napoleon bezahlte
sein Haschen nach kleinen Vorteilen mit dem Verluste des
Vertrauens Europas. Er brachte die französische Politik
ohne Not in eine schiefe Stellung; überall wurde in ihm
die Verkörperung der allgemeinen Gefahr gesehen.

Überhaupt haben Frankreich seine Aspirationen beständig in eine nachteilige Situation jenen Staaten gegenüber gebracht, welche ihre auswärtige Aktion rein ihren
wirklichen Interessen gemäfs gestalten konnten. Die französischen Regierungen standen vor dem Zwange, aufser
den wirklichen Interessen auch dem Scheine zu opfern.
Wenn nicht anders, mufsten sie die öffentliche Meinung
mit Ratenzahlungen, mit der Befriedigung der Eitelkeit

mittelst kleiner Mittel beschwichtigen. Was aber zum
Zwecke der Beruhigung der französischen Gemüter geschah,
das regte das Ausland auf.

Wenn der Kaiser selbst in der Zeit seiner Kraft gezwungen gewesen, mit den Aberrationen der nationalen
Empfindung zu rechnen, mußte er dies um so mehr thun,
als die inneren Verhältnisse drohender geworden waren. Als
er fühlte, daß der Thron unter ihm wanke, suchte er die
Rettung in der Wiederbelebung der Rheintradition. Dieser
Sieg des Chauvinismus führte zur Niederlage Frankreichs
und zum Sturze des Thrones. Zugleich setzte er die Krone
auf das durch Napoleon I. und Thiers begonnene Werk
der Einigung Deutschlands. Unter der Wirkung des französischen Schreckbildes stürzte der alte deutsche Partikularismus zusammen. Der Haß der Deutschen gegen die
Franzosen war der Kitt ihrer Einheit. Auch gegenwärtig
ist eines der festesten Bande des Reiches die Furcht vor
einem französischen Angriffe.

Solcherlei sind die Folgen jener Art von Patriotismus,
welcher sein ansonst verständliches Begehren, sein Lieblings-
ideal nicht einmal höheren Rücksichten, den ins Leben
schneidenden Interessen des Vaterlandes unterzuordnen imstande ist, welcher von gewissen Idealen nicht abzulassen
vermag und nicht wahrnimmt, daß er damit unwillkürlich
noch mehr gefährdet: die glückliche Entwickelung der
Nation.

Deutschland hat seine Ruhe, seine gegenwärtige Kon-
formation und Existenz ebenfalls um den Preis seines Verzichtes auf ein großes Ideal erreicht. Ist nicht die Vereinigung der Stämme gemeinsamen Ursprungs, gemeinsamer
Sprache, gemeinsamer Bildung zu einem großen Staate ein
natürliches und an und für sich betrachtet auch berechtigtes Ideal? Ist es nicht ein verführerisches Ziel, die
österreichischen, die russischen Deutschen allesamt einem

mächtigen germanischen Reiche einzuverleiben? Aber das
Deutsche Reich hat darauf verzichtet, weil es weifs, dafs
seine Interessen ihm verbieten, die Verwirklichung dieser
idealen Forderung anzustreben. Dafs dieser Verzicht aufrichtig und vollständig ist, dafs Europa, dafs Rufsland
darauf vertraut, wir darauf vertrauen, dem kann das neue
Kaiserreich seine Sicherheit verdanken, sowie Frankreich
seine vielen Feinde in der Vergangenheit dem Umstande
zuschreiben konnte, dafs weder England, noch die deutsche
Nation, noch Italien an das definitive Aufgeben der napoleonischen Gedanken glaubten.

Auch Rufsland hat seine Sirene, die das Reich der
Zaren mit süfsen Tönen, mit patriotisch angehauchten
Phrasen, mit nationaler Empfindelei leicht in ein Labyrinth
locken kann. Da ist die Legende vom Testament Peters
des Grofsen, die panslavische Mission, das Lockbild Konstan-
tinopels. Und doch, ist es nicht klar, dafs die solchen Utopien
nachjagende Abenteurerpolitik sich rächen würde, wie sie
schon bis jetzt keine guten Früchte getragen hat? Dafs
sie Europa gegen sich waffnen würde? Dafs ihr Geltendwerden der freien Entwickelung der einzelnen slavischen
Nationen zum Nachteil gereichen müfste? und dafs demnach die Forcierung derselben die Brudernationen einander
zu Feinden machen würde? Dafs sie auch im besten Falle
ein aus nicht zu einander gehörigen, auseinander strebenden
Elementen geschaffenes Monstrum von unmöglicher Gröfse
und Form zustande bringen würde, welches früher oder
später wieder zerfiele, und nach der Vernichtung von
Millionen, nach der Zerstörung der ruhigen Entwicklung
Rufslands ohne Nutzen verschwände, um anderen, mit
dem Gleichgewichte Europas verträglichen Gestaltungen
Platz zu machen?

Auch in Rufsland stehen den Ignatieff, den Katkoff,
die Lobanoff, die Schuwaloff gegenüber; auch dort ist die

lärmende Popularität den ersteren günstig; auch dort lieben
sich diese im Lichte der einzigen Patrioten darzustellen;
auch dort sprechen sie vom Verzicht auf das slavische
Selbstgefühl.   Aber welcher Unbefangene im Auslande
zweifelt wohl daran, daſs diese lärmenden Patrioten auch
Ruſsland gefährden, und daſs die gemäſsigten Politiker die
richtige Richtung, das Heil Ruſslands repräsentieren? Wer
würde verkennen, daſs, wiewohl in demjenigen, was die
Aktionspartei will, auch viel vorteilhaftes, nützliches enthalten ist, und ihre Wünsche an sich verständlich und
auch natürlich sind, trotz alledem das Wohl Ruſslands es
nicht zulasse, daſs in seinen Entschlieſsungen lediglich
diese Rücksichten maſsgebend seien, sondern gebieterisch
fordere, daſs dieselben anderen wichtigeren Interessen untergeordnet werden.

Wenn wir den Blick auf unsere orientalischen Nachbarn
werfen, begegnen wir denselben Gegensätzen zwischen den
den Idealen nachjagenden, den Himmel stürmenden Titanen
und jenen Politikern, welche daheim oft für feig gehalten,
Büttel des Auslandes genannt werden, weil sie es wagen,
ihrer Nation ins Gesicht zu sagen: dein Wunsch ist gefährlich und unerfüllbar, lass' davon ab; welche den kleineren
Vorteilen zu entsagen wissen, um nicht das höhere Gut,
die Existenz, auf das Spiel setzen zu müssen.   Und sind
wir nicht alle darüber im Reinen, welche Partei in Wahrheit ihrem Vaterlande dient, und daſs die erstgenannte
Richtung unter dem Scheine nationaler Interessen vernich-
tendes Gift birgt? Wir selbst sind der Fels, an welchem
die rumänischen, die serbischen Chauvinisten mit selbst-
mörderischem Wahnsinn ihre Schädel zerschmettern würden.
Wir wissen es sehr wohl, wir sagen es tagtäglich, daſs die
Forcierung des groſsromanischen, des groſsserbischen Gedankens zur Vernichtung des Romanentums und des Serben-
tums führen würde.

Ebenso stehen wir mit unseren kroatischen Brüdern. In Kroatien können wir es am besten studieren, wie jemand vom Scheitel bis zur Zehe national, von grofs-kroatischen Idealen saturiert sein und doch seinem Lande unberechenbares Ungemach verursachen kann, wie man seiner Nation mit der Proklamation heiliger Ideen Schaden zufügt. Andererseits können wir in Kroatien sehen, dafs derjenige, welcher seinen Stamm zum Entsagen mahnt, der ihm eine gemäfsigte Politik empfiehlt, trotzdem der berufene Führer der Nation werden kann.

Doch genug der Beispiele, unter welchen, wie ich glaube, auch solche sind, aus welchen wir alle die Lehre ziehen können, dafs von gewissen Wünschen abzustehen notwendig, ja die einzig richtige Politik sein kann.

Darauf mag zwar gesagt werden, dafs in diesen Beispielen von Eroberung, unberechtigter Expansion die Rede sei, nicht aber davon, dafs eine Nation von der selbständigen Ausübung ihrer Rechte abstehe. Aber es giebt auch solche Beispiele zur Genüge. Denken wir nur an die Entsagung des bairischen, des sächsischen Patrioten, an die Selbstbeschränkung der Vereinigten Staaten Amerikas, und überhaupt an die Verzichtleistung auf ihre völlig selbständige Aktionsfreiheit seitens aller jener Staaten, die infolge ihrer Existenzinteressen Glieder irgend eines Staatenbündnisses sind. Denken wir an unsere eigenen grofsen Vorfahren, nicht blofs an die Labanzen, sondern auch an die Kurutzen, deren Politik immer weit hinter dem in Worten sich kundgebenden Heroismus unserer heutigen Titanen zurückblieb, die immer mit den Thatsachen zu paktieren wufsten. Aber auch hievon abgesehen, liegt das Gewicht meiner Argumentation nicht darin, dafs ich in jeder Hinsicht ähnliche Beispiele anführe, sondern blofs in dem Beweise, dafs es ein gefährliches und unmögliches Experiment ist, die Entsagung aus der Begriffssphäre der Völker verbannen zu wollen, und dass daraus, dafs irgend ein politisches Ziel schön und an sich auch vorteilverheifsend ist, noch immer nicht folgt, dafs es ein richtiges und kluges Vorgehen sei, dasselbe thatsächlich als leitendes Motiv anzunehmen, weil das Interesse der Nationen oft fordert, dafs sie auch natürlichen und heilsamen Zielen entsagen.

Aber deshalb liegt es durchaus nicht in meiner Absicht die Entsagung ohne ernste Ursache, ohne ernste Interessen zu fordern; es liegt nicht im Entferntesten in meiner Absicht das feige Sichducken, oder vielleicht die christliche Erniedrigung und Ergebung zum Leitprincip der Völker zu erheben. Eben darin giebt sich der krankhafte Zustand, die die Völker zu Abenteuern fortreifsende gefährliche Richtung kund, dafs eine noch so geringe Beschränkung des Vorwärtsdrängens, der Ambition, sogleich im Lichte des feigen Sichduckens, der Selbsterniedrigung dargestellt wird. Darin steckt die Fälschung, dafs die mit realen Interessen rechnende Politik die Politik der Kleinmütigkeit genannt wird; dafs der Verzicht auf irgend ein Ideal, auf irgend ein Interesse, auf die Ausübung irgend eines Rechtes sogleich als Beleidigung des nationalen Selbstgefühls, der nationalen Ehre angesehen wird.

Es ist unbedingt wahr, dafs eine Nation, welche verzagt, welche kein Selbstvertrauen hat, verloren ist; es ist unbedingt wahr, dafs, ohne Selbstgefühl und Mut, dem Einzelnen, wie den Völkern im Leben nur eine schmachvolle Rolle zufällt. Aber der Irrtum oder die Irreführung beginnt dort, wo jede Selbstbeschränkung, jede Anpassung an die thatsächlichen Kraftverhältnisse, als eine solche Feigheit gebrandmarkt wird; wo kraftvolle Entwickelung, grofse Erfolge heruntergemacht, geringgeachtet werden, die ganze Politik als Politik der Schwäche, der Feigheit denunciert wird, weil die Nation der Verwirklichung irgend eines an und für sich genommen blendend schönen Ideales entsagt, darum entsagt.

weil sie einsieht, dafs ihr wohl aufgefasstes Interesse es so
verlangt, und dafs eben diese Selbstbeschränkung die Vorbedingung dessen ist, dafs sie auf einem anderen Gebiete
vorwärts schreite und grofse Schöpfungen ins Leben rufe.

Es beweist nicht Feigheit, wenn der Mut irgend
einer Nation im Verhältnis zu den Kraftverhältnissen ver-
bleibt, wenn sie nur das erreichen will, was sie erreichen
kann, was ihr dauernd zum Vorteil gereicht. Es ist nicht
Feigheit, wenn ein romanischer Politiker nicht Siebenbürgen
erobern will; wenn der Franzose nicht nach dem Rhein
strebt. Ebenso ist es nicht erniedrigend und nicht Kleinmut, wenn die ungarische Nation der Errichtung der besonderen Armee entsagt, um eben dadurch in Europa als
Grofsmacht zur Geltung zu gelangen und gleichzeitig ihr
Land reich und gebildet zu machen.

Dies ist keine feige, sondern die allein richtige,
ja eine kühne und grofsgemessene Politik. Die Aufgaben, die uns vorbehalten geblieben sind, können
auch die gröfste Ambition des ausgezeichnetsten Mannes
befriedigen. Auch auf diesem beschränkteren Gebiete
kann reichlich Glanz und Ruhm erworben werden.
Nur mögen wir genug wahre Tugend und genug Kraft
zur Erreichung jener Ziele haben, die von vielen so sehr
gering geschätzt, so sehr unter der Würde der Nation erachtet werden. Was die Hervorragendsten der Menschheit
begeistert hat, was sie als das erhabenste Ziel ihres Strebens
und ihrer mühevollen Arbeit bezeichnet haben, was der
wahrste, ernsteste Wert ebenso des individuellen, wie des
nationalen Lebens ist: alles dies ist in den Augen unserer
Ultras nicht genügend, dem Leben unserer Nation einen
ernsten Inhalt zu geben, nicht genügend, unsere Kraft
gehörig zu beschäftigen. Ihrer Ansicht nach ist der Ursprung
alles Übels darin zu suchen, dafs die Nation auf einen
übermäfsig engen Raum eingeschränkt worden ist, auf einen

Raum, auf welchem sie sich nicht zu entwickeln vermag,
und dafs sie infolgedessen ihre idealen Ziele verliere. Das
kleinliche Ziel schaffe eine kleine Nation.

Wieviel Befangenheit, welche Einseitigkeit giebt sich in
dieser Auffassung kund! Ist es wol eine kleinliche Beschäftigung unsere Nation auszubilden, ihre Kultur und ihren
Wohlstand zu befördern, den ungarischen Staat zu konsolidieren? ist dies eine kleinliche Beschäftigung, welche nicht
vermag die Söhne des Vaterlandes zu echter Begeisterung
zu entflammen? Ist die Erreichung dessen, dafs unsere
Nation, bei Intaktbleiben ihrer Individualität, am grofsen
Werke der Förderung der Sache der Menschheit, als zwar
schwacher, weil der Zahl nach geringer Stamm, aber
dennoch als einer der positiven Faktoren, als einer der
produktiven Arbeiter teilnehme: ist alles dies ein niedriges,
ein gar nicht der Rede wertes Ziel, ein Ziel, welches das
Niveau der Nation herabdrückt, die Nation erniedrigt,
und unfähig ist grofse Menschen, einen grofsen Willen,
eine grofse Zeit hervorzubringen?

Nein, es ist nicht so. Nicht das Ziel ist niedrig,
sondern die Menschen sind klein, die sich für dasselbe nicht
zu begeistern wissen. Nicht darin ist der Fehler, dafs das
Leben der Nation arm ist und keinen Inhalt und kein
Ziel hat, welche der Begeisterung wert wären, sondern
darin, dafs wir nicht genug Kraft zur Erreichung dieser
Ziele haben, dafs unsere Aufgaben nur zu schwer sind und
dafs es viele giebt, welche die Wichtigkeit und Erhaben-
heit derselben nicht einmal zu erfassen vermögen.

Diejenigen, die geringschätzig auf alles herabsehen,
und Wichtigkeit nur in dem suchen, was nicht in unserer
ausschliefslichen Macht liegt, gehören, fürchte ich, zu jenen
von Geburt Unzufriedenen, die das Leben nie geniefsen,
weil sie blofs die Mängel desselben sehen und immer über
diese grübeln. Die Richtung, welche Alles geringschätzt,

was wir haben, was wir zu erreichen vermögen, und nur
dem Wichtigkeit beilegt, worauf wir verzichtet haben, was
wir nicht erreichen wollen, erinnert an jene unglückliche
und krankhafte Unersättlichkeit, welche Goethe in seinem
„Faust" so schön und wahr charakterisiert, und welche ein
grofser Fluch der Menschheit ist. Faust befreit am Abend
seines langen Lebens ganze Länder von der verheerenden
Flut der Wogen, sammelt kolossale Schätze, gründet ein
mächtiges Reich; aber er ist unglücklich, er wünscht sich
von dannen, weil eine Handbreit Erde in der Nachbarschaft
einem anderen gehört. „Die wenigen Bäume, nicht mein
eigen, verderben mir den Weltbesitz!" in diese Worte
bricht seine Unersättlichkeit aus. Er schätzt das viele, das
er hat, wegen des wenigen nicht, das nicht sein ist.

Die Analogie dieses Beispiels mit der Politik unserer
malcontenten Magyaren offenbart sich auch in anderem.
Faust will die wenigen Bäume, die er beneidet hatte, erwerben, und meint, seinen Zweck auf friedlichem Wege
erreichen zu können. Er täuscht sich aber. Das Gut
seines Nachbars gerät in Brand und er verliert seine Ruhe.
Auch unsere Unersättlichen wähnen das Fehlende friedlich
erwerben zu können. Sie irren sich aber. In den Flammen
jedoch würde, leider, nicht nur die Ruhe ihres Gewissens
verloren gehen.

Ein Ausflufs dieses Geistes ist jene Politik, welche, das
erreichte Ergebnis ignorierend, unsere Nation in die staatsrechtliche Offensive treiben will, welche das Vorhandene
für nichts achtet, wenn dasselbe nicht alle Wünsche der
Phantasie befriedigt.

Doch umsonst. Völker sind ebensowenig wie Einzelne instande ihre unzähligen verschiedenartigen Interessen gleicherweise insgesamt zur Geltung zu bringen, ihre unzähligen theoretischen Rechte alle auszuüben, ihre unzähligen Wünsche alle
zu befriedigen und ihre Ideale ohne Ausnahme alle zu ver-

wirklichen; auch sie müssen unter denselben mit reifer Erwägung der thatsächlichen Verhältnisse wählen. Sie müssen
wissen dem zu entsagen, was weniger Wert hat, als das,
was dafür geopfert werden muſs. Sie müssen demselben
auch dann zu entsagen wissen, wenn sie gerade dieses mit
besonderer Poesie umgeben, und auch dann, wenn dieses
Entsagen ihnen thatsächlich schwer fällt. Sie müssen sich
um so mehr dazu entschlieſsen, weil der Mensch seiner
Natur gemäſs regelmäſsig das am zärtlichsten liebt, wovon
er sich trennen muſs, und weil es immer eine starke Strömung und Partei geben wird, welche von der Ausnützung
dieser Empfindlichkeit lebt und diese natürliche Quelle der
Unzufriedenheit auch künstlich zu erweitern bestrebt ist.

Eines jedoch dürfen wir auf keinen Fall aufgeben,
unsere volle Aktionsfreiheit gegenüber den Phrasen und
Empfindeleien, die Herrschaft des gesunden Verstandes, daſs
die Nation nur thue, was sie nach besonnener Erwägung
als das für sie selbst Nützlichste erkennt, ob sie es nun mit
Entsagung oder ohne dieselbe erreichen kann. Jene Richtung,
welche diese Aktionsfreiheit gefährdet, welche die Nation
mit der Aufregung ihres Selbstgefühls, ihrer Eitelkeit in
jene Eisenfresser-Stimmung versetzen will, welche keine
Transaktion kennt, welche nur das für besitzenswert hält,
was sie nicht besitzen kann, welche jede Beschränkung ipso
jure zurückweist, diese Richtung bildet unter allen Umständen eine Gemeingefahr, eine Gefahr für die meisten
Staaten, eine Gefahr für den Weltfrieden. Diese Stimmung,
diese dünkelhafte Verwegenheit, diese titanische Unverträglichkeit ist vornehmlich für ein Land nachteilig, welches,
wie Ungarn, auf ein ständiges Bündnis angewiesen ist.

Die Politik hat nicht den Zweck, nach der Verwirklichung von Idealen zu streben, welche ihres nationalen
Kolorits wegen die Herzen der Patrioten rühren und darin
momentane Begeisterung erregen, den ständigen Interessen

der Nation jedoch zum Nachteil gereichen. Der einzige Zweck der Politik ist der ernste Nutzen der Nation, welchen, leider, die Eingebung des Herzens nicht immer imstande ist zu erkennen, welchen nur die kalte Erwägung, das von der Tyrannei der Losungsworte emancipirte Denken sicher und richtig zu beurteilen vermag.

Das dauernde Interesse der Nation aber fordert die Aufrechthaltung des Ausgleichs. Das leitende Motiv unserer Politik also muſs die Aufrechterhaltung und Befestigung dieses Gesetzes sein — darin besteht die Schluſskonsequenz meiner bisherigen Erörterungen. An dieses Ziel müssen wir uns fest anklammern. Das verlangt das Heil unserer Nation. Wenn wir dafür auch einen schweren Kampf kämpfen müssen; wenn wir deswegen bisweilen auch unpopulär werden; wenn wir bisweilen auch unser eigenes Gefühl bezwingen müssen; wenn wir bisweilen selbst dann geduldig bleiben müssen, wenn wir auch in uns selbst das Blut aufbrausen fühlen; wenn wir auch überall verkannt und hier für Nichtungarn, dort für Chauvinisten gehalten würden: all das wird uns durch das Bewuſstsein leicht erträglich gemacht, daſs wir unsere Pflicht erfüllen, daſs wir unserem Vaterlande und auch denjenigen nützen, welche Steine auf uns werfen.

Mit welcherlei Mitteln wir das Ziel der Aufrechthaltung und Befestigung des Ausgleichs erreichen können, auf diese Frage versuche ich im folgenden Teile meines Werkes die Antwort zu geben.

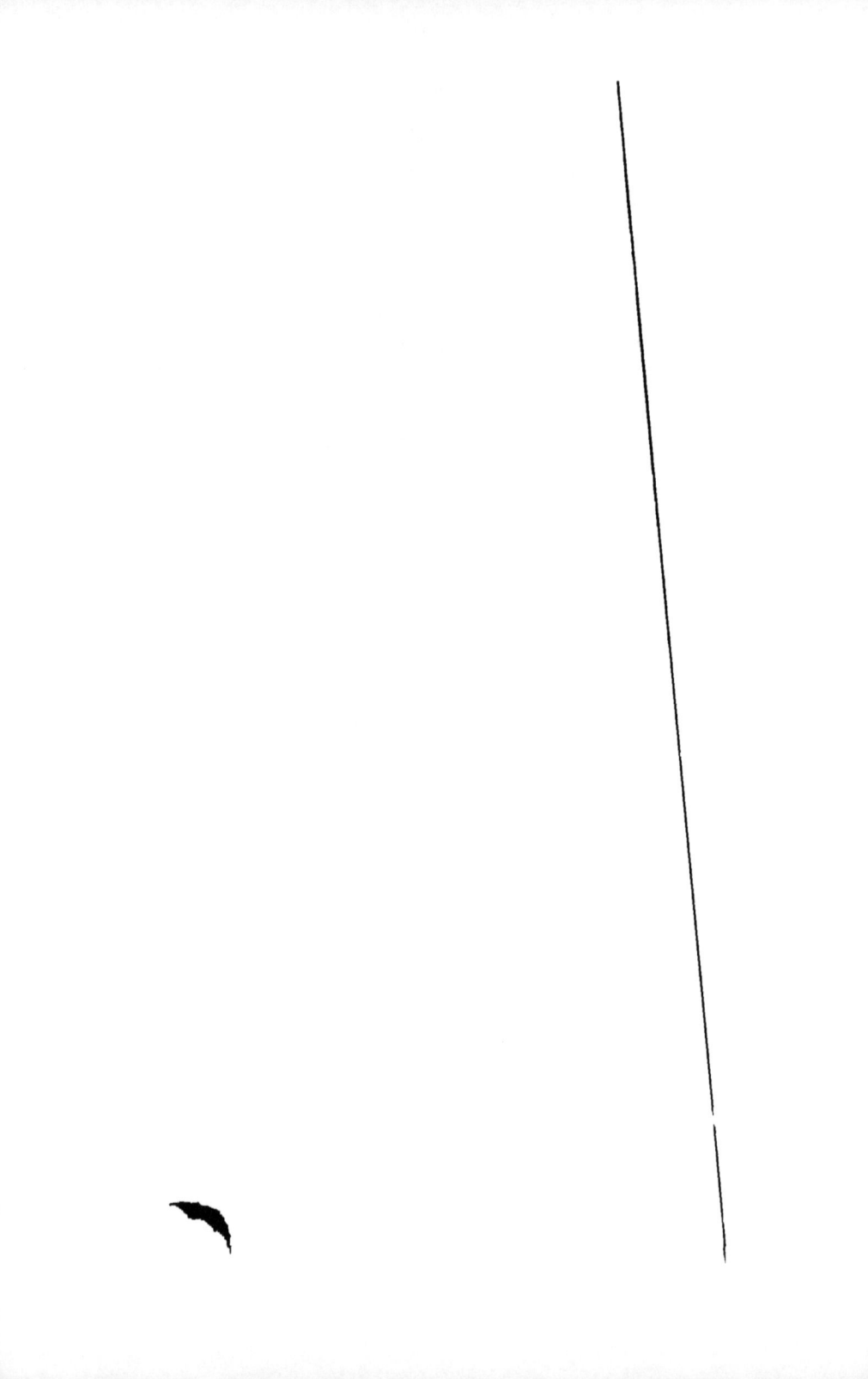

Zweiter Teil.

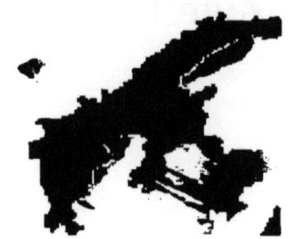

Zweiter Teil.

Erstes Kapitel.

Die Grundprincipien der zu befolgenden Politik.

Der zweite Teil meines Werkes zeigt in dieser deutschen Ausgabe eine vom ungarischen Original stark abweichende Gestalt.

Seit der Veröffentlichung meines Buches hat die Lage in zwei Richtungen eine Änderung erfahren. Ein neues Gesetz hat das bisherige Militärunterrichtssystem in der Weise vervollständigt, daſs es die Honvéd-(Landwehr-)Unterrichtsanstalten neu organisierte, und gestattete, daſs die in denselben gebildeten Individuen in das gemeinsame Heer übertreten können. Diese Modifikation hat eine hochbedeutsame politische Veränderung herbeigeführt. Die Nationalpartei hat erklärt, daſs sie das Wesen ihrer Forderungen durch dieses Gesetz als verwirklicht betrachte. Sie fordert heute keine organische Reform innerhalb des Bereiches der gemeinsamen Institutionen. Damit hat der staatsrechtliche Gegensatz zwischen uns aufgehört.

Diese Thatsache machte die Umänderung meines Werkes in zwei Richtungen nötig.

Zuerst muſste ich mit der Reform selbst abrechnen. Ich muſste die zu befolgende Politik auf Grundlage des neuen status quo entwickeln.

Zweitens mußte ich aus meinem Werke die gegen das
heute gegenstandslos gewordene, weil in seinem praktischen
wesentlichen Ziele verwirklichte Programm der Nationalpartei geführte Polemik hinweglassen. Ich habe Letzteres
mit großem Vergnügen gethan.

Eines der Ziele meines Werkes war, den Weg zum
Ausgleiche zwischen den abweichenden Auffassungen zu
ebnen, zu welchen sich die Nationalpartei und die liberale
Majorität auf dem Gebiete der gemeinsamen Angelegenheiten bekannten.

Ich habe darin (S. 396) gesagt: „was die Anhänger
des Ausgleichs in besondere Lager teilt, ist bloß die Divergenz in der Wahl der Mittel, nicht aber im Ziele. Selbst
der in Hinsicht der Mittel zwischen uns bestehende Unterschied ist bloß in den gebrauchten Argumenten, in der
Manier des Kampfes, in der Frage der Taktik wesentlich
und unüberbrückbar, also nur auf dem Gebiete, welches
sofort seine Wichtigkeit verliert, sobald wir uns dem wünschenswerten Ziele nähern.“ Ich habe ferner auf derselben
Seite folgendes geschrieben: „Sobald wir mit der Identität unserer Ziele ins reine kommen und imstande sind
uns von den Leidenschaften der parlamentarischen Kämpfe
frei zu machen, kann ich nicht glauben, will ich nicht
glauben, daß wir hinsichtlich der Mittel nicht zu einem
Einverständnis gelangen könnten. Ich sehe die Schwierigkeiten; aber ich glaube nicht, ich kann auch nicht zugeben,
daß die Kraft des in Rede stehenden großen Interesses
dieselben nicht überwinden könnte.“

Was ich gewünscht und für möglich gehalten hatte,
wofür mir jedoch nicht gelungen war die Lösung zu finden,
dafür hat das neue Gesetz die Lösung gebracht.

Dasselbe hat jenen Mittelweg gefunden, welcher, indem
er jenes Maximum bietet, welches wir in der Frage der
Sprache des Militärunterrichts annehmen können, zugleich

auch jenes Minimum bildet, welches die Intentionen Apponyis und seiner Partei verwirklicht.

Ich habe das Apponyi gegenüber zu befolgende Vorgehen in meinem Werke folgendermaßen ausgedrückt:

„Die richtige Politik kann meiner Ansicht nach nur die sein, daß wir den gesunden Kern des Programms der Nationalpartei uns zu eigen machen, und die Idee in der Weise der Verwirklichung entgegen führen, daß die Scheidewände zwischen den beiden Parteien fallen, der staatsrechtliche Gegensatz zugleich mit seinen schädlichen Konsequenzen verschwinde, und daß eine zu inneren großen Schöpfungen fähige große Partei zustande kommen könne."

Dies ist nun geschehen. Die „staatsrechtlichen" Scheidewände zwischen den beiden Parteien sind gefallen, der staatsrechtliche Gegensatz ist verschwunden. Bloß mein letzter Wunsch ging nicht in Erfüllung. Die Fusion, für welche ich in meinem Buche Stellung genommen hatte, ist nicht erfolgt. Aber das „staatsrechtliche" Hindernis derselben hörte auf, und dies ist die Hauptsache.

Durch das Geschehene erfuhr unsere politische und parlamentarische Lage eine bedeutende Besserung. Heute haben wir eine ernste, in Betracht nehmbare, über Vergangenheit und Autorität verfügende Partei, welche die jetzige Majorität, wenn der Geist des parlamentarischen Regierungssystems es fordert, in der Regierung auch morgen ablösen kann, ohne daß dies eine Krise der Monarchie bedeuten könnte, ohne daß dies Österreich in irgend einer Weise interessieren könnte, ohne daß infolge davon die Krone in den gemeinsamen Angelegenheiten eine Politik adoptieren müßte, welche sie in Österreich durchzuführen nicht instande ist. Darüber empfinde ich, dessenungeachtet, daß ich ein Mitglied der liberalen Partei bin, im Grunde meiner Seele Freude. Ich halte es für richtig, wenn wir Liberalen die Angelegenheiten des Landes deshalb leiten, weil wir das volle

Vertrauen der Krone und der Nation besitzen: aber ich
halte es für ein Unglück, sowohl für das Vaterland, als
auch für uns selbst, wenn wir deshalb regieren, weil wir
die einzigen Möglichen sind. Die Frage der Fusion ist
nunmehr aller staatsrechtlichen Beziehungen entkleidet, und
fällt hiernach vollständig außerhalb jenes Kreises, mit
welchem sich dieses Werk beschäftigt.

***

Das Hauptergebnis des bisher gesagten ist, daß der
im Jahre 1867 geschlossene Ausgleich den großen Interessen der Nation in so großem Maße entspricht, daß die
Aufrechthaltuug, die Stabilisierung desselben den Grund-
stein der richtigen ungarischen nationalen Politik bildet.

Und dies wird nicht bloß von heute auf morgen, sondern, wenn mich nicht alle Anzeichen trügen, auf lange
Zeiten hinaus so sein. Die 1867er Lösung wird nicht bloß
einige Jahre lang, sondern aller Wahrscheinlichkeit nach
noch auf sehr lange Zeit hinaus die einzige mögliche, die
einzige den Interessen unseres Vaterlandes entsprechende
sein.

Aber auf welche Weise können wir denn dieses Palladium unserer Existenz aufrecht erhalten? In welcher Weise
können wir es bewahren vor der Rauhigkeit der Zeit, vor
der keine Gnade kennenden verwüstenden Wirkung des
Lebens?

Nichts kann ewig währen. Die Zeit benagt, verzehrt,
zerstört alles. Die Verhältnisse des Lebens ändern sich
fortwährend. Was heute vollständig gut ist, ist dies morgen
nicht mehr. Was heute alle Ansprüche befriedigt, kann
morgen bereits ungenügend, bereits wenig oder zu übermäßig viel sein.

Dieses Fundamentalgesetz der Entwicklung setzt unseren Bestrebungen Grenzen. Die Politik kann sich nicht

mit absoluten Begriffen, mit Ewigkeiten befassen. Wenn
wir sagen, daſs es unser Ziel ist, den Ausgleich als beständige Schöpfung aufrecht zu erhalten, bedeutet dies soviel, daſs — weil die 1867er Gesetze nach unserer Überzeugung, bis zu jener Grenze, zu welcher menschliche Voraussicht vorzudringen vermag, die einzig richtigen sein
werden — wir alles aufbieten müssen, daſs dieselben beständig, daſs sie unverändert bleiben mögen.

Es ist schwer genug auch das so umschriebene Ziel
zu erreichen. Es ist schwer die wechselnden Ansprüche,
Auffassungen, Interessen lange Zeiten hindurch mit einem
unveränderten Gesetze in Harmonie zu erhalten. Aber wie
schwer diese Aufgabe auch sein mag, unlösbar ist sie nicht.
Die Geschichte so mancher Verfassung beweist, daſs einzelne wesentliche Bestandteile derselben oft Jahrhunderte
hindurch bestanden, zwischen den Trümmern verschiedener
Perioden beständig und unversehrt blieben.

Es ist nur dann unmöglich irgend eine Institution aufrecht zu erhalten, wenn dieselbe sich überlebt hat, wenn
jene groſsen Ursachen aufgehört haben, welche dieselbe ins
Leben gerufen, welche dieselbe notwendig gemacht hatten.

Dann wird aber das Streben, dieselbe aufrecht zu erhalten nicht bloſs eine unfruchtbare, sondern auch eine
schädliche Arbeit sein. Auch beim Ausgleich kann unser
Ziel nur sein, denselben aufrecht zu erhalten, solange jene
weltgeschichtliche Notwendigkeit, welche ihn ins Dasein
gerufen hat, fortbesteht. Er kann auch früher zu Grunde
gehen, wenn unser Vorgehen unrichtig ist, aber er kann
bis dahin auf jeden Fall aufrecht erhalten werden, wenn
unser Vorgehen ein entsprechendes sein wird.

Ich habe gelegentlich eines Trinkspruches über die von uns
in diesen Fragen zu befolgende Politik gesagt, daſs sie konservativ sein müsse. Diese meine Worte haben mir viele Angriffe
eingetragen, viele patriotische Entrüstung und Empörung

erzeugt. Auch heute noch, so oft man mich tadeln will, so
oft man mir Politik in österreichischem Geist zum Vorwurf
macht, rückt man mit dem „starren Konservativismus" hervor. Es ist interessant, was in diesen meinen Worten nicht
alles gesucht worden ist. Est ist darin die Verschleuderung
unserer erworbenen Rechte, die Zurückbildung des Ausgleichs gesehen worden. Aber die dies thaten, hatten nicht
im geringsten Recht.

. Konservieren bedeutet meines Wissens nicht etwas
preisgeben oder niederreißen. Konservieren .bedeutet erhalten. Irgendeine Institution konservieren bedeutet also
nicht dieselbe schwächen. Den Ausgleich konservieren bedeutet ebenfalls nicht, den in demselben enthaltenen Garantien entsagen, sondern im Gegenteil ihn samt allen darin
enthaltenen Rechten und Verpflichtungen unversehrt aufrecht
erhalten.

Aus dem Ausdrucke „Konservativismus" eine Rück-
bildungstendenz herausdeuten zu wollen, ist eine jener par-
teipolitischen Übertreibungen, welche, sobald sie aus der
Atmosphäre der Leidenschaft entfernt worden sind, so leer,
so inhaltslos werden, daß sie einer ernsten Widerlegung
gar nicht wert sind.

Eine derartige Behauptung erinnert mich immer an jene
interessante psychologische Erfahrung, daß die Menschen,
sowie sie in Massen beisammen sind und einander anfeuern,
für die Wahrheit und für ernste Argumente taub werden
und alles, was ihren haßerfüllten Leidenschaften wohlthut,
mit Jauchzen aufnehmen. Sie nehmen dann Dinge, welche
sie in kleinem Kreise, bei ernster Verhandlung mit Lächeln
aufnehmen würden, für bare Münze und klatschen ihnen
Beifall. Wie nach Ricardo's Gesetz der Preis, welchen der
unter den schwierigsten Verhältnissen produzierende Land-
wirt fordert, zum Marktpreis wird, so pflegt bei den Massen
das Niveau der auf der niedrigsten geistigen Stufe Stehenden

zur Geltung zu gelangen, weil, leider, selbst die gröfsten
Geister keinen Anstand nehmen, zu ihnen zu sprechen, auf
ihr Niveau hinabzusteigen.

Mit aus solchem Boden entsprossenen Einwürfen werde
ich mich daher an dieser Stelle, wo ich zum besonnenen,
zum objektiven Publikum spreche, auch nicht weiter beschäftigen. Es genügt mir zu konstatieren, dafs, als ich
in Angelegenheit des Ausgleichs eine konservative Politik
empfahl, ich auch damit schon jeden Rückschritt, jedes
Aufgeben der mit dem Ausgleich erreichten nationalen
Rechte als ausgeschlossen betrachtete. Als mindestens so
weit ausgeschlossen, wie das Streben nach Erwerbung neuer
Rechte.

Eine ähnliche, jedes ernsten Grundes entbehrende
Mifsdeutung der konservativen Politik ist die, welche daraus,
dafs wir den Ausgleich nicht abändern wollen, herauslesen
zu können vermeint, dafs wir der Nation auch ihr Recht
auf Abänderung des Gesetzes absprechen wollen.

Man hat mit triumphierendem Lächeln darauf hingewiesen, dafs es ein eitles Bemühen sei, das Schicksal der
Nation dauernd, definitiv binden zu wollen, dafs es keine
ewigen Gesetze gebe, und dafs, so oft Menschen solche
schaffen wollten, das Ende allemal ein Mifserfolg gewesen
sei, weil im Laufe der Zeit alles, auch die im höchsten
Grade weise scheinenden Schöpfungen sich überleben. Demgemäfs sollen wir Wahrheiten ignoriert haben, welche heute
bereits jedem Schuljungen geläufig sind, und mit den aller-
gewöhnlichsten Gemeinplätzen in Gegensatz geraten sein.

Nur ist das, was gegen die angeführten Elementar-
wahrheiten verstöfst und was die Herren so gründlich
widerlegt haben, von niemandem behauptet worden. Niemand hat daran gedacht, die Nation zur Befolgung des
Beispiels derjenigen anzutreiben, welche das Ergebnis ihrer
eigenen Weisheit auch der Ewigkeit aufdrängen wollen und die

späteren Generationen auch des Rechtes berauben wollen, ihr
Schicksal nach ihrer eigenen Einsicht, nach ihrem eigenen
Willen zu gestalten. Niemand hat behauptet, dafs die Nation
im Jahre 1867 auch den künftigen Generationen die Hände
habe binden wollen, sowie dies auch heute niemand thun
will. Die Regierungen haben mit ihren Äufserungen in
konservativem Geiste nur ausgedrückt, dafs, gleich wie die
Schöpfer des Ausgleiches, ebenso auch sie in diesem Werke
eine Lösung unserer ein gemeinsames Interesse bildenden
Verhältnisse erblicken, welche, weil sie nützlich und befriedigend ist, aufrechtzuhalten sei, und dafs sie demzufolge
die Verteidigung derselben gegen welchen Angriff immer
für eine politische Pflicht ersten Ranges halten; ferner haben
sie, ihr moralisches Ansehen in die Wagschale werfend, die
Nation davor warnen wollen, dafs sie auch in Zukunft nicht
gestatten möge, diese Basis leichtfertigerweise fraglich zu
machen. Offenbart sich darin etwa irgend eine grofse
Selbstüberhebung, oder steckt darin irgend etwas Absurdes?
Ist es etwa nicht natürlich, ist es nicht unsere dringlichste
Pflicht, dafs wir — wenn wir etwas für nützlich halten,
wenn wir davon überzeugt sind, dafs irgend eine Institution
auf unberechenbare Zeiten hinaus auf die Entwickelung der
Nation einen heilsamen Einflufs zu üben imstande sein
werde, — dafs wir dann auch alles, was in unseren Kräften
steht, thun werden, die Geltung derselben auf solange als
möglich hinaus zu sichern, dieselbe nach Möglichkeit permanent zu machen? Die mifsdeuteten und viel angegriffenen
Äufserungen aber haben nur diesen Sinn.

Sie bedeuten nichts anderes, als die Fortsetzung der
Politik derjenigen, die den Ausgleich geschaffen haben.
Das entgegengesetzte Vorgehen — die Entwickelungsfähig-
keit des Ausgleichs in den Vordergrund zu stellen
und die Notwendigkeit dieser Entwickelung zu prokla-
mieren — ist der alte österreichische Standpunkt, derjenige,

welcher auch schon im Jahre 1867 im Reichsrat proklamiert
wurde.

Aus diesem Gesichtspunkte ist es interessant die Aufnahme zu vergleichen, welche die beiden Gesetzgebungen
dem Werke des Ausgleiches zu teil werden liefsen. Diejenigen, die bei uns für den Ausgleich Partei nahmen,
betrachteten das Werk in dem Mafse als definitiv, als
ein Gesetz oder eine Verfassung überhaupt definitiv sein
kann. Ihr Zweck ist gewesen, unser Verhältnis zu
Österreich auf dauernde Rechtsgrundlagen zu stellen. Sie
haben das Ausgleichsgesetz nicht darum angenommen,
weil sie bereits bei dessen Schaffung auf dessen Modifikation rechneten, weil Hoffnung auf dessen Verbesserung
geblieben war, sondern deshalb, weil sie es in seiner
damaligen Gestalt für eine befriedigende Basis der Entwickelung des Landes hielten. In ihren Augen war es
nicht ein günstiger Ausgangspunkt, sondern eine vollkommene Lösung. Wenn von Entwickelung gesprochen
wurde, wurde dieser Ausdruck stets nur auf das Land
selbst bezogen, stets nur an die Entwickelung der Kraft des
Landes gedacht, nicht aber an die Notwendigkeit der Entwickelung des Gesetzes; oder wurde dieser Ausdruck
höchstens so verstanden, dafs, wenn ihrem Hoffen und
Glauben entgegen, mit der Zeit etwelche Details des Gesetzes sich als mangelhaft erweisen sollten, dieselben repa-
rabel sein würden, weil der Gesetzgebung diesbezüglich die
Hände nicht gebunden worden waren.

Im Gegensatze hiezu nahmen in Österreich die Anhänger
des Ausgleichs denselben zum gröfsten Teile geradezu mit
dem Ausdrucke der Hoffnung an, dafs die Mängel desselben
je eher eliminiert werden würden. Sie gaben sich mit der
ihnen unterbreiteten Form des Gesetzes nur deshalb zufrieden,
weil bezüglich derselben zwischen dem König und dem ungarischen Reichstag die Übereinkunft bereits zustande ge-

kommen war, und weil sie die Aussöhnung mit Ungarn
auf andere Weise schon nicht mehr sichern zu können
vermeinten. Sie fügten sich der Zwangslage, jedoch mit
der Kundgebung ihrer Hoffnung, daſs die von ihnen für
notwendig erklärte Abänderung des Gesetzes bereits in
naher Zukunft erfolgen werde. In ihren Augen war der
Ausgleich bloſs ein günstiger Ausgangspunkt für die weitere
Entwickelung der staatsrechtlichen Verhältnisse, aber ganz
und gar nicht eine definitive Lösung.

Ihr politisches Ziel war bereits beim Abschluſs des
Ausgleiches die spätere Reform desselben. Ich könnte es
mit den Reden zahlreicher Redner beweisen, daſs dies die
herrschende Auffassung war. Doch genügt ein Beispiel.
Es ist hinreichend daran zu erinnern, daſs im Herrenhause
auf die Äuſserung Schmerlings, daſs er das Delegations-
gesetz nur in der Hoffnung votiere, „daſs sich aus demselben mit der Zeit eine Reichsvertretung entwickeln werde,
welche sämtliche Teile des Kaiserreichs umfassen wird“.
Beust selbst die Antwort gab, daſs „auch die Regierung
vollständig die Überzeugung teile, daſs aus dem Gesetze
sich mit der Zeit etwas Gutes entwickeln könne und sich
entwickeln werde, und dies gewiſs um so eher erfolgen werde,
wenn man das neue Werk, wie schwer und besorgniserregend
dasselbe sich auch zeige, mit mutigem Herzen, nicht aber mit
der Besorgnis des Miſserfolges in Angriff nehme.“

Der Ton des Miſstrauens und der Besorgnis durchzieht
die ganze damalige hochinteressante Debatte. Sie fanden
den Trost für die notgedrungene Annahme des Gesetzes
auch damals schon in der Wahrscheinlichkeit der Abänderung, in der Hoffnung auf Umbildung desselben.
Bei uns war, im Gegenteil, der Grundton der Debatte die
Befriedigung, das Vertrauen auf die segensreiche Wirkung,
auf die Güte des Gesetzes.

Diese verschiedene Aufnahme des neuen Systems beleuchtet schon für sich allein die Divergenz zwischen jener Politik, welche in Angelegenheit des Ausgleichs bei uns und in Österreich befolgt wurde.

Die Lage gestaltete sich nach dem Ausgleiche thatsächlich dieser verschiedenen Auffassung entsprechend. Kaum einige Jahre nach seinem Abschlusse drohte ihm bereits eine große Gefahr von Seiten Österreichs. Die Verwirklichung des Programms des Kabinetts Hohenwart wäre ein großer Schritt zur Entwickelung des Ausgleichs in föderalistischer Richtung gewesen. In Ungarn dagegen machte die Mehrheit keinen Versuch zur Modifikation des Ausgleichs. Sie vertheidigte ihn in jeder Richtung auf das wärmste bis zum heutigen Tage. In Österreich wurde, das ist wahr, seit Hohenwart kein neuer Versuch gemacht. Aber wer die dortigen Verhältnisse kennt; wer auf den Ton achtet, in welchem der Ausgleich dort auch heute noch verteidigt wird, und diesen mit dem Tone vergleicht, in welchem wir von ihm hier sprechen: wer auf den Einfluß achtet, welchen jenseits der Leitha gerade die Leute gewonnen haben, welchen das 1867er Gesetz ein Dorn im Auge ist: der wird mir nicht widersprechen, wenn ich behaupte, daß die Theorie der Entwickelung des Ausgleiches vielleicht auch heute der österreichische Standpunkt ist, aber nicht der ungarische Standpunkt sein könne.

Doch ich befasse mich nicht weiter mit dem eben behandelten Einwurf und mit jenen anderen ähnlichen, welche sämtlich einen leichten Sieg erringen wollen, indem sie uns Dinge in den Mund legen, welche zu widerlegen, unpopulär zu machen in der That ein Kinderspiel ist. Diesen Angriffen gegenüber sei mir gestattet, den wahren Kern der konservativen Politik noch einmal klar auseinander zu setzen.

Gegenüber jenen Theorien, welche die Weiterentwick-

22 *

lung des Ausgleichs in nationaler Richtung für das eines
ungarischen Patrioten und Staatsmannes allein würdige Ziel
hielten, — welche insgesamt dahin wirkten, daß die Frage
des Ausgleichs auf der Tagesordnung bleibe, daß die öffentliche Meinung in Angelegenheit der durch den Ausgleich
gelösten Fragen mit immer neuen und neuen Forderungen
auftrete, — gegenüber dieser Tendenz ist — dies war stets
und ist auch jetzt die mich leitende Überzeugung — die
einzig richtige Politik: die Definitivität des Ausgleichs zu ver-
kündigen und, gegenüber der Erwähnung der Notwendigkeit der Entwicklung, das Interesse der Unveränderlichkeit,
der Beständigkeit gehörig hervorzuheben.

In der Nation muß die Überzeugung gezeitigt werden,
daß das auf die Abänderung des Ausgleichs abzielende
Streben eine unrichtige Politik sei, und daß wir — wenn
wir den staatsrechtlichen Frieden wollen, wenn wir wollen,
daß die Monarchie die Krisen vermeide, und wir uns gleichzeitig in der Monarchie die uns gebührende Autorität
sichern — weder selbst den Ausgleich antasten, noch zulassen dürfen, daß er von einem anderen angetastet werde.

Es genügt nicht, daß wir an den Hauptprincipien festhalten, sondern wir müssen, solange keine gebieterische Notwendigkeit uns dazu zwingt, auch jede Antastung der Details
zu vermeiden trachten. Inwiefern jedoch eine von der bisherigen abweichende etwaige Auslegung der Modifikation
der durch den Ausgleich gelösten Fragen unvermeidlich
würde, müssen wir diese Fragen von dem Kampffeuer der
Parteien ferne halten und dürfen die Lösung derselben nur
— ohne Anwendung der Agitation — im Wege der ruhigen,
der geduldigen Kapazitation anstreben.

Széchenyi hat mit Kossuth auch nur in betreff
der zu befolgenden Methode, der Taktik, einen harten
Kampf gekämpft. Er hatte Recht. In der Politik ist die
Wahl der Mittel von einer außerordentlichen Wichtigkeit.

Vornehmlich bei gemeinsamen Angelegenheiten verschiedener Staaten.

Eine so aufgefaste konservative Politik hat mit vielen Vorurteilen, mit begreiflichen Antipathien zu kämpfen.

Da ist in erster Reihe jene irrige Theorie, dafs der Ausgleich blofs Fundamentalprincipien aufgestellt habe, und dafs der Ausbau und der Vollzug derselben eine den späteren Gesetzgebungen vorbehaltene Aufgabe geblieben sei. Es ist wahr, dafs der G. A. XII. vom Jahre 1867 weder hinsichtlich der Armee, noch hinsichtlich der auswärtigen Vertretung, noch hinsichtlich der Hofhaltung, in betreff der Art ihrer Errichtung und ihrer Detailorganisation, Vorsorge traf, und ebensowenig das Meritum der wirtschaftlichen Beziehungen zu Österreich ordnete. Diese Arbeit überliefs er besonderen Gesetzen, Vereinbarungen oder Verordnungen. In allen diesen Hinsichten aber setzte er nicht einmal die Grundprincipien fest. Er definierte z. B. weder die Grundprincipien des wirtschaftlichen Ausgleichs, noch jene des Systems der Wehrkraft. Er behielt die Feststellung der Grundprincipien und der Details dieser Angelegenheiten gleicherweise einer späteren separaten Regelung vor. Er hatte nicht den Zweck, die Art und Weise der Errichtung der Institutionen anzuordnen, die Armee und die auswärtige Vertretung thatsächlich zu organisieren, sondern blofs das Rechtsverhältnis zwischen Österreich und Ungarn ins Reine zu bringen, jene Rechte zu bestimmen, welche den Faktoren der beiden Staaten in jenen Angelegenheiten zukommen, welche die Interessen der beiden Staaten gleicherweise berühren. In diesen Angelegenheiten jedoch stellte er nicht blofs Grundprincipien auf, er wollte alles im Einzelnen feststellen. Er löste die juristische Natur der gemeinsamen Angelegenheiten, den Einflufs Österreichs und Ungarns auf dieselben, die Art ihrer Handhabung, den Rechtskreis der Krone und des

Reichstages u. s. w. in ihren Grundprincipien und ihren
Details mit der Absicht, dafs diese die Existenz der
Monarchie berührenden grofsen Fragen definitiv geordnet
werden, so dafs sie von der Tagesordnung definitiv her-
unterkommen und nicht Gegenstände sich von Zeit zu Zeit
systematisch erneuernder Debatten werden. Nichts lag der
Intention der Gesetzgebung ferner, als sich in diesen
Fragen blofs auf die Aussteckung von Grundprincipien zu
beschränken. Ist es doch eben eines ihrer Hauptziele gewesen, durch die definitive Feststellung dieser Fragen der
Nation den Segen des staatsrechtlichen Friedens zu erwerben.
Die Grundprincipien hat bereits die pragmatische Sanktion
festgestellt. Das Ziel des Ausgleichs war die detaillierte
Regelung der Grundprincipien und deren Anpassung an
die neuen Zeiten.

Womit das Ausgleichsgesetz sich beschäftigt hat, das
hat es auch vollständig ins Reine gebracht. Es regelte
gleicherweise die allgemeinen Rechtsverhältnisse und die
Details. Es stellte nicht blofs Rahmen auf, mit der Absicht, dafs dieselben später ausgefüllt werden sollen, sondern
es schuf ein auch in seinen Details vollendetes Werk.

Nur dem ist es zu verdanken, dafs die spätere Gesetzgebung und Exekutivgewalt ohne jedes Schwanken und
Stocken imstande gewesen ist, die gemeinsamen Institutionen
der durch das Ausgleichsgesetz im Detail festgestellten
staatsrechtlichen Lage entsprechend thatsächlich zu errichten.

Die Arbeit der Vollendung ist demnach nicht uns vorbehalten geblieben. Wir können am Werke im Ganzen
oder im Einzelnen ändern, wir können es auch aufheben;
nur das können wir nicht behaupten, dafs es in seinen
wesentlicheren Teilen ungelöste Fragen uns zum Lösen
hinterlassen habe.

Man kann die konservative Politik mit allerlei Argumenten angreifen, nur mit dem einen nicht, dafs sie

deshalb unmöglich sei, weil dasjenige, was wir aufrecht halten wollen, vorher vollendet werden müsse.

Einzelne Teile des uns hinterlassenen Gebäudes sind vielleicht nicht gehörig eingerichtet, es kann denselben ein oder der andere Zierrat mangeln, aber das Gebäude selbst steht, es ist vollendet, und es bedarf nur der sorgfältigen Aufrechthaltung, damit es die Nation mit allen ihren Ansprüchen befriedigen könne.

Der stärkste, der ernsteste Einwurf, welcher gegen die konservative Politik erhoben worden ist, ist der, daß, wenn der Ausgleich auch heilsam ist, wenn er den großen Interessen der Nation auch entspricht, es doch nicht statthaft sei, sich vor demselben in fetischmäßiger Verehrung zu beugen, an jedem Buchstaben desselben starr festzuhalten, weil jede menschliche Institution ewiger Verbesserung bedürfe, weil nur die Erfahrung zu zeigen vermöge, ob nicht auch der weisesten Schöpfung Mängel anhaften, und weil wir uns den Lehren der Erfahrung nicht verschließen dürfen. Mit dem starren Konservativismus könne nichts aufrecht erhalten werden. Institutionen können nur so aufrecht erhalten werden, wenn sie den Erfordernissen der fortschreitenden Zeit, den wechselnden nationalen Bedürfnissen zu entsprechen vermögen.

In alledem ist viel Wahres enthalten. Es ist unzweifelhaft, daß, wenn die Erfahrung zeigt, daß sich irgend ein Gesetz im Ganzen oder in einzelnen seiner Teile überlebt habe, dasselbe im Ganzen verworfen oder in seinen Teilen ausgebessert werden müsse. Es ist unleugbar, daß, wenn irgend eine Institution neue Bedürfnisse zu befriedigen nicht imstande ist, wenn sie die Entwickelung des nationalen Lebens hemmt, dieselbe reformiert werden müsse.

Aber was beweisen diese einfachen Wahrheiten? Alles, wenn nur die vielen „Wenn" nicht wären. So jedoch — bezüglich des Ausgleichs — gar nichts, wenigstens aus dem

Gesichtspunkte derjenigen gar nichts, welche der Ansicht sind, daß die Zeit die 67er Gesetze gerechtfertigt habe, und welche meinen, daß auch die wachsende Kraft, die wachsenden Ansprüche der Nation im Rahmen der jetzigen staatsrechtlichen Verhältnisse Befriedigung finden, ohne daß es notwendig wäre, an denselben irgend etwas zu ändern.

Diese können daher die Lehre des Konservativismus kühn aufstellen, ohne mit der warnenden Stimme der Geschichte, ohne mit der politischen Theorie in Widerspruch zu geraten.

Wie viele Institutionen, wie viele Gesetze haben lange Zeiten hindurch bestanden, ohne daß sie mit den Ansprüchen des Fortschrittes, der Veränderung, der Entwickelung in Gegensatz geraten wären.

Vornehmlich ist es nicht statthaft, die Regel der Notwendigkeit der ewigen Abänderung auf Angelegenheiten von solcher Natur anwenden zu wollen, wie diejenigen, welche im Ausgleich geregelt wurden. In solchen Angelegenheiten pflegen selbst die allerradikalsten Staaten in der Regel sehr lange Zeiten hindurch an denselben Rechtsbestimmungen festzuhalten. In diesen Angelegenheiten ist der Konservativismus das herrschende Princip. die Regel, während die Änderung die Ausnahme ist. Ein solches Gesetz pflegt in der Regel der Ausfluß großer Kämpfe zu sein, der Ausfluß von Kämpfen, denen auch das leichtsinnigste Volk aus dem Wege zu gehen strebt. Der Ausgleich vom Jahre 1867 regelt den Einfluß, das Recht der verschiedenen Faktoren des Staatslebens auf dem Gebiete der auswärtigen Angelegenheiten und des Heerwesens, und bestimmt, inwieweit die hieher gehörigen Gegenstände in den Wirkungskreis der Gesetzgebungen, und inwieweit dieselben in den Wirkungskreis der Exekutivgewalt gehören. Die Rechtsvorschriften, welche die Grenzen solcher Wirkungskreise zwischen einander feststellen, zeigen überall grofse Stabilität. Was hat sich in England im letzten Jahrhundert nicht alles modifiziert und verändert, und bei alledem sehen wir, dafs auf dem Gebiete des Heerwesens und der äufseren Politik die Königin auch heute im Besitze beinahe aller der Rechte ist, welche die Krone vor einem Jahrhundert ausgeübt hat. Auf diesem Gebiete besitzt der Präsident der französischen Republik ebenfalls heute kaum weniger Rechte, als dem König Ludwig Philipp zu Gebote standen.

Wir wandeln also nur auf einem begangenen Wege, wenn wir auf diesem Gebiete konservativ bleiben. Wir können dies um so mehr thun, als die unveränderte Aufrechthaltung dieser Rechtsverhältnisse auch noch durch die Komplikation empfohlen wird, dafs sie unter dem Einflusse zweier Staaten stehen. Demnach begeht derjenige einen potenzierten Fehler, der, auf Grundlage des überhaupt unhaltbaren Princips der ewigen Reform, die unveränderte Aufrechthaltung des Ausgleichs verurteilen will. Bevor wir an die Abänderung irgend eines Rechtsverhältnisses gehen, mufs immer erst bewiesen werden, ob es die Entwickelung der Nation störe, und ob es Elemente habe, welche der Reform bedürfen? Bei den vom Ausgleich berührten Fragen aber mufs grade auf sehr ernste Interessen hingewiesen werden, um die Abänderung zu rechtfertigen.

Derjenige, der Reformen wünscht, müfste ja auch noch das beweisen, dafs der von denselben zu erwartende Vorteil gröfser sei, als die mit der Veränderung verbundenen Gefahren.

Ich kann also nur wiederholen: die hinsichtlich des Ausgleichs befolgte konservative Politik ist zulässig und steht mit den Gesetzen der Entwickelung in keinem Gegensatz.

Ja diese Politik ist notwendig und die allein richtige.
Eben darum, weil das Ausgleichsgesetz ebensogut wie jedes
andere Gesetz abgeändert werden kann, die Abänderung
desselben jedoch nicht wünschenswert, ja selbst der bloße
Versuch der Abänderung desselben schon nachteilig ist, eben
darum muß man in der Nation die Überzeugung erwecken
und Wurzel fassen lassen, daß es nicht richtig, daß es
nicht erlaubt sei, an diesem Werke ohne eine große
zwingende Ursache zu rütteln; eben darum muß man die
Aufmerksamkeit der Nation auf die unleugbare historische
Thatsache hinlenken, daß diejenigen, die den Ausgleich
geschaffen haben, etwas Dauerndes haben schaffen wollen.

Der Parlamentarismus ist, hauptsächlich dort, wo er
auf demokratischen Grundlagen ruht, überall mit der Gefahr
verbunden, daß er unter der Wirkung momentaner Einflüsse die Institutionen übermäßig rasch umgestaltet, daß
er sie der Laune des wechselnden Volkswillens unterwirft,
und so die Kontinuität der Entwickelung, die Konsolidation
der öffentlichen Zustände, die Erstarkung und organische
innere Accomodation an das Volk in Stockung bringt.
Die Stimmung der Völker, ihre historischen Überlieferungen
und ihre öffentlichen Zustände zeichnen in der Regel ihrer
Entwickelung eine gewisse Richtung vor. Der Parlamentarismus birgt die Gefahr, daß er infolge des Wettkampfes
der Parteien miteinander, infolge des Haschens nach Popularität, infolge des Reizes des Stimmenwerbens ein übermäßig ergebener Diener des Volkstriebes ist, daß er das
unbedingte und rasche Zurgeltungkommen desselben, oft
auch gerade zum Schaden des Volkes selbst, sichert, und
solcherweise oft auch gefährlichen Übertreibungen die
Bahn öffnet.

In England hat in diesem Jahrhundert diese Wirkung
des Parlamentarismus die Ausbreitung und vielleicht auch
übermäßig rapide Geltendwerdung der Demokratie gesichert.

Heute beginnt dort der latente Druck der unteren Schichten der Nation die leitenden Kreise den socialistischen Versuchen, den das Eigentum gefährdenden Tendenzen zuzudrängen. Bei uns hat weder die eine, noch die andere dieser Ideen eine bewegende Kraft. Wer bei uns populär sein will, wer ein lockendes Programm sucht, steckt nationale Losungsworte auf seine Fahne. Die natürliche Tendenz der Wirksamkeit des Parlamentarismus bildet das Geltendwerden dieser Richtung. Es ist wahr, daß er sich bis jetzt positiver Siege nicht rühmen kann. Seine Wirkung ist bis jetzt bloß in der Thatsache wahrnehmbar, daß wir seit 1867, die ganz unfruchtbaren Versuche Semnyeys und nach ihm der gemäßigten Opposition abgerechnet, bis jetzt keine Opposition gehabt haben, welche ihre Stütze in etwas anderem, als in dem Kurutzengeiste gesucht hätte, welche nicht in Hinsicht auf nationale Färbung die Politik der Mehrheit, wenn auch nur um ein weniges, aber doch immer um etwas hätte überbieten wollen.

Gegen jene im Parlamentarismus liegende Gefahr, daß er halsbrecherische, aber herrschenden Zeitideen zusagende Reformen improvisiert und die Verfassung auch in ihren wesentlichsten und leichtestverletzlichen Teilen mit unausgereiften Veränderungen bedroht, hat fast jede neuere Verfassung in ihrer Organisation Garantien zu schaffen gesucht. Je größer das Gewicht des aus Wahlen hervorgegangenen Hauses gegenüber den übrigen Faktoren der Gesetzgebung ist, desto brennender erscheint die Notwendigkeit solcher Garantien, denn desto größer ist die Möglichkeit der Übereilung, die tyrannische Herrschaft der momentanen Stimmung. In Frankreich, Amerika, Deutschland, Österreich und Italien ist man bestrebt gewesen durch Schaffung von Grundgesetzen die Abänderung gewisser Teile der Verfassung zu erschweren. Die Schaffung von Gesetzen solcher Natur wurde an das Votum bestimmter größerer Majoritäten, oder

an andere erschwerende Bedingungen geknüpft. England
und wir sind einen anderen Weg gegangen. Weder England, noch Ungarn hat Gesetze, deren Modifikation an eine
besondere Bedingung geknüpft wäre. Die Gesetzgebung
kann mit vollständig freier Hand, nach ihrem freien Belieben,
zugleich mit den grundlegenden Gesetzen die Verfassung
verändern. In England hat sehr lange und bei uns noch
bis zum heutigen Tage die Besonnenheit des politischen
Gefühls der Nation, der konservative Geist der Nation die
anderwärts in die Verfassung verlegte Garantie ersetzt, und
zwar vollständig. Die Hauptsache ist ohnedies bei jedem
System der Geist, welcher die Nation durchweht. Auch
den Institutionen giebt nur dieser Kraft. Während jene
ohne ihn nichts wert sind, vermag er auch ohne sie der
zu lösenden Aufgabe zu entsprechen. Nur mufs er, wenn
er in den Institutionen keine Stützen und Verbündete hat,
selbst desto stärker sein.

Die Bestimmung der in die Verfassung selbst verlegten
Garantien ist eben die, durch die Erschwerung der Modifikation gewisser konstitutioneller Übereinkünfte die Nation
auf die Wichtigkeit solcher Fundamentalgesetze und auf
das Interesse an der Beständigkeit derselben aufmerksam zu
machen, und solcherweise sie dazu zu erziehen, dafs sie ihre
Verfassung als etwas ansehe, woran momentanen Launen
zuliebe zu rühren und ohne Not mittelst neuer Schöpfungen
Änderungen vorzunehmen nicht erlaubt ist. Wo solche
organisationelle Garantien nicht vorhanden sind und also
eine erziehende Wirkung auch nicht üben können, dort
tritt noch mehr die Aufgabe der Politiker in den Vordergrund, in der Nation den konservierenden Geist zu entwickeln. Die leitenden Elemente haben die Aufgabe, dem
politischen Denken der Nation diese Richtung zu geben.
Sie müssen über die Unrichtigkeit des Glaubens aufklären,
dafs jedem Instinkte der Nation sofort Raum gegeben

werden müsse, und daſs mit Mühe zustande gekommene
groſse Schöpfungen leichtfertig niedergerissen werden dürfen;
sie müssen die Nation auf jede Weise vor der Gewohnheit
bewahren, die Veränderung — nur der Veränderung zuliebe zu fordern und von allen Regierungen und Staats-
männern eine neue Lösung grundlegender groſser Fragen
zu erwarten; und sie müssen der in den letzteren vielleicht entstehenden Ambition, ihren Namen an die Modifikation ebendieser populären Schöpfungen zu knüpfen, ein
Gegengewicht bieten.

In England ist die grenzenlose Verehrung der Verfassung und das Gefühl, daſs mittelst der Konservierung
ihres Wesens am sichersten auf dem Wege der Entwickelung fortgeschritten werden könne, lange Zeit hindurch
einer der Schlüssel der Nützlichkeit des Parlamentarismus
gewesen. Bekannt ist das Werk des genialen Burke über
die englische Verfassung, dessen Spuren lange Zeiten hindurch im politischen Leben der Briten wahrnehmbar waren.
In der klassischen Zeit des parlamentarischen Regimes hat
der von seinem Geiste gewobene Nimbus die Verfassung
umgeben und ist ihr Palladium gewesen. Heute ist dieser
Nimbus bereits geschwunden. Dem Engländer ist seine
alte Verfassung nicht mehr das, was sie gewesen. Heute
wird auch dort schon leichten Herzens an den durch lange
Jahrhunderte mit schwerer Mühe zustande gekommenen
Schöpfungen gerüttelt. Heute sind auch wesentlichere
Teile derselben bereits starken Angriffen ausgesetzt. Heute
beginnt auch in England schon die Auffassung Eroberungen
zu machen, die in der Verfassung eine einfache Maschinerie
sieht, welche nach allen Postulaten der Theorie auseinander-
genommen und aufs Neue konstruiert werden kann, als ob
die traditionelle Verehrung, die Macht der Gewohnheit, die
unersetzliche Wirkung der natürlichen Entwickelung überflüssig geworden wäre.

Es ist eine interessante, aber natürliche Erscheinung,
daß in der Intelligenz Englands unter dem Drucke dieser
Richtung eine Strömung entstanden ist, welche vordem dort
unverständlich, ja undenkbar gewesen wäre, eine Strömung,
welche am Werte des Parlamentarismus zu zweifeln beginnt.
Und nicht kleine Leute sind die Vertreter derselben.
Geister ersten Ranges, Träger hochangesehener Namen, ein
Carlyle, ein Lecky, werfen die Frage auf, ob der Parlamentarismus wirklich eine so gute Institution sei, als man
ihn dafür gehalten hat, und vornehmlich die Frage, ob der
Parlamentarismus unter den modernen socialen Verhältnissen
imstande sein werde seiner Aufgabe zu entsprechen? Lecky
sucht in seinem neuesten Werke einen Modus, gegen die
übermäßig raschen Änderungen in neuen Institutionen
irgendeine Garantie zu finden.

Mit dem Schwachwerden der im traditionellen Geiste
liegenden Garantie wird England durch seinen natürlichen
Instinkt darauf geführt, einen Ersatz für dieselbe vorzubereiten. Doch ist, meiner Ansicht nach, die Besorgnis
heute verfrüht. Die große Reaktion, welche Gladstones
Umsturzpolitik heraufbeschwor, beweist, daß aus der Nation
die alte Tugend noch nicht ausgestorben ist, und daß England noch imstande ist mit seiner alten Verfassung zu
leben, ohne jene Krücken, auf welche die Völker des Kontinents sich angewiesen sehen.

Bei uns richten sich die Experimente, die leichtherzig
in Gang gesetzten Aktionen bloß gegen einen Punkt unserer Verfassung, gegen denjenigen, welcher die gemeinsamen Angelegenheiten regelt. Das Experimentieren ist
aber gerade hier am gefährlichsten. Darum thun diejenigen,
welche den Ausgleich aufrechthalten wollen, wohl daran,
wenn sie im Volke das Bewußtsein erwecken und befestigen,
daß auf diesem Gebiete konservativer Geist vonnöten sei;
wenn sie auf die Gefährlichkeit der Veränderungen

aufmerksam machen, und auf den Wert der Beständigkeit
hinweisen. Es muſs die politische Überzeugung geschaffen
werden, daſs es nicht erlaubt sei, wegen kleinlicher Verbesserungen an den Ausgleich zu rühren, daſs man ihn
nicht den Experimenten des Dilettantismus preisgeben dürfe,
weil er, wenn an ihm herumgerüttelt wird, auch leicht zerfallen könne, die Nation aber, wenn der Ausgleich in
welcher Richtung immer verdorben und fraglich würde,
mehr verlieren könne, als sie mit den Verbesserungen zu
gewinnen vermöchte.

Nur mit der Erstarkung einer solchen politischen
Tradition werden wir imstande sein, den Gefahren des nach
englischem Muster geschaffenen parlamentarischen Regierungssystems dort vorzubeugen, wo sie andernfalls am
wahrscheinlichsten zutage treten würden und wo ihre
Wirkung sich am nachteiligsten äuſsern könnte.

Dieses Resultat herbeizuführen ist die Aufgabe der in der
Angelegenheit des Ausgleichs befolgten und zu befolgenden
konservativen Politik. Wie kann dann, wenn die Notwendigkeit
des ewigen Verbesserns und Reformierens auch von oben her,
auch von seiten der Verteidiger der Basis gepredigt wird,
wie kann dann darauf gehofft werden, daſs in der Nation
der Wille zum Konservieren herrsche? Und doch kann ich
nicht genug oft wiederholen: es ist von hoher Wichtigkeit,
daſs dieser Wille thatsächlich vorhanden sei, und daſs die
Aufrechterhaltung des Ausgleichs zu einer nationalen Tradition werde, mit welcher jedermann im Auslande, in Österreich und auch im Lande selbst rechnen muſs.

Wir können auf eine ruhige Entwickelung, auf die
Zunahme unseres Einflusses nur dann rechnen, wir können
den Ausgleich in Wahrheit nur dann stärken, wenn keine
theoretische Subtilität, keine juristische Haarspalterei, keine
Phrase imstande sein wird, jenes groſse Princip unserer

·nationalen Politik zu verdunkeln, daſs wir den Ausgleich
strikt einhalten und durch andere einhalten lassen wollen.

Wir müssen unsere Blicke nach zwei Seiten hin richten.
Wenn unsere staatsrechtliche Organisation auf Beständigkeit
rechnen will, muſs sie dazu befähigt sein, den von welchem
der beiden Staaten immer ausgehenden Angriffen gleich-
mäſsig die Stirne zu bieten. Es ist das Verdienst der konservativen Politik, daſs sie dies nach beiden Richtungen
hin mit gleichem Erfolge thun kann. Darum führt sie allein
zum Ziele.

Die gröſste Gefahr droht aus Österreich. Dort giebt
es zwar keine Partei, welche sich mit unseren gegenwärtigen staatsrechtlichen Zuständen in absoluten Gegensatz stellte, wie dies bei uns die Unabhängigkeitspartei
thut; dagegen ist dort die groſse Mehrheit mit dem Ausgleich unzufrieden und will ihn zurückentwickeln, während
bei uns die groſse Mehrheit den Ausgleich entschieden
unterstützt. Es giebt dort kaum einen Politiker, der die
gemeinsamen Institutionen perhorreszierte, aber es giebt auch
kaum einen, der den heutigen Inhalt und die heutige Organisation derselben billigte. Centralisten, Föderalisten, Deutsche
und Slaven stimmen darin überein, daſs für sie eine Regelung besser sein würde, welche den Kreis der Gemeinsamkeit erweiterte, auch die Finanz-, Zoll- und Wirtschaftspolitik in sich faſste, andererseits aber das Princip der
Parität umstieſse und an Stelle der Delegationen eine gemeinsame Gesetzgebung schüfe. Wenn auch nicht alle die
Durchführung dieser Veränderungen unter die zu lösenden
aktuellen Aufgaben einstellen, wenn ein Teil der dortigen
Politiker sich auch ehrlich in die neuen Verhältnisse er-
geben hat, und, aus Furcht vor der mit der Abänderung
verbundenen Krise und deren Eventualitäten, den Ausgleich
auch entschieden aufrechterhalten will: kann doch nicht
geleugnet werden, daſs dieser Ausgleich jenseits der Leitha

auf schwächerer Basis ruht, als bei uns. Das Gesetz vom
Jahre 1867 ist auch ursprünglich eine ungarische Konzeption gewesen, in Österreich ist es nur durch den entschiedenen Ausdruck des kaiserlichen Willens zur Geltung
erhoben worden. Auch heute wird es nur durch diesen
aufrecht erhalten. Der echte österreichische Gedanke ist
auch heute nur Gross-Österreich mit centralistischer oder
föderalistischer Organisation. Der Dualismus wird von
wenigen verstanden, von wenigen gutgeheißen.

Es würde demnach nicht überraschend sein, wenn wir
nach kurzer Zeit neuen Versuchen der Zurückentwickelung
des Ausgleichs begegneten. Die Hauptgefahr dieser Versuche
besteht aber darin, daß, weil jeder von ihnen das Losungswort der engeren Einheit der Monarchie auf seine Fahne
schreibt, die Möglichkeit denkbar ist, daß diese Richtung
sich die Sympathie der Dynastie erwirbt, was der gegen
den Ausgleich von ungarischer Seite ausgehende Angriff
nicht erreichen kann. Das böhmische Staatsrecht, selbst
das Programm der extremsten Jungczechen ist nicht im
Gegensatz mit der Einheit der Armee. Die Chauvinisten
jenseits der Leitha gehen von praktischem Gesichtspunkte
aus. Sie halten die Armee und die auswärtige Politik für
ein notwendiges Übel, welches derart geordnet werden
müsse, daß es, bei größtmöglicher Kraft, ihnen möglichst
wenig Opfer auferlege. Darum teilen sie sich in die Lasten
derselben mit anderen selbst dann gerne, wenn sie sich als
Entgelt dafür mit diesen anderen auch in den Ruhm teilen
müssen. Sie wollen auf dem Gebiete des inneren Lebens
des Staates, der Kultur, der Volkswirtschaft zur Selbständigkeit gelangen, und überlassen die Last der Verteidigung
gerne dem Reiche. Nicht die Einheit der gemeinsamen
Institutionen ist es was sie befehden, sondern die uns
gesicherte Parität. Daher kommt es, daß sie die entschiedene Absicht und auch Hoffnung hegen, die Dynastie für

ihre Politik gewinnen zu können. Freilich kann vorausgesehen werden, daſs sie, wenn sie auf diesem ihrem Wege den ersten Schritt mit Erfolg thäten, mit der Zeit versuchen würden, weiter zu gehen, und es ist unleugbar, daſs das stufenmäſsige Wachstum ihrer Ansprüche mit weit mehr Gefahr verbunden sein würde, als diejenige, welche aus den Aspirationen der ungarischen Ultra entspringen könnte. Wie unschädlich immer der äuſsere Anschein ihres Programms auch erscheinen mag, muſs doch das im Wesen desselben verborgene beunruhigende Element erkannt werden. Es birgt in sich die Möglichkeit, daſs die nach besonderer Staatlichkeit strebenden verschiedenen Nationalitäten in das Labyrinth der Nationalitätenpolitik hineingeraten, was in seiner letzten Konsequenz eine weit gröſsere Gefahr für die Dynastie, wie für den Fortbestand der Monarchie ist, als das Bestreben auch des wildesten ungarischen Chauvinisten, welchem das Bewuſstsein, daſs Ungarn auſserhalb dieser Monarchie keine Zukunft habe, eine Grenze setzt. Dann ist es nicht wahrscheinlich, daſs die Habsburger Dynastie sich die Idee des Föderalismus alsbald zu eigen machen werde. Zu dieser fehlerhaften, ja verhängnisvollen Entschlieſsung würde sie nur von uns gedrängt werden können. Nicht nur unser gegenwärtiger Herrscher ist ihrer nicht fähig, sondern ich hege das feste Vertrauen, daſs sich auch später kein Kaiser finden werde, welcher zu einer derartigen Umgestaltung der Monarchie seine Einwilligung geben würde, vorausgesetzt, daſs wir selbst ihn dazu nicht zwängen.

Solange die Dynastie gewiſs ist, daſs Ungarn an der Vereinbarung von 1867 festhält; solange sie gewiſs ist, daſs das Land den Interessen der Verteidigung auch in Zukunft so vollständig Rechnung tragen wird, wie es dies bisher gethan, und daſs wir die Einheit der Armee zu lockern nicht beabsichtigen und nicht gestatten: solange wird sie vor solchen, bei zweifelhaftem Werte sogar gefährlichen

Versuchen unfehlbar auf der Hut sein. Diese Gewißheit aber garantiert ihr unsere offen einbekannte entschieden konservative Politik, welche jeden Doppelsinn ausschließt, und jeder Theorie aus dem Wege geht, welche unser Staatsrecht auf dem Schein neuer Errungenschaften populärer zu machen berufen ist, logisch angewendet jedoch der Einheit der Armee zum Nachteil gereichen würde. Diese Gewißheit garantiert ihr unser Entschluß, uns vor jeder Auslegung des Ausgleiches in acht zu nehmen, die ihn mit der Gefahr bedrohen könnte, eines schönen Tages seinen ganzen inneren Gehalt, alles, was ihm für die Verteidigung Wert verleiht, zu verlieren, ihn seinem eigentlichen Wesen zu entfremden, und auf dem Wege der stufenmäßigen Entwickelung ihm gerade das zu nehmen, weswegen er ursprünglich angenommen worden ist. Bloß diese Möglichkeit könnte unsere Dynastie dazu nötigen, das Heilmittel dagegen in einer in Wirklichkeit noch größeren, gegenwärtig jedoch noch kleiner scheinenden Gefahr zu suchen. Nur die Furcht, daß die in der erwähnten Richtung erfolgende Entwickelung des Ausgleichs ihr die altererbte Klinge aus der Hand winden könnte, würde sie dazu bewegen können, den schwankenden Sumpfboden der Experimente zu betreten.

Hiegegen ist die sicherste Hilfe die konservative Politik. Diese wird es verhindern, daß in der andern Reichshälfte derlei Velleitäten mit der Krone in Koalition treten. Ohne ein solches Ereignis aber werden wir jeden von dorther kommenden Angriff mit leichter Mühe abwehren. Wenn wir strikt am Ausgleich festhalten; wenn wir ihn als beständig betrachten; wenn wir selber nicht an ihn rühren: dann vermögen wir immer zu verhindern, daß ihm ein anderer etwas anhabe. Nur wenn w i r selbst ihm Abbruch thun, wird die Verteidigung desselben gegen diejenigen, die unserem Beispiel folgen, schwer sein.

Das sicherste Gegenmittel gegen die aus Ungarn zu

erwartenden Angriffe ist vor allem die selbstbewußte, offene,
mutige Verteidigung des Ausgleichs, die aus wahrer Überzeugung entspringt, und darum für die Institutionen, welche
sie als die conditio sine qua non des Aufblühens des Landes
ansieht, mit Begeisterung in den Kampf tritt im Gegensatz
zu jener Art, welche zuerst, vor falschen Idealen auf die Knie
sinkend, das Nationalgefühl zu versöhnen bestrebt ist, und
nur auf Zwangslagen hinweisend, verschämt um Nachsicht dafür fleht, daß sie doch die gemeinsamen Institutionen
unterstützt.   Außer dieser selbstbewußten Verteidigung
aber ist gegen die aus Ungarn zu erwartenden Angriffe das
sicherste Gegenmittel: die möglichst vollständige Ausnützung aller im Ausgleich enthaltenen Rechte und Vorteile. Dieses Mittel ist das sicherste, weil es mit der Kraft
der Thatsachen wirkt, und weil es die Nation zufrieden
macht. Wir müssen die Politik befolgen, welche am geeignetsten ist, zu bewirken, daß die gemeinsamen Institutionen die Interessen der Nation befriedigen. Einzig und
allein die Politik ist die richtige, welche es dahin bringt,
daß unserer Nation der von Stufe zu Stufe wachsende, je
größere Vorteil der gemeinsamen Institutionen einleuchte.
Diese Politik aber kann nur die konservative Politik sein.
Nur jene unsere Haltung, welche jeden Verdacht ausschließt,
als ob die Schwächung der Gemeinsamkeit unser Hinter-
gedanke sei; nur die Politik, welche uns das volle Wohlwollen
und Vertrauen der Krone zu erhalten vermag, welche die
Großmachtinteressen der Monarchie in keiner Hinsicht beeinträchtigt, welche jeden Buchstaben des Ausgleiches ehrt,
aber ebendeswegen fordern kann, daß ihn auch andere
ehren und sich vor allen seinen Konsequenzen beugen:
nur diese Politik ist fähig das Gewicht der ungarischen
Nation in der Monarchie zu vermehren, und zu erzielen,
daß ihr Einfluß von Tage zu Tage zunehme. Der Erfolg
dieser Politik ist sicher. Die Verhältnisse jenseits der

Leitha, — der Umstand, dafs die Zukunft des ungarischen
Stammes nur im heutigen Rahmen denkbar ist, — machen
es absolut sicher, dafs wir immer mehr und mehr zum
Schwerpunkte der Monarchie werden. Nur sollen wir die
Aussichten unseres Fortschrittes nicht selbst verderben!

Die konservative Politik bedeutet durchaus nicht das,
was einst Apponyi aus derselben herauszulesen gewähnt
hat, was — ich erkenne es bereitwillig an — aus seinem
trocken hingeworfenen Schlagwort „starrer Konservativismus“ auch wirklich herausgedeutet werden kann, und was,
wenn es wahr wäre, die Politik der Mehrheit in der That
unhaltbar machen würde; sie bedeutet nicht die Auffassung,
„dafs das, was jene herrlichen Männer, die den Ausgleich
schufen, sofort zu verwirklichen vermochten, so viel sei,
als die ungarische Nation benötige, dafs wir mehr als das
nicht übernehmen können, weil wir es weder aufzufassen,
noch durchzufühlen imstande sind, weil es uns zum Verständnis an Geist, zum Durchfühlen an Herz, zur Durchführung an Willenskraft gebricht.“ Nicht das bedeutet die
konservative Politik, sondern nur, dafs wir das Werk jener
grofsen Zeit nicht aufs neue machen wollen; dafs wir die
Superrevision desselben nicht notwendig finden; dafs wir
unsere Aufgabe nicht in der Umgestaltung jener Gesetze,
in der Modifikation der staatsrechtlichen Lage finden, sondern darin, dafs wir die im Jahre 1867 festgestellten Rahmen mit lebendiger Kraft ausfüllen. Auf diesem Wege
wollen wir vorwärts schreiten. Es fehlt uns nicht am
Herzen und auch nicht an der Kraft des Willens dazu, die
uns überkommene Erbschaft in dieser Richtung zu vermehren. Wir begnügen uns mit der Erfüllung dieser be-
scheideneren, aber nicht minder nützlichen, nicht minder
notwendigen Aufgabe. Das grofse staatsrechtliche Werk
bedarf nicht der Reform; es ist nicht blofs für einige Jahrzehnte geschaffen worden, sondern ist dazu berufen, dafs

mit Hilfe desselben viele aufeinander folgende Generationen
mit ihren wachsenden Anforderungen, mit ihrem erstarken-
den Selbstgefühle zur Geltung kommen können.

Der Raum, welcher sich der Thätigkeit der Nation
aufgethan hat, ist kein enger, er braucht daher nicht erweitert zu werden; haben wir doch die im Jahre 1867 aufgestellten Rahmen noch nicht einmal ausgefüllt. Wir haben
nicht die Aufgabe, zu den damaligen Schöpfungen neue
hinzuzubauen, sondern die vorhandenen einzurichten und
auszunützen. Diejenigen, welche unseren neuen Wohnort
erbauten, konnten mit diesem Teile des Werkes nicht vollständig zu Ende kommen. Dies ist uns überkommen. Ihre
Lage war auch noch keine so günstige, wie die unsrige
ist. Die Institutionen, welche sie organisierten, hatten noch
nicht die Feuerprobe bestanden; die alte Gefahr schien noch
nicht ganz geschwunden; das Gros der Nation konnte damals noch nicht jenes Maſs des Vertrauens erwarten, auf
welches wir heute billig rechnen können, welches zu erwarten wir heute ein Recht haben. Der Raum, welcher
uns gebührt, kann auch nicht auf e i n e n Schlag eingenommen werden. Das auf Erweiterung des Einflusses gerichtete Streben, welches nicht ermatten darf, kann nur
stufenweise zur Geltung gelangen. In dieser Hinsicht
kann e i n e Generation nicht die Arbeit für die nach ihr
folgende verrichten; in dieser Hinsicht muſs eine jede auch
Neues erwerben, um das Alte zu behalten; hiervon gilt das
Wort, daſs Stillstand Rückschritt ist.

Die konservative Politik würde unhaltbar sein, wenn
sie bedeutete, daſs ihr Endziel auch auf diesem Gebiete
die Bewahrung des Vorhandenen sei. Ihr wahrer Sinn ist
gerade das Gegenteil hiervon. Wir wollen unser in Geltung dastehendes Rechtsverhältnis konservieren, um uns
mit um so mehr Kraft der Erweiterung unseres Einflusses
befleiſsen zu können. Wir protestieren gegen jeden Versuch

der Entwickelung des Ausgleiches darum, damit unser Gewicht zunehmen könne.

Das äußerste Ziel, welches wir erreichen müssen, ist nicht nur, daß wir alle im Ausgleich uns gesicherten positiven Rechte ausüben, sondern auch, daß wir auf dem Gebiete der gemeinsamen Institutionen eine Stellung erlangen, in welcher unser Einfluß der ausschlaggebende sei. Gleichheit ist nirgends auf der Welt und kann auch nicht sein. Die Gleichheit ist gegen das Gesetz der Natur. Wer die größere Kraft, die größere Fähigkeit hat, wird überall und immer eine größere Rolle spielen, sich einen größeren Wirkungskreis erobern, als der Schwächere. Das Gesetz kann die Parität bestimmen, und demgemäß können sich die Rechte zwischen Österreich und Ungarn gleichmäßig verteilen; dessenungeachtet wird doch zwischen ihnen die Benutzung dieser Rechte, die thatsächliche Teilnahme an den Institutionen, das moralische Gewicht, der Einfluß niemals gleich sein. Dies hängt von der Quantität der lebendigen Kraft ab, welche die einzelnen Nationen in die Institutionen faktisch hineinbringen, von dem Vertrauen, welches sie für sich in den leitenden Kreisen zu erwecken verstehen, von dem Grade der Fähigkeit, welchen sie erreicht haben. Das Maß des Einflusses kann nicht in Paragraphen vorgeschrieben, nicht zu gleichen Teilen ausgemessen werden; das Übergewicht kann nicht durch Paragraphen verschafft oder gesichert werden; es ist nur durch richtige Politik, kluge Haltung, und Steigerung des inneren Gewichtes zu erreichen. In der unlängst verflossenen Zeit dominierte das kroatische und das Militärgrenzer-Element in der Armee; in Zukunft, hoffe ich, wird das Übergewicht dort uns gehören. Die Kroaten sind zu ihrer Stellung ohne gesetzliche Garantie, aber trotzdem rasch und sicher gelangt.

Die Kraftverhältnisse der Monarchie machen es natürlich und die Interessen derselben machen es wünschenswert,

dafs in politischer Hinsicht in derselben wir die leitende
Rolle spielen. Wir bilden einen einheitlichen Staat von
grofser Vergangenheit. Österreich ist ein Nationalitäten-
und Provinzen-Mosaik ohne innere Einheit. Bei uns ist
lebendiges, einheitliches politisches Leben und öffentliche
Meinung; drüben fehlt dies. Aufserdem werden die mit
uns verbündeten Völker in Hinsicht auf politische, staats-
erhaltende Fähigkeit vom ungarischen Stamm weit überflügelt. Unsere einseitige Entwickelung hat uns in dieser
Hinsicht unter die ersten Nationen Europas erhoben. Der
schwere Kampf um das Dasein, welchen wir bereits seit
tausend Jahren in diesem Lande kämpfen, hat die politischen
Fähigkeiten der Ungarn zu grofser Vollkommenheit gelangen lassen. Unsere Geschichte giebt hiervon glänzend
Zeugnis. Kein Volk kann ein Resultat aufweisen, wie wir
es erreicht haben. Unter jenen Stämmen der Völkerwanderung, welche ihre Herrschaft auf ihren, über
schon einigermafsen organisierte Nationen errungenen Sieg
gründeten, ist der ungarische der einzige, welcher unter
Wahrung seiner nationalen Individualität einen auch heute
bestehenden nationalen Staat geschaffen hat. Wohin sind
die Gothen, Franken, Normannen, Hunnen und Avaren
gekommen? Sie gingen zu Grunde oder verschmolzen mit
der von ihnen unterworfenen Masse. Und doch haben sich
diese Stämme zum grofsen Teile unter viel günstigeren
Bedingungen niedergelassen, als wir. Sie hatten eine
gröfsere ziffermäfsige Kraft, sie waren von Stammverwandten umgeben, und als sie nach Europa hereinkamen,
standen sie einer in Trümmer fallenden Weltordnung gegenüber, während wir unsere ungebetene Nachbarschaft der
jungen Kraft des verjüngten Europa aufzwangen. Und
wieviel Drangsale und Widerwärtigkeiten haben uns auch
seitdem heimgesucht! Und dennoch erhielten wir uns nicht
nur, sondern konnten auch unsere verfassungsmäfsige Frei-

heit beschützen. Wir verstanden es, auf diesem gefährdeten Posten zu erreichen, was, aufser dem meerumschlungenen England, kein Volk in Europa vermochte. In dieser schweren Schule mufsten sich die zur Staatsbildung erforderlichen Eigenschaften ausbilden und sie haben sich in der That auf eine Stufe erhoben, dafs wir wohl ohne Ruhmredigkeit sagen dürfen: die österreichischen Völker können sich in dieser Hinsicht mit uns nicht messen.

Leider überflügeln uns unsere Nachbarn in sehr vielen anderen Hinsichten. Sie sind in Fleifs, Sparsamkeit, Geschäftsgeist und Wissenschaftlichkeit uns weit voran. In Hinsicht auf Nationalgefühl, auf politischen Sinn jedoch gebührt uns der Vorrang. Der Ungar ist wirklich ein zoon politikon. Wollte Gott, dafs es uns schwerer wäre, aus diesem Vergleiche als Sieger hervorzugehen! Wollte Gott, dafs unter unseren Nachbarn mehr politische Fähigkeit wohnte! Sie würden dort drüben gewifs viele Übelstände vermeiden können, welche den Staat schwächen und deshalb auch uns weh thun, und auch die Führung unseres Ehelebens mit ihnen würde gewifs eine leichtere sein.

Es gereicht daher der Monarchie nur zum Vorteil, wenn das ungarische Element in den gemeinsamen Institutionen Terrain gewinnt, und seine sämtlichen politischen Fähigkeiten dahin mitbringt. Das Wachstum unseres Gewichts würde um so vorteilhafter und um so natürlicher sein, als unter den übrigen Stämmen, wenn auch an der Treue derselben nicht gezweifelt zu werden braucht, doch kein einziger ist, dessen Schicksal so unbedingt an die Dynastie geknüpft ist, wie das unsrige: kein einziger, den seine sämtlichen Lebensbedingungen so sehr und ausschliefslich auf das Verbleiben in unserer Monarchie anweisen, wie unsere Existenzinteressen uns.

Selbst der Kampf um den Vorrang kann der Wehrkraft der Monarchie nur zum Vorteile sein. Wie nachteilig

jene Tendenz ist, welche für das eine Staatswesen Sonderrechte, Monopole erringen will, weil sie, im Bestreben, die
übrigen Faktoren von diesen Rechten auszuschließen, leicht
in einen wirklichen Kampf ausarten kann; wie gefährlich
das auf die Modifikation des Gesetzes von 1867 gerichtete
Streben ist, weil es einen Konflikt der Gesetzgebungen und
Staaten heraufbeschwören kann: ebenso heilsam ist der
Wettbewerb um den auf dem Gebiete der gemeinsamen Institutionen zu gewinnenden Einfluß. Die Waffen dieses Kampfes
sind: die Arbeit, die Akkomodation an die unerläßlichen
Anforderungen, das Streben nach Aneignung der Eigenschaften, welche die Vorbedingungen des Geltendwerdens
sind. Unsere Monarchie besteht aus einem Bunde von
Stämmen der verschiedensten Herkunft und Vergangenheit.
Das hat seine großen Nachteile. Wenn jedoch auf dem
Gebiete der positiven Arbeit ein gesunder Wetteifer unter
ihnen entsteht; wenn jeder von ihnen auf das Gebiet der
gemeinsamen Verteidigung das mitbringt, wozu er am meisten
befähigt ist; wenn dort jeder, mit voller Entfaltung seiner
Individualität, zur ersten Rolle zu gelangen strebt: dann
kann das Zusammenwirken der voneinander sonst verschie-
denen Kräfte der Monarchie nur von Nutzen sein. Stephan
der Heilige sagte, daß die aus vielen Stämmen bestehenden
Staaten stark seien. Im 19. Jahrhundert gilt dies nicht mehr.
Aber darum hat auch die Vielstämmigkeit, diese sonstige
Schwäche, ihre gute Seite. Jenes Staatenbündnis, welches
den auf fester rechtlicher Basis verlaufenden gesunden
Wettkampf seiner mit verschiedenen Eigenschaften und
Fähigkeiten begabten Völker auszubeuten versteht, kann
aus der Vielseitigkeit seiner Stämme auch heute große
Kraft schöpfen. Wir Ungarn aber haben keine Ursache
uns vor dieser Konkurrenz zu fürchten. Ich hege das feste
Vertrauen, daß, zufolge unserer Fähigkeiten, wir die Sieger
sein werden.

Heute ist für uns die Zeit dafür gekommen, einen
schönen und grofsen Gedanken Stephan Széchenyis, welcher
in ihm in schlechten Zeiten keimte, zu verwirklichen. Im
Jahre 1848, als die Dynastie in ganz Europa von der Revolution verfolgt wurde, als die Säulen ihrer Macht überall
wankten, sah Széchenyi die Aufgabe der ungarischen Nation
darin, sich mit der Dynastie zu identificieren und ihr die
alte Stellung mit bewaffneter Hand zurückzugewinnen. Mit
seinem Genie in die Tiefe der Dinge blickend, erkannte er
das grofse und ständige Interesse der Nation; aber er ge-
wahrte nicht jene konkreten Verhältnisse, welche damals
selbst die Möglichkeit dieser Politik ausschlossen. Ungarn,
das Land der Freiheit, konnte nicht für das System Metternichs in die Schranken treten, und indem es seine Verfassung mit neuen Garantien umgab, konnte es nicht den
Sieg jener Richtung fördern, welcher dann auch die Freiheit der Ungarn ein Dorn im Auge gewesen sein würde.
Überdies kämpfte die Dynastie in dieser Zeit noch für
Machtinteressen, welche von den Interessen Ungarns vollständig unabhängig waren. Warum hätten wir für die
Verteidigung dieser Interessen bluten sollen? Heute jedoch
hat sich alles das geändert. Für die wahre Idee kommt
immer ihre Zeit. Heute ist unser König der allerkonstitu-
tionellste Herrscher des Kontinents; heute hat er kein Interesse, welches nicht auch das unsrige wäre; heute ist die
Idee des ungarischen Staates und der Dynastie in Eins
verschmolzen. Heute verlangt es das Wohl der Dynastie
und unser Wohl gleicherweise, dafs sich der ungarische
Stamm in allem mit den Interessen der Verteidigung iden-
tifiziere, und dafs er in den zum Dienste derselben organisierten Institutionen eine mafsgebende Rolle spiele.

Die konservative Politik ist die geeignetste Basis zur
Annäherung an das so gesteckte Ziel. Weil diese Politik
am meisten geeignet ist, in der Krone und in unseren

Nachbarn Vertrauen zu uns zu erwecken, verschafft sie uns
die Möglichkeit des Terraingewinnens. Dies ist jedoch nur
erst die Vorbedingung des Erfolges. Damit wir thatsächlich stufenweise fortschreiten können, benötigen wir noch
etwas anderes: namentlich das selbstbewußste Zusammenwirken der Regierung, der Gesetzgebung und der Gesellschaft.

Bevor ich jedoch eine Skizze jener von uns zu beob-
achtenden Haltung gebe, welche uns am gründlichsten zum
Ziele führen könnte, muß ich einen Gesichtspunkt hervorheben, welchen ich bereits berührte, und welcher sich
auf jene Art des Vorgehens bezieht, welche wir bei unserer
in den gemeinsamen Angelegenheiten zu befolgenden Politik
uns nach Möglichkeit vor Augen halten müssen.

Wiewohl ich, wie ich gesagt habe, meinerseits den G.
A. XII. vom Jahre 1867 vor jeder Abänderung bewahren
will, kann doch die Möglichkeit nicht ausgeschlossen werden,
daß auch ein eifriger Anhänger der heutigen staatsrechtlichen Verhältnisse irgend eine Modifikation desselben oder
eine von der bisherigen abweichende Auslegung irgend einer
Bestimmung desselben für wünschenswert halte.

Einem solchen Bestreben wird jedoch, meiner Ansicht
nach, durch die spezifische Natur der gemeinsamen Angelegenheiten seine Grenze gesetzt, seine Richtung gegeben.
Die Abänderung oder Auslegung des Ausgleichs kann politisch
richtig — sodaß sie nicht zur definitiven Auflösung des Verbandes der beiden Staaten führe, sondern dessen ferneres Fortbestehen ermögliche — nur durch Übereinkommen beider
interessierter Staaten gedacht werden. Die mit dem einseitigen
Beschlusse des eines Teiles stattfindende Abänderung würde
zwar, den Buchstaben des Gesetzes als Ausgangspunkt genommen, zur Schaffung eines unbedingt giltigen Gesetzes
führen können, aber sie würde eine rohe Verletzung der vom
Lande übernommenen Verpflichtung sein. Die ungarische

Gesetzgebung hat das Recht, welche unserer Institutionen immer zu modifizieren; da das Land keiner anderen Macht unterworfen ist, kann es auch einseitig jede seiner vertragsmäßig übernommenen internationalen Verpflichtungen aufheben. Jede solche Verpflichtung bindet die Bürger des Landes nur insofern, als das Gesetz es anordnet. Sobald diese Sanktion wegfällt, fällt auch im Inlande die rechtliche Geltung der Verpflichtung weg. Das Wesen der Souveränität besteht darin, daß der Wille des Staates die oberste Quelle seiner Rechte sei. Was mit diesem Willen im Widerspruch steht, ist null und nichtig.

Auf dieser Basis giebt es dem Auslande gegenüber keine Ungerechtigkeit, keine Unbilligkeit, welche ein Staat nicht begehen könnte. Es giebt keinen internationalen Vertrag, keine internationale Verpflichtung, welche der Staat nicht mit voller Giltigkeit für sich selbst, für seine eigenen Staatsbürger aufheben könnte.

Auch Ungarn hat dieses Recht, das seinen Ursprung darin hat, daß auf dem Gebiete des internationalen Rechts jede Ungerechtigkeit erlaubt ist. Auch Ungarn hat die Möglichkeit, durch giltige Gesetze seine Österreich gegenüber übernommenen Verpflichtungen zu verletzen. Es kann sich jedoch dieser Möglichkeit nicht ohne seinen eigenen Schaden bedienen. Es hat das Recht dazu, die gemeinsamen Angelegenheiten einseitig abzuändern, aber wenn es von dieser Möglichkeit Gebrauch machen wollte, würde es nicht klug, nicht billig, ja nicht ohne Verletzung des Rechtsgefühls handeln.

Die gemeinsamen Institutionen sind zwei Staaten unterworfen, sie sind mit dem Gelde und den Opfern zweier Staaten errichtet worden und werden damit erhalten. Einer der beiden Staaten kann über diese gemeinsamen Institutionen ebensowenig richtig auf eigene Hand verfügen, wie auf dem Gebiete des Privatrechts über irgend einen gemein-

sam gekauften Besitz der eine Eigentümer desselben selbständig ohne Wissen und Einwilligung des anderen verfügen kann.   Der Unterschied ist nur der, dafs in dem
einen Falle das Recht unter richterlichem Schutz steht, in
dem anderen Falle aber nur unter dem schützenden Schilde
der bona fides.

Freilich sind im politischen Leben Verhältnisse denkbar,
welche die Existenzbedingungen des Staates derart schädigen
und die Aufrechterhaltung des status quo in dem Mafse
unmöglich machen, dafs, falls wir mit unserem Bundesgenossen hinsichtlich der unfehlbar notwendigen Reform zu
keiner Übereinkunft zu gelangen vermöchten, die Pflicht
der Selbsterhaltung uns auch dazu zwingen könnte, unsere
Willensfreiheit thatsächlich auszuüben. Unter so betrübenden
Verhältnissen könnte jedoch nur an die Aufhebung der gemeinsamen Institutionen gedacht werden. Erhalten könnten
dieselben nur so werden, wenn hinsichtlich der Modalitäten
der Erhaltung, hinsichtlich der Leitung der Institutionen
die beiden Staaten zu einem Einvernehmen gelangen. Ohne
gemeinsames Übereinkommen ist zwar auch die Teilung,
die völlige Abwickelung auf friedlichem Wege nicht denkbar:
aber diese kann irgendwie, wenn auch gewaltthätig, auch
ohne gemeinsame Einwilligung erfolgen; eine praktische
Unmöglichkeit wenigstens liegt dafür nicht vor. Das Leben,
die Entwickelung der gemeinsamen Institutionen jedoch ist
völlig unmöglich, ein praktisches Unding, wenn die beiden
berechtigten Teile entgegengesetzte Befehle austeilen, wenn
es zweifelhaft wird, wessen Anweisung mafsgebend sein
soll, wenn das Vertrauen zu einander aufhört. Gemeinsame Institutionen sind undenkbar ohne die Garantie, dafs
den mit eigenen Opfern erhaltenen Organen nicht eine Gestalt
gegeben oder Aufgaben zuerteilt werden, welche dem Willen
eines Teiles direkt widerstreben.

Wie wäre es denkbar, dafs wir die auf uns entfallenden

Lasten der Kosten des Heeres und der Diplomatie in Geld
und Menschenmaterial geduldig ertrügen, wenn die Organisation dieser Institutionen, wenn auch nur zu einem Teile
gegen unseren Willen modifiziert werden könnte? Wie
könnten wir diese Entsagung von Österreich erwarten?

Wenn es ihnen nicht erlaubt ist ohne uns oder gar gegen
uns an den gemeinsamen Angelegenheiten auch nur einen
Buchstaben zu ändern; wenn es weder unsere Würde, noch
unsere Existenzinteressen gestatten, daſs wir derlei geduldig
hinnehmen, und wenn unsere Antwort darauf nur die sein
könnte, daſs jede wie immer geartete einseitige Verfügung
uns jeder Verpflichtung entbinde: wie könnten wir selbst uns
ein derartiges Vorgehen gestatten? Auf der Basis der Parität
ist die Anwendung ungleichen Maſses eine Unmöglichkeit.

Wenn sich die Sache nun so verhält, wenn die eventuell wünschenswert gewordene Modifikation des G. A. XII:
1867 und der auf Grund desselben zustande gekommenen
gemeinsamen Institutionen nur mit dem Beitritte Österreichs
erreichbar ist, so folgt hieraus die grofse politische Regel,
daſs eine solche Forderung nicht zu einem Kardinalsatze
des Programms der Parteien gemacht werden soll, welchen
diese Parteien, sobald sie zur Geltung gelangen, sogleich
auch effektuieren müssen.

Dieses Princip bedeutet nicht, daſs die auf der 1867er
Basis stehenden Parteien solche Fragen auf keinen Fall in ihr
Programm aufnehmen sollen. Es bedeutet nur, daſs sie dieselben nicht zu konstituierenden Elementen ihres politischen
Systems machen mögen, deren Geltendmachung zur Ehren-
pflicht der Partei wird, sodaſs sie ohne dieselbe anständiger-
weise an der Regierung nicht einmal teilnehmen kann.
Es bedeutet nur, daſs die Erfüllung von Forderungen
solcher Natur nicht die conditio sine qua non der Regie-
rungsfähigkeit der Partei bilde. Es steht mit dieser Regel
nicht im Gegensatze, wenn irgend eine Partei eine Reform

urgiert, wenn sie diese ihre Idee im Lande verbreitet, und
die Vorteile derselben propagiert, und wenn sie die Verpflichtung übernimmt, falls sie zur Regierung gelangt, die
Geltendmachung dieses Programms anzustreben und bemüht
zu sein, für dasselbe auch die maßgebenden Faktoren
Österreichs zu gewinnen. Wenn sie nur soviel verspricht,
wenn sie sich nur so weit engagiert, verstößt sie gegen die
obige Regel nicht. Sie begeht einen Fehler nur dann,
wenn sie weiter geht, wenn sie ihre politische Ehre ein
für allemal an die thatsächliche Verwirklichung solcher von
ihr gewünschter Reformen bindet, wenn sie die Bildung
einer Regierung und ihr Verbleiben in der Regierung kon-
stant und im vorhinein an diese Bedingung knüpft.

Dieses Vorgehen der Partei halte ich für einen großen
Fehler. Denn sie verknüpft ihre den gemeinsamen Angelegenheiten gegenüber zu befolgende Politik unlöslich mit den
innerpolitischen Konstellationen, und so kann sie entweder
das Ergebnis erzielen, daß sie irgend eine Partei oder einen
Staatsmann unmöglich, regierungsunfähig macht, trotzdem
die innerpolitische Lage das Zurgeltunggelangen dieser
Partei oder dieses Staatsmannes wünschenswert machen
kann, — oder daß, wenn die innerpolitische Lage mit
zwingender Gewalt auftritt, die Fragen der Modifikation
der gemeinsamen Angelegenheiten gerade im inopportunsten
Momente, wann sie nicht einmal vorbereitet sind, wann
eine zu allgemeiner Übereinstimmung führende Lösung derselben unmöglich ist, in den Vordergrund gedrängt werden,
was aber sehr üble Folgen nach sich ziehen kann.

Nichts ist geeigneter, das gegenseitige Verhältnis der
Bundesgenossen zu verbittern, als wenn diese Fragen ener-
gisch aufgeworfen und auf die Tagesordnung gestellt werden,
ohne sofortige Lösung zu finden. Es können gefährliche
Zustände heraufbeschworen werden, wenn von gemeinsamem
Entschlusse abhängige Fragen nicht dann aufgeworfen

werden, wann die Möglichkeit einer Lösung dies recht-
fertigt, wann die Lage in beiden Staaten dem Zustandekommen einer beide Teile befriedigenden Einigung günstig
ist, sondern wenn man diese Fragen aufwirft, weil zufällg —
durch diesen Angelegenheiten völlig fremde Interessen, durch
rein innerpolitische Gesichtspunkte — gewisse Individuen
oder eine gewisse Partei in den Vordergrund gedrängt wird.
Zu unrechter Zeit angeregt, können diese Fragen für immer
verdorben werden. Es kann sich in dieselben die nationale
Eitelkeit einmengen und damit kann der Faden für alle
Zeiten unlöslich verwirrt werden. Wenn diese Wünsche
an die Oberfläche treten infolge politischer Ereignisse, die
von den Verhältnissen des Nachbarstaates völlig unabhängig
sind, und in der Form sofort zu lösender akuter Fragen
auf die Tagesordnung gesetzt werden: kann auch eine an
und für sich ganz unschuldige Forderung den Schein der
äufseren Gewalt annehmen und, was sonst mit verhältnismäfsig leichter Mühe durchführbar wäre, unpopulär und
unmöglich werden. In ständigem Bündnisse miteinander
stehende Staaten sind stets aufeinander eifersüchtig. Wenn
aus der Veränderung der innerpolitischen Leitung des einen
Landes Fragen als kategorische Imperative erstehen, die
der andere Staat sofort mit Ja oder Nein beantworten soll,
ohne Rücksicht darauf, ob dadurch nicht im ungeeigneten
Momente die Ruhe und das Gleichgewicht seines innerpolitischen Lebens gestört werde: dann kann auf diese
Fragen und auch auf die Nation, welche dieselben
aufgeworfen hat, ein solches Odium fallen, dafs nicht nur
die günstige Lösung dieser Fragen, sondern auch das
spätere vereinte Wirken der beiden Staaten gefährdet wird.

Potenziert wird dieses Ergebnis, potenziert werden die
Schäden, welche mit den zu inopportuner Zeit aufgestellten
Forderungen verbunden sind, wenn sie nach der ver-

gröfsernden Wirkung der Wahlen als ein fertiges Parteiprogramm, als nationale Ultimata erscheinen; wenn die
Einlösung derartiger im Parteiprogramm enthaltener Versprechungen in ihrer alle ihre Details in sich fassenden
Ganzheit die Vorbedingung der politischen Integrität der
die Situation beherrschenden Individuen oder Parteien bildet:
wenn dieselben zu einer Partei- und eventuell zu einer
Kabinettsfrage werden. In solcher Form aufgeworfen, können
diese Fragen sehr leicht zu einer Krise des öffentlichen
Lebens führen. Die Dinge können sich dahin entwickeln.
dafs entweder die ungarische Regierung Österreichs wegen,
oder die Regierung Österreichs Ungarns wegen stürzen
mufs; dafs die parlamentarische Lage in den beiden
Ländern, für deren jedes die Unabhängigkeit von dem
andern Hauptinteresse und Vorbedingung des harmonischen
Zusammenlebens ist, derart verwirrt wird, dafs nur eine
gewaltsame, eine von den Innerinteressen des Landes, von
den politischen Parteiverhältnissen nicht geforderte, eine
von oben heraufbeschworene Krise imstande ist, die Eintracht zwischen den miteinander in Gegensatz geratenen
zwei Willen herzustellen. Ist dies wünschenswert? Und
doch ist ein solcher Verlauf der Sache nicht eine blofse
Möglichkeit, nicht ein willkürlich herausgewählter, sondern der allerwahrscheinlichste Fall. Abgesehen von dem
Meritum der Forderung, ist die wahrscheinlichste Eventualität, dafs in den so aufgeworfenen Fragen ein Übereinkommen nicht zustande kommen wird, denn schon
die Thatsache allein, dafs man im Namen der ungarischen Nation mit Ultimaten auftritt, dafs man vom anderen Teile verlangt, er möge ungarisch-nationale Errungenschaften mit Haut und Haaren hinunterschlucken, dafs man,
im Gegensatze mit dem bei solchen Transaktionen üblichen
Vorgehen, mit jeden Handel ausschliefsenden Propositionen
auftritt, an deren bedingungslose Annahme der politische

Kredit der die parlamentarische Situation beherrschenden Individuen gebunden ist, schon diese Thatsache allein würde die öffentliche Stimmung Österreichs gegen diese Forderungen dirigieren.

Welchen Grad dann die zerstörenden Wirkungen dieses Zusammenstofses erreichen würden, hinge von den konkreten Verhältnissen ab, davon, wie stark die öffentliche Stimmung bei uns für die Forderungen, in Österreich gegen dieselben wäre, und in welchem Mafse die an der Spitze der Bewegung stehenden Elemente die politische Situation, die öffentliche Meinung dominieren würden. Eines jedoch kann man auch diesbezüglich im voraus wissen, dafs der Konflikt jedenfalls die Wirkung hätte, dafs er den Forderungen ein gröfseres Gewicht verliehe, als ihnen ihrem inneren Werte nach zukommt. Es ist eine grofse Sache, wenn einmal irgend eine an sich populäre Forderung von der Regierung und den Führern der Mehrheit auf den Schild erhoben wird, und wenn dieselbe als Wunsch der Nation auftritt. Wenn die Erfüllung einer solchen Forderung durch fremden Einflufs verhindert wird, selbst wenn dieser innerhalb der berechtigten Grenzen bleibt, liegt in dieser Thatsache selbst etwas so Verletzendes, dafs auch der besonnenste Mensch unter ihrer Wirkung leicht die Selbstbeherrschung verliert. Dann ist nicht mehr blofs von der konkreten Frage, sondern von dem Siege des Einflusses der Nation die Rede. Wer würde aber nicht den Sieg desselben wünschen? Wer würde sein Fiasko zu fördern wagen? Deswegen mufs die Sache kritisch erwogen werden, bevor sie zur Sache der Nation gemacht wird. Wenn einmal eine Frage von solcher Natur aufgeworfen worden ist, und die Majorität eine gewisse Modalität der Lösung derselben sich zu eigen gemacht hat, dann ist es schwer zurückzutreten. Es mufs ein fest auf den Füfsen stehender Mann sein, der sich dann auch mit

weniger begnügt, der ohne volle Erfüllung einer solchen
Forderung zur Übernahme der Regierung entschlossen
wäre.

Wenn aber das Einvernehmen mit Österreich nicht
von selbst zustande kommt, können wir sicher sein, dafs
unser die Abänderung des status quo bezweckender Standpunkt aus dem Konflikte der beiden Staaten nicht siegreich
hervorgehen wird. Die Entscheidung liegt in solchem Falle
in der Hand des Königs, Se. Majestät aber würde nicht für
uns entscheiden können.

Ich habe oben die politische Maxime aufgestellt, dafs in
den Angelegenheiten, in welchen wir dem Sinn des Gesetzes
gemäfs nur in gemeinsamem Einvernehmen vorgehen dürfen.
die Abänderung des bestehenden Zustandes richtigerweise
nicht einen Programmpunkt bilden dürfe, für dessen
Durchführung eine Partei bedingungslose Verpflichtung
übernimmt. Diese Maxime wird bestätigt, gleichsam sanktioniert — und ihr politisches Ziel selbst für den Fall, dafs
das Princip selbst gebrochen würde, gesichert — durch eine
der Hauptregeln in der Haltung, ich könnte sagen, durch
die konstitutionelle Pflicht des Herrschers. Diese besteht
darin, dafs, wenn zwischen den seinem Scepter unterworfenen Staaten ein Konflikt entsteht, in welchem der
eine Staat am gesetzlichen Zustand der gemeinsamen Angelegenheiten festhält, der andere aber die Modifikation
desselben beabsichtigt, der Herrscher für jenen Staat ent-
scheide, jener Regierung Recht gebe, jene an der Macht
erhalte, welche den status quo verteidigt.

Dieses Princip entspringt aus der moralischen Pflicht
des Herrschers, jeden der verbündeten Staaten gegen Zwang
von seiten des anderen zu schützen. Es ist dies eine Konsequenz des obersten Berufs des Souveräns, vermöge dessen
er der Hüter des segensreichen vereinten Wirkens der ver-

bündeten Bruderländer, des friedlichen Zusammenlebens
derselben ist. Diesem Berufe vermag der Herrscher nur so
Genüge zu thun, wenn er nie hilfreiche Hand dazu bietet,
den Willen des einen Staates dem anderen aufzuzwingen;
wenn er dafür sorgt, dafs die Abänderung des gesetzlichen
Zustandes nicht dadurch erfolge, dafs der Wille des einen
Staates dem anderen mit Hilfe der Gewalt aufgenötigt werde,
welche der Herrscher verfassungsmäfsig über jede der beiden
übt; wenn er dafür sorgt, dafs die Modifikation, ohne
zwingende Einmischung des Herrschers, stets nur durch freies
Übereinkommen der beiden Staaten zustande komme. Dafs
dieses Princip unangreifbar ist, dafs die Herrschaft desselben
eine der Hauptgarantien des ungestörten Fortbestandes der
Monarchie ist, wird klar, wenn wir bedenken, von welcher
Wirkung auf die ungarische Nation ein Vorgehen sein würde,
welches eine von Österreich gewünschte Abänderung des
Ausgleichs mittelst eines auf die ungarische Regierung ausgeübten Druckes, eventuell mittelst der Entlassung des wider-
strebenden Kabinetts und der Anordnung von Neuwahlen, mit
einem Worte mittelst energischer Anwendung der königlichen Prärogative durchführen wollte. Würde ein solcher
Versuch nicht die Grundlagen wankend machen, auf
welchen das vereinte Wirken der beiden Staaten ruht?
Würde er nicht der centrifugalen Tendenz eine Kraft verleihen, welcher kaum mehr das Gegengewicht gehalten werden
könnte? Würde eine solche Einmischung nicht der
psychischen Welt der Nation kaum heilbare tiefe Wunden
schlagen?

Hauptsächlich wir Ungarn haben daran festzuhalten,
dafs bei der Ausübung der königlichen Prärogative die
Enthaltung von jeglicher Einmischung leitender Gesichtspunkt sei, und dafs sie zur unerschütterlichen Tradition
werde, welche die Haltung der Dynastie auch für spätere
Zeiten regele. Nicht blofs deshalb, weil wir auf unsere

Unabhängigkeit so sehr eifersüchtig sind, sondern auch
deshalb, weil, wie wir gesehen haben, die Gefahr, dafs man
in Österreich auf die Modifikation und Entwickelung des
Ausgleichs bezügliche Forderungen erheben wird, mit denen
die Dynastie sich befreunden könnte, gröfsere Wahrscheinlichkeit hat, als die, dafs man dies bei uns thun wird.

Aber wie immer dem sein möge; ob jene meine Auffassung wahr ist oder nicht, dafs die Ausübung des Einflusses des Königs für den status quo hauptsächlich in
unserem Interesse liege und in the long run zu unserem
Vorteile ausschlagen würde: das, glaube ich, ist unbezweifel-
bar, dafs der Herrscher, dessen Pflicht es ist mit gleichem
Mafse zu messen, der keines seiner Länder mit gewaltsamen
Mitteln dem Willen des anderen unterwerfen wollen darf,
in solchem Falle aller Wahrscheinlichkeit nach sein ausschlaggebendes Wort für die Aufrechthaltung des heutigen
Zustandes erheben würde. Sein Wort würde die Wagschale
definitiv zu unserem Nachteile niederdrücken. Demnach
würden wir uns mit dem Versuche der Erzwingung einseitiger Wünsche einem sicheren Fiasko aussetzen. Wir
können es im voraus wissen, dafs im Falle eines Konfliktes
nicht unser Wille, sondern der Wille Österreichs zur
Geltung gelangen wird. Ist es erlaubt, mit diesem Bewufstsein offenen Auges mit dem Kopf gegen die Wand
zu rennen? Ist es erlaubt, mit Kenntnis des Ergebnisses,
die Niederlage heraufzubeschwören? Es ist unzweifelhaft,
dafs dies nicht erlaubt ist, und demzufolge ist es unzweifelhaft, dafs es unrichtig ist, den Wunsch der Modifikation der
gemeinsamen Angelegenheiten zum integrierenden Bestandteil von Parteiprogrammen zu machen.

Hiervor mufs man sich hauptsächlich bei solcher Art
Reformen in acht nehmen, gegenüber welchen die Krone
auch auf objektivem Grunde gewachsene Besorgnisse hegt. In
solchen Fällen dürfen wir uns lediglich des Mittels der Über-

redung, der Überzeugung bedienen. Wenn es nicht gelänge
eine solche wünschenswert gewordene Reform im ersten Anlauf
durchzusetzen, müssen wir ausdauern und den Versuch solange wiederholen, bis wir endlich zum Ziele gelangen. Wir
dürfen nicht vergessen, daſs, hauptsächlich in Angelegenheiten der Wehrkraft, eine ohne Beschwichtigung der Besorgnisse der maſsgebenden Faktoren erzwungene Reform
nicht jene Resultate herbeiführen könne, welche wir in der
Theorie von ihr erwarten.

Ich frage jeden Unbefangenen, ob er meine, daſs die
Honvédschaft (ungarische Landwehr) das geworden wäre,
was sie heute ist, wenn ihre Entstehung nicht auf den
freien Willen des Königs zurückzuführen wäre, wenn sie
nicht durch stille Kapazitation unter vier Augen gezeitigt
worden, sondern mittelst einer unter Trommelschall und
Musik in Scene gesetzten groſsen nationalen Aktion, auf
dem Wege parlamentarischen Zwanges durchgesetzt worden
wäre? —

Oder ich frage, ob jener in den jüngsten Tagen ver-
handelte Gesetzentwurf, welcher den in den ungarischen
Honvéd-Schulen erzogenen Jünglingen die Aufnahme in die
gemeinsame Armee gestattet, wenn wir ihn im Wege
parlamentarischen Zwanges abgenötigt hätten, in demselben Maſse eine Garantie des ungarischen Elements
bilden würde, welche wir darin heute mit Recht schon
deshalb erblicken, weil derselbe aus der freien Überzeugung
der militärischen Oberleitung hervorging?

Der Ruhm ist eine schöne Sache, die Popularität ist
der Gegenstand einer berechtigten Ambition. Sie sind eine
groſse Macht, mit welcher viel Gutes geschaffen werden
kann, und nach deren Erlangung ebendeshalb oft auch die
edelsten Seelen Verlangen tragen; wer aber von der
Notwendigkeit des friedlichen Zusammenlebens der konsti-

tuierenden Teile der Monarchie überzeugt ist, der sündigt,
wenn er solchen Ruhm, solche politische Macht auf dem
Wege des Erzwingens nationaler Errungenschaften zu
erlangen strebt.

Der ungarische Politiker ist, wenn er in verant-
wortungsvoller Stellung wirklich seinem Vaterlande dienen
und das Gewicht desselben erhöhen, wenn er der ungarischen Sache in der Monarchie zum Siege verhelfen will,
sehr oft genötigt, das Odium der Unpopularität auf sich
zu nehmen, und muß sehr oft darauf gefaßt sein, daß er
sich zu gleicher Zeit oben unmöglich macht und unten
für feige oder der nationalen Gesinnung bar gehalten
wird, indem er, ohne es auf dem offenen Markte zur Schau
zu tragen, für Dinge kämpft, deren Erringung ihm höchste
Popularität eintragen würde, die er jedoch gegen die Einflüsse, die notwendig auf die Entschließung unseres
Herrschers einwirken, nicht durchsetzen kann. Wenn ich
nicht irre, ist es Széchenyi gewesen, der gesagt hat, daß
der ungarische Politiker oft das Schicksal hat zwischen
zwei Stühlen auf die Erde zu fallen, weil er überall Dinge
sagen muß, die nicht gefallen, Ratschläge geben muß, die
nicht gerne gehört werden. Darin liegt eine große Wahrheit. Der ungarische Politiker muß sehr oft nach zwei
Fronten kämpfen, und es hinnehmen, daß er unten für
einen Pecsovics[1] gehalten wird, während man oben von
ihm glaubt, daß er übermäßig prätentiös sei und keinen
europäischen Gesichtskreis habe, sondern nur seine eigene
Nation vor Augen halte. Nur wenn er vor alledem nicht zu-
rückschrickt, wird er imstande sein zum Wohle der Nation
wirkliche Resultate zu erreichen.

In diesem Geiste müssen wir wirken. Wir müssen

---

[1] Schimpfwort für ungarische Politiker mit österreichischer Gesinnung.
                                        Anm. d. Übers.

jeden Schritt, welchen wir vorwärts thun wollen, in der
Weise versuchen, daſs, wenn wir auf ein Hindernis stoſsen,
dies nicht zu einer Quelle der Gefahr für den Ausgleich
und für das Vaterland werde, daſs nicht jede Errungenschaft, bevor wir sie erlangen, ein Sprengstoff sei, welcher
die Festigkeit des ganzen Gebäudes bedroht.

Zweites Kapitel.

Die Details der zu befolgenden Politik.

Im vorhergehenden Kapitel habe ich jene Grundprincipien zu entwickeln gesucht, welche wir hinsichtlich der gemeinsamen Angelegenheiten vor Augen halten müssen.

Ich bin zu der Schlußfolgerung gelangt, daß die konservative Politik diejenige ist, welche unseren Interessen am meisten entspricht, weil sie unser Geltendwerden in der Monarchie erleichtert und am besten sichert. Sie ist die verläßlichste Basis unseres Wirkens, von welcher ausgehend unser nationaler Fortschritt sicher erreicht werden kann.

Betrachten wir nun möglichst kurz, welche unsere Ziele, und welche die Mittel und Wege sind, diesen Zielen nahe zu kommen?

Die beiden Hauptorgane des nationalen Lebens, die auswärtige Vertretung und das Heerwesen sind gemeinsam.

Unser Lebensinteresse fordert, daß diese Organe kraftvoll seien, daß sie auf der Höhe ihrer Aufgabe stehen. Dasselbe Interesse fordert jedoch auch, daß sie uns nicht fremd seien, daß sie mit uns in innerer, in organischer, in Gefühlsverbindung stehen, daß die ungarische Gesellschaft jene Bedingungen ihrer Kultur, ihres Fortschritts, ihres

Gedeihens nicht entbehre, welche zwei so hochwichtige Laufbahnen bieten, wie die auswärtige Vertretung und das Militär.

Auf dem Gebiete der auswärtigen Angelegenheiten ist unser wichtigstes Interesse, daß unser verfassungsmäßiger Einfluß gehörig zur Geltung gelange, und daß demnach die auswärtige Politik mit Rücksichtnahme auf die Forderungen der Existenz des ungarischen Staates festgestellt werde. Wir haben, wie wir es bereits früher (im fünften Kapitel des I. Teiles) entwickelten, in dieser Hinsicht keinen Grund zur Klage. Unsere Interessen, welche übrigens mit den Interessen der Monarchie vollkommen identisch sind, kamen zur Geltung. In die Art der Kontrolle jedoch schlich sich in den letzten Jahren ein Fehler ein, welcher nachteilige Folgen nach sich ziehen kann.

Ungarn hat zwei Mittel auf die Leitung der auswärtigen Angelegenheiten Einfluß zu üben: das eine ist das Recht des ungarischen Ministerpräsidenten zur Einrede, das andere ist die Kontrolle der Delegation.

Diese beiden Rechte müssen so geübt werden, daß sie einander in ihrer wirksamen Bethätigung nicht hindern. In letzterer Zeit aber ist die Verantwortlichkeit des Ministerpräsidenten in einem Maße in den Vordergrund getreten, daß damit die Kontrolle der Delegation verloren hat. Die Verantwortlichkeit des Ministerpräsidenten darf sich nur auf die Feststellung der Richtung, der Hauptprincipien der zu befolgenden Politik, auf die Beschließung der Schritte von ausschlaggebender Wichtigkeit beschränken. Sie beeinflußt thatsächlich auch nur diese. Die Führung der Politik von Tag zu Tag, den Verkehr mit den auswärtigen Regierungen, die diplomatischen Verhandlungen, all das erledigt ohne Mitwissen und Mitwirken des Ministerpräsidenten unmittelbar der Minister des Äußeren. Deswegen ist für das Ergebnis in erster Linie und allein er verantwortlich.

Takt, Geschicklichkeit, Energie, die in den diplomatischen
Aktionen entwickelt werden, stehen allesamt mit der Indi-
vidualität des Ministers des Auswärtigen in Verbindung, der
endliche Erfolg aber hängt zum grofsen Teile von diesen
Eigenschaften ab. Für alles dies den Ministerpräsidenten zur
Verantwortung ziehen zu wollen, ist so viel, wie für die
Thaten eines Anderen ihn verantwortlich zu machen, ihn
zu loben oder zu rügen.

Wenn wir die Verantwortlichkeit des Ministerpräsidenten
auch auf anderes ausdehnen, als auf die Richtigkeit der allgemeinen Richtung der Politik und der Hauptprincipien,
welche ohne sein Mitthun nicht festgestellt werden können,
dann schwächen wir die Verantwortlichkeit des Ministers des
Auswärtigen, das heifst jenes Individuums, welches allein befähigt und verpflichtet ist, alles dies zu verantworten. Mit der
Aufstellung einer illusorischen Verantwortlichkeit erleichtern
wir die Last der wirklichen, der ernsten Verantwortlichkeit.

Die übermäfsig nachdrückliche Hervorhebung der
zwischen dem Ministerpräsidenten und dem Minister des
Äufseren bestehen Solidarität und die Ausdehnung derselben
auf die gesamte Geschäftsführung des Ministeriums des
Äufseren ist der Natur der Sache gemäfs von Einfluís auf
die Haltung der Delegation.

Wenn wir die Verantwortlichkeit des Ministerpräsidenten als die Hauptgarantie für die richtige Leitung der
auswärtigen Angelegenheiten betrachten, dann mufs die
Kontrolle im Reichstage effektuiert werden. Dann mufs
auch in dieser Hinsicht das Hauptgewicht aus der Delegation
in das Plenum des Hauses verlegt werden. Dieses System
würde zwar seine grofsen Nachteile haben, aber die
Verantwortlichkeit könnte auch auf diesem Wege zur Geltung gelangen. Wenn jedoch dies nicht geschieht, und
wenn die Delegation den Löwenanteil der Kontrolle übt,
wie sie denselben richtigerweise auch üben soll, der Reichstag

aber nur bei grofsen Gelegenheiten sich mit den auswärtigen
Angelegenheiten befafst, dann ist es nicht erlaubt den Umfang der Verantwortlichkeit des Ministerpräsidenten zum
Zwecke der Deckung der Details der befolgten Politik zu
erweitern, weil dies auf die Mehrheit einen Druck übt, auch
in der Delegation Parteigesichtspunkte zur Herrschaft gelangen läfst, und den Wert der Kontrolle beträchtlich
devalviert.

Wenn der Ministerpräsident sich mit dem Minister des
Äufsern in die gesamte Verantwortlichkeit teilt, dann ist
es wahrscheinlich, dafs die Regierungspartei sich schon a
priori mit der auswärtigen Politik identifiziert, und dann
kommt die Mehrheit der Delegation in die Lage, dafs sie
— wenn sie nicht die aus ihrer Mitte entstandene Regierung
angreifen, nicht ihrer eigenen inneren Politik schaden will —
in der Kritik nicht so objektiv sein kann, als es sonst
wünschenswert sein würde, und dafs sie genötigt ist dem
Minister des Äufseren eventuelle Fehler nachzusehen. Der
Minister des Äufseren wird bei dieser Praxis, besonders
wenn die Solidarität der ungarischen Regierung und Majorität stark ist, von jeder wahren Kontrolle befreit.

Dieses Resultat ist um so unstatthafter, als die Delegation schon ihrer Organisation zufolge leichter in den
Fehler verfällt, das erforderliche Mafs ihrer Thätigkeit nicht
zu erreichen, als in den, über dasselbe hinauszugehen.
Das System der mittelbaren Wahl, aus welchem sie hervorgeht, und welchem zufolge in sie nur die gesetztesten Elemente hinein gelangen; ihre Periodicität; der Umstand.
dafs eine Steigerung ihres Gewichts durchaus nicht so
populär ist, wie die Zunahme des Gewichts des Parlaments;
der gemäfsigtere und schmiegsamere Ton, der in Körperschaften von geringerer Mitgliederzahl zu herrschen pflegt:
all das ist ohnedies eine Garantie gegen eine übermäfsig
lebhafte Thätigkeit der Delegation, gegen ihre gewaltsame

Einmischung in die Angelegenheiten, gegen Eroberungen
ihrerseits. Es ist nicht zu befürchten, daſs die Delegation
die Kontinuität und die ernsten Interessen der äuſseren
Politik durch Ministerstürze, durch positive Maſsnahmen
gefährden werde. Eher darf und kann befürchtet werden,
daſs sie verkümmert, daſs sie durch ihre Passivität das
Vertrauen der Nation verliert, daſs sie aufhört in den
Augen der öffentlichen Meinung als konstitutionelle Garantie
zu gelten, und daſs damit die beruhigende Gewiſsheit
schwindet, daſs nichts ohne uns geschehe, und die ver-
fassungsmäſsige Kontrolle aller Funktionen des Staatslebens
lebendig wirke. Das aber wäre ein groſser Übelstand,
welcher in erster Linie der Solidität unserer gemeinsamen
Institutionen Abbruch thun würde. Dieses Zusammen-
schrumpfen der Delegation würde unserem Einfluſs schaden,
da eines seiner Hauptorgane an Wert Einbuſse litte; es
würde aber auch den auswärtigen Angelegenheiten zum
Nachteil gereichen, weil es in einem freien Lande unfehlbar
notwendig ist, daſs die Leitung der auswärtigen Angelegenheiten und das Leben der Nationen mit einander in Kontakt seien, daſs ein Weg da sei, auf welchem der Minister
des Äuſseren zur Nation, die Nation zum Minister des
Äuſseren Zugang hat, daſs die Möglichkeit da sei, daſs die
maſsgebenden Faktoren des verfassungsmäſsigen Lebens
einander aufklären und aufeinander einwirken können.
Wenn nicht die gehörige Berührung zwischen ihnen vorhanden ist, wenn der Minister des Äuſseren nicht den Puls
des nationalen Lebens fühlen kann, ist es leicht denkbar, daſs
er, hinsichtlich der öffentlichen Meinung in einem Irrtum
befangen, Aktionen beginne, die im entscheidenden Momente,
mangels genügender Unterstützung, zu einer hilflichen
Katastrophe führen können.

Wenn der Minister des Äuſseren nur einer Kommission
gegenübergestellt ist, deren Mitglieder von Parteidisziplin

durchdrungen sind, dann hat er keine Gelegenheit mit den
politischen Verhältnissen des Landes, mit den verschiedenen
Strömungen, mit den wirklichen Ansichten des Landes
bekannt zu werden, dann arbeitet er in mancher Hinsicht
im Halbdunkel.

Die Verwirrung der Verantwortlichkeit verdirbt den
Ernst derselben. Für die Richtung der äußeren Politik,
für ihre Akte von ausschlaggebender Wichtigkeit, ist
sowohl der Minister des Äußeren, als auch der Chef
der ungarischen Regierung verantwortlich, der eine vor
der Delegation, der andere vor dem Reichstage. Die
Details der Politik, den ganzen Geschäftsgang kann
allein der Minister des Äußeren verantworten. Die ständige
Kontrolle kann nur die Delegation ausüben, am richtigsten
so, wenn sie nach den erhaltenen Aufklärungen unabhängig
von den innerpolitischen Rücksichten ihr Urteil
spricht. Eine derartige Hereinziehung des Ministerpräsidenten
in die Verantwortlichkeit, wie wir dieselbe in den
letzten Zeiten erfahren haben, ist eine gezwungene Sache
und schadet nur der Objektivität und Wirksamkeit der
Kontrolle. In der alten Praxis hat die Solidarität nicht
diese Rolle gespielt und es wäre wünschenswert, daß wir
zur Auffassung der früheren Zeiten zurückkehren.

Auf dem Gebiete des auswärtigen Dienstes ist es
ferner unser Interesse, daß die Diplomatie und das
Konsulat getreulich bemüht seien, unsere wirtschaftlichen
Verbindungen zu fördern, und die ausländischen Angelegenheiten
der ungarischen Unterthanen mit demselben
Eifer und derselben Sorgfalt zu vermitteln, wie diejenigen
der Österreicher; daß uns überhaupt in allem die volle
Gleichheit in der Behandlung gesichert sei. Außerdem
ist, als sicherstes Mittel hierzu, aber auch im großen Interesse
unserer Intelligenz, wünschenswert, daß ihr diese

Carrieren so viel wie möglich zugänglich gemacht, und ihr auf denselben keine Hintansetzungen zuteil werden.

Zur Förderung dieser Interessen ist in erster Reihe die ungarische Regierung berufen. Sie ist verpflichtet bei der gemeinsamen Regierung dahin zu wirken, dafs in den ihrer Leitung anvertrauten Institutionen den eben vorgetragenen Wünschen entsprochen werde. Wenn Fehler zu Tage treten, hat die ungarische Regierung die Aufgabe, Einspruch zu erheben und auf die Entfernung des dem Geltendwerden der ungarischen Interessen und des ungarischen Elements im Wege stehenden Hindernisses zu dringen. Die Wirksamkeit der verfassungsmäfsigen Kontrolle erstreckt sich auf die gemeinsame, wie auf die ungarische Regierung und sie kann beide nötigen, ihrer Pflicht zu entsprechen. Endlich ist es Aufgabe der Gesellschaft, die solcherweise gesicherte Möglichkeit auszunützen und den geöffneten Raum auch thatsächlich zu occupieren. Wenn auch dies geschieht, können wir im auswärtigen Dienst auf einen vollständig befriedigenden Zustand rechnen. Wir können auch heute keine gegründete Einwendung gegen den Geist der Diplomatie und der Konsulate, und gegen das Mafs, in welchem dieselben ihre Pflicht erfüllen, erheben. Es haben sich nur hie und da welche gefunden, die, vielleicht wegen mangelnder Kenntnis der ungarischen Verhältnisse und der ungarischen Sprache, bisweilen nicht imstande waren alles zu thun, wozu sie verpflichtet sind. Das radikalste Mittel gegen alle derartigen Nachteile ist unfehlbar das, dafs die ungarische Intelligenz sich an diesen Dienstzweigen in gröfserer Anzahl beteilige, als dies bisher der Fall gewesen. Von dieser gröfseren Beteiligung ist der gröfste Vorteil zu erhoffen. Der gröfste Fehler ist das Unterbleiben derselben. Das wahre Verständnis und die warmherzige Förderung aller unserer kleineren Interessen können wir in erster Linie doch nur von unseren eigenen Landsleuten erwarten.

Darum thun wir dem Vaterlande einen größeren Dienst, wenn wir die ungarische Intelligenz dazu bestimmen, auch auf diesen Gebieten Fuß zu fassen, als wenn wir sie mit der Anfachung des Österreicher-Hasses, mit dem an die Wand gemalten Teufel der Germanisation und mit der Verunglimpfung der gemeinsamen Institutionen vom gemeinsamen Dienste abschrecken. Wenn wir nicht so handeln, verderben wir selbst künstlich die Vorbedingung unseres Fortschritts.

Sehen wir nun, mit welcher Politik wir unsere Stellung in der anderen gemeinsamen Institution, in der Armee, verbessern können?

Auf Grund dessen, was ich über diesen Gegenstand bereits sagte, kann ich das von uns anzustrebende Ziel, dahin zusammenfassen, daß das ungarische Element das Gros des Offizierscorps bilde, und zwar ohne daß es sich seines nationalen Gefühles und Gepräges entäußern müßte; ferner, daß der Geist der ganzen Armee in voller Harmonie mit dem Dualismus sei.

Das erste, womit wir uns waffnen müssen, ist die Geduld. Ein solches Resultat kann nur allmählich erreicht werden. Es giebt da kein Gesetz, es giebt da keine positive Verfügung, welche sicheren Erfolg hätte, noch weniger eine, die ein schnelles Resultat herbeiführen könnte. Es bedarf nicht bloß der entsprechenden Erziehung und Leitung, sondern auch dessen, daß die einer solchen Erziehung teilhaft gewordenen Offizierskandidaten heranwachsen, in Rang und Ansehen fortschreiten, daß unsere gebildeten Klassen die gebotene Gelegenheit ausnützen und ernst arbeiten. Die volle und definitive Accomodation des Geistes der Armee an die neuen Verhältnisse ist ebenfalls nur eine Frage der Zeit. Nur die Zeit wird die Überbleibsel der alten Ära verschwinden machen, sie aber wird dieses Resultat sicher erreichen, vorausgesetzt, daß wir den

natürlichen Prozeſs der Entwickelung durch unser Forcieren
nicht selbst ins Stocken bringen.

Eine Besserung ist auch heute vorhanden. Die Forcierung des Erfolges würde diesen nur verlangsamen.
Nur dort kann und soll Gewalt angewendet, nur dort
muſs eventuell eine eklatante Reparation gefordert werden,
nur dort muſs die Regierung und die Mehrheit ihr volles
Gewicht in die Wagschale werfen und eventuell selbst vor
einer Krise nicht zurückschrecken, wo wir einem sich in
Thatsachen offenbarenden positiven Miſswollen begegnen,
wo man das Geltendwerden unserer rechtmäſsigen Ansprüche
in gesetzwidriger Weise und mit Gewalt hindern will.

In der jüngsten Zeit — seit dem Erscheinen des ungarischen Originals dieses Buches — sind zwei Gesetze
geschaffen worden, welche diese Besserung gefördert haben.
Das eine vermehrt die Zahl der unentgeltlichen Stiftungs-
plätze der gemeinsamen Armee und wird somit hoffentlich
das ungarische Element in der Armee vermehren. Das
andere Gesetz, welches den militärischen Unterricht der
Honvédschaft (ungarischen Landwehr) reformiert, gestattet,
daſs die in den Honvéd-Unterrichtsanstalten mit ungarischer
Unterrichtssprache ausgebildeten Individuen in der gemeinsamen Armee verwendet werden, und erweitert somit ebenfalls den Kanal, auf welchem die ungarische Intelligenz in
die gemeinsame Armee gelangen kann. Aber das Verdienst dieses hochwichtigen Gesetzes besteht nicht allein
in dieser seiner Wirkung, sondern auch darin, daſs es
unbedingt dafür Sicherheit bietet, daſs der Geist des
in die Armee gebrachten ungarischen Elementes derjenige
sein wird, den das Interesse der Armee und der Nation
fordert. Es hat nicht allein das Verdienst, daſs es den
Adern der Armee ungarisches Blut einflöſst, sondern auch
das, daſs dieses Blut in seinem ursprünglichen Typus verharren, unverfälschtes reines ungarisches Blut sein wird.

So werden diese Gesetze unmittelbar darauf hinwirken, daß wir unser zweifaches Ziel erreichen, einmal, daß wir in der gemeinsamen Armee in großer Anzahl vertreten seien, und dann, daß der ungarische Patriotismus sich in der Armee heimisch fühle.

Von der mittelbaren Wirkung dieser Gesetze erwarte ich jedoch noch mehr.

Der größte Wert dieses neuen Gesetzes liegt darin, daß sich in demselben aufs neue und in voller Klarheit jene gesunde Richtung der Leitung des Heerwesens offenbart, welche den Geist der gemeinsamen Armee vollständig mit unserem neuen Staatsrecht in Einklang bringen will. Dieses Gesetz beweist in klarer und unmißdeutbarer Weise — so, daß weder in der Armee, noch bei uns, weder Mißwollen, noch Blindheit imstande sein wird, sich davor zu verschließen — daß die Leitung des Heerwesens einesteils das ungarische Element in der Armee vermehren will, anderenteils, daß sie vor der ungarischen Gesinnung, vor dem ungarischen Patriotismus keine Furcht hegt.

Die Konstatierung dieses schönen Resultats läßt jedoch die Frage in den Vordergrund treten, ob nicht nunmehr das einzige konsequente und richtige Vorgehen das sein wird: daß wir auf dem betretenen Wege weiter vorwärts gehen und die Reform des militärischen Unterrichts auch in der gemeinsamen Armee urgieren, denselben auch dort magyarisieren.

Es steht klar vor mir, daß das Ziel, welches ich ausgesteckt habe, mit der ins Leben getretenen Reform noch nicht vollständig erreicht ist. Es wird noch immer genug zu thun sein. Das Ziel ist auch selbst nicht von solcher Natur, daß es einmal für allemal erreicht werden könnte. Es erfordert ewige Aufmerksamkeit und Arbeitsamkeit.

Aber ist es wohl ein richtiges Mittel, die militärische

Erziehung der ungarischen Staatsbürger vollständig unga-
risch-sprachlich zu machen?

Gegenwärtig hat der ungarische Staatsbürger, der sich
von Jugend an der Soldatencarriere widmen will, zwei
Möglichkeiten der Erlangung der Offiziers-Qualifikation.
Er tritt entweder in eine der gemeinsamen Unterrichtsan-
stalten ein und wird dort in deutscher Sprache unterrichtet,
oder er absolviert seine Studien in den Honvéd-Unterrichtsanstalten bei ungarischer Unterrichtssprache. Darin scheint
ein Widerspruch zu stecken. Der Gedanke ist naheliegend,
daß, wenn die ungarisch-sprachliche Erziehung richtig, vorteilhaft ist, wir nicht auf halbem Wege, bei einer halben
Maßregel stehen bleiben, sondern dahin trachten sollen,
daß jene militärischen Schulen, welche für die ungarischen
Staatsbürger benötigt werden, sich insgesamt der ungarischen
Unterrichtsprache bedienen [1].

---

[1] Bei diesem einen Punkte gerate ich in Gegensatz mit dem, was ich
im Original dieses Werkes entwickelt habe.

Die verwirklichte Reform paßt vollständig in den Rahmen der von mir
gewünschten Politik hinein. Sie bildet das wirksamste Mittel zu meinen
Zwecken. Deshalb konnte ich sie in den Text dieser deutschen Ausgabe
meines Werkes einfügen, ohne daß die Modifikation meiner in meinem
Originalwerk entwickelten Ansichten notwendig geworden wäre.

Umsomehr halte ich es für meine Pflicht hier hervorzuheben, daß ich
bei diesem Detail meine Ansicht geändert habe. Ich beeile mich nach reifer
Überlegung einzugestehen, daß ich mich in dieser Frage geirrt habe. Ich
habe gegen die Idee: — „daß der ungarische Staat, ohne an den jetzigen
Schulen zu rütteln, und ohne die Angelegenheit des militärischen Unterrichts
von der Armee zu trennen, über die vorhandenen Schulen hinaus auf eigene
Kosten solche Anstalten mit ungarischer Unterrichtssprache errichte" — das
Argument ins Feld geführt, daß „wir infolge dessen doppelte Unkosten haben
würden und daß diese unlogische Lösung auch sonst niemanden befriedigen
könnte, weil sie an einem inneren Widerspruche leide, inwiefern nur entweder
die Anwendung der ungarischen oder die der deutschen Unterrichtssprache
richtig sein könne, und es so in die Augen springe, daß wir in jedem Fall
für ein auf eine fehlerhafte Basis gestelltes Institut Opfer bringen."

Es ist wahr, daß diese Idee nicht identisch ist mit derjenigen, welche
verwirklicht worden ist, denn während mir eine den Zwecken der gemeinsamen Armee gewidmete Anstalt vor Augen schwebte, ist jetzt ein in erster
Reihe den Zwecken des Honvéd-Heeres dienendes Institut errichtet worden.

Indessen kann in diesem Falle die Logik nicht unser alleiniger Leitfaden sein. Das einförmige System würde unseren Interessen nicht entsprechen. Die verschiedenen Ansprüche der Gesellschaft werden vollkommener befriedigt, wenn ihr ein Unterricht mit zwei Unterrichtssprachen zur Verfügung steht, als durch einen Unterricht mit nur einer Unterrichtssprache. Daraus, daß es richtig, daß es vorteilhaft ist, wenn die Möglichkeit gegeben ist, daß der Ungar in einer Schule mit ungarischer Unterrichtssprache ausgebildet werde, folgt nicht, daß uns die Einführung der ungarischen Unterrichtssprache auf der ganzen Linie zum Vorteil gereichen würde.

Es ist eines der notwendigsten Erfordernisse der Aufrechthaltung der gegenwärtigen Dienstverhältnisse und überhaupt der Einheit des Dienstes, daß das Offizierscorps die deutsche Sprache kenne. Jeder Offizier muß dieselbe zu sprechen imstande sein, und zwar nicht bloß in dem Maße, in welchem dies zum Verständnis der Kommandowörter notwendig ist,

---

Ich könnte demnach mit vollem Rechte sagen, daß, — wenn es auch wahr ist, daß wir doppelte Unkosten haben würden, wenn wir aus unserem Gelde für die gemeinsame Armee eine Schule errichteten, deren Kosten wir ansonst gemeinsam mit Österreich tragen würden, — und daß, — wenn es auch unlogisch ist, für eine Armee Schulen von zwei verschiedenen Unterrichtssprachen zu errichten —: dies alles sich ändere, sobald von Kosten die Rede ist, die wir unter keinen Umständen mit Österreich teilen könnten, weil dieselben für unsere Honvédschaft verwendet werden, und sobald davon die Rede ist, daß wir für zwei Armeen verschiedener Sprache Schulen organisieren.

Da jedoch die Honvéd-Schulen auch dem Zwecke dienen werden, für die gemeinsame Armee Offiziere zu erziehen, kann der Vorwurf des Mangels der Logik auch gegen den heutigen Zustand gerichtet werden. Wenn der Mangel an Logik ein Fehler wäre, würde auch das heutige System fehlerhaft sein. Die im Text entwickelte Ansicht steht demnach im Gegensatz zu der, welche ich vorhin entwickelt habe.

Meine Überzeugung hat sich geändert. Ich habe eingesehen, daß, weil von Jünglingen die Rede ist, die sich unter ungleichen Verhältnissen befinden, die logische Lösung die ungleiche ist. Es ist nicht richtig, daß nur entweder die ungarische, oder die deutsche Unterrichtssprache allein gut sein kann. Bei dem einen Teil unserer Jünglinge ist die eine vorteilhafter, beim anderen ist die andere notwendig.

sondern er muſs sie in dem Maſse beherrschen, daſs er jede
kompliziertere Instruktion verstehen und jeden seiner Gedanken klar ausdrücken kann. Das Interesse des ungarischen Elementes macht es wünschenswert, daſs dasselbe
die deutsche Sprache noch über dieses Maſs hinaus kenne.
Damit es im Generalstab, in den höheren Schulen und
Stellungen keine Schwierigkeiten habe, ist es wünschenswert, daſs es vollkommen fehlerlos deutsch schreibe und
spreche. Nun kann es aber bis zu diesem Grade der Kenntnis der deutschen Sprache nicht jeder in einer Schule mit
ungarischer Unterrichtssprache blofs auf dem Wege des
Unterrichts der deutschen Sprache bringen. Leider, kann
die neue Generation bei uns kaum mehr deutsch. Von
Jahr zu Jahr schmilzt die Zahl derjenigen zusammen,
welche auch nur halbwegs deutsch sprechen können. Bei
diesem Gebrechen der gegenwärtig durchschnittlich vorhandenen Ausbildung ist also nur dann Hoffnung vorhanden, daſs
sich die zur ungarischen Intelligenz zählenden Jünglinge
die deutsche Sprache im erforderlichen Maſse aneignen
werden, wenn die Unterrichtssprache die deutsche bleibt.
Den Durchschnitt der Intelligenz genommen, steht die Sache
so, daſs das Deutsche erlernt werden muſs, beim Ungarischen aber blofs zu erreichen ist, daſs es nicht vergessen
werde. Deshalb bedürfen wir des Unterrichts mit deutscher
Unterrichtssprache. Wo jedoch diese Prämisse nicht besteht — für diejenigen, die des Deutschen gehörig kundig
sind — fällt auch die Notwendigkeit der deutschen Unterrichtssprache weg. Es ist vorteilhaft, wenn die deutsch-
sprechenden ungarischen Jünglinge daheim unterrichtet
werden können. Sie entschlieſsen sich dabei leichter zur
militärischen Laufbahn, hinsichtlich des notwendigen Geistes
aber ist damit die denkbar vollständigste Garantie gegeben.
Es wird auch für die Entwickelung des Honvéd-Instituts
förderlich sein, wenn die in demselben erworbene Befähigung

für die gesamte Heeresmacht Geltung hat. Diese Vorteile
drängen jenen einzigen Nachteil in den Hintergrund, welcher
darin besteht, daſs ein Teil der ungarischen Offiziere einer
von der Erziehung des anderen Teiles abweichenden, verschieden gearteten Erziehung teilhaft wird, und so der Gefahr der Isolierung ausgesetzt sein kann. Der Vorteil des
neuen Systems bringt meine diesbezügliche Besorgnis umsomehr zum Schweigen, als einesteils dieses System auf die
direkte Initiative der Leitung des Heerwesens zurückgeführt
werden kann, diese daher mittelbar auch das moralische
Obligo übernommen hat, die solcherweise herangelockte
ungarische Jugend gegen Nachteile zu schützen, anderenteils
weil nicht jeder unbedingt übernommen werden muſs, der
die Prüfung bestand und weil daher auf diesem Wege in
die Armee nur Jünglinge gelangen werden, welche den
Anforderungen vollständig entsprechen, so daſs ihre Zu-
rücksetzung nur aus Vorurteil und Miſsbrauch hervorgehen
würde, vor welchen sie zu beschützen die Leitung des
Heerwesens, wenn auch nicht vollständig, so doch in
groſsem Maſse fähig sein wird.

Das deutsch-sprachige Unterrichts-System wird auch
damit angegriffen, daſs die Integrität der nationalen Kultur
eine Schädigung erfahre, wenn ein Teil der Intelligenz in
fremder Bildung erzogen wird.

Es ist gewiſs, daſs es schön und auch für uns vorteilhaft
sein würde, wenn die ungarischen Staatsbürger allesamt und in
allen Instituten ungarischer Kultur teilhaftig würden. Aber
unsere Unterrichtspolitik hat überhaupt nicht dieses Leitprincip, und könnte, mit Rücksicht auf die Nationalitäten,
welche wir nicht gewaltsam magyarisieren wollen, dasselbe
auch nicht haben. Und wenn das System unseres öffentlichen Unterrichts nicht auf diesem Princip basiert, warum
stellen wir dasselbe auf dem Gebiete des militärischen
Unterrichts als unverletzlich, als allein richtig auf? Man

sagt, weil der Staat diese Institute errichtet. Die Gesellschaft kann infolge der Lehrfreiheit, des Nationalitäten-
gesetzes auch Institute mit nichtungarischer Unterrichtssprache errichten; aber der Staat, dessen ungarischer
Typus über allem Zweifel steht, kann dies nicht. Das
entgegengesetzte Vorgehen würde mit dem Begriffe der
Staatssprache kollidieren. Ich gebe zu, dafs hierin Wahrheit
wäre, wenn der Ausgangspunkt der Argumentation ein
richtiger wäre, aber der Irrtum steckt darin, dafs diese
Schulen nicht der ungarische Staat organisiert und zahlt,
sondern der ungarische und österreichische Staat zugleich:
nun sind aber jene Forderungen, welche gegenüber den
Organen des ungarischen Staats erhoben werden können,
auf die gemeinsamen Organe nicht anwendbar. Hinsichtlich
der Beschaffenheit der gemeinsamen Institute können aus
den inneren Verhältnissen der beiden Staaten unbedingt
und allein verbindliche Regeln nicht abgezogen werden,
weil dies die Identität zwischen den Teilen dieser Organismen
völlig ausschliefsen würde.

Man kann sagen: wenn dem so ist, so folgt daraus
nicht, dafs die Schulen deutsch bleiben sollen, sondern, dafs
sie aufhören sollen gemeinsam zu sein. Das unbedingt zur
Geltung zu bringende Princip ist die Integrität des nationalen öffentlichen Unterrichts. Wenn diesem die Gemeinsamkeit im Wege steht, sorgen wir selbst für die Errichtung
ungarischer Anstalten. Weshalb? Wo steht das geschrieben,
dafs die Alleinherrschaft der ungarischen Kultur auf allen
Gebieten unbedingt zur Geltung kommen müsse? Meinerseits gebe ich keinerlei hochtönendem Princip, keiner solchen
theoretischen Regel den Vorzug vor den wohl aufgefafsten
Interessen der Nation. Ich acceptiere eine solche absolute
These nur dann, wenn die Anwendung derselben nicht
schadet, uns Ungarn nicht schadet. Im obschwebenden
Falle aber würde sie schaden. Wenn der ungarische Staat

die Pflicht hätte Sicherheit dafür zu schaffen, dafs jeder
seiner Bürger in ausschliefslich ungarischer Bildung erzogen
werde, müfste er auch dafür Sorge tragen, dafs jede seiner
Institutionen ausschliefslich auf ungarischer Kultur basiere,
d. h. dafür, dafs auch die Armee vollständig magyarisiert
werde. Wenn er dies nicht thut, — und derjenige, der
auf der principiellen Basis der gemeinsamen und einheitlichen Armee steht, kann dies auch nicht wollen, — dann
ist es die Pflicht des Staates, denjenigen, welche sich zur
militärischen Laufbahn vorbereiten, die Möglichkeit zu
bieten, sich alle Vorbedingungen des späteren Fortkommens
verschaffen zu können. Weil aber unter diesen in erster
Linie die deutsche Sprache steht, und weil bei uns heute
viele diese Sprache nicht sprechen, müfste man nicht nur
in den gemeinsamen Anstalten, sondern auch in einem
grofsen Teile der vom ungarischen Staate errichteten Anstalten, wenn diese die Stelle der gemeinsamen Anstalten ver-
träten, das Hauptgewicht auf die deutsche Sprache legen.
Über dieses reale Interesse dürfen wir uns keinerlei aus
Abstraktionen abgezogenen grofsen Wahrheiten, keinerlei
Doktrinarismus zuliebe, für keinerlei nationalen Schein
hinaussetzen. In der Armee mufs die Integrität der nationalen Kultur sich vor der Integrität der Verteidigungsinteressen der Nation beugen.

Ich will indessen nicht behaupten, dafs es nicht ein
nationales Interesse bilde, dafs auch jener Teil unserer
Intelligenz, welcher nicht den eigentlichen Beruf hat, an
der Förderung der nationalen Kultur mitzuwirken, welcher
nicht den Beruf hat, die ungarische Bildung zu entwickeln,
sondern die Aufgabe, die Kultur und den Staat zu verteidigen, bei welchem also die kulturalen Rücksichten in
den Hintergrund treten; ich sage, ich will nicht behaupten,
dafs es nicht wünschenswert sein würde, dafs auch dieser
Teil der Intelligenz aufser dem nationalen Geiste auch die

nationale Sprache sein eigen nenne, daſs er der nationalen
Kultur nicht entfremdet werde. Ich behaupte dies schon
deshalb nicht, weil viele von diesen Männern nach Beendigung ihrer militärischen Laufbahn nützliche Arbeit im Lande
verrichten und Vorarbeiter der nationalen Kultur werden
können. Ich behaupte bloſs, daſs auch dieser weiteren
Rücksicht Genüge geleistet werden könne, ohne daſs wir
dieselbe in die erste Linie stellen, ohne daſs — wenn davon
die Rede ist, daſs wir jemanden für eine Laufbahn befähigen
sollen — das Hauptgewicht darauf gelegt werden müſste,
was aus ihm werden wird, wenn er von seiner Laufbahn
Abschied nimmt.

Dieser Notwendigkeit könnte auch innerhalb des
Rahmens entsprochen werden, welcher die militärischen Interessen wahrt, ohne daſs die Unterrichtssprache zur ungarischen gemacht würde. Dazu ist nur erforderlich, daſs
in den Offiziersbildungsanstalten Gelegenheit dazu geboten
werde, daſs der Ungar in der Übung seiner Muttersprache
verbleibe, d. h. daſs dort die ungarische Sprache gelehrt,
eventuell einzelne Unterrichtsgegenstände ungarisch vor-
getragen werden.

Dies verträgt sich mit der prädominanten Rolle der
deutschen Sprache und würde auch den dienstlichen Interessen zum Vorteile gereichen.

Die Kenntnis der ungarischen Sprache ist für die Armee
wichtiger, als die der Sprache der übrigen Nationalitäten,
denn das über die Korrespondenz der Armee handelnde
Gesetz und die darauf bezügliche Verordnung setzt die
Kenntnis derselben voraus: denn diese ist im Verkehr
nicht nur mit der Mannschaft, sondern auch mit sämtlichen ungarischen Reserveoffizieren mit groſsem Vorteil
verbunden: denn sie ist die Dienstsprache des mit der gemeinsamen Wehrkraft vereint wirkenden gröſsten, stärksten
Heeres, und sie ist die einzige Sprache, welche in der

Monarchie die Eigenschaft der Staatssprache hat. Selbst wenn alles dies nicht der Fall wäre, wird es schon durch jenes allgemeine Interesse, daß die gründliche Kenntnis der verschiedenen Regimentssprachen möglich werde, wünschenswert gemacht, daß den Zöglingen der Militäranstalten die Aneignung der ungarischen Sprache möglich sei. Mit der Sicherung dieser Möglichkeit aber könnte auch dem obenerwähnten kulturalen Interesse Genüge geleistet werden. Damit könnte auch der Forderung entsprochen werden, welche vom Gesichtspunkte der nationalen Sprache unserm öffentlichen Unterricht gegenüber erhoben werden darf. Die ungarische Unterrichtspolitik hat auch anderwärts nicht das Princip, daß jeder ungarische Staatsbürger zur Erlernung der ungarischen Sprache gezwungen werde, sondern die Pflicht des Staates erstreckt sich bloß bis dahin, daß er jedem die Aneignung der Staatssprache möglich mache. Wenn er dies auch auf dem Gebiete des gemeinsamen Dienstes thut, hat er seiner Pflicht entsprochen. Hier mehr zu fordern, als wir von den eigenen Instituten des Landes selbst fordern, ist unbillig.

Übrigens kann das die „Ludovica" genannte Militärunterrichtsanstalt regelnde neue Gesetz in dieser Hinsicht viele Besorgnisse zerstreuen. Heute ist der ungarische Jüngling nicht mehr gezwungen, in deutscher Unterrichtssprache zu lernen. Er hat heute die freie Wahl. Er kann nach Maßgabe seines eigenen Vorteils in eine ungarische oder in eine deutsche Anstalt gehen. Der Staat hat damit, wie ich glaube, auch den weitest gehenden Forderungen Genüge geleistet. Wenn ein Teil unserer Intelligenz auch weiterhin in Schulen mit deutscher Unterrichtssprache erzogen werden wird, wird ihn nicht der Staat dazu zwingen, sondern die Lebensverhältnisse, unter denen wir existieren. Es ist wünschenswert, daß unsere Intelligenz den Forderungen dieser Situation auch entspreche. Ich würde es für

einen grofsen Fehler halten, wenn sämtliche ungarischen
Familien diejenigen ihrer Mitglieder, welche sie für die
militärische Laufbahn bestimmt haben, von nun an nur in
die ungarischen Anstalten schicken würden. Mit Nutzen
kann dies nur für diejenigen verbunden sein, die auch
ohnedies deutsch sprechen.

Das stärkste Argument gegen die weitere Magyarisierung
der Unterrichtssprache der gemeinsamen Militäranstalten aber
liegt in der Wirkung, welche diese Reform in Österreich
und in den Schulen mit nichtungarischer Unterrichtssprache
aller Wahrscheinlichkeit nach heraufbeschwören würde.

Wir würden gezwungen sein die Herrschaft der ungarischen Unterrichtssprache um den Preis von Concessionen
zu erkaufen, welchen diese Herrschaft nicht wert ist. Wir
würden gezwungen sein, die in Österreich so sehr erbitterte
Sprachenfrage in die Armee hineinzutragen. Wir würden
aus unserer Wehrkraft einen babylonischen Thurm machen.

Die gesetzeskräftige Magyarisierung des militärischen
Unterrichts kann auf zwei Arten geschehen. Wir können
zwischen zwei rechtlichen Möglichkeiten wählen. Beide
würden zu dem Resultat führen, dafs die nichtungarischen
Institute aufhören würden deutsche zu sein, sodafs sie früher
oder später zum Spiegel der österreichischen Nationalitätenverhältnisse würden.

Die eine Möglichkeit ist, dafs die Delegationen aus-
sprechen, dafs entweder eine in Ungarn zu errichtende
Militärakademie oder ein Teil der bisher existierenden
Akademien und Realschulen ungarischen Sprachcharakter
erhalte. Diese Lösung ist die minder radikale. Sie würde
den Konnex, welcher die Militärinstitute gegenwärtig mit
der Armee verbindet, nicht aufheben. Dieselben würden
gemeinsam und unter der Kontrolle des gemeinsamen
Kriegsministers bleiben. Wir würden blofs, wie bisher,
die quotenmäfsigen Kosten derselben zahlen. Damit jedoch

dieser Beschluſs bindende Kraft erhalte, müſsten demselben
die beiden Delegationen, die österreichische und die ungarische, ihre Zustimmung erteilen.

Ist es wohl denkbar, daſs die Österreicher diese Reform
annehmen, daſs sie die 70 %, der Kosten der ungarisch
werdenden Anstalten zahlen?

Was würde der Gegenwert sein, welchen wir ihnen
dafür bieten könnten?

Es ist ein idealistisches Hirngespinnst darauf zu rechnen,
daſs unsere Nachbarn den objektiven Nutzen dieser Veränderung einsehen und dieselbe deshalb auch ohne jeden unmittelbaren Vorteil votieren werden.

In eine solche Veränderung werden sie nur gegen Leistung
eines Gegenwertes willigen. Einen Gegenwert aber könnten
wir bloſs den nichtdeutschen Nationalitäten Österreichs
bieten. Das deutsche Element kann mit dieser Reform nur
verlieren. Wenn daher dieses Element in der Delegation
dominiert, können wir mit ihm zu keiner Einigung gelangen. Nur gegen die Deutschen, auf Grund eines Handels
mit den Slaven könnte die ungarische Unterrichtssprache in
der österreichen Delegation zur Annahme gebracht werden.
Der Preis dafür würde die Slavisierung des nichtungarischen
militärischen Unterrichts sein.

Die Herrschaft der deutschen Sprache hat jenseits der
Leitha heute bereits aufgehört. In den gemeinsamen Institutionen vermag sie sich nur deshalb noch zu erhalten,
weil auch wir bereit sind in denselben ihre Suprematie anzuerkennen, während wir einer anderen Sprache ein solches
Vorrecht nicht geben könnten, weshalb die deutsche Sprache
das einzige mögliche verknüpfende Band ist. In welchem
Maſse dieselbe bei uns verdrängt würde, in eben demselben
Maſse würde dieselbe jenseits der Leitha gefährdet sein.

Doch man könnte sagen: was kümmert uns das, die
deutsche Sprache ist uns gleichgiltig. Die Sache verhält

sich aber ganz und gar nicht so. Der Vorrang der deutschen
Sprache in den gemeinsamen Institutionen vor den slavischen Sprachen ist ein ungarisches Interesse ersten
Ranges, ein Interesse, für dessen Sicherung ich selbst von
der Geltung der ungarischen Sprache zu opfern bereit bin.
Wenn wir die Wahl zwischen den zwei Fällen haben, ob
auf dem Gebiete der gemeinsamen Institutionen die ungarische
Sprache vereint mit der slavischen auf Kosten der deutschen
zur Geltung komme, oder aber ob die deutsche Sprache
zum Nachteile der beiden anderen ihren bisherigen Vorrang
behalte, wähle ich unbedingt die letztere Modalität. Und
darin leitet mich nicht Sympathie oder Antipathie, sondern
das Interesse unserer Nation.

Was der Armee frommt, ist auch für die ungarische
Nation gut, denn das stärkt die schützende Burg ihrer Freiheit,
ihrer territorialen Integrität, ihrer Ehre. Der Armee aber würde
es zum grofsen und ernsten Nachteil ausschlagen, wenn in
ihr die Kenntnis der verbindenden, der Dienstsprache in
den Hintergrund gedrängt würde, wenn der endlose Wirr-
warr der Idiome der österreichischen Nationalitäten auch
in die Armee hineindränge. Es würde das rasche und genaue Zusammenwirken in hohem Mafse erschweren, wenn
Czechen, Slovenen, Italiener, Walachen, Deutsche und Polen
miteinander verkehren müfsten, ohne miteinander in einer
gemeinsamen Sprache sprechen zu können. Ohne wechsel-
seitiges Verstehen existiert kein exaktes Zusammenwirken,
ohne dieses aber kein Erfolg.

Die andere Rücksicht, welche den Vorrang der deutschen Sprache in den gemeinsamen militärischen Unterrichts-
anstalten wünschenswert macht, liegt in unseren Nationali-
tätenverhältnissen. Die Herrschaft der deutschen Sprache
in der Armee ist für uns nicht gefährlich. Das Gespenst
der Germanisation ist heute bereits eine leere Drohung.
Es ist wahr, diese Drohung übt noch immer eine grofse

Zauberkraft auf das ungarische Gemüt, die aufregende
Wirkung derselben entspringt jedoch nicht der Beobachtung
der heutigen Verhältnisse, sondern der Erinnerung an ver-
gangene Zeiten. Es ist eine im Leben der Völker oft
wiederkehrende Erscheinung, daß gewisse Gefahren, auch
nach ihrem Vorübergehen, noch lange nicht aufhören eine
schreckende Wirkung auszuüben. Das Nervensystem ist
lange nicht imstande die Erinnerung des Druckes los zu
werden, unter welchem es irgend einmal heftig erschüttert
worden ist. Es wird unwillkürlich von Aufregung ergriffen,
sobald es wieder daran erinnert wird. Eine Gefahr, welche
die Menschen oft und lange Zeit hindurch betroffen hat,
erregt Schrecken und erzeugt Aufregung selbst dann noch,
wenn infolge der veränderten Umstände kein Grund zur
Furcht mehr vorhanden ist. So ist es z. B. England mit
dem Katholizismus ergangen. Es fürchtete lange Zeit hindurch von der Ausbreitung des Katholizismus für seine
Freiheit, ja für seine nationale Selbständigkeit. Als dann
die Epoche der Armada längst vorüber, als jene Zeit
längst vergangen war, wo der Katholizismus imstande war,
Armeen zu mobilisieren und Reiche hinwegzufegen, als in
den Mauern Roms längst keine Eroberungskraft mehr vorhanden war, als Englands Freiheit und Protestantismus
bereits unüberwindlich waren: selbst dann war das
schreckende Andenken der katholischen Reaktion noch von
wunderbarer Zaubermacht auf das britische Gemüt. Der
„no papery cry" fand selbst in diesem Jahrhundert noch
einen Wiederhall im Gemüt des Engländers, der durch die
realen Verhältnisse nicht mehr gerechtfertigt war, der nur
ein Nachzittern der ehemaligen heftigen Erschütterung des
Nervensystems sein konnte.

Ganz so sind wir mit der Germanisation dran. In der
Vergangenheit wurden gegen uns im Interesse der Germanisation wiederholte gefährliche Angriffe gerichtet. Wiewohl

im ganzen genommen auch in der Vergangenheit nicht das
Aufgehen unseres Stammes in das uns an Kraft überlegene
Deutschtum die Hauptgefahr gewesen, welche uns bedrohte;
wiewohl auch in der Vergangenheit mehr die Antipathie
des Absolutismus gegen die Verfassung, die Übermacht der
aus deutschen, italienischen und slavischen internationalen
Elementen zusammengeworbenen kaiserlichen Armee, und
das Überwuchern der dynastischen, nicht aber deutschnationalen Interessen in der Politik die Ursachen der uns
dauernder bedrohenden Gefahr gewesen sind: haben wir
uns nichtsdestoweniger wiederholt auch dem ernsten Versuche der gewaltsamen Germanisation gegenüber befunden.
In jener Zeit stand der Kaiser, wiewohl für ihn immer
seine internationale Stellung mafsgebend war, an der Spitze
der germanischen Welt; er war der erste Deutsche. In
jener Zeit stand hinter der Dynastie eine grofse deutsche
Volkskraft, dagegen waren die nicht-deutschen Elemente
Österreichs eingeschlummert, hatten ihr nationales Selbstbewufstsein verloren. Österreich hatte ein völlig deutsches
Gepräge. Damals war demnach eine grofse deutsche Aktion
möglich. Es war die Ursache dazu und war auch die
Kraft dazu vorhanden. Jetzt indessen ist dies alles anders
geworden.

Heute repräsentieren die Habsburger in Europa nicht
mehr die germanische Idee. Diese Rolle haben die Hohenzollern übernommen. Die deutsche Sprache hat nicht nur
aufgehört für uns gefährlich zu sein, sondern sie vermag
auch jenseits der Leitha nicht jene Stellung zu behaupten,
welche ihr gebührt, welche sie noch 1867 eingenommen
hatte, und welche eine der Vorbedingungen des damals
inaugurierten politischen Systems gewesen. Sie verliert
auch in den nicht-ungarischen Ländern von Tag zu Tag
an Boden. Sie ist leider kaum imstande der Expansion der
Slaven zu widerstehen. Das deutsche Element hat nicht

nur im Parlament seine einst beherrschende Stellung verloren, sondern verliert dieselbe auch in der Provinz, auch
im Leben. Wie wäre es unter solchen Umständen denkbar, daß es uns gefährden könnte? Indem es dort, wo
auch noch vor wenigen Jahren die einflußreiche Bureau-
kratie vollständig in seiner Gewalt gewesen, wo große und
berechtigte Traditionen für dasselbe sprechen, wo es das
konstituierende Element des Staates war, heute bereits
um das bloße Dasein kämpfen muß, und zwar oft mit
sehr geringem Erfolg: wie soll es da unsere Nationalität
gefährden? Bei uns bildet es ein kleines Fragment, welches
niemals expansive Kraft, eroberndes Selbstgefühl, staats-
bildende Fähigkeit besessen hat, und dessen einziges Werkzeug die von jenseits der Leitha kommende Gewalt gewesen;
heute jedoch ist dort, wie wir gesehen haben, überflüssige Kraft
für eine gegen uns verwendbare Propaganda nicht mehr
vorhanden. Die Deutschen haben überhaupt keine assi-
milierende Fähigkeit. Die Geschichte der Kolonien zeigt,
daß am schnellsten der Deutsche seine nationalen Eigen-
tümlichkeiten verliert, am schnellsten der Deutsche sich den
Eingeborenen accomodiert. Der österreichische Deutsche
aber, dieser vom Hauptstamm losgerissene Zweig, ist schon
ganz und gar nicht zur Eroberung befähigt. Es würde
für uns ein niederschmetterndes Armutszeugnis sein, wenn
die österreichischen Deutschen imstande wären unsere Nationalität zu gefährden.

Wir haben keinen Grund zur Furcht mehr, weder vor
socialer Absorption durch das Deutschtum, noch vor Germanisation durch staatliche Gewalt. Überhaupt kann die
ungarische Nationalität und Kultur heute durch keinen
Stamm mehr absorbiert werden. Dies konnte befürchtet
werden, als bei uns noch die lateinische Sprache herrschte,
als das nationale Selbstbewußtsein sich noch nicht entwickelt
hatte, als unsere Kultur noch eine so schwache Pflanze war,

dafs die geringste rauhe Witterung sie erfrieren machen
konnte; heute jedoch sind wir über diese Gefahr hinaus.
Unsere Nationalität kann in einem Blutbade ersäuft werden.
politische Mifsgeschicke können uns unserer Staatlichkeit
berauben, die Einheit unseres Landes kann in Trümmer
gehen; aber unsere Nationalität kann nicht mehr auf dem
Wege der Assimilation verschwinden. Die Kenntnis der
deutschen Sprache ist demnach heute keine Gefahr mehr
für uns. Vor der Germanisation haben wir uns heute nicht
mehr zu fürchten. Wenn manche sich dennoch davor
fürchten, so ist dies nichts anderes als ein Nachzittern
jener Besorgnis, welche einst die Versuche Josephs II. und
Bachs[1] erregt hatten. Dies rührt von der Erregbarkeit des
Nervensystems unserer Nation her, nicht aber aus der objektiven Beurteilung unserer wirklichen Lage. Wenn wir
vor diesem an die Wand gemalten Teufel schaudernd im
heiligen Namen der Nationalität gegen die deutsche Sprache
kämpfen, schaden wir ohne Grund uns selbst. Die gründliche Kenntnis der deutschen Sprache gereicht unserer
Nationalität nicht zum Nachteil, andererseits aber ist sie
für jeden Ungarn eines der nützlichsten und wichtigsten
Wissensobjekte.

Den Ungar bedrohen heute ganz andere Gefahren, als
ehedem. Wir sind blind, wenn wir uns gegen den alten Feind
wehren, während die gegenwärtige Gefahr für uns aus ganz anderer Richtung hervorgeht. Indem wir die deutsche Sprache aus
den gemeinsamen Institutionen verdrängen wollen, was wir nur
auf die Art erreichen können, wenn wir dort den Sprachen
der übrigen Nationalitäten Raum geben, schlagen wir den
alten Gegner, um die neue Gefahr zu verstärken. Die
Gefahr unserer Nation liegt nur in der Erstarkung der

---

[1] Österreichischer Verwaltungsminister in der absolutistischen Ära nach
dem ungarischen Unabhängigkeitskriege. .

                                        Anm. d. Übers.

Sonderstellungsgelüste der Slaven und Walachen, in der Ausbreitung der die Gliederung des Staates nach Nationalitäten verkündenden Ideen. Die Einführung der Nationalitätensprachen in die gemeinsamen Institutionen, das Vorherrschendwerden der walachischen und slavischen Sprachen in den gemeinsamen Institutionen würde eine schlimme Rückwirkung auf unsere eigenen Nationalitäten üben. Es würde ihre Forderungen steigern und ihre bisherigen Hoffnungen auf ihr Geltendwerden erhöhen.

Wenn unsere Staatsbürger nicht-ungarischer Zunge in den jenseits der Leitha befindlichen gemeinsamen Staatsanstalten in ihrer eigenen Sprache erzogen werden könnten, wenn sie dort in walachischer oder slavischer Sprache Unterricht genießen könnten, bei uns dagegen solche Institute bloß mit ungarischer Unterrichtssprache vorhanden wären: würden sie in die österreichischen Institute eintreten. Sie würden sich vor der magyarisierenden Wirkung der ungarischen Unterrichtssprache unter die schützenden Fittiche der österreichischen Schulen flüchten. Der Schritt also, welchen wir im Interesse des Ungartums unserer Intelligenz, welchen wir zum Besten der ungarischen Kultur thun wollen, würde nur zu einer größeren Spaltung der gebildeten Klassen unseres Landes führen. Er würde in den Nationalitäten-Elementen Eifersucht erwecken und ihnen gleichzeitig die Möglichkeit bieten, sich der thatsächlichen Einwirkung der ungarischen Kultur zu entziehen und, frei von jedem ungarischen Einfluß, in fremdem Lande, in fremder geistiger Atmosphäre, in ihrer eigenen nationalen Kultur erzogen zu werden.

Auch im ungarischen Teile der Armee würde sich zwischen diesen verschiedenen Bildungen ein so scharfer Gegensatz entwickeln, wie er sich bei dem bisherigen System nicht entwickeln konnte. Der in seiner nationalen Kultur erzogene ungarische Walache oder Slave würde,

26 *

wenn er in ein Regiment seiner Zunge geriete, zu einem
gefährlicheren Element, als es der jetzige ist, der in der
neutralen deutschen Sprache unterrichtet wurde. Haben
diejenigen, welche die Errichtung ungarischer Militärschulen
zum Zwecke der Förderung der nationalen Sache forcieren,
diese mögliche, ja wahrscheinliche Folge wohl bedacht?
Haben sie bedacht, daſs einesteils das wahrscheinliche
Resultat des Magyarisierens auch auf diesem Gebiete,
sowie überall, wo es ohne die nötige Umsicht, ohne
die gehörige Behutsamkeit versucht wird, die vermehrte
Unzufriedenheit der Nationalitäten sein würde, und daſs
andererseits infolge der stärkeren Wirkung, welche die auf
dem fremden Boden gewachsene Nationalitätenkultur auf
unsere Nationalitäten ausüben würde, das nationale Selbstgefühl und Sonderstellungsverlangen der letzteren sich steigern
würde?

Der zweite Weg, die Magyarisierung der gemeinsamen
Schulen zur Geltung zu bringen, würde der sein, daſs beide
Gesetzgebungen den militärischen Unterricht bis zu irgend
einem ins Einzelne hinein festzustellenden Punkte von den
Armeeangelegenheiten lostrennten, d. h. die Gemeinsamkeit
dieses Unterrichts aufhöben und denselben in die autonome
Rechtssphäre der beiden Staaten verwiesen. Infolge dieses
neuen Systems würden sämtliche militärischen Unterrichtsan-
stalten dem Portefeuille des Landesverteidigungsministers,
oder eventuell des Unterrichtsministers zugewiesen werden,
und würde jeder der beiden Staaten sämtliche Kosten seiner
Anstalten separat tragen.

Diese radikale Lösung würde jedoch noch gefährlicher
sein, als die frühere. Es ist wahr, daſs wir in diesem
Falle nicht nötig haben würden, bezüglich des Meritums
des Unterrichtssystems und der Sprache mit Österreich zu
einer gemeinsamen Vereinbarung zu gelangen, und so nicht
genötigt sein würden, die Konzession zur Nationali-

sierung der transleithanischen Militärinstitute direkt zu erteilen; aber als Entgelt für die absolute Freiheit unserer
eigenen Aktion würden wir auch den Österreichern die
volle Aktionsfreiheit zugestehen müssen. Ein gemeinsames
Übereinkommen würde nur bezüglich der Frage notwendig
werden, welche Anstalten aus der Sphäre der gemeinsamen
Angelegenheiten herausgenommen werden sollen, die weitere
Leitung der herausgenommenen Anstalten jedoch wäre in
dem Maße ein Sonderrecht jedes der beiden Staaten, daß
in die Art der Ausübung desselben niemand anderer mehr
dreinzureden hätte.

Demnach würden wir in der Frage der Slavisierung
der österreichischen Militärschulen kein Wort mitzureden
haben. Wir würden nicht imstande sein der Ausbreitung
der Slavisierung eine Grenze zu stecken. Wir würden
nicht einmal verhindern können, daß in diesen Instituten
eventuell Nationalitätenpropaganda getrieben, daß in denselben dem Slavismus und Romanismus eine ungarfeindliche Spitze gegeben werde. Ist wohl die Sicherung der
ungarischen Unterrichtssprache dieses Opfer wert? Würden
wir mit ihr nicht weit mehr verlieren, als gewinnen
können? Uns dem vom Gesetze bestimmten berechtigten
Einflusse Österreichs entziehend, würden wir unseres eben-
solchen Einflusses auf Österreich verlustig werden. Mini-
malen Vorteilen von zweifelhaftem Werte zuliebe würden
wir unsere Nationalitätenverhältnisse vergiften und unsere
Wehrkraft ernsten Gefahren aussetzen.

Für einen desto größeren Fehler würde ich es halten,
eine weitere Bifurkation des militärischen Unterrichts, die
Magyarisierung eines Teiles desselben zu verlangen, weil das
ausgesteckte praktische Ziel auch in den gemeinsamen Instituten mit deutscher Unterrichtssprache erreicht werden kann.
Unsere realen Interessen fordern es, wir wir gesehen haben,
daß die Ungarn in größerer Zahl als bisher in den Militär-

dienst treten, und daſs, was wieder die Vorbedingung der ersten Forderung ist, die in die Armee eintretenden Individuen Ungarn bleiben können in dem Sinne, daſs sie ihren Patriotismus, ihren nationalen Stolz nicht zu verstecken, nicht zu verleugnen brauchen, daſs kein Gefühlsgegensatz zwischen jenem Teile der Intelligenz bestehe, welcher das Kleid des obersten Kriegsherrn trägt, und jenem, welcher auf bürgerlichen Laufbahnen bleibt. Ohne dies wird das Bewuſstsein, daſs die gemeinsame Armee wirklich unser, daſs sie Fleisch von unserem Fleische und Blut von unserem Blute ist, niemals zum Gemeingefühl der Nation werden. Ohne dies wird die Armee in den Augen der Nation eine schwer beschützbare künstliche Schöpfung sein, deren Wurzeln nicht in die Tiefe des Volkslebens zu dringen vermögen. Ohne dies kann von den ungarischen Angehörigen der Armee nicht jener hingebende Eifer erwartet werden, welcher nur aus dem Bewuſstsein der Erfüllung der für den König und das Vaterland empfundenen Pflicht entspringen kann. Ohne dies wird zwischen den Gliedern des Offizierscorps ungarischer Abstammung nicht die notwendige Harmonie vorhanden sein, denn unter solchen Verhältnissen besteht ein unüberbrückbarer Gegensatz zwischen den in der Reserve und den im aktiven Dienste befindlichen Offizieren. Endlich kann ohne dies auch nicht auf eine gröſsere Beteiligung des ungarischen Elements gerechnet werden, denn wer wird seinen Sohn ohne Besorgnis dem militärischen Berufe widmen, wenn er fürchten muſs, daſs sein Sohn auf das, worauf er am meisten stolz ist, auf seinen Patriotismus, vielleicht geringschätzig herabsehen wird?

Soviel aber kann auch bei gemeinsamen Instituten deutscher Unterrichtssprache erreicht werden. Nicht die Unterrichtssprache ist das Entscheidende, sondern der Geist des Unterrichts und jene Einflüsse, welche später beim

Dienste zur Geltung gelangen. Hierauf richten wir unsere
Aufmerksamkeit. Hierin liegt der Schwerpunkt unserer
realen Interessen. Der Sorge für diese enthebt uns auch
die Errichtung der Schule mit ungarischer Unterrichtssprache nicht.

Das ungarische Interesse in der Armee ist, daß unser
Einfluß nicht auf besonderen, eine formale Sonderstellung
sichernden rechtlichen Thatsachen beruhe, sondern daß er die
Konsequenz des Wachstums unseres natürlichen Gewichtes sei;
daß dieser unser Einfluß nicht in einer, auf Kosten der for-
malen Einheit erworbenen besonderen Berechtigung und Errungenschaft, sondern in unserer das Interesse der Einheit
sichernden potenzierten Kraft seinen Ausdruck finde. Dies
ist deshalb unser Interesse, weil das auf Erwerbung des
Sonderrechts gerichtete Streben unserem Fortschritt den
Anschein giebt, daß er die auf dem Gebiete der gemeinsamen Institutionen notwendige Einheit gefährde, und deshalb
uns jene schwerwiegenden Einflüsse zu Gegnern macht, welche
heute, als Hauptstützen der Macht der Monarchie, unsere
natürlichen Bundesgenossen sind. Dies ist ferner auch deshalb unser Interesse, weil ein solches Sonderrecht, je nachdem
es Nachahmung findet oder nicht, thatsächlich entweder zur
Lockerung der Einheit der Armee führt, oder uns in eine
isolierte und nachteilige Lage bringt. Endlich ist dies auch
darum unser Interesse, weil das entgegengesetzte Vorgehen,
indem es unseren Einfluß in der einen Richtung begründet,
denselben gleichzeitig in der anderen beschränkt. Je unbedingter wir auf dem Gebiete des positiven Schaffens freie
Hand erhalten, desto mehr verlieren wir in der negativen
Kontrolle, in der Fähigkeit, die für uns und für die Armee
nachteiligen Entwickelungen im nichtungarischen Staate der
Monarchie zu verhindern. Indem wir das Recht zur von
Österreich unabhängigen Leitung des ungarischen Teiles
des militärischen Unterrichts erwerben, geben wir Österreich

das Recht zur vollkommenen selbständigen Leitung seines
Teiles. Wir müssen unseren Einfluß, das Geltendwerden
unserer Interessen in der Weise sichern, daß, wenn unser
Beispiel Nachahmung findet, dies nicht zum Nachteile
unserer Wehrkraft ausschlage, und daß wir unser Kontrollrecht in Bezug auf die ganze Armee behalten.

Eine den Rechten der Krone zum Nachteile gereichende
Modifikation der gegenwärtigen Auslegung des Ausgleichs ist
nicht nötig, ja schädlich. Wir müssen alle die innere
Organisation der Armee betreffenden Angelegenheiten, die
Feststellung der Sprachenfrage zugleich mit der Leitung
des Unterrichts auch fernerhin im Rechtskreise des Königs
belassen. Das ungarische Interesse darf nicht in der Einschränkung des Wirkungskreises der Krone gesucht werden.
Nicht gegen die Krone, sondern nur mit der Unterstützung
derselben können wir jene Position einnehmen, welche wir
für unseren Stamm wünschen. Die Frage der Sprache
überlassen wir ihrer heiklen Natur, ihrer Nationalitäten-
Beziehungen wegen am richtigsten dem König. Nur diese
Lösung giebt uns Sicherheit dafür, daß eine gefährliche
nationalistische Tendenz auf keinen Fall in keinem einzigen
Teile der Armee Platz greifen werde. Was wir von den
Rechten des Königs auf das ungarische Parlament übertragen, eben das übertragen wir von seinen Rechten auch
auf das österreichische Parlament. Nun ist es aber vom
ungarischem Gesichtspunkte aus immer besser, wenn in
Angelegenheiten solcher Natur die Macht sich in der Hand
desjenigen Faktors befindet, welcher seinem Berufe zufolge
auch unsere Interessen wahrnimmt, und dessen leitendes
Ziel die Steigerung der Wehrfähigkeit ist, als wenn sie
in den Händen des uns fremden, uns eventuell nicht wohl-
gesinnten österreichischen Parlaments liegt. In diesen Fragen
möge die Aufgabe der verfassungsmäßigen Körperschaften
nicht die Disposition, sondern die Kontrolle sein. Das

erfordern auch die Fachinteressen der in Rede stehenden
Angelegenheiten, und zwar so gebieterisch, daſs dieses
Princip fast in allen Staaten zur Geltung gekommen ist.
Der König übt seine Macht im Wege des verantwortlichen
Ministers. Das Parlament und die Delegation haben darum
noch immer die Möglichkeit, im Wege der Regierungen
auf das Wie der Ausübung der Rechte der Krone ein-
zuwirken.

Die Regierung hat, als Beraterin der Krone, die Aufgabe, den König davon zu überzeugen, oder vielmehr ihn
in jener seiner Überzeugung zu bestärken, daſs die Teilnahme des ungarischen Elements an der Armee das gemeinsame Interesse der Dynastie, der Wehrkraft und des Ungartums sei. Die Aufgabe der konstitutionellen Körperschaften
ist es, die Regierung dazu zu drängen, daſs sie ihrer diesbezüglichen Pflicht Genüge leiste, das ungarische Element
protegiere, und, wenn sie auf principiellen Widerstand,
wenn sie auf Übelwollen stieſse, dagegen Einspruch erhebe
und ihren ganzen Einfluſs in die Wagschale werfe, diesen
Widerstand, dieses Übelwollen zu beseitigen.

Die Regierung und die Delegation ist berufen, dahin
zu wirken, daſs der gemeinsame militärische Unterricht,
und zwar ebenso in den Realschulen, wie in den Akademien,
auch den ungarischen Interessen entsprechend geleitet und,
wenn nötig, reformiert werde.

In dieser Hinsicht habe ich folgende Forderungen:

Das nationale Selbstgefühl der ungarischen Jünglinge
soll geachtet und auch entwickelt werden; dem Geiste des
ungarischen Patriotismus soll auch in der Armee der Raum
gegeben werden, der demselben neben der Loyalität gebührt.
Der ungarische Patriotismus soll durch richtigen Unterricht
der ungarischen Geschichte und des ungarischen Staatsrechts
gepflegt werden. Es soll dafür gesorgt werden, daſs bei
der Erziehung der Jünglinge in erforderlicher Anzahl gut-

gesinnte Ungarn angestellt seien, weil man Patriotismus
nur von demjenigen lernen kann, welcher auch selbst
Patriot ist. Von diesem Gesichtspunkte aus ist es wünschenswert, daß es auch auf ungarischem Landesboden eine gemeinsame Militär-Akademie gebe. Die Wirkung der ungarischen
Gesellschaft, die Nähe der Familie, der ungarischen Rede,
die unmittelbare Berührung mit dem ungarischen Gefühl
wird dem Jüngling gewiß vorteilhaft sein. Wir haben es
wiederholt gesehen, daß die österreichischen Beamten
Bachs[1], daß völlig fremde Soldaten, welche mit Antipathie
gegen uns erfüllt zu uns gekommen waren, uns im Verlaufe einer gewissen Zeit liebgewannen. Der ungarische
Boden, die ungarische Luft verwandelte sie in unsere
Freunde. Es ist unmöglich, daß am ungarischen Jüngling,
welcher im Kreise seiner Nation erzogen wird, die unaus-
löschlichen Spuren dieser Faktoren nicht vorhanden seien.
Hinsichtlich der Sprache ist nur nötig, daß der Unterricht
in der ungarischen Sprache jedem Bürger unseres Staates
die Möglichkeit biete, unsere Muttersprache gut zu erlernen.
Es ist deshalb wünschenswert, daß in den Realschulen
ebenso wie in den Akademien die ungarische Sprache gelehrt und ein oder mehrere nicht militärische Fachgegen-
stände in ungarischer Sprache unterrichtet werden. Alles
dies ist heute ebenso wichtig, wie es damals gewesen, als
noch keine ungarische Anstalt bestand. Es werden auch
weiterhin viele Ungarn in den gemeinsamen Anstalten erzogen
werden; diese haben daher nicht aufgehört, uns zu interessieren. Wir tragen zu diesen Zwecken auch mehr
Geld bei, als bisher; demnach hat auch dieser Rechtstitel
des Interesses nicht aufgehört.

Hinsichtlich des Geistes und der Sprache würde es
gleicherweise wünschenswert sein, wenn von den Ein-
jährigfreiwilligen mehrere in den aktiven Dienst hinüber

---

[1] Siehe Note auf Seite 402.

genommen würden, und wenn die Honvédoffiziere in die gemeinsame Armee übertreten könnten[1].

Zweitens muſs darauf hingewirkt werden, daſs das Offizierskorps aus seinen Mitgliedern nicht sich vor dem Nationalgefühl abschlieſsende, auſser der Loyalität kein anderes Gefühl pflegende, künstliche Menschen schnitzen wolle, sondern daſs der ungarische Patriotismus, das nationale Selbstgefühl des auferzogenen Offiziers zum Wohle der Armee nutzbar gemacht werde. Auf dieser schweren Laufbahn ist jedes Motiv nötig, welches begeistert, welches zur Opferwilligkeit anspornt. Nur gegen jene Motive muſs angekämpft werden, welche der Loyalität zuwiderlaufen und der militärischen Treue schaden. Der ungarische Patriotismus gehört nicht zu diesen Motiven. Denselben ausschlieſsen bedeutet so viel, als das Gefühl schwächen, welches am meisten geeignet ist die Kraft und Ausdauer des Ungars zu steigern. Es ist leicht den Patriotismus des Geistes des Offizierscorps zu befördern, nur darf man demselben keine naturwidrige Tendenz aufnötigen. Wenn die Mehrheit der ungarischen Offiziere zugleich mit den ungarischen Truppen in Ungarn gelassen wird, kommt das übrige auch von selbst.

Wenn wir die Sprachenfrage in den Vordergrund drängen, thun wir damit unseren Verteidigungsinteressen nur Schaden; mit der Entwickelung des patriotischen Geistes dagegen nützen wir ihnen. Wir geben damit in der Armee der Manifestation jener Kraft Raum, deren Jahrhunderte alte Wirkung das Zustandekommen der Monarchie befördert hat und auch heute einer der Grundgedanken derselben ist. Nicht ein Ungefähr hält die Teile Österreich-Ungarns

---

[1] Als ich diesen Wunsch im Originaltext dieses Werkes aussprach, hatte ich den Zweck, das zu sichern, daſs vollkommen ungarisch erzogene, vollkommen in ungarischem Geiste aufgewachsene Jünglinge in möglichst groſser Anzahl Glieder der Armee sein können. Diesem Zwecke dient nun das neue Gesetz, und zwar, wie ich bereitwillig anerkenne, in wirksamerer Weise.

zusammen; auch die Anhänglichkeit an die Dynastie ist
nicht das einzige Band, welche dieselben aneinander kettet.
Der Zufall des gleichen Erb-Rechts hat diese Völker unter
das Scepter derselben Dynastie gelangen lassen. Aber den
so entstandenen Verband der Völker hat nur die Identität der Interessen fest, dauernd und zu einer zusammen-
haltenden und unabhängigen Einheit in der Reihe der
europäischen Machtfaktoren gemacht. Unsere Monarchie
basiert auf dem festen Bündnis von Völkern, welche ihre
speciellen individuellen Interessen in einer anderen Kombination nicht zu sichern vermöchten, mit einander verbündet jedoch dieselben geltend zu machen vermögen.

Diese Völker wurden und werden, außer der Loyalität,
durch ihren engeren Patriotismus, ihr Selbstgefühl und ihr
Interesse in jener staatsrechtlichen Gestaltung erhalten,
welche im Laufe der Geschichte zustande gekommen ist.

Wenn wir die Monarchie nicht als eine künstlich zu-
sammengeflickte Schöpfung betrachten, und wenn wir die
Kraft, welche dieselbe zusammenhält, nicht auf die für die
Dynastie empfundene Loyalität reduzieren wollen, müssen
wir das lebengebende Princip derselben darin suchen, daß
historisch entwickelte Einheiten die beständigen und großen
Interessen ihrer Existenz am besten innerhalb der Bande
der Monarchie zu sichern und zu fördern vermögen. Das
felsenfeste Piedestal der Monarchie ist: das patriotische
Selbstgefühl dieser Einheiten. Nur aus diesem kann auch
die Idee der Monarchie Kraft schöpfen. Sie kann, wie im
Recht, so auch im Leben nur mit Hilfe der so übernommenen,
der so entlehnten Kraft ihr Dasein erhalten. Ihr Bestand
basiert auf der Vereinigung des berechtigten Egoismus der
Teile. Wenn wir das patriotische Gefühl, welches eine der
Hauptgrundlagen des Daseins der Monarchie bildet, in die
Armee einführen, thun wir damit dieser selbst wohl. Das
Geltendwerden des der Monarchie Leben gebenden Princips

in den gemeinsamen Institutionen kann für diese nicht gefährlich sein; im Gegenteil, nur dieses Princip giebt ihnen
wirklich Lebensfähigkeit. Jedes andere Gefühl ist ein auf
Bestellung gemachtes künstliches Etwas, welches gesunder
Entwickelung nicht fähig ist, weil es keinen Boden im
Leben hat, weil es nicht im Kindesalter entsteht und sich
nicht aus dem Beispiel und Antrieb der Familie, der
Gesellschaft nährt. Es bleibt immer nur ein Treibhaus-
gewächs.

Die Idee der Monarchie erfordert lediglich, dafs in den
gemeinsamen Institutionen nur das Gefühl geduldet werde,
welches sich mit dem Zusammenleben verträgt, dagegen
die Gesinnung ausgerottet werde, welche sich zu den gesetzlichen Grundlagen in Gegensatz stellt, welche nach
aufsen gravitiert.

Leider, gehört die Entwickelung dieser Gesinnung bei
dem überwiegenden Teile der die Monarchie konstituierenden
Völker nicht zu den Unmöglichkeiten, sondern ist eine der
Hauptgefahren, auf welche wir unablässig unsere Aufmerksamkeit lenken müssen. Die meisten dieser Völker sind
losgerissene Zweige von Stämmen, welche in der Nähe
unserer Monarchie selbständige Staaten gebildet haben. Die
Gefahr liegt darin, dafs die bei uns befindlichen Teile der zerrissenen Einheit das Gefühl ihrer Zusammengehörigkeit über
ihre historisch zustande gekommenen besonderen nationalen
Interessen, über ihr besonderes nationales Selbstgefühl setzen.
Dieses ihr besonderes nationales Selbstgefühl, diese ihre
besonderen nationalen Interessen können nur im Rahmen
unserer Monarchie zur Geltung kommen, jenes Gefühl ihrer
Zusammengehörigkeit jedoch nur auf den Trümmern Österreich-Ungarns. Während wir also jene entwickeln können
und auch sollen, müssen wir dieses mit allen Mitteln
niederkämpfen. Beim Ungarn existiert keine solche natürliche Grundlage für das nach aufsenhin Gravitieren und

darum ist ein solches Hinausgravitieren desselben auch gar
nicht denkbar; er ist zufolge seines Stammes- und National-
gefühls am meisten verläfslich und darum gebührt ihm in
dieser Hinsicht der erste Platz.

Aber er kann dafür kein Monopol fordern. Mit seiner
Anerkennung jedoch könnte zwischen ihm und den übrigen
ihr Geltendwerden innerhalb dieser Monarchie suchenden
Stämmen ein solcher freier Wettstreit in Gang kommen,
der der Vielseitigkeit der Wehrkraft nur zum Vorteile gereichen würde, der die begeisternden psychischen Motive nur
bereichern könnte, die Einheit der Armee dagegen, vorausgesetzt, dafs das für den allerhöchsten Kriegsherrn und
Souverän gehegte Gefühl unerschütterlich Stand hält, in
keiner Weise gefährden könnte.

Aber wie erfolgreich immer der seitens der ungarischen
Regierung in dieser Richtung auszuübende Einflufs auch
sein möchte; wie hochgeschätzt immer der ungarische Name
in der Armee auch werden möchte; wie grofsem Wohlwollen immer das ungarische Element daselbst auch begegnen möchte: die Hauptsache ist doch, dafs den Militär-
dienst ein gröfserer Koeffizient der Gesellschaft aufsuche,
als es bis jetzt der Fall gewesen ist; dafs er die ihm daselbst zufallende Arbeit wacker verrichte; dafs er lerne
und arbeite. Wenn es heute nicht genug ungarische Offiziere giebt, so liegt die Hauptursache davon darin, dafs
unsere Intelligenz nicht zum Militär geht, oder, wenn sie
geht, nicht genug ernst und fleifsig ist, weil sie es höchstens
bis zur Husaren-Rittmeisterschaft bringen will, zum tiefein-
dringenden Studium, zur grofsen Arbeit jedoch, ohne die
man zu höherem Range nicht gelangen kann, sich nicht
entschliefst. Wenn dies sich nicht ändert, kommen wir
mit der allerbesten Militärpolitik nicht zum Ziele. Die
Stellungen von ausschlaggebender Wichtigkeit bleiben uns
verschlossene Thüren. Hieher führt nur Arbeit und

Verdienst. Unser Ungarsein giebt uns kein Recht zur Trägheit. Nicht die Übergehung eines jeden Ungars ist ein Beschwerdegrund. Nur die Übergehung desjenigen, der den Anforderungen des Dienstes in jeder Hinsicht entspricht. Wenn wir nicht genug arbeiten, haben wir kein Recht zur Klage, falls wir im Wettkampf der Nationen zurückbleiben. Wir bekommen dann nur das, was wir verdienen.

In dieser Hinsicht ist also das offizielle Ungarn ohnmächtig. Es ist an den Individuen, unsere Interessen und unsere Ehre zu schützen. Das offizielle Ungarn ist nur zu sichern verpflichtet, dafs die Bedingungen des Wettkampfes gerecht seien, und so der Ungar mit derselben Hoffnung auf Erfolg in den Dienst treten könne, wie welcher andere immer.

Mit einem Worte, das gewünschte Resultat kann nur durch das selbstbewufste Zusammenwirken sämtlicher Faktoren des ungarischen Staates und der Gesellschaft gesichert werden.

Im bisher Gesagten habe ich also auf die Ziele hingewiesen, nach welchen diese Kräfte hinstreben müssen, und zugleich auf die Mittel hingedeutet, mit welchen, meiner Ansicht nach, das Resultat am raschesten und sichersten erreicht werden kann.

Ich will nur noch hervorheben, dafs der ständige Erfolg immer in gerader Proportion mit dem Ansehen und Gewicht wachsen würde, welches der ungarische Staat gewinnt. Alles, was unsere Entwickelung fördert, steigert gleichzeitig unseren Einflufs in der Monarchie.

Nur eine reiche, gebildete, von der Idee des Staates durchdrungene, einheitliche und arbeitsame Gesellschaft; eine derselben entsprechende gesunde politische Organisation; kraftvolles parlamentarisches Leben auf der einzig möglichen Basis desselben, mit den Kämpfen der aus der verschiedenen

Auffassung der allgemeinen Interessen der unteilbaren Nation
hervorgehenden Parteien; eine von der Mehrheit aufrichtig
unterstützte und eben deshalb angesehene und starke Regierung: nur diese Faktoren sind imstande, über die Bewahrung unserer vorhandenen Freiheit hinaus unseren
Einfluß zu vermehren.

Alles, was uns in der Civilisation vorwärts bringt, was
die Vorbedingungen unseres parlamentarischen Lebens
bessert, ist gleichzeitig je ein Meilenzeiger unseres ange-
strebten Fortschrittes. Das ist eine so einleuchtende Wahrheit, daß ich keinen Grund habe sie mit Beweisen zu
belegen. Dieser sich vor unseren Augen ausbreitende,
alle Teile, alle Winkel unseres nationalen Lebens in
sich fassende Horizont ist ein unerschöpfliches Objekt des
Studiums, eine unerschöpfliche Vorratskammer neuer und
aber neuer Fragen von großer Wichtigkeit. Diese Ency-
klopädie der Staatswissenschaften übersteigt jedoch meine
Kräfte und geht auch über die Aufgabe hinaus, welche ich
mir vorgesteckt habe. Es genügt, daß ich auf den Konnex
hinweise, welcher zwischen dieser ganzen Welt von Begriffen
und meinem Ziele besteht.

Ich eile zum Ende meines Werkes.

Ich will den Grundgedanken der von mir empfohlenen
Politik noch einmal hervorheben.

Die Entwickelung unserer Nation basiert hauptsächlich
auf dem Zusammenwirken zweier wichtiger Faktoren: der
monarchischen Idee und der Selbstregierung.

Letzterer Faktor ist älteren Datums als ersterer. Wir
sind demselben auch allezeit treu geblieben. Es ist nie geschehen, daß wir uns von der freien Verfassung abgewandt
hätten. Selbst gegen König Mathias kam die Unzufriedenheit zum Ausbruch, ja erhob sich selbst die Rebellion,
als er die verfassungsmäßigen Formen umging. Selbst
seine Kriegsthaten und der ungarische Charakter seiner

Regierung, der große Glanz des Namens Hunyadi, seine hervorragende Individualität konnten uns den Wert der Freiheit nicht vergessen machen. In den Augen der Franzosen wog der Ruhm die Verfassung auf. Ein Plebiscit gab den Napoleoniden die Alleinherrschaft. Bei uns ist dergleichen nicht geschehen und konnte auch nicht geschehen. Bismarck stand auf dem Boden der preußischen nationalen Traditionen, als er gegen die Regierungsform des englischen Parlamentarismus Stellung nahm. Rußlands nationales Ideal ist der allgewaltige Czar. Es existiert kein größerer Staat in Europa, welcher sich nicht in irgend einem Abschnitt seiner Geschichte mit der Idee des Absolutismus identifiziert hätte. Selbst in England, dem Lande der Freiheit, gewann das Ideal des patriotischen Königs Bolingbrokes Macht; selbst dort gab es eine Zeit, wo die Mehrheit der Nation sich vom Parlamentarismus der absoluten Herrschaft der Stuarts zuwandte und die Verfassung nur durch die größere Intelligenz und angespannte Kraft der Minderheit beschützt wurde. Bloß bei uns hat der Kultus der Freiheit eine tausendjährige ununterbrochene Tradition.

Aber daneben haben wir mit derselben Ausdauer auch an der monarchischen Idee festgehalten. Während viele Staaten es mit der Republik versuchten, hat die ungarische Nation niemals die Republik gewollt, und wenn sie von e i n e m König abfiel, wählte sie an seine Stelle einen anderen. Als zur Zeit Gabriel Bethlens und Franz Rákóczis II. die Kurutzen den Herrscher des Throns verlustig erklärten, rüsteten sie sich einen neuen König zu wählen. Selbst Kossuth hielt die republikanische Regierungsform bei uns nicht für ausführbar und richtig. Selbst er blieb ein Anhänger des Königtums. Gegenwärtig aber, glaube ich, ist Ungarn der einzige Staat, in welchem keine republikanische Partei existiert, ja vielleicht nicht einmal ein einziger

Politiker, der sich als Republikaner bekennt. Dies kommt daher, daß nach der ungarischen Auffassung das Königtum der höchste Repräsentant unserer gesamten Verfassung, unserer nationalen Existenz, ebenso wie nach außen hin der erste Hüter unserer Machtinteressen und der Würde des Landes ist. Solcherweise steht das Königtum in innerem Zusammenhange und inniger Harmonie mit unserer Freiheit. Der König übt das Vollmaß seiner Rechte erst nach der Krönung aus, der Akt der Krönung aber knüpft ihn durch den Eid, den er leistet, an die Verfassung. Er ist nicht bloß verpflichtet, die Gesetze und nationalen Rechte zu achten und zu halten, sondern sie, als den Urquell seiner eigenen großen Rechte, von welchem diese nicht getrennt werden können, auch zu verteidigen. Sie sind auch s e i n e Rechte, auch s e i n Stolz, sie haben denselben Ursprung, ihre Gesetzlichkeit hat dieselbe Quelle, so daß sie zusammen stehen und fallen. Dieser in jedem Ungarherzen wirklich lebende Begriff der Krone des heiligen Stephan, die innige Einheit von Freiheit und Königtum, die, zugleich mit der Unteilbarkeit des nationalen Körpers, das Wesen unserer politischen Auffassung ist, ist das originalste, vielleicht das einzige wirklich originale Produkt des ungarischen Genius. Der Kampf dieser Auffassung mit der Idee der absoluten Herrschaft hat die Geschichte unserer letzten Jahrhunderte ausgefüllt.

Der Ausgleich vom Jahre 1867 hat unseren König für diese Auffassung erobert. Es hat auch in der Vergangenheit Momente gegeben, wo sich irgend ein König mit schmeichelnden Worten an die Nation wandte, wo er den Typus unseres Stammes zu würdigen und in demselben trotz seiner Fehler den in ihm verborgenen wahren Kern zu erkennen und zu verstehen schien. Aber zu solchen Zeiten schwebte immer die Gewitterwolke am Horizonte. oder pochte vielleicht schon der Feind an die Thore und war somit Hilfe nötig. Jetzt, anläßlich der tausendjährigen Existenzfeier der Nation, inmitten des tiefsten Friedens, haben wir als die gereifte große Erfahrung eines ereignisreichen Lebens jenes königliche Wort gehört, daß der Herrscher die Bedeutsamkeit jener heiligen Reliquie, welche sein Haupt schmückt, kennt, versteht und sich zu eigen macht, daß er die Nation ehrt, deren allerhöchster Repräsentant er ist. Der Wert seines Wortes wird dadurch potenziert, daß seit dreißig Jahren dies der Grundgedanke seiner Herrschaft, dies der Nachhall seiner Thaten ist.

Es ist die höchste Aufgabe unserer Zeit, jene Richtung, welche es möglich gemacht hat, daß ein solches Wort ausgesprochen werde, dauernd und definitiv auf jener Höhe des Thrones zu befestigen, wo so viele und einander widerstreitende Interessen um den Vorrang wetteifern, und wo die von den verschiedenen Auffassungen erregten Wirbelwinde nicht zur Ruhe kommen.

Es ist die erste Regel der politischen Kunst, daß sie nach Abwägung aller Umstände unter den vielen verschiedensten Rücksichten und Interessen das wichtigste, das ausschlaggebende feststelle, und dann mit voller Kraft, mit nie ermattender Ausdauer bewußt diesem höchsten Ziele lebe. Handeln auch wir so! Unterordnen wir unserer obersten Aufgabe unsere minder ins Leben einschneidenden Interessen, wenn solche darunter sind, welche sich mit dieser leitenden Rücksicht nicht vertragen.

Wir müssen die uns günstige Konjunktur unserer Zeit in der Weise ausnützen, daß das Ergebnis eine große Lehre sei, eine Lehre, welche der Dynastie mit der unwiderstehlichen Kraft der Thatsachen beweise, wie heilsam auch für sie die Folgen sind, wenn ein König uns mit wirklichem väterlichen Wohlwollen zugethan ist. Nichts vermag unsere Zukunft mehr zu sichern, als wenn sich oben eine starke Tradition bildet, welche im Frieden mit der Nation die Quelle der Ruhe und Macht der Dynastie erblickt.

Thun wir zur Erweckung und Verewigung dieser Überzeugung alles, was in unseren Kräften steht. Gestatten wir nicht, daß ernste Anzeichen des Mißverständnisses, der Zwietracht sichtbar werden in der Regierungszeit eines Königs, welcher noch jedes seiner Worte eingelöst hat, welcher ein treuer Hüter unserer Verfassung ist. Wir müssen um so mehr beflissen sein, einen Beweis der beständigen Harmonie zu geben, weil wir dazu bisher noch nicht viel Gelegenheit gehabt haben. Wir haben wiederholt bewiesen, daß wir uns nicht mit Füßen treten lassen, und daß die darauf abzielenden Versuche übel ablaufen. Wir haben auch oft Gelegenheit gehabt, Proben der momentanen Begeisterung und Opferwilligkeit zu geben. Aber beständige Verläßlichkeit, beständige Verträglichkeit zu bezeugen haben wir noch nicht vermocht, weil uns dazu herzlich wenig Gelegenheit geboten wurde. Jetzt ist die Zeit auch dafür gekommen. Ergänzen wir die negative Lehre durch die positive: Fügen wir dem Beweise unserer Widerstandskraft auch den Beweis dessen hinzu, daß mit uns leicht auszukommen sei, wenn wir gut behandelt werden.

Wenn die Mißgunst des Schicksals es so wollen sollte, daß wir später einmal einen uns minder wohlgeneigten Herrscher hätten, möge der ihn irreleitende böse Geist sich nicht darauf berufen können, daß mit uns nicht auszukommen sei, daß wir ja auch mit Franz Joseph nicht haben auskommen können, jenem Könige, welcher seinen Eid gehalten hat. Möge es dieser Nachfolger unseres Königs fühlen und wissen, möge es die ganze öffentliche Meinung der gebildeten Welt fühlen und wissen, daß die Schuld nicht in den Ungarn liegt, sondern in jenem Herrscher, welcher dem Vorbilde seines Ahnen abtrünnig geworden.

Der biblische Joseph hat in den sieben guten Jahren ermahnt für die sieben mageren Jahre Vorrat zu sammeln. Er hat das Eintreten böser Zeiten vorhergesagt. Wir freilich können dies nicht thun, nicht blofs darum, weil, leider, die Kunst der Weissagung aus der Mode gekommen ist, sondern auch darum nicht, weil die Wahrscheinlichkeit darauf hinweist, dafs uns unser günstiges Geschick auch in Zukunft nicht abtrünnig werden wird. Die objektiven Ursachen, welche die gegenwärtige Lage herbeigeführt haben, werden auch künftighin nicht aufhören zu wirken. Die Haltung der gesamten Dynastie aber tröstet uns mit der Hoffnung, dafs auch persönliche Momente die Harmonie nicht stören werden. Doch wer kann die Eventualitäten der Zukunft vorhersehen? Ist denn nicht schon die blofse Möglichkeit des Eintretens schlechter Witterung genügende Ursache, uns, wenn es in unserer Macht steht, gegen die verheerende Wirkung derselben im voraus Schutz zu verschaffen? Wir dürfen uns die günstige Gelegenheit nie entschlüpfen lassen. Dies ist unsere Pflicht ebensowohl gegen unsere Nachkommen, wie gegen unser eigenes Gewissen.

Und wir können dies auch thun, ohne den Gebrauch unserer Freiheit einzuschränken, ohne uns selbst untreu zu werden, ohne der Geltendwerdung unserer ernsten Interessen zu entsagen, oder den Höflings-Typus anzunehmen. Wenn dem nicht so wäre, könnte von einem Sichdarbieten der günstigen Gelegenheit gar nicht die Rede sein. Wir stehen einem konstitutionellen König gegenüber, der den Willen der Nation achtet und nach den Anforderungen des Parlamentarismus zu herrschen willens ist und versteht. Er fordert nicht, dafs seine individuellen Ansichten für die Haltung der Nation mafsgebend seien. Er hat dies wiederholt bewiesen. Er hat seine persönliche Ansicht immer den Forderungen des Parlamentarismus unterzuordnen

verstanden. Deshalb ist auch der Preis der Harmonie
zwischen ihm und uns nicht, daß wir die Selbständigkeit
unserer Politik preisgeben, daß wir unsere Überzeugung
verleugnen. Aber anderenteils ist auch nicht die Treue
und Liebe allein zur dauernden Sicherung der Harmonie
hinreichend. Wenn sich dies so verhielte, dann würde die
ganze Frage keines Wortes wert sein, dann würde selbst
der Berg Sion nicht fester stehen als diese Harmonie. Aber
es ist dazu auch noch etwas anderes nötig. Es ist dazu
auch noch das nötig, daß die Nation nicht etwas wolle,
was der König infolge der Rücksichten, die ihn als konstitutionellen Herrscher Österreichs binden, nicht thun kann.
Sobald wir mit der gesamten Kraft unserer verfassungsmäßigen Waffen solchen Zielen dienen wollten, würde die
Eintracht zwischen uns auseinanderfallen. Dies ist die einzige mögliche Gefahr des mit großer Mühe zustande gebrachten segensreichen Verhältnisses, in welchem der Herrscher mit der Nation steht. Deshalb müssen wir davor auf
der Hut sein.

Wir können dies um so mehr thun, weil die in das
Leben eingreifenden Interessen unserer Nation auch ohnedies zur Geltung kommen können. Auch das Wachstum
unseres Einflusses können wir in Wahrheit nur auf diesem
Wege erhoffen. Auf diese Weise können wir uns nach
jeder Richtung die meiste Kraft verschaffen, das erreichte
Ergebnis für alle Zeiten zu sichern, ja dasselbe auch mit
dem Wachstum unseres Ansehens Schritt haltend zu entwickeln.

Harren wir also standhaft auf diesem Wege aus! Das
ist das Endergebnis meines Werkes.

Pierer'sche Hofbuchdruckerei Stephan Geibel & Co. in Altenburg.